钟泰著作集

庄子发微（外七篇）

下

钟泰／著　骆驼／整理

上海古籍出版社

庄子发微卷之四

杂篇

　　郭象所订《庄子》,杂篇凡十有一,曰《庚桑楚》,曰《徐无鬼》,曰《则阳》,曰《外物》,曰《寓言》,曰《让王》,曰《盗跖》,曰《说剑》,曰《渔父》,曰《列御寇》,曰《天下》,其先后之序,羌无统绪,推其意,所以名之为杂篇者,殆在此。王夫之《庄子解》云:"杂篇唯《庚桑楚》、《徐无鬼》、《寓言》、《天下》四篇为条贯之言,《则阳》、《外物》、《列御寇》三篇皆杂引博喻,理则可通,而文义不相属,故谓之杂。"而又云:"外篇文义虽相属,而多浮蔓卑隘之说;杂篇言虽不纯,而微至之语较能发内篇未发之旨。"其以外篇为"多浮蔓卑隘",诚未能厌于人心,然知取于杂篇"微至之语能发内篇未发之旨",则此老卓见独诣,非浅窥謏闻之士所能及也。至苏子瞻(轼)欲删去《让王》、《盗跖》、《说剑》、《渔父》四篇,而以《列御寇篇》续于《寓言篇》下,合为一篇,则未免武断。此四篇自是学于漆园者之所为,文固谫俊,然借此亦可察知庄学末流之失,正亦学术有关文字,何可废哉!何可废哉!

庚桑楚第二十三

《释文》题无"楚"字,云:"以人名篇,本或作《庚桑楚》。"然正文庚桑楚下则引司马彪注云:"楚名,庚桑姓也。"以《庄》书之例求之,有"楚"字为是,故兹从或本。"庚桑",《史记·老子列传》作亢桑,《列子·仲尼篇》则作亢仓,此犹宋牼之作宋钘、宋荣,陈恒之作田常,当时口口相传,但在音同,不在文同也。《史记》谓"畏累虚亢桑子之属,皆空语无事实",信如其言,则庚桑楚者实无其人。顾庄子之书虚虚实实,执以为真固非,若谓尽属寓言,即亦不然。《汉书·古今人表》有老子,有南荣畴,颜师古注:"即南荣趎也。"而无庚桑楚,当因史公之言故不采入,然既有其师,又有其弟子,而独无庚桑,意为去取,果足据乎?老子在当时,卓然为道术之宗,岂得无弟子能传其学者!今郑重书之,曰:"老聃之役,有庚桑楚者,偏得老聃之道,以北居畏垒之山。"玩其语气,似非假托者比。窃以为庚桑楚亦与列御寇同,称之或有增饰,若其人,则非虚无也。观其"藏身不厌深眇,亦几于圣人无名"者,而于南荣趎,自言:"吾才小,不足以化子。"勉其南见老子,又何其秉谦执下,非廓然无一毫之私己,而能若是哉!王而农极称杂篇多微至之论。何必微至之论,若此等处,学者能仔细体会,其获益也亦多矣。至若世传亢仓子之书,明出唐人伪造,殆不足论。

老聃之役,有庚桑楚者,偏得老聃之道,以北居畏垒之山,其臣之画然知者去之,其妾之挈然仁者远之;拥肿之与居,鞅掌之为使。居三年,畏垒大壤。畏垒之民相与言曰:"庚桑子之始来,吾洒然异之。今吾日计之而不足,岁计之而有余。庶几其圣人乎!子胡不相与尸而祝之,社而稷之乎?"庚桑子闻之,南面而不释然。弟子异之。庚桑子曰:"弟子何怪于予?夫春气发而百草生,正得秋而万宝成。夫春与秋,岂无得而然哉?天道已行矣!吾闻至人,尸居环堵之室,而百姓猖狂不知所如往。今以畏垒之细民,而窃窃焉欲俎豆予于贤人之间,我其杓之人邪!吾是以不释于老聃之言。"弟子曰:"不然。夫寻常之沟洫,巨鱼无所旋其体,而鲵鳅为之制;步仞之丘陵,巨兽无所隐其躯,而孽狐为之祥。且夫尊贤授能,先善与利,自古尧、舜以然,而况畏垒之民乎!夫子亦听矣!"

庚桑子曰:"小子来!夫函车之兽介而离山,则不免于罔罟之患;吞舟之鱼砀而失水,则蝼蚁能苦之。故鸟兽不厌高,鱼鳖不厌深。夫全其形生之人,藏其身也,不厌深眇而已矣。且夫二子者,又何足以称扬哉!是其于辩也,将妄凿垣墙而殖蓬蒿也。简发而栉,数米而炊,窃窃乎又何足以济世哉!举贤则民相轧,任知则民相盗。之数物者,不足以厚民。民之于利甚勤,子有杀父,臣有杀君,正昼为盗,日中穴坏。吾语女:大乱之本,必生于尧、舜之间;其末存乎千世之后;千世之后,其必有人与人相食者也。"

南荣趎蹴然，正坐曰："若趎之年者已长矣，将恶乎托业以及此言邪？"庚桑子曰："全女形，抱女生，无使女思虑营营。若此三年，则可以及此言也。"南荣趎曰："目之与形，吾不知其异也，而盲者不能自见；耳之与形，吾不知其异也，而聋者不能自闻；心之与形，吾不知其异也，而狂者不能自得。形之与形亦辟矣，而物或间之邪？欲相求而不能相得。今谓趎曰：'全女形，抱女生，无使女思虑营营。'趎勉闻道达耳矣。"庚桑子曰："辞尽矣。"曰："奔蜂不能化藿蠋，越鸡不能伏鹄卵，鲁鸡固能矣。鸡之与鸡，其德非不同也，有能与不能者，其才固有巨小也。今吾才小，不足以化子。子胡不南见老子？"

此段文长，因分两节解之。司马彪注："役，学徒弟子也。"学徒弟子而乃称"役"者，古者弟子从事洒扫应对，如《论语》"阙党童子将命"，及此书《达生篇》田开之言"开之操拔篲以侍门庭"，是皆役也，故得以役称。又如《论语》载樊迟御、冉有仆。仆、御亦皆服役之事。《晋书·隐逸传》："陶潜有脚疾，乘篮舆，令一门生二儿共舆之。"则门生充役，此风至晋犹然。"偏得"者，独得也。成疏云："老君大圣，弟子极多，门人之中，庚桑最胜，故称偏得也。"其云老聃弟子极多，虽无依据，而释"偏得"之义则确不可移。注家或谓"偏"与遍通，且引唐写本作"遍"为证。夫道一而已，安取于遍！是非老、庄之旨也。

"畏"同嵔，故《释文》云"本或作嵔"。"畏垒"，高峻而不平也。言"北居"者，老子陈人，楚亦陈人。见《列子·仲尼篇》陈在南，去陈而居畏垒，则畏垒之山在北也。《释文》："或云：畏垒在鲁。又云：在梁州。"案下文云"南荣趎赢粮七日七夜至老子之所"，若在梁州，梁州至陈，岂七日七夜所得达哉！《史记·老庄列传》索隐引郭象云："畏累，今东莱也。"今郭注本无此注，《释文》亦不言郭注有此。案：东莱本莱子国，灭于齐，要之山在齐、鲁之地较为近之。若《史记正义》又言在深州，不知何本,存而不论可也。

曰臣曰妾,犹曰役也。《论语》子路使门人为臣,虽遭夫子呵责,然子路岂全不知礼者! 民生于三,事之如一,门人固有为臣之道矣,故汉人犹每以门生、故吏并列,以是断之,知王先谦《集解》云"其地之人敬爱庚桑,愿为臣妾"王说实出于成玄英疏,而较详明。者,大非也。"画"音获,"画然",言其有畛域也。"挈"犹揭也。"挈然",《山木篇》所谓"昭昭乎如揭日月而行"者。"去之",去庚桑子也。"远之",远庚桑子也。此言其门下有意于好知为仁者,疑于庚桑子之非仁非知而远去之也。《集解》云:"其中有画然好明察为智者,有挈然自标举为仁者,庚桑皆远去之。"此说亦出于成疏如《集解》之说,则是庚桑子先为畛域而立异于人,岂所谓"藏其身也不厌深眇"者哉! 以此而测庚桑,固浅;以是而读《庄子》,亦疏矣。

"拥肿"已见《逍遥游篇》。彼云"拥肿而不中绳墨",以不中绳墨之义推之,则知其非画然而知者矣。"鞅掌"见《小雅·北山》之诗,曰:"或王事鞅掌。"毛传:"鞅掌,失容也。"失容云者,王事敦迫,仓遽之间不能为礼容也。若如后世之说,则所谓草野不恭者。以是义推之,则知其非挈然而仁者矣。郭注云:"拥肿,朴也。鞅掌自得。"此言拥肿,固在见其朴;言鞅掌,固在形其自得。然而拥肿非朴,鞅掌非自得也,不可不辩。参看《在宥篇》"游者鞅掌以观无妄"句注文"与居"者,与庚桑相居。"为"读去声。"为使"者,为庚桑所使也。"壤"借作穰,故《释文》云"本亦作穰"。"大穰",岁大熟也,是即《逍遥游篇》连叔所称"藐姑射山之神人,其神凝,使物不疵疠而年谷熟"者。然则如近人《庄子》注,解"偏得"为"未得老子之全",其误不待驳正可知矣。

"异之"而曰"洒然"者,"洒",濯也,见所未见,耳目一新,如经浣濯者然,故曰"洒然"。旧注但云惊貌,未能尽其义也。"日计之而不足",三年之前,日望其有所施为,而不见施为,故云"不足"。"岁计之而有余",三年之后,物不疵疠,而年谷丰足,无为之施,乃异于寻常,故曰

"有余"也。不直曰"圣人",而犹云"庶几"者,乡曲之民本不知圣人为何等,出之揣度,故言"庶几"。"尸而祝之"者,古者有功德于民,民则祀之。义见《小戴礼记·祭法篇》而祀必有尸有祝,观《逍遥游篇》云尸祝不越樽俎而代庖人,可见也。"社而稷之"者,配祭于社、配祭于稷也。盖畏垒之民欲祀楚以为神,故楚有"窃窃焉欲俎豆予于贤人之间"之语,而各家注释皆云将奉之以为君。奉以为君,安得云俎豆于贤人之间邪!其不考亦甚矣。

"南面而不释然",此云"南面",因"不释然"者在老聃之言,老聃居南,故下"南面"字,与上"北居"之文相对。注家乃作君人南面之意解会,故前后皆误也。"万宝",元嘉本作万实。"天道",《释文》本作大道。细案之,"宝"字"天"字是也,故兹从"宝"、从"天"。"正得秋",犹云得正秋。《易·说卦》:"兑,正秋也。"此倒用作状辞耳。"岂无得而然哉?""得",谓得天道也。故接之云"天道已行矣"。"尸居",见《在宥篇》,犹端居也。"堵",司马彪注云:"一丈曰堵。环堵之室,面各一丈,言小也。""猖狂",屡见前,实亦消摇义。"不知所如往",如、往一义,言相忘也。"窃",私也。重言之,则曰"窃窃"。"细民",小民也。"俎豆",宣颖《南华经解》释为奉祀,是也。"杓",《释文》云:"郭音的。又匹么反。又音吊。"音异而义则同。郭注:"不欲为物标杓。"标杓者,翘异于众,众所指向,如望之有标、射之有的也。言"我其杓之人"者,盖老聃尝有是语以教戒楚,今乃有负师训,是以不能释然。所谓老聃之言,即是指此。郭子玄不知,注云:"聃云:功成事遂,而百姓皆谓我自尔。今畏垒反此,故不释然。"成疏因之,又引老子"功成弗居,长而不宰"之言以为之说,是皆枝而不切,未能详玩上下文意者也,故特辩正。

"寻常之沟洫",各本皆无"洫"字,惟《太平御览》引文有之。《释文》云:"八尺曰寻,倍寻曰常。寻常之沟,则《周礼》'洫浍之广深'也。洫广深八尺,浍广二寻、深二仞也。"疑《释文》"沟"下本有"洫"字,后人写脱之,此案其文意可以见也,因据《御览》增补。"还"同旋,回旋也。

"鲵",鱼之小者。别有一种,声如小儿啼,俗名娃娃鱼,是则山间溪涧所产,非沟洫之物也。"鳅"已见《齐物论篇》。"为之制",谓专制于此,如《秋水篇》坎井之蛙所谓擅一壑之水,而跨跱坎井之乐者。《释文》引王云"制谓擅之也",是也。而自说则据《广雅》云"制,折也",谓"小鱼得曲折也"。是则与下文"为之祥",义不相当,知其不然矣。"步"六尺,"仞"七尺。"孽"犹妖也。"为之祥",言依之作妖祥也。巨鱼、巨兽以喻庚桑,鲵鳅、孽狐以喻畏垒之民,言细民所识者浅,亦易于满足也。"尊贤授能,先善与利",皆对文。"与"如《易·咸卦象传》"二气感应以相与"之与。"与利"者,谓有利于己则亲附之也。"以"同已。"以然",已如是也。"听之",谓任从之。

"函",容也,包也。"函车"与"吞舟"文对,言其大可以包容车也。"介",独也。扬雄《方言》:"兽无耦曰介。"无耦即独,言失其群也。"罔罟"屡见前。"砀"同荡。"砀而失水",谓为潮汐所荡激,因以离水而阁于岸也。"蝼蚁",各本无"蝼"字,据《白帖》、《太平御览》引文补。"眇",远也。"藏身不厌深眇",即老氏"良贾深藏若虚,君子盛德若愚"之旨,谓不自彰显,非必远遁屏迹,不与俗谐也。"二子"指尧、舜。"辩"同辨,谓分别也。"尊贤授能,先善与利",皆分别所由起,故以辩言之。"妄"通亡。亡,无也。王引之云"将妄与将无同,也与邪同",是也。"凿垣墙而殖蓬蒿",言其劳而多事也。"简发而栉,数米而炊",言其遗大体而理琐务,故曰"窃窃乎何足以济世"也。"窃窃"本言私,私则小,小则烦苛,义相引申,可以推而得之。"举贤则民相轧",老氏所以云:"不尚贤使民不争。""任知则民相盗","盗"谓欺诈,老氏所以云"智慧出,有大伪"、"绝圣弃智,民利百倍"也。"之数物",谓贤能善利。"之"犹此也。"民之于利甚勤",特举"利"言之者,下云"杀父"、"杀君"、"为盗"、"穴坏",皆以利而然也。"穴坏",犹《论语》、《孟子》言穿窬。"坏"者,土块。古人版筑,故曰"穴坏"。《淮南子·齐俗训》:"颜阖凿坏而遁。"坏、坯一字。言"正昼"、"日中"者,极言其无所顾忌也。

尧、舜之世，不得谓乱，乱在末流。然末由本起，故曰"大乱之本必生于尧、舜之间，其末存乎千世之后"。言"必"者，决其语之非妄也。"千世之后，其必有人与人相食"者，与《孟子》言"人将相食"同。然则言"千世之后"，犹为辞之缓耳。

"南荣趎"，庚桑子弟子。"蹴然"二字当略顿，因闻大乱及人与人相食之言而不安也。"正坐"，则因将请问而正容以示敬。"及"，逮也。"此言"，即"藏身不厌深眇"之言。"恶"读乌。"业"谓学业。问将凭托何学而可以能藏身，逮此境地也。"全女形"，不伤其身。"抱女生"，不失其性。"无使女思虑营营"，不凿其智。三语中此语最要。盖身之伤，性之失，皆因于智之凿也，故特曰"无使"。"使"者，自使之也。"营营"，劳而不知休息貌。期之以三年，不久则不熟，不熟则不固也。

"目之与形"至"形之与形"四"与"字，并与"於"同。王引之《经传释词》解《书·康诰》"告女德之说于罚之行"为告女德之说与罚之行，《多方》"不克敬于和"为不能敬与和，并以"于"为"与"，是也。于、於一字。"于"可作"与"用，则"与"亦可作"于"与"於"用。是皆当以声求之，不在字形也。"狂"者圣之反，后世所谓不慧也。上三句为设喻。"形之于形"句，则就当时自身言。此总言形者，兼耳目与心而言之也。"辟"如《论语》"能近取辟"之辟，与譬同，比也，类也。谓己身与楚身同类。同类者声入心通，理当相得。今乃"欲相求而不能相得"，故疑其"物或间之"也。"间"犹隔也。郭注以"辟"为"闢"，云："未有闭之。"后之注家知"辟"即"譬"字，而作晓喻解，则与郭氏意亦相近，皆失之。"勉闻道达耳"者，闻道而不能自得于心，故曰"达耳"也。

"辞尽"者，无可以加也。又著"曰"字，以表下为更端之辞。盖见告之以"辞尽"，而南荣仍不能反求，故劝其南见老子也。"奔蜂"即蜾蠃，生子，则采桑上青虫养之。《诗·小雅·小宛》之诗曰："螟蛉有子，蜾蠃负之。"桑虫羽化，则为螟蛉。传注谓蜾蠃养桑虫以为己子，是古人不细察之故也。"藿蠋"，为豆藿上大青虫，非蜾蠃力所能负走者，故

414

此云"奔蜂不能化藿蠋"也。"鹄",雁之大者。越鸡小,故不能伏其卵;鲁鸡大,则能之。"其德非不同",此"德"即《天地篇》"物得以生谓之德"之"德",犹言性非不同。而又云"有能与不能,其才固有巨小"者,譬犹人性皆同,而有智愚之别,是则关乎材质,材质亦何尝不出于性,然欲区而论之,即不能不分才、德为二,所以孟子论性亦有时变而说才说心,惟学者善会之,则无滞碍矣。"吾才小不足以化子,子胡不南见老子",将假老子之教而进之。于此亦可见古者成人之心之切。

南荣趎赢粮,七日七夜至老子之所。老子曰:"子自楚之所来乎?"南荣趎曰:"唯。"老子曰:"子何与人偕来之众也?"南荣趎惧然顾其后。老子曰:"子不知吾所谓乎?"南荣趎俯而惭,仰而叹,曰:"今者吾忘吾答,因失吾问。"老子曰:"何谓也?"南荣趎曰:"不知乎?人谓我朱愚。知乎?反愁我躯。不仁,则害人;仁,则反愁我身。不义,则伤彼;义,则反愁我己。我安逃此而可?此三言者,趎之所患也。愿因楚而问之。"老子曰:"向吾见若眉睫之间,吾因以得女矣,今女又言而信之。若规规然若丧父母,揭竿而求诸海也。女亡人哉!惘惘乎,女欲反女情性而无由入,可怜哉!"

南荣趎请入就舍,召其所好,去其所恶。十日自愁,复见老子。老子曰:"女自洒濯孰哉!郁郁乎!然而其中津津乎,犹有恶也。夫外韄者不可繁而捉,将内揵;内韄者不可缪而捉,将外揵。外内韄者,道德不能持,而况放道而行者乎!"

南荣趎曰:"里人有病,里人问之,病者能言其病,病者犹未病也。若趎之闻大道,譬犹饮药以加病也。趎愿闻卫生之经而已矣。"老子曰:"卫生之经乎?能抱一乎?能勿失乎?

能无卜筮而知凶吉乎？能止乎？能已乎？能舍诸人而求诸己乎？能翛然乎？能侗然乎？能儿子乎？儿子终日嗥而嗌不嗄，和之至也；终日握而手不掜，共其德也；终日视而目不瞚，偏不在外也。行不知所之，居不知所为，与物委蛇而同其波。是卫生之经已。"

南荣趎曰："然则是至人之德已乎？"曰："非也。是乃所谓冰解冻释者能乎！夫至人者，相与交食乎地，而交乐乎天，不以人物利害相撄，不相与为怪，不相与为谋，不相与为事，翛然而往，侗然而来。是谓卫生之经已。"曰："然则是至乎？"曰："未也。吾固告女曰：'能儿子乎？'儿子动不知所为，行不知所之，身若槁木之枝，而心若死灰。若是者，祸亦不至，福亦不来。祸福无有，恶有人灾也！"

"赢粮"已见上《胠箧篇》。"赢粮七日七夜至老子之所"，可见古人求道之心之急。"皆"同偕，各本亦有作"偕"者。"与人偕来之众"，郭注云："挟三言而来故也。"实则不必待下三言。庚桑教趎曰："无使女思虑营营。""思虑营营"，趎之病根已为指出，特不如老子锥札之耸切耳。"惧然"即瞿然，惊而举其目也。"俯而惭，仰而叹"，"惭"者，惭其不达老子之意；"叹"者，叹老子之能直中其隐也。

"不知乎"、"知乎"，两"知"字皆读"智"。"朱"与趎同一字，于一文中作两体书者，古书多有之矣。此称"我朱"，与下称"我身"、"我己"一例。愚、躯为韵，人、身为韵，彼、己为韵。"愁"犹苦也。王念孙据《淮南子·齐俗训》"其兵戈铢而无刃"高诱注"楚人谓刃顿为铢"，云："朱愚即铢愚。"章太炎则云："铢、朱并假借字，《说文》本作錭，云钝也，音变为铢为朱，犹侏儒转为周饶矣。"苏舆又云："朱愚犹颛愚。朱、颛双声字。颛，蒙也。"不知愚与知对，一字已足，无为复更言钝言蒙，是皆知求之于训诂而忘探索文义之过也。若阮毓崧《庄子集注》直以"义则反愁我"为句,读已为已,引王引之说,云"已"是叹词,别断为句。阮氏于《庄子》一书,凡有韵者一一列出,而独失之于此,尤不可解也。

南荣辗转于人我利害之间,而莫知所出,故云"安逃",云"所患"。即此,其思虑之营营可知。老子得之于其眉睫之间,盖思虑扰于内,则愁苦见于外,颦蹙愦眊,望而可得,非必有异术也。"言而信之"者,因此三者证其所见之非妄也。"若眉睫之间","若规规然",两"若"字并同女。"若丧父母",如丧父母也。"规规",已见《秋水篇》。"揭竿而求诸海",海之深广,非揭竿所可探测,喻言求之非其道也。"亡人",流亡之人。"惘惘"犹茫茫,言莫知所适也。"欲反女情性而无由入",此言指点最为亲切。后趑"愿闻卫生之经",实由此启发而来。其所以"无由入"者,皆外求而内反之未至也,故提一"反"字示以改辙之途。

"请入就舍",就居弟子之舍也。"召其所好","好"谓情性。"去其所恶","恶"谓思虑。"十日自愁"者,用功勤苦,未能适安也。"女自洒濯孰哉",许其能自洗涤其思虑也。"孰"同熟,此细熟之熟,非谓其已成熟也。"郁郁乎",指其自愁,所以劳其勤苦也。"津津",渗出于不自觉也。"犹有恶",虽曰去其所恶而未能尽也。"恶"与前"好恶"字皆读去声。或读此为入声,而作善恶之恶解,非也。"鞿",《释文》本作"獲",云"字本作鞿"。又引《三苍》云:"鞿,佩刀靶韦也。"案,许氏《说文》:"鞿,佩刀丝也。"古缠刀靶或用丝,或用韦,靶者把也。故二说不同。缠之盖所以护之,此文实用护义,其作"获"者,亦鞿与护之借字也。向来注家取李颐说,解"鞿"为"缚",失之。何谓"外鞿者不可繁而捉"?护于外者,利害之来也纷繁,无得而把捉之,于是关其内,以为之拒,故曰"将内揵"。何谓"内鞿者不可缪而捉"?护于内者,念虑之兴也缪结,亦无得而把捉之,于是关其外,以绝其缘,故曰"将外揵"。如趑之召好去恶,皆用此术者也。故老氏以此戒之。注家或以内揵外揵为用功之道当如是,大非也。观下文云"外内鞿者道德不能持",亦可见之。其云外内鞿,而不更言内外揵者,承上而言,文有省略耳。"持"者守也。其于道德,守且未能,"而况放道而行者乎!"持守犹有待于用力,若放道而行,则一任自然,更不见著力之迹,故分两层言之。向秀以"放"为依仿,已嫌其浅,若成疏云"放散元道,专行此惑",则尤为悖谬。《天道篇》云:"夫子亦放德而行,循道而趋,已至矣。"放道、放德,一也,岂放散之谓哉!

"病者犹未病也",上"病"为疾病之病,下"病"为病甚之病,谓能言其病者,其病犹未甚也。各本此句上有"然其病"三字。"其病"二字,乃传写误重。"然"字,则后人就文义加之。古钞卷子本无三字,是其证,兹据删。饮药加病者,喻闻老子之言而惑滋甚也。"愿闻卫生之经而已矣","卫生之经",保身全生之术也。曰"而已矣",于辞似有未足,而于道则实为切近,如《在宥篇》黄帝问于广成子,始问至道之精,广成子斥以为佞人;三月复往,问治身奈何而可以长久,广成子蹶然而起,曰:"善哉问乎!"正与此相仿佛,是以下文老子为反复陈之也。

始言"抱一"、"勿失",思虑营营,所谓多知为败也。欲祛多知,莫如"抱一",故首教之以此。又言"无卜筮而知凶吉"者,吉凶之端,要在自察,不待卜筮而后知。若必有待于卜筮,则思虑环起,而营营者愈甚,《易·蒙卦象传》所谓"再三渎,渎则不告",即卜筮亦无益矣。"凶吉"各本皆作"吉凶",盖传写误倒,一、失、吉为韵,因正之。次言"能止"、"能已"、"舍人而求诸己"者,不止不已,则不能一;不舍人而求己,则亦不能止、不能已也。又次言"能儿子"者,无思无虑,抱一勿失,惟儿子为能然。《道德经》云:"专气致柔,能婴儿乎。"此言"儿子",取与上止、已、己相协。言"儿子",犹言婴儿也。"翛然"见《大宗师篇》,无拘绊也。"侗然",无知识也。"嗥"本亦作号,字相通假。"嗌"即《大宗师篇》"嗌言若哇"之嗌,咽喉也。"嗄",啼极无声也,音夏。今人每言喉咙沙了,沙即嗄之音讹。"握",握固也。"掜"音艺,痉挛也。"瞚"各本作"瞋","瞋"与"瞬"同,目摇动也。目不动摇,与上言"嗌不嗄"、"手不掜"义不相当。《释文》云:"本或作瞑。"瞑者,目不明,视不审也,即昏昧义。终日视而目不昏,正"不嗋"、"不捄"之比,其义较合,故改从"瞑"。"和之至"者,《在宥篇》云:"守其一以处其和。"言和,即以见其一也。"共其德"者,"共"为"恭"之本文。《小戴礼记·玉藻篇》云:"手容恭。"《论语》:"子路拱而立。"拱者,两手相抱,正亦握固之象,故曰"共其德",犹言其德恭耳。"偏不在外"者,睛光内敛,不偏于外也。"委蛇"屡见,谓随顺也。"同其波",与《道德经》言"同其尘"一意。自"行不知所之"以下,谓任天而动,与物无忤。是前三者工夫到处,其效如此,故结曰"是卫生之经已"。

"是乃所谓冰解冻释者能乎",各本无"能乎"二字,而郭注云:"能乎,明非自尔。"于注不应有此二字,盖即正文而误入注中者,覆宋本作"是乃所谓冰解冻释者能乎",下有二字,是其证,兹故补正。"冰解冻释者能",犹云冰解冻释之能,谓但如冰解冻释,化其症结,非能便复其情性之真也。"交食乎地"、"交乐乎天",两"交"字,并徼之假借。下《徐无鬼篇》云:"吾与之邀乐于天,邀食于地。"与此文异义同。古字只作"徼",作"邀"者后出字,俞樾说如是,是也。然此云"徼食乎地","徼乐乎天",实孟子"上下与天地同流"而庄子"独与天地精神往来"之义,义不独在食与乐也。孟子语见《尽心篇》,庄子语见《天下篇》。"不以人物利害相撄"四句,乃针对南荣病痛而发。其前知仁义三问,即以"人物利害相撄"者也。若问及至人之德,便不免有求异于人之心,故下三句首以"不相与为怪"言,而亦即庚桑子藏身深眇之教,仍总归之卫生之经者,道术根源实在于此,观《养生主篇》以养生为主,可以见也。迨南荣问"然则是至乎?"则又以"能儿子"为言,于此上更无所加益。说者谓此特师家作用,转换人耳目,令其无所住著耳。宋褚伯秀《南华义海纂微》后附《管见》说如此。窃以为有至与不至之心存,便将自画而不进,故提醒之曰"未也",而其言儿子,即又进而推致于"身若槁木","心若死灰"。夫儿子岂有身槁木而心死灰者哉!亦以见道无尽,学亦无尽,于道则日损,于学则日益,必一切放下,然后一切不著,故曰"若是者,祸亦不至,福亦不来。祸福无有,恶有人灾也!"卒以祸福人灾为言者,所以释南荣三言之疑,使知患有不生之道,而初不在于逃也。此平坦说理,又何尝欲转换人之耳目哉!

宇泰定者,发乎天光。发乎天光者,人见其人。人有修者,乃今有恒。有恒者,人舍之,天助之。人之所舍,谓之天民;天之所助,谓之天子。学者,学其所不能学也;行者,行其所不能行也;辩者,辩其所不能辩也。知止乎其所不能知,至矣;若有不即是者,天钧败之。备物以将形,藏不虞以生心,敬中以达彼,若是,而万恶至者,皆天也,而非人也,不足以滑成,不可内于灵台。灵台者有持,而不知其所持,而不可持者也。不见其诚己而发,每发而不当,业入而不舍,每更为失。为不善乎显明之中者,人得而诛之;为不善乎幽闲之中者,鬼得而诛之。明乎人,明乎鬼者,然后能独行。券内者,行乎无名;券外者,志乎期费。行乎无名者,唯庸有光;志乎期费者,唯贾人也,人见其跂,犹之魁然。与物穷者,物入焉;与物且者,其身之不能容,焉能容人!不能容人者,无亲;无亲者,尽人。兵莫憯于志,镆铘为下;寇莫大于阴阳,无所逃于天地之间。非阴阳贼之,心则使之也。

自此以至篇末,皆庄子之言,所以发明上节卫生之经之旨,而亦间引《逍遥游》、《齐物论》之文以申说之。以其文繁,分为三节作释。

"宇"者,眉宇,与上"眉睫之间"之文相应。"泰定",大定也,正"思虑营营"之反。"发乎天光"者,《中庸》所谓"诚则形,形则著,著则明",《孟子》所谓"充实之谓美",充实而有光辉也。《大宗师》云"其颡頯",頯者高露发美之貌。见《天道篇》注,说详《大宗师篇》"其颡頯"句下。此云"发乎天光",与高露发美语虽不同,其形容有道者"睟面盎背"之气象,则一也。"眸面盎背",语本孟子,见《尽心篇》。然虽有此气象,而自常人视之,即亦与他人无异,盖不自表襮,常人又安得识之! 故曰"人见其人"。"乃今有恒"者,"恒"如《大宗师》"此恒物之大情"之恒,老子所谓"归根曰静,静曰复命,复命曰常"者也。"人舍"之"舍",与捨同,如庚桑楚之居畏垒,其民欲尸祝社稷之,则是未能捨于人者。推其所以未能之故,实由"洒然异之"而起,亦即不能使"人见其人",是以庚桑有藏身不厌深眇之叹也。注家多解"舍"为舍止之舍,谓人来依止之,斯与上文义实相悖,故知其误矣。《大宗师》孔子告子贡曰:"人之小人,天之君子。人之君子,天之小人也。"《天道篇》尧谓舜曰:"子,天之合也。我,人之合也。"并以天人相反立论。然则此曰人舍、天助,固亦其类,"故人之所舍,谓之天民","谓之天民"者,人不得而民之也。"天之所助,谓之天子","谓之天子"者,天则以子畜之也。《人间世》颜子曰:"与天为徒者,知天子之与己,皆天之所子。"此云"天子",正"天之所子"之义,与常言天子诸侯以爵位言者迥别。郭象注曰"出则天子,处则天民",非书旨也。

"学者,学其所不能学",何也? 是所云恒者,乃命之于天,人所本有,不待学而后能,故孟子亦曰"人之所不学而能者,其良能也;所不虑而知者,其良知也",夫曰不学而能,则是非所能学者矣。而学者即学夫此,故曰"学者,学其所不能学也"。推之于行、于辩,皆然。故曰"行者,行其所不能行;辩者,辩其所不能辩也"。又曰"知止乎其所不能知",何也? 曰学、曰行、曰辩,皆根于知,故总归之于不能知。"不能知"者,不知之知,盖孟子所言不虑而知良知者也。"止"者,艮止之止。谓止于其所,非不知为不知,止而不求其知之谓也。"即",就也。"不即是",犹言不止于是。"天钧"即天均,见《齐物论》。"天钧败之"者,败其天钧也。败其天钧者,败其天也。以其光辉发外,谓之"天光";以其居中而持平,谓之"天钧",其实一"天"而已。

"备物以将形",庚桑所云"全女形"也。"物"如孟子言"物交物"之物,完其耳目之物,而不为外物所摇惑也。"将"者,养也。"藏不虞以生心",庚桑所云"抱女生"也。"虞",虞度。"不虞",犹孟子言"不虑"。藏于不虑之地,以生其心,若是,则神宁而气壹,心不劳而生亦不亏矣。又言"敬中以达彼"者,"中"者心也,"彼"者形也。敬于心而达于形,若上之宇泰定而发乎天光,即其效也。"万恶"之"恶",与上"召好去恶"之"恶"同,读去声,意指灾祸。"皆天也,而非人"者,谓非人事之不修,而天命流行,适遭乎此,如孟子言"莫之为而为者,天也;莫之致而至者,命也",故"不足以滑成,不可内于灵台"。《德充符》言"不足以滑和",而此言"不足以滑成"者,德者成和之修,语见《德充符》曰成曰和,一也。《德充符》言"不可入于灵府",而此言"不可内于灵台"者,"内"读纳,亦入也。灵府者,言其为众理之所聚;灵台者,言其高临万物之上。取义各有当耳,非谓二物也。"灵台者有持","持"谓有主。"而不知所持",谓行之以无心,不假思虑,故曰"不知"。若以有心行之,则是把持,与前云"内捷"、"外捷"同病,故特料简之,曰"而不可持者也"。

"诚己"者,诚之于己也。自上"备物"以至"敬中"云云,皆纳之于一"诚"字中,而不曰不诚己而发,特加入一"见"字,曰"不见其诚己而发"者何?见者,灵台见之;不见,则灵台失其职也。灵台失其职,于是发为妄发,故曰"每发而不当"。夫不当而能改,犹未为甚害也。若屡发而不改,则习为故事,入于其心而胶著不解,是之谓"业"。"业"者,习之成也。至"业入而不舍",则无往而不过矣,故曰"每更为失"。"更"读平声。"每更为失"者,每变而逾甚也。于是不止于不当,亦不止于失,而直为恶矣,故曰"为不善乎显明之中者,人得而诛之;为不善乎幽闲之中者,鬼得而诛之"。"诛"者,责也。"幽闲"者,隐僻之地,人所不见,而己之所忽也。"明乎人",明乎人非也;"明乎鬼",明乎鬼责也。明乎人非,则不敢失于显明;明乎鬼责,则不敢失于幽闲。幽、显两俱无失,则灵明渐复,而可以致其诚矣,故曰"然后能独行"。不曰"诚"而曰"独"者,独成其天,斯之谓诚也已矣。独成其天,语见《德充符》。

荀子有曰："不诚则不独。"又曰："夫诚者,君子之所守也。操之则得之,舍之则失之。操而得之则轻,轻则独行,独行而不舍,则济矣。"见《荀子·不苟篇》荀与庄,学虽不同,若此其言,则若合符节,盖修己之功,固未有能逾乎是者也。

"券"与"契"同,契者合也。"券内者",求合乎内。"行乎无名者",阴行其德而不居其名也。"券外者",求合于外。"志乎期费者","费"如《中庸》"君子之道费而隐"之费,盖隐之反,而显用于外之义。"期",要也,求也。意在求显求用,故曰"志乎期费"也。"唯庸有光",但行常道而自有光辉也。"唯贾人也",犹云特贾人耳。以其急于求售,故以贾人比之。"人见其跂,犹之魁然",此别一喻,与上贾人文不相属。"魁然",言其魁岸高大。然跂足以为高,非真高也,故曰"人见其跂"。"见其跂"者,见其无实也。

"与物穷者",《中庸》所谓"能尽人之性","能尽物之性",本上"诚"字而言。诚能动物,故"物入焉"。"入"者,融浃而无间也。"与物且者","且",苟且,《中庸》所谓"不诚无物",故曰"其身之不能容,焉能容人"。"无亲者尽人","尽"犹空也。有人若无人然,故曰空人,谓不得人之力与用也。郭注云:"尽是他人。"本是他人,语将何别,知其义非当矣。

"憯"与"惨"同,毒也。"镆铘",吴之良剑。兵莫憯于志,就贼人一边言;"寇莫大于阴阳",就自贼一边言。贼人者,其终则自贼,故上句宾而下句主。言"无所逃于天地之间"者,阴阳之患存乎身心,夫将奚逃!故曰"非阴阳贼之,心则使之也",义见《人间世篇》。

道通。其分也,成也;其成也,毁也。所恶乎分者,其分也以备;所以恶乎备者,其有以备。故出而不反,见其鬼;出而得,是谓得死。灭而有实,鬼之一也。以有形者象无形者而定矣。出无本,入无窍。有实而无乎处,有长而无乎本剽,有所出而无窍者,有实。有实而无乎处者,宇也;有长而无本剽者,宙也。有乎生有乎死,有乎出有乎入,出入而无见其形,是谓天门。天门者,无有也,万物出乎无有。有不能以有为有,必出乎无有,而无有一无有。圣人藏乎是。

　　古之人,其知有所至矣。恶乎至?有以为未始有物者,至矣,尽矣,弗可以加矣。其次以为有物矣,将以生为丧也,以死为反也,是以分已。其次曰始无有,既而有生,生俄而死;以无有为首,以生为体,以死为尻;孰知有无死生之一守者,吾与之为友。是三者虽异,公族也,昭、景也,著戴也,甲氏也,著封也,非一也?有生,黬也,披然。曰移是。尝言移是,非所言也。虽然,不可知者也。腊者之有膍胲,可散而不可散也;观室者周于寝庙,又适其偃焉,为是举移是。请尝言移是。是以生为本,以知为师,因以乘是非;果有名实,因以己为质;使人以为己节,因以死偿节。若然者,以用为知,以不用为愚,以彻为名,以穷为辱。移是今之人也,是蜩与学鸠同于同也。

　　"道通"二字为句。《齐物论》曰:"道通为一。""道通"者,道一而已,言通犹言一也。"分"者,分合之分,读平声。郭注云:"成毁无常分。"《释文》从郭,音符问反,非也。各本"其分也"下无"成也"二字,惟古钞卷子本有之,然据《齐物论》则有者为是,因补。分而后成物,故曰"其分也成也"。物成则有毁,故曰"其成也毁也"。分者,道之所不能免也。自执其分者,以为道之备在是,而道始散矣,故曰"所恶乎分者,其分也以备"。抑道无不在,即一体以指其全,未始不可也。而执其全者,则以为此外无道,欲取备者必于是,而道乃狭矣,故曰"所恶乎备

庄子发微卷之四·庚桑楚第二十三

者,其有以备"。曰"有以备",则有不备者矣。"出而不反",是执其分而不知通者也,故曰"见其鬼"。"出而得",出而自以为有得,是有以备而自隘其知见者也,故曰"是谓得死"。此两言"出",皆承上"券外"而言。学道之大忌,莫过于外驰而不反,故再三言之。"灭而有实,鬼之一"者,此泛言鬼,意谓人知灭而有实者为鬼,而不知此特鬼之一种。实则人无时而不自陷于鬼趣之中也。《中庸》言鬼神之德,曰"视之而弗见,听之而弗闻,体物而不可遗"。此云"灭",即视而弗见、听而弗闻。此云"有实",即"体物而不可遗"也。

"以有形者象无形者而定矣","定"即"宇泰定者"之定。"有形"谓人与物,"无形"谓道也。"象"者,法而像之也。自此以下,皆根无形者言。"出无本","无本"犹无始也。"入无窍",窍通徼,老子:"常有欲以观其徼。"徼本或作窍,知相通矣。徼者边际,"无徼"犹无终也。旧注作孔窍释之,非是。"有实"之"实"对虚言,与上"灭而有实"之实同,言其非无而已,非真有实体也,而无一定之方所,故曰"有实而无乎处"。"长"读平声,"长"者久也。"剽"同标,《释文》云:"本亦作标。"作摽者误标者末也。以其无有始终可言,故曰"有长而无乎本剽"。《墨经》云:"久,弥异时也。宇,弥异所也。"弥者充满。以其充满,故曰"有实"。曰"无本剽",语虽异而义则同矣。

中间插入"有所出而无窍者有实"一句,似为"有实"二字作注释,而实非也,此盖就当人切己处而指点之意,不独外之宇宙如是,人之一念一虑,乃至一呼一吸,其有出有入,皆其无始无末,而实而非虚者也。曰有所出不言无本,曰无窍不言入,上下错举,互备成文。吕惠卿《庄子义》谓其"文义不全,宜曰:有所出而无本者有长,有所入而无窍者有实",章太炎《庄子解故》又以"有实"二字为涉下"有实"而衍,皆未会庄子之意者也。观下文"有乎生有乎死,有乎出有乎入,出入而无见其形",备言生死出入,即因此文而发,则知此非单言出而不言入者矣。惟其有实,故曰"无见其形"。"无见其形"者,非无形也。前后文正针

425

对,则知"有实"二字非衍文矣。

"是谓天门","天门"字与上天光、天钧相应。谓之"门"者,就其出入之义而名之者也。实则出入为强名,而天门亦虚号,故曰"天门者无有也"。盖惟无有,斯无所不有。故万物出乎无有。若既有矣,则一有一不有,如分则不备,成则有亏,何能生乎万物! 故曰"有不能以有为有,必出乎无有"。然若执此无有以为实体,则无有亦即与有何别? 故穷究其极,曰"而无有一无有",是即《齐物论》"未始有夫未始有物"之义。必如是,而后刀刮水洗,纤毫不立,外内并捐,天光毕露。曰"圣人藏乎是"者,《易·系辞传》所谓"以此洗心,退藏于密"。心藏而身无不藏,然后知庚桑言藏身不厌深眇者,犹未为能窥乎其至也。

"古之人"以下,择取《齐物论》、《大宗师》之说而衍之,以明死生之一致,仍是"有形者象无形者而定矣"之旨。"以生为丧"、"以死为反",所谓"予恶乎知恶死之非弱丧而不知归"者。语见《齐物论》"丧"谓失其居宅也,是则与一视死生者犹为有间,故曰"是以分已"。"分"者,谓其不能通也,故以为次。"以无有为首,以生为体,以死为尻",见《大宗师篇》。彼"无有"二字作"无","体"作"脊"。"尻"者尾也。有首有尾,则犹有本末终始之见存,故又次之。"有无死生之一守者",有无死生虽异,而守之则一也。《大宗师》作"死生存亡之一体",而此变文言"守"者,"守"者持也,以见工夫之有所在,非漫无意也。注家或以"守"与道音相同,道从首得音,古读如首。因即以道释之,未为然也。"三者",上三说也。"公族也"者,取公族以为喻也。"昭景",昭氏、景氏。"著戴"者,著其所戴之宗也。"著封"者,著其所封之邑也。三氏虽异,其为公族则一,故曰"非一也"。"也"读如邪。先列其次,而终许其一,以见道之分无不可通也。

"臘",司马彪注读作厱,云:"厱有疵也。"以有生为厱,与《大宗师》以"生为附赘县疣"盖同一义。"披然",分散貌,二字当顿,连上为义。厱有蔓延之性,故云"披然"。若彪云"有疵者欲披除之",则非是矣。

"移"者，如《大宗师篇》子犁所云"伟哉造化！又将奚以女为，将奚以女适"，"以女为鼠肝，以女为虫臂"之类，移此而之于彼也。"曰移是"者，犹《齐物论》言"因是"。《齐物论》由是非而论及于生死，此则由生死而论及于是非，明乎生死之不一而一，则亦可知是非之不齐而齐也。"尝言"者，试言之也。"非所言"者，言之所不能及也。又转曰"不可知者"，犹《齐物论》云："其所言者特未定也。"及与不及，亦视乎言之者如何耳，非必不可言者也，故下文设譬以明之。

"腊"，腊祭也。"腒"，牛肚，义取其比。比者列也。"胲"，颊肉，《汉书·东方朔传》"树颊胲"是也，义取其该。比列而该备之，以示祭礼之盛，故曰"可散而不可散也"。"可散"者，腒自为腒，胲自为胲；"不可散"者，散则义失，而礼亦阙矣。此一譬也。"观室者"，观居室之制也。室有东西厢曰庙，无东西厢有室曰寝。见《尔雅·释宫》寝庙皆人所居处，故虞人之箴曰："民有寝庙，兽有茂草，各有攸处，德用不扰。"见《春秋》襄四年《左氏传》非如后世以庙专为宗庙、神庙之称也。"周"者，无所不历也。"偃"借作匽，圊圂也。又适其匽者，虽下至便溺之所，亦所不遗也。此又一譬也。两譬皆以见同异分合之相待。明乎此，然后可以言"移是"，故以"请尝言移是"接焉。

"以生为本"，是生死边事。"以知为师"，则是是非边事。"知"读如字。然知之所由起，莫不据其本身之生死利害以为迎拒取舍，故连累而言之，而曰"以生为本"也。"因以乘是非"者，"乘"犹御也，谓是非左右在我，如御之于车马然也。"果有名实"，言"果"者，因实立名，因名求实，信夫其不可诬也。至此为止，其于是非未甚离其本也，进而"以己为质"，则纯是己见从事。"质"者质正，谓莫不以己见为之衡量也。"使人以为己节"，"节"如孟子"若合符节"之节，谓使人必符同于己也。"以死偿节"者，"偿"犹殉也，谓虽死而不易其所执。此文叠用三"因以"字，每进而益歧。是非之所以淆乱，而争轧之所以繁兴也。"以用为知"，"知"读如智。"以彻为名"，"彻"者通也。若是，则所争在显晦、知愚、穷通、荣辱,而是非且屏而不论矣。夫"移"者,本以求其通也,今则愈移而愈分,且反以离其本,故曰"移是今之人也",谓今之人移是则然,古之人不如此也。"蜩与学鸠",并见《逍遥游篇》。"是蜩与学鸠同于同"者,言今之人其见直与蜩鸠相等,知同之为同,而不知集异以为同之大也。

蹍市人之足,则辞以放骜,兄则以妪,大亲则已矣。故曰:至礼有不人,至义不物,至知不谋,至仁无亲,至信辟金。

彻志之勃,解心之谬,去德之累,达道之塞。富贵显严名利,六者,勃志也;容动色理气意,六者,谬心也;恶欲喜怒哀乐,六者,累德也;去就取与知能,六者,塞道也。此四六者,不盪胸中则正,正则静,静则明,明则虚,虚则无为而无不为也。

道者德之钦也,生者德之光也,性者生之质也。性之动谓之为,为之伪谓之失。知者,接也;知者,谟也;知者之所不知,犹睨也。动以不得已之谓德,动无非我之谓治,名相反,而实相顺也。

羿工乎中微,而拙乎使人无己誉。圣人工乎天,而拙乎人。夫工乎天而俍乎人者,唯全人能之。唯虫能虫,唯虫能天。全人恶天,恶人之天,而况吾天乎人乎!一雀过羿,羿必得之,或也;以天下为之笼,则雀无所逃。是故汤以胞人笼伊尹,秦穆公以五羊之皮笼百里奚,是故非以其所好笼之而可得者,无有也。兀者拸画,外非誉也;胥靡登高而不惧,遗死生也。夫复谞不馈而忘人,忘人,因以为天人矣。故敬之而不喜,侮之而不怒者,惟同乎天和者为然。出怒不怒,则怒出于不怒矣；出为无为，则为出于无为矣。欲静则平气，欲神则顺心，有为也欲当则缘于不得已。不得已之类，圣人之道。

此以下承上"道通"、"移是"之文，而复归结于藏身、卫生之要，观其辞似若杂乱，而义则前后联贯，一线到底，且有发内外篇所未发者。窃尝疑郭象外篇、杂篇之分不能无失，反复此篇，乃益信所疑之非过也。

"蹍"，践蹋也。"市人"，市中之人。"謷"通敖。放敖，犹放肆也，谓失于礼。"辞"者，辞谢之。"妪"，煦妪，但出声问慰之而已。"大亲"，谓父母。"已"，止也。知其爱子，必能明恕，若慰则不恭，谢反非情，故并止而不为也。成疏以为父蹋子足，若是，则等兄而下之，非文序也。"至礼有不人"者，不以人为之仪文为重也。"至义不物"者，不以物为厚薄也。此"人"、"物"字皆以实字作虚字用。郭注云："不人者，视人若己。"又云："各得其宜，则物皆我也。"并失之。"至知不谋"，不待谋也。"知"读如智。"至仁无亲"，无待亲也。"至信辟金"，金之坚不足为比。"辟"者，屏弃之也。

"彻"与撤同。"悖"，乱也，本或作勃，勃者假借字，兹从其正。"谬"一作缪，缪亦假借字。成疏以缪为系缚，不知悖谬文对，非系缚之谓也。"累"，累赘。"塞"，不通也。"显"，荣显。"严"，尊严。"富贵显严名利"，常人志每在是，故以志言之。"容"，容貌；"动"，举动；"色"，颜色；"理"，辞理；"气"，气息；"意"，志意；是皆心之所发，故以心言之。夫容貌颜色，动作辞气，皆礼经之所讲求，君子之所致谨，故曾子曰："君子所贵乎道者三：动容貌，斯远暴慢矣；正颜色，斯近信矣；出辞气，斯远鄙倍矣。"见《论语·泰伯篇》而此乃以六者为"谬心"，何也？曰：是言夫致饰于外，作伪以媚世者耳。不然，前文云："敬中以达彼。"又云："与物且者，其身之不能容，焉能容人！"则岂恣肆怠傲，不谨于言动仪容者哉！是当求其意之所在，不得专就文字观之也。"恶"读去声，"恶欲"犹好恶也。"去就取与知能，六者为塞道"，何也？曰：道贵乎通。有去有就，有取有与，则堕于一偏，其非通明矣。若夫知、能，有知则有不知，有能则有不能，是故并之四者而同为塞道也。"盪"一作荡，字通，谓摇荡也。"正、静、明、虚"，屡见前文。"无为而无不为"，与上"万物出乎无有"义相应，细玩可知。

"道者德之钦"者，"钦"犹尊也，仰也。谓德之所尊仰者，道也。俞樾以"钦"为廞之假字，引《小尔雅》"廞，陈也"，释曰："所以生者为德，陈列之则为道。"其言甚似，而实非也。如俞氏所释，则是先有德而后有道。案之庄子之书，大相径庭矣。《天地篇》曰："德兼于道，道兼于天。"《知北游篇》曰："道不可致，德不可至。"且引老子"道失而后德"之言以为之说，其先道而后德甚明。若此文，由道而德，由德而生，由生而性，由性而为，其次第尤较然不紊，安得以道为德之所陈列乎！注家多有用俞说者，不得不辩也。虽然，俞氏云"所以生者为德"，是则较成疏"道是所修之法，德是临人之法"，及引"天地之大德曰生"云云为有依据。《天地篇》曰："泰初有无，无有无名，一之所起，有一而未形，物得以生谓之德。"是俞氏之所本也。故此文言德者二：一即此"德之钦"、"德之光"之德，一则下"动以不得已之谓德"之德。上之德，就人生之初言，故曰"生者德之光也"。"德"者天德。"德之光"，即天光也。若一落形质，则谓之性，故接曰"性者生之质也"。庄子言性，有纳性于生之中，即合生与性而言之者，如《养生主》之生是；有分生与性而言之者，如此文是。要之生之谓性，性与生义本相通，是又不可不知也。"性之动谓之为"，为出乎性之自然，所以为而无以为也。"为之伪谓之失"，"伪"如荀子"人之性恶，其善者伪也"之伪，人为之义，非虚伪义也。为而出于人为，则不能无为，而为所以失也。"失"者，失其性也。下接言知者，知亦性之动，而为之一也。

"知者接也"者，"接"谓接触，如目之视色、耳之闻声，接触外物而知之，今常言感性认识者是也。"知者谟也"者，"谟"犹谋也，谓谋虑量度，即就所接触者从而分析之、综合之，以归于一是，今常言理性认识者是也。"知者之所不知犹睨也"者,浅之则接,深之则谟,要同有一灵明者为主于内,以为接之、谟之之运,是则知之所不能知。上文言"知必止乎其所不知"者,盖指乎此,此无为而无不为之根,不反乎此,未有不以动之伪而失者也,故特指点出之。而以"犹睨也"为譬者,"睨"如《中庸》云"执柯以伐柯,睨而视之"之睨。睨在取则,而不在观物,是正灵明之所寓,而不偏不倚,无有一丝思虑杂乎其间,故郭象注曰"目之能视,非知视而视也。不知视而视,不知知而知耳,所以为自然。若知而后为,则知伪也",下语虽未切当,而大意不离。若宣颖《南华经解》执著"睨"字,谓如目斜视一方,则所见不多,于《庄》书本旨适得其反。后之注家,率遵用宣说,不可解也。

"动以不得已之谓德",此"德"就人生之后学之所造就者言,《天地篇》所谓"性修反德,德至同于初也"。"不得已"者,性之所发,而不容已者也,详见《人间世篇》。"动无非我之谓治",曰"我"者,诚于己而不徇于物。曰"治"者,则悖志、谬心、累德、塞道之反也。又曰"名相反而实相顺"者,"顺",从也。如"动以不得已",所谓天也,无为也。"动无非我",则人也,有为也。天之与人,无为之与有为,于名则相反也。然人以成其天,无为而有为,于实则相从也。上文云"虚则无为而无不为也",观此可益信矣。

"羿",古之善射者。"工乎中微",羿之能也。"拙乎使人无己誉",则羿之短也。言此者,以见显名之为悖志,非所以藏身之固也。故南宫适曰:"羿善射,奡荡舟,俱不得其死然。"见《论语·宪问篇》岂独羿哉,虽圣人亦然。庚桑之拥肿与居,鞅掌为使,可谓工乎天矣,而不能使畏垒之民不尸祝而社稷之,则亦拙乎人者也。是以"工乎天而俍乎人者,唯全人能之"。"俍"同良,善也。"全人"犹至人。"唯虫能虫",虫之人也。"唯虫能天",虫之天也。故若虫者,为能全其德也。"全人恶天",非恶其天也,恶天而遗夫人也,故曰"恶人之天"。人之天者,人而天也。人而天,则天矣,而人不得而人之。上文云"发乎天光者,人见其人"。人见其人,是佷乎人者也,今反是,全人所以恶之也。夫天而遗人,全人尚犹恶之,则龂龂于天人之间见其相反,而不知其相顺者,其失为何如,故曰"而况吾天乎人乎!"

"一雀过羿","过"各本皆作"适",《韩非子·难三》有此文,则作"过",《艺文类聚》引《庄子》亦作"过","过"字义长,故兹改从"过"。"或"各本皆作"威",惟《释文》云:"威也,崔本作或也。"案:"或",古域字。域者,局限之意,与下"则雀无所逃"相对成文。雀过则必得,其不过者不能得也,是犹有局限,故曰"或也",若作"威"则无义,故此依崔本改作"或"。"以天下为之笼",则天下之雀皆在笼内,不必得之而无不得也,故曰"则雀无所逃"。此一喻也,以见道之通无不包也。

"庖"本一作"胞",字通。"汤以庖人笼伊尹",不以其为庖人而遗之;"秦穆以五羊之皮笼百里奚",不以其为饭牛而遗之,可谓善于笼天下之士矣。然而士得而受其笼者,中之以所好也,"是故非以其所好笼之而可得者,无有也"。此一喻也,以见藏身之固者,无所见于外,虽有如汤与秦穆者,亦不得笼而取之也,故下以"外非誉"、"遗死生"言之。

"兀"各本作"介",崔本作"兀",义同,兹用崔本,庶与《德充符》一律。"画"者则也,谓规矩礼法,读如划。"挢",弃也。刖者支体残毁,进退周旋,不复可以礼绳之,故挢画,崔云"不拘法度"是也。"胥靡",刑徒人也。"登高",谓从事劳役,如秦、汉之城旦。驱之乘危,生死已置度外,故不惧也。夫兀者与胥靡尚能如是,况学道者乎!故曰:"夫复谓不馈而忘人,忘人,因以为天人矣。""谓"同习。"馈"借作愧,《释文》云"一音愧",元嘉本作"愧",是其证也。"复谓不愧"者,熟习夫道,而内无疚于己也。"忘人"者忘夫人事,如非誉死生皆是也。"因以为天人"者,《天下篇》所谓"不离于宗谓之天人"者也。

"敬之而不喜,侮之而不怒",承"忘人"言。"唯同乎天和者为然",承"天人"言。"同乎天和",犹曰同乎天德。不曰德而曰和者,敬不喜、侮不怒是和之事也。"出怒不怒",此"出"谓超出也,超出怒与不怒二者之外,则虽怒而实与未尝怒同,是"怒出于不怒"也,此"出"则从出之出矣。"出为无为则为出于无为"句,亦同。归结于"为出于无为"者,此一篇之要旨,藏身卫生之道,胥不离于是也。"欲静则平气",以气言。气平则静也。"欲神则顺心",以心言。心顺则神也。要之曰平曰顺,皆和之功也。"有为也欲当则缘于不得已","缘"者因也,因于不得已,则无为之用也。惟无为之用神而体静,圣人之道如是,故曰"不得已之类,圣人之道"。上文推全人而抑圣人,此乃言圣人不言全人者,义在乎圣而不在乎全。因文而施,不可得而执泥也。"当"读去声,允当也。

徐无鬼第二十四

此篇颇多精辟之论，其大旨则在解惑，观于篇之首尾可见也。《天地篇》曰："知其愚者，非大愚也；知其惑者，非大惑也。大惑者终身不解，大愚者终身不灵。三人行而一人惑，所适者犹可致也，惑者少也。二人惑，则劳而不至，惑者胜也。而今也以天下惑，予虽有祈向，不可得也，不亦悲乎！"是亦几于绝望于世矣。而此篇曰："以不惑解惑，复于不惑，是尚大不惑。"终冀惑者之复于不惑也。此老为人，直是老婆心切，孰谓庄生非仁者哉！

徐无鬼因女商见魏武侯，武侯劳之曰："先生病矣！苦于山林之劳，故乃肯见于寡人。"徐无鬼曰："我则劳于君，君有何劳于我！君将盈耆欲，长好恶，则性命之情病矣；君将黜耆欲，挚好恶，则耳目病矣。我将劳君，君有何劳于我！"武侯超然不说。

少焉，徐无鬼曰："尝语君：吾相狗也。下之质，执饱而止，是狸德也；中之质，若视日；上之质，若亡其一。吾相狗，又不若吾相马也。吾相马,直者中绳,曲者中钩,方者中矩,圆者中规,是国马也,而未若天下马也。天下马有成材,若恤若失,若丧其一,若是者,超轶绝尘,不知其所。"武侯大说而笑。徐无鬼出。

女商曰:"先生独何以说吾君乎?吾所以说吾君者,横说之则以《诗》、《书》、《礼》、《乐》,从说之则以《金版》、《六弢》,奉事而大有功者,不可为数,而吾君未尝启齿。今先生何以说吾君,使吾君说若此乎?"徐无鬼曰:"吾直告之吾相狗马耳。"女商曰:"若是乎?"曰:"子不闻夫越之流人乎?去国数日,见其所知而喜;去国旬月,见所尝见于国中者喜;及期年也,见似人者而喜矣。不亦去人滋久,思人滋深乎?夫逃虚空者,藜藋柱乎鼪鼬之径,踉位其空,闻人足音跫然而喜矣,而况乎昆弟亲戚之謦欬其侧者乎!久矣夫,莫以真人之言謦欬吾君之侧乎!"

"徐"姓,"无鬼"名,魏之隐士也。《释文》云:"司马本作缙山人徐无鬼。"案:缙山即綿山,介子推避晋文公处,在今山西平定县,正魏之境内。"女商",魏臣。"女"音汝。春秋,晋大夫有女叔齐,见《左氏传》,"商"殆其后也。"武侯",文侯子,惠王父,名击,都安邑。

"劳之"之"劳"读去声,慰劳也,下"劳于君"、"劳于我"并同。"山林之劳"读平声,劬劳也。"病",病困,非谓疾病也。"耆"读嗜。"盈"谓满足也。"长",增长之长,读上声。"性命之情",性命之真也。"挈"音悭,搣去也。"超"通怊,《天地篇》云"怊乎若婴儿之失其母",怊然、怊乎,并怅然义。"不说",不悦也。或有作"不对"者,误也。《释文》出"不说",云:"音悦。下文大说同。"知无有作"对"者。

"少焉",犹少顷。"尝",试也。语武侯以相狗、相马者,先投其所好也。"执饱而止","执",捕也。捕兽得饱则止,故曰"下之质"。"质"

犹材也。"是狸德"者,"狸",猫也,言其特与猫等。"若视日",瞻高而瞩远也,故以为"中之质"。"若亡其一"者,如有所失然,此形容其神气之专一,犹《天地篇》言德人之容而曰"怊乎若婴儿之失其母,傥乎若行而失其道也"。彼设喻以说之,此则并于一言,义则同也,是"上之质"也。《释文》云:"一,身也。谓精神不动,若无其身也。"下文"若丧其一",则云"言丧其耦也"。以"一"为身,于训诂无所依据。若耦,则尤不得以一比,故不从也。

相马"直者中绳,曲者中钩,方者中矩,圆者中规",直曲方圆并以马之驰骤合法言。《达生篇》云:"东野稷以御见庄公,进退中绳,左右旋中规,庄公以为文弗过也,使之钩百而反。"虽彼言御,此言相马,义各有在,然以彼证此,亦可知相马相在德力,不在形体。注家率用司马彪之说,谓直谓马齿,曲谓背上,方谓头,圆谓目,此于后世之相马经或有之,然实皮相之论,以是相马,其不失者殆鲜矣。且下文云"超轶绝尘,不知其所",亦正以马之奔驰言。前后相照,益信彪之说为泥而不合矣。

"国马"、"天下马",犹孟子言"一国之善士"、"天下之善士",谓其冠于一国、冠于天下也。"有成材",言其材素成也。"材"亦作才,字同。"恤",忧也。"若恤",若有忧思然,言其矜重也。"失"同佚,司马本正作佚。"若佚",若将奔佚然,言其竦动也。"若丧其一",则《达生篇》所谓"望之似木鸡"者,盖纯气之守乃能若是。虽说相马,而意在论道,武侯亦若有所领会,所以"大说而笑"也。"绝尘",见《田子方篇》。"不知其所",不知其所止也。

"说吾君"以下数"说"字,皆如字,或读税,音义同。"从"通纵。"金版"、"六弢",各说不同,谓二者为《周书》篇名者,崔撰也。"弢"又作韬,谓"六韬"为太公作文、武、虎、豹、龙、犬之《六韬》者,或说也。案:太公《六韬》,班固《汉书·艺文志》所不载,其书是否出于太公,六者之名是否如"或者"之说,俱不可知,然要之《金版》、《六弢》为论兵之书,而非如崔撰所云《周书》之篇名,则可决。何以见之? 以其对《诗》、《书》、《礼》、《乐》而言见之。且武侯好武,女商之说武侯,自亦不得不取于兵法之书也。"奉事",奉武侯之命而执事也。"数"读上声。"不可为数"者,言其有功不可以计数也。"启齿",微笑貌。"使吾君说若此",指"大说而笑"言,"说"读悦。

"吾直告之吾相狗马耳","直"犹特也,但也,言但如上所云耳。"若是乎"者,疑其言之浅而何以动人之甚也。"越",即《逍遥游》宋人资章甫而适诸越之越,谓越地。越虽亡于楚,而其名固自在也。《释文》云:"越,远也。"非是。"流人",流放之人也。"去国",去其本国也。"知",知交。"尝见于国中者",但曾见之,非相知者也。"旬月",或经旬或经月也。"期年",周年也。"似人",似其国人,不必曾见之也。"去人滋久,思人滋深"者,"滋",益也,久而欲见其国人益甚也。

"逃虚空者",畏罪而逃于无人之地者也。"虚"同墟。井邑废而为丘墟也。"藜"、"藋"一类,但藋色带赤。"藋"音掉,土名灰条莱者。条即藋之音变也。"鼪"、"鼬"亦一类,或从犬作狌狖,俗所谓黄鼠狼也。言"径"者,鼪鼬之所往来。言"柱"者,挺生其中,无人排除之也。"跟",跟踉,局蹐不安之貌,本或作艮,字通。"位其空"者,居于藜藋之空处也。此"空"当读去声。"跫"音穷,人行声。"闻人足音跫然而喜"者,逃居无人之境,故得人足音便喜,又不必其为国人矣。"亲戚",父母也。《韩诗外传》云:"曾子亲戚既没,欲孝无从。"此由昆弟推而上之,知其指父母言,无疑也。"謦欬",喉中出声也。《列子·黄帝篇》:"惠盎见宋康王,康王蹀足,謦欬疾言。"于"疾言"之前而加"謦欬"字,则"謦欬"非言也。盖于人言闻足音而喜,则见其人不待言;于昆弟亲戚言謦欬其侧而喜,则相与谈笑不待言。此皆文章深一层写法,漆园之文之妙在此,若如各注以"謦欬"为即言笑,意反浅矣。

"久矣夫,莫以真人之言謦欬吾君之侧乎",真人之言,岂有他哉,亦言之真者而已。言之真,亦即性命之真也。此一语,不独解武侯之惑,且亦足解女商横说《诗》、《书》、《礼》、《乐》,从说《金版》、《六弢》之惑。观其曰"奉事而大有功者不可为数",一心在有功,胸中扰扰如此,岂复能葆其真哉! 不葆其真,夫焉往而不惑!

徐无鬼见武侯。武侯曰:"先生居山林,食芧栗,厌葱韭,以宾寡人久矣。夫今老邪? 其欲干酒肉之味邪? 其寡人亦有社稷之福邪?"徐无鬼曰:"无鬼生于贫贱,未尝敢饮食君之酒肉,将来劳君也。"君曰:"何哉? 奚劳寡人?"曰:"劳君之神与形。"武侯曰:"何谓邪?"徐无鬼曰:"天地之养也一,登高不可以为长,居下不可以为短。君独为万乘之主,以苦一国之民,以养耳目鼻口,夫神者不自许也。夫神者好和而恶奸。夫奸,病也,故劳之。唯君所病之,何也?"武侯曰:"欲见先生久矣。吾欲爱民,而为义偃兵,其可乎?"徐无鬼曰:"不可。爱民,害民之始也;为义偃兵,造兵之本也。君自此为之,则殆不成。凡成美,恶器也。君虽为仁义,几且伪哉! 形固造形,成固有伐,变固外战。君亦必无盛鹤列于丽谯之间,无徒骥于锱坛之宫,无藏逆于得,无以巧胜人,无以谋胜人,无以战胜人。夫杀人之士民,兼人之土地,以养吾私与? 吾神者其战,不知孰善? 胜之恶乎在? 君若勿已矣,修胸中之诚,以应天地之情而勿撄。夫民死已脱矣,君将恶乎用夫偃兵哉!"

"芧"与杼同,字亦作柔。《山木篇》作"食杼栗",从木、从草一也。《齐物论》"狙公赋芧",亦从草。芧,今所谓橡子也。"厌"读如餍,饱食也。"宾"读如摈。"摈寡人久矣",犹云弃寡人久矣。"夫今老邪",犹云其今老邪。"夫"字属下读。旧连上,以"久矣夫"为句,误也。"干",求也。"社稷之福",意谓无鬼将出而仕,与闻国政,社稷因以蒙其福

庄子发微卷之四·徐无鬼第二十四

也。此特门面陪衬语,本意实在上句,故无鬼置此不答,而但答前语,云"未尝敢饮食君之酒肉"也。"将来劳君",犹云来将劳君。

"何哉",诧怪之辞。"奚劳寡人",方是问语。"神形"义,见下文。"天地之养也一",言天地之于万物,使皆得其养,无有厚薄不均也。"登高"以喻在上位,"居下"以喻处卑贱。"不可以为长短",犹云不可以为优劣。"耳目鼻口",形也。形之主为神。"夫神者不自许也",不言天地不许,亦不言人不许,而云神不自许,此与孟子与齐宣王语,处处启发其不忍之心,皆善为说辞者,篇末所谓"以不惑解惑,复于不惑也"。"好和而恶奸","和"者和于德,"奸"者悖于道,皆切其本身言。悖于道,则未有不困者,故曰"夫奸,病也,故劳之"。"劳"者,劳其形与神忤,而神失其养也。"唯君所病之,何也",反诘之辞。"所"犹所以,"病之"谓病于此,意即诘其何故自蹈此病也。

"欲见先生久矣",语气全变,殆武侯悔心之萌也。"吾欲爱民",应上"以苦一国之民"语,而接曰"为义偃兵",则仍侈心之发,惑之不易解,于此可以见之。故无鬼决然告之曰"不可"。"爱民,害民之始"者,古者有所兴革,其始未尝不曰出于爱民也,而往往一利兴,利在于上,民无与焉,至利兴而弊生,民则实受其弊。若是者多矣,岂非"爱民,害民之始"乎!"为义偃兵,造兵之本"者,齐桓、晋文之霸,苏秦、张仪合从、连衡之说,岂不曰:若是而天下可以无兵革哉!然自有霸之名,而争霸者出;有合从之说,而连衡以起,天下纷纷扰扰,战日益烈,而祸日益甚。其最著者,春秋襄二十七年宋之盟,固以弭兵为标榜者,其议倡于向戌,晋、楚皆许之矣;而及其会也,楚人衷甲,其盟也,晋楚争先,其时殆哉岌岌乎,以晋赵武之不竞,始免于决裂耳。详见《春秋左氏传》然由是诸小国仆仆于晋、楚两大国之间,竭其货贿以供,乃重益困矣。弭兵之利又安在哉!

曰"君自此为之,则殆不成"者,"此"指为义言。义而曰为,则非出于义,而出于为名也。《左传》曰:"宋向戌欲弭诸侯以为名。"武侯之心,盖犹是向成之心也。出于为名,则实假之以遂其私也。故曰"君虽为仁义,几且伪哉!""几"亦殆也。伪生于为,为则未有不流而为伪者也。其曰"凡成美,恶器也",何也? 为之而不成,不过不成已耳,其害犹浅;若成而得美名,则恶将随之,其害愈深。故曰:"成美,恶器也。"老子曰:"天下皆知美之为,美斯恶矣;天下皆知善之为,善斯不善矣。"此二句皆当于"为"字句绝。美之为、善之为,所谓成美也。盖此意也。

"形固造形"者,"形"者形势。为义偃兵,一形势也。因偃兵而兵以起,又一形势也。形势之演变无极,斯所谓"形固造形"也。"固"与故通,下两"固"字同。"成固有伐,变固外战"者,成与变对文。偃兵而果成也,则天下有不欲偃兵者,我且声其罪以伐之,是"成故有伐"也。其不成而有变也,则与我者叛,敌我者张,国境之外,战且四起,是"变故外战"也。凡言此者,皆以见"为义偃兵",其为"造兵之本",势有必然也。注家多舍正文,别自为解,如以"伐"为矜伐,或据《说文》读"伐"为败,以为成必有败,其离本意远矣。

"鹤列",陈名,取义于如鹤之列,犹春秋郑有鱼丽之陈也。见桓五年《左氏传》"丽谯"谓楼观也。门上为高楼以望远曰"谯"。"丽"者两也。知其为两者,以言"丽谯之间"而知之。然则"丽谯"犹两观矣。《春秋》定二年:"雉门及两观灾。""徒骥"与鹤列对,"鹤列"当是步卒。《荀子·议兵篇》曰:"齐之技击,不可以遇魏之武卒。"则魏固以步卒见长,故先言之。"徒骥"殆用车乘,故以"骥"名。"徒"者众也。"锱坛之宫",宫名。宫内有坛曰"锱坛",因以坛名其宫。凡上所举军陈与宫观之名,皆当时魏制如此,但今则不可详考耳。丽谯之间非陈兵之所,锱坛之宫尤非驰骋之地,其言此者,亦以戒武侯庙堂之上、宫廷之中,无事用兵之筹画云尔。故接言之曰"无藏逆于得","得"借作德,司马彪本作德可证。外曰为义,而内实争雄,是"藏逆于德"也。"藏逆"者,首则用巧,次则仗谋,终则决战,故曰"无以巧胜人,无以谋胜人,无以战胜人"。至"以战胜人",则必杀人之士民,兼人之土地。其若是者,不过以养其私而已。然私得其养,而神则不受也,故曰"以养吾私与"。"与"读如欤。此喝起下文。

"吾神者其战",谓神与私战也。旧解皆读"以养吾私与吾神",至"者"字句绝,而以"其战"属下"不知孰善"为句。今知其不然者,上文云"神者好和而恶奸",夫好和而恶奸,则养之当以和,若以杀人士民、兼人土地为养,是以奸养也,可曰养神乎哉!且"不知孰善"云者,两相比较之辞也。如旧解,则只一杀人士民、兼人土地之战,无所谓两也。今惟分而读之,外则吾与人战以养其私,内则神与私战以受其病,两者相衡,取养私欤?取受病欤?是以曰"不知孰善"也。抑战则胜人,而神屈于战,是神负也。神者吾神也。吾神负吾乃独胜乎?故又曰"胜之恶乎在也?"私意此文当如是作解,然后前后文乃不龃龉,惟识者详焉。

"君若勿已矣","勿已",与孟子言"无以则王乎""无以"意同。以同已。见《梁惠王篇》。郭注云"若未能已,则莫若修己之诚",是也。"诚"与上"几且伪哉""伪"字相应。诚曰"胸中之诚"者,诚不在外也。"以应天地之情而勿撄","天地之情",即上所谓"天地之养",一也。使一国之民皆得天地之养而不扰之,是所以"应天地之情"也。"民死已脱"者,民已得免于死也。"君将恶乎用夫偃兵哉",言兵不偃而自偃,偃兵之说无所用之也。

黄帝将见大隗乎具茨之山,方明为御,昌寓骖乘,张若谐朋前马,昆阍滑稽后车。至于襄城之野,七圣皆迷,无所问涂。适遇牧马童子。问涂焉,曰:"若知具茨之山乎?"曰:"然。""若知大隗之所存乎?"曰:"然。"黄帝曰:"异哉小童!非徒知具茨之山,又知大隗之所存。请问为天下。"小童曰:"夫为天下者,亦若此而已矣,又奚事焉!予少而自游于六合之内,予适有瞀病,有长者教予曰:'若乘日之车,而游于襄城之野。'今予病少痊,予又且复游于六合之外。夫为天下,亦若此而已,又奚事焉!"黄帝曰:"夫为天下者,则诚非吾子之事。虽然,请问为天下。"小童辞。黄帝又问,小童曰:"夫为天下者,亦奚以异乎牧马者哉!亦去其害马者而已矣!"黄帝再拜稽首,称天师而退。

　　此寓言也。"大隗"以喻大道。"大"读太,司马、崔本作泰隗可证。"具茨",喻道之无所不具,而又次第井井也。"方明",明也。"昌㝢",盛美也。《齐风·猗嗟》之诗:"猗嗟昌兮。"毛传:"昌,美好也。""㝢"同宇。"张若",张大也。"谞㒨",所习者广也。"㒨"音侈,今各本并作"朋"。《释文》作"㒨",云:"崔本作㒨。"㒨㒨一也,兹从崔本。《释文》又云:"本亦作朋。"案:作"朋"者,古文"多"字作"㕁",形与"朋"相似而误也。"昆阍",守其混同也。《说文》:"昆,同也。"昆又与混同。阍,守门者,故用作守义。"滑稽",言辞辩捷不穷屈也。"骖乘"谓车右。古乘车者居中,御者在左,一人陪乘在右,因曰车右。得车右而一车乃有三人,故又曰"骖乘"。"乘"读去声。"骖"者参也。"前马",在马前为导。"后车",在车后相从也。

　　"襄城之野","襄"之义取于反。《小雅·大东》之诗:"跂彼织女,终日七襄。"毛传曰"襄,反也",是也。"至于襄城之野,而七圣皆迷,无所问涂"者,喻言惑而不知反也。故后文称"黄帝再拜稽首,称天师而退",更不言见大隗之事,盖反则得之,言退而不言进,其意固较然也。

　　"童子",喻赤子之心。"牧马",喻养生。"涂"与途同。"夫为天下者,亦若此而已矣","此"即指牧马。先不明出,至后乃曰"夫为天下者,亦奚以异乎牧马者哉!"此如《论语》或问禘之说,子曰:"知其说者之于天下也,其如示诸斯乎!"指其掌。先说"示诸斯",而后出"指其掌",同一文章之妙。自郭象以下,率舍牧马本文,而别为作解,皆失也。"又奚事焉"者,言无取于有事有为也。"六合之内",喻人境也。游于人境,因有"瞀病"矣。"瞀"者,眩瞀,亦惑义也。"长者"谓先觉也。"乘日之车",乘乾而自强不息也。"游于襄城之野",反其本也。反其本者,反其天也。故曰"今予病少痊,予又且复游于六合之外"。此处著一"复"字,则"襄城"之襄取义于反,亦可由是窥而得之,非无据矣。"又奚事焉"上各本多一"予"字,此涉上两"予"字而衍。"为天下亦若此而已",乃答黄帝之问,非言己事,于文不当有"予"字以重叠上文。上文无"予"字,此何得独增!因删正。

"小童辞"者,言尽于上,无取费辞也。以黄帝未悟,故为点出,曰"亦去其害马者而已矣"。去其害而已矣,《德充符》所谓"常因自然而不益生"。为道只有损而无益,故《易·损卦》言"惩忿窒欲"。《益卦》言"见善则迁,有过则改",亦犹是《损卦》之意,无所加也。"害马"之事,详见《马蹄篇》,不复释。"稽首",首至地,礼敬之至也。

知士无思虑之变则不乐,辩士无谈说之序则不乐,察士无凌谇之辞则不乐,皆囿于物者也。招世之士兴朝,中民之士荣官,筋力之士矜难,勇敢之士奋患,兵革之士乐战,枯槁之士宿名,法律之士广治,礼乐之士敬容,仁义之士贵际。农夫无草莱之事则不比,商贾无市井之事则不比,庶人有旦莫之业则劝,百工有器械之巧则壮。钱财不积,则贪者忧;权势不尤,则夸者悲。势物之徒乐变,遭时有所用,不能无为也。此皆顺比于岁,不物于易者也。驰其形性,潜之万物,终身不反,悲夫!

思虑言"变",不变不成其为思虑也。谈说言"序",无序不成其为谈说也。《易·艮卦》六五爻曰:"艮其辅,言有序,悔亡。"谈说而无序,悔尤之招也。凌谇言"辞",离于辞无以见其为凌谇也。今各本"辞"皆作事,惟陈碧虚《阙误》引文如海、成玄英、张君房诸本作"辞"。《荀子·解蔽篇》云："传曰析辞而为察，言物而为辩，君子贱之。"然则察士之为察，其用正在于辞，"辞"字较实与切，兹故改正从"辞"。

"察士"者，当时名家之称也。《荀子·修身篇》曰："夫坚白同异、有厚无厚之察，非不察也，然而君子不辩，止之也。"《不苟篇》曰："君子说不贵苟察。山渊平，天地比，齐、秦袭，入乎耳出乎口。钩有须，卵有毛，是说之难持者也，而惠施、邓析能之。然而君子不贵者，非礼义之中也。"《儒效篇》曰："慎、墨不得进其谈，惠施、邓析不敢窜其察。"以察专属之惠施、邓析坚白同异、有厚无厚等论，此名家为察士之确证也。注家泛以明察或察察释之，去实远矣。

"凌谇"，旧注以"凌"为凌轹，"谇"与讯同。此望文生义，非正解也。《列子·力命篇》有云："嫛㜸、情露、譠极、凌谇四人相与游于世，胥如志也，穷年不相晓悟，自以为才之得也。"《列子》此文列举四名，并两两相反。"凌谇"者，譠极之反。譠与謇同，难于言也，极，穷也，谓辞之穷。故张湛注云："此皆讷涩辩给之貌。"以"凌谇"为辩给，较为近之，然亦未尽。于《易·蹇》之反对卦为解，以是义求之，譠极为凝滞，则凌谇为解析。又譠极为否塞，则凌谇为通贯。盖察士之于辞，人之所混而同者，则析而别之。如墨家云"坚白不相外"，见《墨经》。而察士则谓坚白不相盈。不相盈，即坚白离是也。见《公孙龙子·坚白论》又人之所画而分者，则贯而通之。如墨家画分同异，同有重体合类四者，异即有二不体不合不类四者，见《墨经》而察士则谓万物毕同毕异。毕同毕异，即合同异是也。见本书《天下篇》然则"凌"如凌虚、凌云之凌，谓抽而出之，超然于物象之上也。"谇"通萃，谓并而一之，归纳于理道之中也。言"凌谇"，犹之言离合矣。

由智士而辩士，由辩士而察士，浅深内外之次，亦有不可紊者，而总括之曰"皆囿于物者也"，则致慨于察士者尤至。盖察士历物之意，语见《天下篇》自以为能物物者，而不知其知不出乎物也。

"招"读如翘。"招世之士",谓翘异于世者。"兴朝",兴于朝廷也。成疏以"招"为招致,失之。"中"读如字。此文"中民"与"招世"相对,"中民"犹中人,谓无异材殊能者,故曰"荣官"。"荣"通营,谓营于一官,非曰以官显荣也。"矜难",以能御难自矜许也。"奋患",遇患则奋起也。"患"、"难"互文,"难"读去声。"乐战",不以征战为苦也。"枯槁",见《刻意篇》。"宿名","宿"犹守也,谓以高名自守。"广治","治"读去声,谓以治术自广。"敬容","容"所谓礼容也,"敬"者重也,与"贵际"之"贵"文对。"际",交际,如《孟子·万章篇》"敢问交际何心也",指士与诸侯之交际言。《释文》谓"际"为盟会。盟会诸侯之事,非士之所得主,其说固非。而如《庄子集释》郭氏之说以交际为寻常人与人之交际,即亦未是。仁义之士欲行其道,不得不周旋于列国之间,是所谓"贵际"也。自"筋力之士"以下七者,各以其类言之,与上"招世"、"中民"以其等言者异。

"草莱之事",谓辟草莱而为田亩也。"市井"即市易,成疏云"古者因井为市,故谓之市井",是也。"比"者亲也。不亲者,不与之习近也。"庶人",庶民也,此与《周官》书所谓"閒民"相当,在农工商之外,无常职而转移执事,见《天官·太宰》故曰"有旦暮之业则劝"。"旦暮之业",谓一日之计。"劝",勉也。"器械之巧",谓为器械而能尽其工巧。"壮",气壮也。贪夫殉财,故"钱财不积则贪者忧"。夸者死权,故"权势不尤则夸者悲","尤",异也,谓特异于众。

"势物之徒乐变",此一句总结前文。"势"即权势之势,"物"即囿于物之物,非囿于物则牵于势,故曰"势物之徒"。"乐"即上三"不乐"之乐,"变"即"思虑之变"之变。不独思虑之变为变也,自"谈说"以下,以至积财、揽权,皆变也。变者,一之反,定之贼也。观篇末"知大一"以至"知大定"之言,可以喻此节之文之意矣。旧注以"势物之徒"与上之知士、辩士、察士,后之贪者、夸者比类而齐观,失书旨矣。"遭时有所用",不没其长也。"不能无为",致惜于其短也。"顺比于岁,不物于易",乃设譬。此"比"如《论语》"义之与比"之比,从也。"易"如《尚书·尧典》"平秩南讹,平在朔易"之易,变易,变化也。"物"如《周官·草人》"掌土化之法以物地"之物,见《地官·司徒》物而制之也,谓但顺从于岁时之推移,而不能坐制其变化,盖所谓受役于物而不能役夫物者,故曰"驰其形性,潜之万物,终身不反,悲夫!""潜"犹没也。此与《天下篇》伤惠施"逐万物而不反"用意正同,故下文遂论及于惠施。

庄子曰:"射者非前期而中,谓之善射,天下皆羿也,可乎?"惠子曰:"可。"庄子曰:"天下非有公是也,而各是其所是,天下皆尧也,可乎?"惠子曰:"可。"庄子曰:"然则儒、墨、杨、秉四,与夫子为五,果孰是邪?或者若鲁遽者邪?其弟子曰:'我得夫子之道矣,吾能冬爨鼎,而夏造冰。'鲁遽曰:'是直以阳召阳,以阴召阴,非吾所谓道也。吾示子乎吾道。'于是乎,为之调瑟,废一于堂,废一于室;鼓宫宫动,鼓角角动,音律同矣。夫或改调一弦,于五音无当也。鼓之,二十五弦皆动,未始异于声,而音之君已。且若是者邪?"惠子曰:"今夫儒、墨、杨、秉且方与我以辩,相拂以辞,相镇以声,而未始吾非也,则奚若矣?"庄子曰:"齐人蹢子于宋者,其命阍也,不以完;其求钘锺也,以束缚;其求唐子也,而未始出域,有遗类矣夫!楚人寄而蹢阍者,夜半于无人之时而与舟人斗,未始离于岑,而足以造于怨也。"

"期",约也。"前期"者,先共指定以某为鹄的也。不有前期,射无不中,斯射无不善矣,故曰"天下皆羿也"。"可乎"者,以是问惠子也。而惠子以为"可"者,可不可、然不然,《天下篇》所谓"以反人为实"者也。"公是",下文《则阳篇》云"合异以为同",又云"大人合并以为公",是公是之所生也。庄子齐物,以明、因是、两行,故虽泯是非而未尝废是非,此其与惠子异者。庄书屡云"故有尧、桀之是非",等尧于桀,似各是所是天下皆尧之说,未尝不可以立也,故以是问惠子,而惠子曰"可"。然惠子知其一而未知其二也。是非之齐,正为是非之公而发,若曰公是而可以无也,则黑白混淆,而形名失其用,天下且大乱矣。夫察士之察,欲以破世人之惑也,而孰知以察为惑,惑乃更甚于世人。庄子所以屡与惠子辩者,谆谆之意盖在于此。故此节之文,于一篇大旨甚关紧要。顾注家自郭子玄以下,轻轻以"自以为是"四字将惠子抹倒。若然,则庄子乃费如许唇舌,不亦多余乎哉!是必于庄、惠两家学术通观其全,然后判其同异,庶几得之,未可笼统盖过也。

"儒、墨",屡见前。"杨",杨朱。"秉",成玄英谓是公孙龙字,不知何据。《列子释文》有此语,而《庄子释文》无之。窃疑公孙子与惠子同为察士。《天下篇》列举惠子之说,云:"惠施以此为大,观于天下而晓辩者,天下之辩者相与乐之。"复举卵有毛、鸡三足诸说,云:"辩者以此与惠施相应,终身无穷。"然后云:"桓团、公孙龙,辩者之徒,饰人之心,易人之意,能胜人之口,不能服人之心,辩者之囿也。"一则曰"天下之辩者相与乐之",再则曰"辩者以此与惠施相应",龙之于施,其先后与学所自出,虽不能详考,至其为同一流派,则彰彰明甚。安得跻龙于儒、墨、杨氏之列,而与施对抗邪?故洪颐煊《读书丛录》谓"秉"字为宋之讹。"宋"者,宋钘。《汉书·艺文志》有《宋子》十八篇,书虽不传,其说见于庄子、荀子之书,自是当时显学之一。秉、宋字形亦略似,洪氏所考,颇为近之。<small>梁玉绳《瞥记》亦有是说</small>要之,"秉"非公孙龙,则断断然也。

"鲁遽"一喻,盖有深旨,当分三层看。"以阳召阳,以阴召阴",以喻同于己则是之,异于己则非之,是所谓"小知闲闲"者,故鲁遽曰"非吾所谓道"。若"鼓宫宫动,鼓角角动",则以喻所应非一,近于能兼是者,故曰"音律同矣"。"同"者,所谓合异以为同也。是其教弟子者,自是高弟子一等,而注家乃以鲁遽夸其弟子,实与弟子无二,殆失之矣。

447

"夫或改调一弦"以下,乃庄子因鲁遽之为而更进一解,此细玩下语用"夫或"字可以见也。"于五音无当","当"读去声。虽于五音无当,而鼓之则二十五弦皆动,则此改调之一弦,实总制夫二十五弦,故曰"未始异于声而音之君已"。曰"音之君"云者,以喻是非不齐,亦自有其宗主,即所谓公是者。故此文"果孰是邪"为一诘,"或者若鲁遽者邪"为一诘,"且若是者邪"又为一诘。每诘而愈进,所以引惠子于当道,非仅讥刺之而已也。"冬爨鼎而夏造冰",盖譬喻语,谓能用阴阳,而不为阴阳所移耳。"废一于堂,废一于室","废"犹置也。置一瑟于堂、一瑟于室也。"音律同",则"鼓宫宫动,鼓角角动",今物理声学所谓共鸣者也。

"与我以辩","与"同举。举我以辩者,谓以辩推我也。"相拂以辞,相镇以声","拂"读如弼,矫也;"镇"如镇压之镇,谓加其上也。"声"与"辞"对,犹云言也。或以"声"为名声、声誉,误也。"而未始吾非","非"谓非难,言无以难我。"吾"者,惠子自吾也。郭注云"未始吾非者,各自是也",与上文"与我以辩",下文"则奚若矣"语气皆不合,其失不待辩而可知。而后之注者,率沿用其说,不谓之粗疏不得也。

"齐人蹢子于宋者"以下,皆事之所不能有,以喻惠子有其辞而无其实。"蹢"读如谪,责也。齐人而子在于宋,安从而罪责之!此一喻也。"阍",守门户者。"完"谓完其管钥之事。令守门户而不曰完其管钥,有是事乎?此又一喻也。"铏"音刑,似锺而长颈。"锺"同钟。"铏锺"皆乐器,求得而束缚之,则何从而考击?是失铏锺之用也。此又一喻。"唐子",《释文》谓失亡子也。求失亡之子而不出其境域,求安可得!则求如不求也。此又一喻。凡此四喻,皆自相矛盾者,故总曰"有遗类矣夫"。"遗类"云者,谓失其伦类也。旧读"夫"字属下"楚人"为句,俞樾连上读,是也,兹从之。"寄"谓寄居他国。寄居他国,岂得有阍者而谪之!夜半非济渡之时,何为入舟!且曰无人矣,而又云"与舟人斗"。是所谓狂举也。"狂举",语出《公孙龙子》。言其语悖也。此二喻亦前四者之类。前四者意在刺其"相拂以辞",此二者则意在刺其"相镇以声",故曰"蹢",又曰"斗"。"岑",《说文》云:"山小而高。"以喻诸家所造似高而实小,今惠子亦未免此,故曰"未始离于岑"。彼此争辩,小之谪,大之斗,能胜其口,不能服其心,故曰"而足以造于怨也"。其所以教惠子者,亦可谓至切矣。

抑此文曰"不以完",是所守者残阙也。曰"以束缚",是自梏其灵明也。曰"未始出域","未始离于岑",是自不能纵观而玄览也。盖皆隐有微旨,注家类以浅语视之,从而作解,至以为贱子而贵器,自是而怒人,庄子之言乃庸猥如是邪?昔梁时有傅大士者,名翕,作偈曰:"空手把锄头,步行骑水牛,人从桥上过,桥流水不流。"见《五灯会元》彼乃说禅,自非此比,然若语言之妙,则庄生、大士实乃同符。予因读大士之偈,有所会悟,故诠释此节,尽翻前人之说,别为新解,其然其否,以俟深于庄学者。

庄子送葬,过惠子之墓,顾谓从者曰:"郢人垩漫其鼻端,若蝇翼,使匠石斫之。匠石运斤成风,听而斫之,尽垩,而鼻不伤,郢人立不失容。宋元君闻之,召匠石,曰:'尝试为寡人为之。'匠石曰:'臣则尝能斫之。虽然,臣之质死久矣。'自夫子之死也,吾无以为质矣,吾无与言之矣。"

上节指摘惠子之病,一无宽假,兹乃谓"自夫子之死,吾无与言"者。惠子之才,实非常伦,傥能解其惑而进于道,则内圣外王之学有传人,非徒朋友之好而已,此庄子之深心也。

"郢",楚都。"垩",白垩。"漫"一作慢,并槾之假借,圬也,涂也。"若蝇翼",极言其薄而小也。"匠石",已见前。以其善斫,故使斫之。"运斤成风",言其速也。"听而斫之",目之所不能见,故废视而用听,耳之用则神也。"尽垩而鼻不伤",匠石之能。"立不失容",郢人之定也。"宋元君",见《田子方篇》。"尝试为寡人为之",上"为"读去声。"尝"、"试"一意,欲一观其技之妙也。"臣则尝能斫之",此"尝",曾也,谓曾能为之。"臣之质死久矣","质"指郢人。时郢人早死也,称之为"质"者,质对斤言,又有当义,言足以当其斤斫也。"夫子",庄子以称惠子。"无以为质",犹言无以为对当也。

管仲有病,桓公问之,曰:"仲父之病病矣。可不讳云,至于大病,则寡人恶乎属国而可?"管仲曰:"公谁欲与?"公曰:"鲍叔牙。"曰:"不可。其为人,絜廉善士也,其于不己若者,不比之人;一闻人之过,终身不忘;使之治国,上且拘乎君,下且逆乎民。其得罪于君也,将弗久矣。"公曰:"然则孰可?"对曰:"勿已,则隰朋可。其为人也,上忘而下畔,愧不若黄帝而哀不己若者。以德分人谓之圣,以财分人谓之贤。以贤临人,未有得人者也;以贤下人,未有不得人者也。其于国有不闻也,其于家有不见也。勿已,则隰朋可。"

此举隰朋以贤下人,盖为惠子好胜人作反鉴也。"讳",今各本作谓。王引之据《列子·力命篇》以"谓"为"讳"之讹,是也,因改正。"可不讳云",犹曰可不讳言也。引之又称其父念孙之说,谓"可不"为"不可"误倒,"云"犹如也,当属下读,以《管子·戒篇》、《小称篇》并作"不可讳"为证。不知各书文不必尽同,必强为一之,则泥矣,是以不从。"仲父",桓公以称管仲。"病病"者,上"病",疾病;下"病",病甚也。"至于大病",言不起也。"恶"读乌。"恶乎属国而可",问可以付属国政之人。"公谁欲与"乃倒文,仲问公欲与谁也。《列子》"与"作欤。二书不同,可各行,不必改也。

"鲍叔牙",姓鲍,名牙,字叔,故又称鲍叔,旧奉桓公奔莒,因以入国,后荐管仲为相,盖公之旧臣而仲之良友也。"絜"同洁,不受污也。

惟其洁,故于"不己若者不比之人"。"不比之人",谓不比于人数也。"廉"者有圭角之称。惟其廉,故"一闻人之过,终身不忘"。"人"各本作又,属下读,兹从《列子》改。人、又形近,"又"自是"人"之讹字也。"治国"之"治"读平声。"上且拘乎君","拘",拘束,一作钩,"拘"本字,钩则假借也。桓公宠内而好侈,拘束非其所能受,故曰"得罪于君将弗久矣"。"下且逆乎民","逆乎民",不为民之所戴,则公罪之,而民无复有非之者,叔之得罪,益无可免,故管仲阻公之相叔,亦所以为叔计也。

"隰朋","隰"姓,"朋"名,齐之公族大夫也。"上忘",与上相忘。"下畔",与下若离也。《列子》"畔"作叛,上有"不"字。彼谓"居上则忘其尊,居下则不叛乎上",与此义别。若曰下不叛之,则自是下之事,与"其为人"之文不合矣。此亦当两存而各行,不得改此以从彼。"愧不若黄帝",愧己之不若黄帝之德溥。"哀不己若者",于不如己者则哀矜之而不敢轻也。"以德分人"以下四句,乃泛论。"财"与才同。孟子亦曰:"有成德者,有达财者。"见《尽心篇》财德对举,固当是才。"以德分人"、"以才分人"者,谓不自专其德与才,而与人共之,其有德有才者,则分而任之,其无德无才者,则从而教之也。故曰"以贤临人,未有得人者;以贤下人,未有不得人者也"。"贤",犹胜也,谓胜于人也。"其于国有不闻也,其于家有不见也",此复论及隰朋。"有不闻也",闻其大者,细者则置之。"有不见也",见其大者,小者则遗之。前言上忘下畔,此正与之相应,皆极形其浑厚而不事察察也。《书》曰:"如有一介臣,断断猗无他技,其心休休焉,其如有容。人之有技,若己有之。人之彦圣,其心好之,不啻如自其口出,是能容之。"若隰朋者,庶几近之矣。故曰"勿已,则隰朋可"。

吴王浮于江,登乎狙之山。众狙见之,恂然弃而走,逃于深蓁。有一狙焉,委蛇攫条,见巧乎王。王射之,敏给,搏捷矢。王命相者趋射之,狙执死。王顾谓其友颜不疑曰:"之狙也,伐其巧,恃其便以敖予,以至此殛也。戒之哉！嗟乎,无以女色骄人哉！"颜不疑归,而师董梧,以锄其色。去乐辞显,三年,而国人称之。

"浮",泛舟也。"狙"已见《齐物论篇》。"狙之山"者,山多狙,因以狙名也。"恂"如《大学》"恂栗也"之恂,怖惧也。"弃"者,弃其所处。"蓁"同榛,小栗树也。"委蛇",曲行貌。"攫搽",攀条而上下也。"条"各本作"抓"。"抓"即今"抓"字。《释文》云:"司马本作条。"兹从司马本。"见"读现。"见巧",示巧也。"给"如《论语》"御人以口给"之给,与敏同义。旧读"敏给"属上"王射之"为句,俞樾以属下读,曰:"敏给当以狙言。谓狙性敏给,能搏捷矢也。"俞说是也。惟又云:"捷读为接。捷与接声近义通。"则未然。成疏云:"搏,接也。"既言"搏",无为再言"接"矣。且惟能"搏捷矢",故以"敏给"加之。然则郭注训"捷"为速,未可易也。"王命相者趋射之","相者",王之左右。"趋"读如促,谓急射之也。"执死",见执而死也。

"颜不疑",姓颜,名不疑。"之狙",是狙也。"伐",矜也。"便"谓敏给,当读平声。"敖"同傲。"殛",死也。"以至此殛",谓死由自致也。"无以女色骄人哉！""色"即骄人之色,《列子》曰"色盛者骄",是也,见《列子·说符篇》观后文云"以锄其色"可知。"锄"如锄草然,不使稍有存留也。本亦作"助",与锄同。"董梧",吴之有道之士。师于有道故能去其矜骄。"去乐",就贫苦也。"辞显",甘淡漠也。贪于显乐,骄之所由起,故以"去乐辞显"卒言之。"三年而国人称之",言其久而后有成也。

南伯子綦隐几而坐,仰天而嘘。颜成子入见,曰:"夫子,物之尤也。形固可使若槁骸,心固可使若死灰乎？"曰:"吾尝居山穴之中矣。当是时也,田禾一睹我,而齐国之众三贺之。

我必先之，彼故知之；我必卖之，彼故鬻之。若我而不有之，彼恶得而知之？若我而不卖之，彼恶得而鬻之？嗟乎！我悲人之自丧者，吾又悲夫悲人者，吾又悲夫悲人之悲者，其后而日远矣。"

"南伯子綦"，即南郭子綦，已见前《齐物论篇》。"颜成子"，即颜成子游。此文上半略与《齐物论》同，而取义则异。其云"形若槁骸、心若死灰"，但以见不自炫露已耳，未若"嗒焉丧耦"之深至也。"夫子，物之尤"者，言其异于人也。不知稍有以异于人，即于道不相入，故下文子綦之言乃针对此而发，所以切教子游，非只悔其前行也。"田禾"即齐太公和。一见子綦"而齐国之众三贺之"者，贺其能得贤而下之也。人见其贤，则虽居山穴之中，曾不足以晦其迹，故曰"我必先之，彼故知之；我必卖之，彼故鬻之"。"鬻"者，卖之借字，买也。"若我而不有之"，"有"如老子"为而不有"之有。彼"有"谓自有其功，此"有"谓自有其德。自有其德，则炫露于不自觉，是以老子曰"上德不德"也。"我悲人之自丧者"，"自丧"之"丧"，与"丧我"之"丧"，文若同而指则判若天壤。"丧我"者，丧其情识之我。"自丧"者，丧其性命之真也。又曰"悲夫悲人"与"悲夫悲人之悲者"，盖鞭辟近里，层层自反，不欲有一毫情识之存，而后本体始完始粹，故曰"其后而日远矣"。至于日远，斯可谓丧我也已。

仲尼之楚，楚王觞之，孙叔敖执爵而立，市南宜僚受酒而祭，曰："古之人乎！于此言已。"曰："丘也闻不言之言矣。未之尝言，于此乎言之。市南宜僚弄丸，而两家之难解；孙叔敖甘寝秉羽，而郢人投兵；丘愿有喙三尺。"

彼之谓不道之道，此之谓不言之辩。故德总乎道之所一，而言休乎知之所不知，至矣。道之所一者，德不能同也；

知之所不知者，辩不能举也。名若儒墨，而凶矣。故海不辞东流，大之至也。圣人并包天地，泽及天下，而不知其谁氏。是故生无爵，死无谥，实不聚，名不立，此之谓大人。狗不以善吠为良，人不以善言为贤，而况为大乎！夫为大，不足以为大，而况为德乎！夫大备矣，莫若天地，然奚求焉，而大备矣？知大备者，无求、无失、无弃，不以物易己也。反己而不穷，循古而不摩，大人之诚。

此寓言也。孙叔敖为楚庄王相，时孔子尚未生。市南有熊宜僚者，可以当五百人，见哀十六年《春秋左氏传》，则孔子已于是年四月死矣。宜僚未尝仕于楚，孔子亦无由见之。孙叔敖曾见《田子方篇》。宜僚见《山木篇》。殆以楚昭王尝召孔子至楚，或有觞之之事，因衍为此一段文字，以为不道之道、不言之辩，描写生色耳。《庄子》书中如是者不尠。马其昶《庄子故》乃谓："此所云执爵而立，亦如优孟为孙叔敖衣冠，抵掌谈语为乐。人象叔敖，而非真叔敖。"然此以解叔敖尚可，又何以解于宜僚！窃所不取也。

"觞"者，置酒以歆之，古所谓燕礼也。"爵"，酒器，受一升。"宜僚受酒而祭"者，古者饮食之先，必祭于豆间，所以不忘先代始为饮食之人也。"曰古之人乎，于此言已"者，养老乞言，遵古之制，意谓古之人皆然，以是诱孔子使言也。"养老乞言"，见《小戴礼记·文王世子篇》及《诗·大雅·行苇序》。"丘也闻不言之言矣"，"闻"谓闻之古人。"不言之言"，谓言不在于言也。"未之尝言，于此乎言之"，两"之"字，皆指此"不言之言"而言，谓今欲我言之，亦惟此"不言之言"一语而已。下引宜僚弄丸、孙叔秉羽两事，即就当人本事，以为"不言之言"作证。"两家之难解"，当时宜僚为人排难解纷，事当有之，今已不可考。注家自司马彪以下，皆以宜僚不从白公作难杀令尹子西、司马子期之事，牵合为说。若然，何得云两家难解乎！"丸"，今毬也。"羽"，羽扇。"甘寝"，安寝也。《淮南子·主术训》亦云:"昔孙叔敖恬卧,而郢人无所用其锋。用,各本皆作害,据王念孙说改正。市南宜僚弄丸,而两家之难无所关其辞。"关如关说之关恬卧即"甘寝"。"投兵",投弃兵刃,即无所用其锋也。"丘愿有喙三尺"者,鸟之长喙者皆不善鸣,故假以自况。《庄子故》因司马彪有"三尺匕首剑"语,谓:"唯口兴戎故以剑喻,犹言舌锋也。有者保有之有。"虽曲为之说,而以是为孔子之辞,亦太诬圣人矣。

"不道之道",不言道而道存也。"彼"谓孙叔与宜僚,"此"谓孔子。自此以下,皆庄子借上事而发挥之言。"总"谓要归也。"休",止也。"德不能同",德不能比也。"名若儒墨而凶"者,"而"犹则也。德荡乎名,名立而争起,故儒、墨相非不已,是则凶也。"而不知其谁氏",老子所谓"功成事遂,百姓皆谓我自然"。不知归功于圣人,故亦不知圣人之为谁氏也。"生无爵",不必为天子诸侯也。"死无谥",不必有尧、舜、文、武之号也。"实不聚",不敛其实也。"名不立",不居其名也。"此之谓大人","大人"即圣人。顾不谓之圣人,而谓之大人者,犹孔子称"大哉!尧之为君!惟天为大,惟尧则之"。故下文亦云"夫大备矣,莫若天地"。盖一大为天,以天为况,因谓之大人也。孟子亦曰:"有大人者,正己而物正者也。"正己而物正,固不在得位与否也。

又曰"为大不足以为大",何也?大者盛德之所致,非有心勉强而为之者也。有心勉强而为之,是伪也,非诚也。非诚而可以法天乎哉!又曰"而况为德",何也?"德"者天德,非有他也。"奚求焉而大备"者,大本自有,不待外求也。夫既为自有,则亦不自失之弃之已耳,故曰"无失无弃"。顾所以有失弃者,则以徇外逐物之故,故又曰"不以物易己也"。不以物易己,是为反己。"反己则不穷","反己"者古之道也。"循古则不摩","摩",灭也。"不摩"者,德成而己成,无有消灭时也,故曰"大人之诚"。《中庸》曰:"至诚无息。"无息不摩,一也。

子綦有八子,陈诸前,召九方歅曰:"为我相吾子,孰为祥?"九方歅曰:"梱也为祥。"子綦瞿然喜,曰:"奚若?"曰:"梱也将与国君同食,以终其身。"子綦索然,出涕,曰:"吾子何为以至于是极也!"九方歅曰:"夫与国君同食,泽及三族,而况于父母乎!今夫子闻之而泣,是御福也。子则祥矣,父则不祥。"子綦曰:"歅!女何足以识之,而梱祥邪?尽于酒肉入于鼻口矣,而何足以知其所自来?吾未尝为牧,而牂生于奥;未尝好田,而鹑生于宎,若勿怪,何邪?吾所与吾子游者,游于天地。吾与之邀乐于天,吾与之邀食于地。吾不与之为事,不与之为谋,不与之为怪。吾与之乘天地之诚,而不以物与之相撄;吾与之一委蛇,而不与之为事所宜。今也,然有世俗之偿焉!凡有怪征者,必有怪行。殆乎!非我与吾子之罪,几天与之也。吾是以泣也。"无几何,而使梱之于燕,盗得之于道,全而鬻之则难,不若刖之则易,于是乎刖而鬻之于齐,适当渠公之街,然身食肉而终。

"子綦"即南伯子綦,承上文而言,故不著其姓氏。成玄英疏谓是楚司马子綦。綦与期同子期为楚公族,其子与国君同食,乃事之宜然,何足为异,而曰:"以至于是极邪!"玄英亦未之思已。"九方歅",《淮南子·道应训》作九方堙,伯乐之徒,善相马者。子綦以其善相马,因推而使相其子也。

"孰为祥"者,孰为吉善也。"梱也为祥","梱",子綦子名,言惟梱为祥也。"瞿然"一作戄然,谓奋然而喜也。"奚若"犹何如也。"与国君同食",食与国君同也。"索然",如俗云索然寡味。前喜而今尽,故曰"索然"。读之当略顿,不与下"出涕"相属。旧注以为涕下貌,非也。"以至于是极","极"如《书·洪范》"五福六极"之极,福之反,亦祥之反,谓凶恶也。"三族",父族、母族、妻族也。"御福",谓福来拒而不受,故曰"子则祥矣,父则不祥"。

"欷",呼其名也。"何足以识之",何足以知之也。"而梱祥邪","而"与乃同。梱乃祥邪,不然之辞也。"尽于酒肉入于鼻口","尽"犹止也,谓不过酒肉入于鼻口而止耳。"而何足以知其所自来?"此"而"与尔、汝同,谓汝何足以知酒肉之所自来也。"奥",室之西南隅。"窔"音杳,室之东南隅。"牂",牝羊也。"田",田猎。牂鹑言生于奥窔者,"生",出现也。此因上酒肉之文而为言,指既成肴馔之牂鹑,非谓活羊活鹑也。不牧何从得羊?不猎何从得鹑?不当得而得之,是当惊异。故曰"若勿怪,何邪?""勿"犹无也。

"邀乐于天"、"邀食于地",两"邀"字并同徼,要求也,见上《庚桑楚篇》注。"不与之为事",不造作也,非不事事之谓。"不与之为谋",不营谋也。"不与之为怪",不为怪异非常之行也。"与之乘天地之诚,而不以物与之相撄",循乎天地真实之理,而不以物欲凌犯之也。"与之一委蛇,而不与之为事所宜",此"委蛇"谓随顺。"一",壹是也。一皆随顺乎人事,而不图己之所宜,《人间世》所谓不择地而安之,不择事而安之也。

"然有世俗之偿","然"犹若是,此倒文,谓有世俗之偿若是,谓"将与国君同食以终其身"也。"怪征","征"如《洪范》休征、咎征之征。"征",验也。"怪行","行"读去声。"殆乎",二字句,承"怪征"言,言危殆也。"非我与吾子之罪,几天与之也",承"怪行"言。本不为怪,则非其父子之罪。"几天与之"者,殆天与之也。"吾是以泣",泣非其罪而获咎于天也。

"无几何",无多日也。"之于燕",往于燕。"盗得之于道",涂中为盗所略得也。"鬻",卖也。全则可逃,故卖之难。"刖",刖其足。足残则无逃理,故曰"易"也。"鬻之于齐",鬻于齐国也。"渠公之街",盖街名,而为齐君出入之道。"适当渠公之街"者,齐因其刖而使之主街,如清之巡街御史下铺房然也。成疏用《释文》或说,以"渠公为齐之富室,为街正,买梱以自代"。若然,则与上"与国君同食"之语不相符。宣颖

《南华经解》则谓:"渠公为齐所封国,如楚叶公之类。适当君门之街为阍者,故曰与国君同食。"齐有渠公,于载籍无征。若果有之,则亦薛公之比,自有其国,当云鬻之于渠,不得混言之曰鬻于齐。且为阍者,直曰为渠公之阍可矣,何取而谓"当渠公之街"云乎!以是断知"渠公之街"为街名无疑也。此节盖言傥来之名位,不足为福,以竟上大人不必得位之义,而亦以解世人贪取名位之惑也。

啮缺遇许由,曰:"子将奚之?"曰:"将逃尧。"曰:"奚谓邪?"曰:"夫尧畜畜然仁,吾恐其为天下笑。后世其人与人相食与!夫民不难聚也,爱之则亲,利之则至,誉之则劝,致其所恶则散。爱利出乎仁义,捐仁义者寡,利仁义者众。夫仁义之行,唯且无诚,且假夫禽贪者器。是以一人之断制天下,譬之犹一覕也。夫尧知贤人之利天下也,而不知其贼天下也,夫唯外乎贤者,知之矣。"

"啮缺"、"许由",并已见前。"逃尧",避尧而他往也。"奚谓"犹何为。"畜畜然仁","畜畜"犹汲汲,言不能为之而无以为也。上仁为之而无以为,见《老子》。故曰"恐其为天下笑"。"后世其人与人相食","其"犹将也,已见《庚桑楚篇》。

"誉之则劝","誉"谓奖誉之。"劝",勉也。"致其所恶则散","恶"读去声。反言以证爱之利之则聚,故曰"民不难聚也"。"爱利出乎仁义",此与《墨经》言"仁,体爱也;义,利也"说相似。《墨子·兼爱篇》言"兼相爱交相利",盖即本仁义以为说,然其源则出于《易》。《乾卦·文言》曰:"君子体仁足以长人,利物足以和义。"以利说义,固《大易》之要旨也,是故谓庄子之言与墨子有相通则可,谓此即撝取墨子之说而以为自墨家出,则失之矣。"捐仁义者寡,利仁义者众",捐与利相对为文,则"捐"者谓不以仁义为利,取其实而不取其名,非曰举仁义而弃捐之也。

"仁义之行","行"读平声。故郭注曰:"仁义既行,将伪以为之。"仁义既行者,仁义之名既行也。《释文》云"行,下孟反",读作去声,非是。"唯且无诚","且",将也,郭云"将伪以为之",是也。"且假夫禽贪者器",此"且"为而且之且。"禽"如禽荒之禽,谓田猎也。"禽荒",见《古文尚书·五子之歌》。田猎者无不贪于多获,故曰"禽贪"。《传》曰"唯器与名不可以假人",见成二年《春秋左氏传》《胠箧篇》亦曰"国之利器不可以示人",盖既以示之,则必有假之者矣。此曰"假夫禽贪者器",亦谓禽贪者得假之以为私耳。

"一人之断制天下",言以一人而断制天下,所谓专断专制,故曰"譬之犹一觀也"。"觀",郭注云:"割也。万物万形,而以一剂割之,则有伤也。"故"一觀"者,非曰一割之而已,谓割之不问精粗大小,惟用一法,则宜其有害也。郭以"觀"为割者,章太炎《庄子解故》云:"觀借为刲。《说文》:'刲,宰之也。'宰、割同义。"是也。各本"断制"下有"利"字,唐写本无之。案:郭注云:"若夫仁义各出其情,则其断制不止于一人。"成疏云:"荣利之徒,负于仁义,恣其鸩毒,断制天下,向无圣迹,岂得然乎!"注疏皆仅言"断制",不及于"利",明"利"涉上"制"字而误衍。后人以上文言"爱利"言"利仁义",遂以为"利"字所本有,不敢删之,而不知其非也,兹据唐写本删去。

"外乎贤者"之"外",与"捐仁义者"之"捐"一义,内其实而外其名,如是,则天下只蒙其利而不被其害,故曰"夫唯外乎贤者知之矣"。"知之"者,知夫利害之实也。

有暖姝者,有濡需者,有卷娄者。所谓暖姝者,学一先生之言,则暖暖姝姝,而私自说也,自以为足矣,而未知未始有物也,是以谓暖姝者也。濡需者,豕虱是也,择疏鬣长毛,自以为广宫大囿;奎蹄曲隈,乳间股脚,自以为安室利处;不知屠者之一旦鼓臂布草操烟火,而己与豕俱焦也。此以域进,以域退,此其所谓濡需者也。卷娄者,舜也。羊肉不慕蚁,蚁慕羊肉,羊肉膻也。舜有膻行,百姓说之,故三徙成都,至邓之虚,而十有万家。尧闻舜之贤,举之童土之地,曰冀得其来之泽。舜举乎童土之地,年齿长矣,聪明衰矣,而不得休归,所谓卷娄者也。

是以神人恶众至,众至则不比,不比则不利。故无所甚疏,无所甚亲,抱德炀和,以顺于天,此谓真人。于蚁弃知,于鱼得计,于羊弃意。以目视目,以耳听耳,以心复心。若然者,其平也绳,其变也循,古之真人。以天待人,不以人入天,古之真人。

此因上"贤人贼天下"之文,举世之所谓贤者三等,以见贼天下者亦以自贼,虽至于舜,且有不周不利之患,徒勤众事而野死,舜勤众事而野死,见《小戴礼记·祭法篇》。则何如"以天待人,不以人入天",己与人相忘于道术者之为愈哉!

"暖"借作媛。"媛"、"姝",皆女子美好貌。孟子曰:"以顺为正者,妾妇之道也。"学一先生之言,而不敢少逾其范围,是亦以顺为正者,故名之为"媛姝"。"媛媛姝姝而私自说","说"读如悦。此与妇人之搔首弄姿何异?故知"暖"者媛之借。《释文》云:"暖,柔貌。""暖"从日,何从有柔义?解作柔貌,则固以婵媛之媛视之矣。"自以为足",正《消摇游》所谓"小知不及大知"者,故曰"而未知未始有物也"。"未始有物"者,虚也。虚则无有足时矣。

"濡"、"需",皆懦耎义。此盖隐以刺夫当时之俗儒。何以见之?"儒"之字从"需",故许氏《说文》曰:"儒,柔也。"康成郑氏《小戴礼记目录》于《儒行篇》曰:"儒之言优也,柔也。"又曰:"儒者,濡也。"此之所诠,皆为古训,则儒之取名,原从濡、需得义,以"濡需"指儒,于文字有明征矣。此其一。康成于"儒者,濡也"下接云:"以先王之道能濡其身。"此则康成崇儒之意,别为之说,以为儒者文饰,非儒之名儒之本义,故略而不录。《荀子·儒效篇》云:"有俗儒者,有雅儒者,有大儒者。……逢衣浅带,解果其冠,略法先王,而足乱世术,缪学杂举,不知法后王而一制度,不知隆礼义而杀诗书;其衣冠行伪_{伪同为}已同于世俗矣,然而不知恶者;_{犹云恶之}其言议谈说已无以异于墨子矣,然而明不能别;呼先王以欺愚者,而求衣食焉,得委积足以揜其口,则扬扬如也;随其长子,_{此犹墨家之钜子,盖其类之魁率}。事其便辟,举其上客,_{举与誉通}德然若终身之虏,而不敢有他志;是俗儒者也。"今试以此文"自以为广宫大囿"、"自以为安室利处",与"以域进,以域退"之言,与《荀子》"呼先王以欺愚者"以下之说两两对照,则抑何其辞意之相似也。是当时儒之假托者多,而真修者寡,故《田子方篇》庄子即有"鲁国而儒者一人"之叹,此以文义与情事推之,知"濡需"之隐刺俗儒,凿凿有据。又其一也。

或疑庄子剺剥儒墨,都无顾忌,何独于此而隐之?曰:辞虽隐而义则显矣。且比之豕虱,较于显刺,不尤有甚焉者乎!窃意庄子于此盖有隐痛焉。儒术之衰,乡原得志,是以委曲其文而出之,即与垂泣涕而道无异。若如注疏之说,以是为指偷安一时之利、流俗寡识之人,则置之"学一先生之言"者之后,而"舜有膻行"之前,亦几于非类矣。惟读者详之。

各本"疏鬣"下无"长毛"二字,而张君房本有之,成疏云:"择疏长之毛鬣。""鬣",毛之生于领者,举鬣不得包毛,是成本亦当有是二字,因据补。"奎",两髀之间。"曲",隐曲。"隈",边隅也。"奎蹄曲隈",疑为"奎曲蹄隈"之误,与"乳间股脚"为对文。然则"股脚",亦谓股之下耳,非曰股之与脚,上已言蹄,无为再言脚矣。"利处"犹善处。"鼓臂"犹攘臂。"布草操烟火",所以爇豕毛而去之,故曰"己与豕俱焦也"。"以域进,以域退",谓进退不逾其域,《秋水篇》所谓"拘于墟,束于教"者也。

"卷"读如拳。"娄"借为偻。"卷娄",谓拳曲伛偻,极形其劳瘁而不得休息也。"卷娄者舜",举舜以为此一类之表,非专为舜言也。"舜有膻行","行"读去声。舜虽未尝招徕百姓,而其行昭著,使百姓慕而说之,争归于舜,此无异于羊肉之以膻致蚁,故曰"有膻行也"。"说"读悦。"三徙成都",事详《史记·五帝本纪》,曰:"一年而所居成聚,二年成邑,三年成都。"《春秋穀梁传》曰:"民所聚曰都。"下云"十有万家"者,十又万家,是所谓"都"也。"邓",地名。"虚"同墟。始至邓无居人,故云"虚"也。"举之童土之地",即孟子云"舜发于畎亩之中",谓其无尺土之阶。向秀以地无草木为"童土",非也。"冀得其来之泽",冀其来,泽及于天下也。舜生三十征庸,见《尚书·尧典》五十摄行天子事,六十一代尧践帝位。践帝位三十九年,南巡狩,崩于苍梧之野。见《史记·五帝本纪》故曰"年齿长矣,聪明衰矣,而不得休归"。盖伤其残生损性,是以谓之"卷娄"也。"残生损性",语见《骈拇篇》。

"神人恶众至","恶"读去声,谓不欲也。"众至则不比"者,"比",周也。谓有至者,必有不至者,人不可以尽合,是不周也。"不比则不利"者,既有不周,则不能无伤害,是不利也。《庚桑楚篇》曰"至仁无亲",以无亲为至仁,则有亲即非仁之至。此言众至则不比、不利,盖言有亲之不仁,以申"至仁无亲"之旨,观下文曰"无所甚疏,无所甚亲"可见也。今各本"无所甚亲"句在"无所甚疏"句上。案:《淮南子·精神训》云:"是故无所甚疏,而无所甚亲,抱德炀和,以顺于天。"即袭用此文。又《文子·守虚篇》文亦同。此文"亲"与"天"与"人"协韵,则"无所甚亲"句自当在下,故据《淮南子》改正。又"以顺于天",今各本皆作"以顺天下",惟唐写本作"以顺天",无"下"字,合之《淮南子》,则作"天下"者实误,故并据改。"炀和",奚侗曰"炀假作养",是也。抱德养和,则不复彰显于外,故曰"以顺于天,此谓真人"。

"于蚁弃知"者,不慕于外也。"于羊弃意"者,无意于行也。"于鱼得计"者,人相忘于道术,如鱼相忘于江湖,自适其适,而不必适人之适,是计之得,故曰"得计"也。"以目视目",目不外视也。"以耳听耳",耳不外听也。"以心复心",心不外驰也。"抱德炀和以顺于天"者盖如是。"其平也绳",平对变言,谓平常也。"绳"者直也。直行其道,无迂曲也。"其变也循","循"者顺也。顺乎变以推移,无矫强也。"以天待人","人"旧作之。宣颖《南华经解》曰:"之当作人。"案:郭注云:"居无事以待事,事斯得成。"玄英疏云:"用自然之道,虚其心以待物。"下文"不以人入天",注云:"以有事求无事,事愈荒。"疏云:"不用人事取舍,乱于天然之知。"明其文正相对。"人"与"之"字极易相乱,"之"为"人"误无疑,因改正。"以天待人",化人而为天也。"不以人入天",不使天为人所撄也。两言"古之真人",赞叹之不容已也。

得之也生,失之也死;得之也死,失之也生,药也。其实,堇也,桔梗也,鸡痈也,豕零也,是时为帝者也,何可胜言!句践也,以甲楯三千栖于会稽,唯种也,能知亡之所以存;唯种也,不知其身之所以愁。故曰:"鸱目有所适,鹤胫有所节,解之也悲。"故曰:"风之过,河也有损焉;日之过,河也有损焉。请只风与日相与守河,而河以为未始其撄也,恃源而往者也。"故水之守土也审,影之守人也审,物之守物也审。故目之于明也殆,耳之于聪也殆,心之于徇也殆。凡能,其于府也殆,殆之成也不给改。祸之长也兹萃,其反也缘功,其果也待久,而人以为己宝,不亦悲乎!故有亡国戮民无已,不知问是也。故足之于地也浅,虽浅,恃其所不蹍而后善,博也;人之于知也少,虽少,恃其所不知而后知,天之所谓也。知大一,知大阴,知大目,知大均,知大方,知大信,知大定,至矣。大一通之,大阴解之,大目视之,大均缘之,大方体之,大信稽之,大定持之。尽有天,循有照,冥有枢,始有彼,则其解之也,似不解之者;其知之也,似不知之也,不知而后知之。其问之也,不可以有崖,而不可以无崖。颉滑有实,古今不代,而不可以亏,则可不谓有大扬榷乎! 阖不亦问是已,奚惑然为! 以不惑解惑,复于不惑,是尚大不惑。

此首以药譬:用之宜,则可以回生;用之不当,则可以致死。故曰:"得之也生,失之也死;得之也死,失之也生,药也。"十八字当作一句读。"得"者得药,"失"者失药,文义甚明。郭注曰:"死生得失,各随其所居耳。于生为得,于死或复为失。未始有常也。"若然,于文当曰"生也得死也失,死也得生也失",不得倒生死字于得失下也。后之注家沿袭郭说,展转作解,愈失愈远,不可不察也。

"其实,堇也,桔梗也,鸡壅也,豕零也",举药之四名,曰"其实"者,犹曰其物也。"桔梗",今常用药。"堇",乌头也,今谓之附子。"豕零",一名猪苓。"鸡壅",《释文》引司马彪注云即鸡头,一名茨。案:茨谓之鸡头者,以形似得名。若鸡壅则非鸡头之比,似非茨也。《淮南子·主术训》有云:"天下之物,莫凶于鸡毒。"疑鸡壅、鸡毒一类。惟高诱注曰:"鸡毒,乌头也。"此已有堇,不当鸡壅复是乌头。案之"得之也死,失之也生"之文,鸡壅必为烈性之药,若鸡头可充常食,不得列之于此。古药名,今不能辨者多矣,姑著其所见,以俟识者考焉。"是时为帝者","帝"者主也,如今医家处方有君臣佐使,以时加减,各有所主用也。"何可胜言",言非言之所能尽也。

"种",越大夫文种也,为句践行成于吴,以臣事吴王夫差,退而守越,十年生聚,十年教训,二十年而卒沼吴,故曰"唯种也能知亡之所以存"。而功成之后,不知越王之可以共患难而不可以共安乐,不能偕范蠡俱去,卒为句践所诛以死,故曰"不知其身之所以愁"。"愁"者苦也。事详《吴越春秋》种之为句践谋也,可谓"得之则生"也;而其自为谋,则所谓"得之则死"者。何也? 不审夫时,失其进退也。

"鸱",鸺鹠也,目明于夜而昼则不见。"鹤",长胫,宜于涉,而不能游,故曰"有所适,有所节"。"节"亦"适"也。鸱鹤并以比种。"解之也悲"者,"解"即后文"解惑"之解。惑者自惑。解之则有所不堪,故曰"解之也悲"。悲与愁对。如种得范蠡书,终疑而不能自决,是盖深为种痛也。

"风之过,河有损焉"者,风以散之,水为之耗也。"日之过,河有损焉"者,日以爨之,水亦为之耗也。"请只风与日相与守河","只"犹是也。《诗·小雅》:"乐只君子。"郑笺曰:"只之言是也。""守"者,守之而不去。谓风日时时散之爨之,如是,"而河以为未始其撄",谓河不觉其侵扰,虽耗而不减。所以能然者,河有其源,更无竭理,故曰"恃源而往者也"。源以譬天,以譬道,人能本天遵道以行,则固无往而有失也。

"水之守土也审"三句,前二句皆为后一句发端,言物之守物,如水之守土、影之守人然。"审"者,定而不移也。上"物"谓外物,下"物"谓耳目,与孟子言"耳目之官不思而蔽于物。物交物,则引之而已矣"正同。"故目之于明也殆,耳之于聪也殆",惟明与聪所以与物交,而为所引,故曰"殆也"。又曰"心之于徇也殆",何也?"徇"者从也,谓从耳目也,心从耳目,则孟子所谓"从其小体"而非"从其大体"者,故亦曰"殆"也。此三"守"字,从上"风日相与守河""守"字来,则"守"自非佳语,与言"唯神是守"、"纯气之守"见《刻意篇》、《达生篇》诸"守"者不同。注家率谓水当守土,影当守人,物当守物,则与上下文全不连属,亦不考之甚矣。

"凡能其于府也殆","能"承上"耳目"言,"府"承上"心"言。"府"即《德充符篇》所谓"灵府"。此总一笔,谓不独耳目,凡五官之能皆足以危及其灵明也。及殆已成,则改之有不暇给,故曰"殆之成也不给改"。始止于殆,继则为祸矣,故曰"祸之长也兹萃"。"长"读上声。"兹"同滋,益也。"萃",聚也。祸皆中于灵府,故谓之"萃"。"萃",《释文》作莘,云:"本又作萃。"案:萃与殆、改、久为韵,作"莘"非是,故不从。殆成祸长而欲反之,则非大著功力不可,故曰"其反也缘功"。"缘",由也。虽著功力,亦必历久始收其效果,故曰"其果也待久"。盖极言败之易而救之难也。"而人以为己宝",以聪明与能为己之宝,而不知其为殆祸之阶也,故曰"不亦悲乎!"

天子诸侯以是亡其国,匹夫则以是戮及其身,故曰"有亡国戮民无已"。"无已"者,迭出而不止也。"不知问是","是"者内之之辞。曰"问是",犹曰自反也。自反者,反之于真,反之于天也。故下文先以"足之于地"为喻,而后言"人之于知",归本于天之所谓,其意可见已。

"足之于地也浅","浅"旧作践。俞樾曰:"践当作浅,或字之误,或古通用也。足之于地,止取容足而已,故曰:足之于地也浅。"案:俞氏说是也,然而未尽。"足之于地也浅",与"人之于知也少"相对为文。"浅"犹狭也。草书足旁与水旁极近,故以致误,非通用也。"虽浅,恃其所不蹍而后善","蹍",践也;"善"言安善。"博也"二字为句,不连上读,于文当重云"恃其所不蹍而后善,博也",省文,遂不复重耳。后《外物篇》曰:"夫地非不广且大也,人之所用容足耳。然则厕足而垫之致黄泉,人尚有用乎?"此云"博",与彼"广大"同。《中庸》曰:"博厚配地。""博",自言地,非言足也。

"人之于知也少",各本或无"于"字,误脱也。"于知也少",非谓知少。"虽少,恃其所不知而后知",譬之用财,用者虽少,而所不用者正多。因有彼不用之多,是以能有此用者之少。惟知亦然。谓之灵府,府者府库也。府库积而不用,所以用之不竭,是所谓"恃其所不知而后知",犹"河之恃源而往"也。下文亦当重云:"恃其所不知而后知,天之所谓也。"因循文可知,故不复重,旧以"天之所谓"连上读,遂失书旨,不可不察也。"天之所谓也"者,乃倒文,犹云"是所谓天也"。《齐物论》曰:"此之谓天府,注焉而不满,酌焉而不竭,而不知其所由来。"此文上云"府",兹云"天",合之即天府。天府、灵府,一也。

一天府也,分之则得七名:曰"大一",言其不贰也;曰"大阴",言其不显也；曰"大目"，大目非目也，犹大明云尔，言其不昧也；曰"大均"，言其无偏也；曰"大方"，言其无隅也；大方无隅，语见老子书。曰"大信"，言其无妄也；曰"大定"，言其无乱也。上云"恃其所不知而后知"，而此大一、大阴、大明、大均、大方、大信、大定之七者，皆以知言者，蒙上"不知而后知"之文，所谓不知之知，非通常之所谓知也，此观下文"则其解之也，似不解之者；其知之也，似不知之也；不知而后知之"之言，亦可见也。

大一曰"通之"者，道通为一。见《齐物论篇》惟一为能通之，即孔门言"一贯"之旨也。大阴曰"解之"者，"解"者解惑，惑多起于欲自显，惟阴为能解之。阴者坤也，即老子守归藏之学也。大目曰"视之"者，如《古文尚书·太甲篇》之言："视远惟明。"以承目言，故言"视"，实则其视非目之能也。大均曰"缘之"者，"均"即"天均"之均，"缘"则"缘督"、"缘于不得已"之缘。"缘督"，见《养生主篇》。"缘于不得已"，见《人间世篇》及上《庚桑楚篇》。"均"本取陶均为义。陶均之用在旋转，故以"缘"言之，谓其圆转而无碍也。大方曰"体之"者，"体"如《中庸》"体物不遗"之体。若有所遗，即是体之未尽。故由通而解，由解而视，由视而缘，犹是以我应物，物自物，我自我，至于体之，则会万物为一己，触处是道矣。盖前犹为悟边事，此则由悟到证，其中次第不可不知也。大信曰"稽之"者，"稽"者稽考，考其所体无妄，则大信矣。大定曰"持之"者，考之无妄，则惟定以守之而已。

至是而其功尽矣，故曰"尽有天"，所谓上达乎天德也。上达乎天德，则循天德以为用，故曰"循有照"，所谓照之于天也。"照之于天"，见《齐物论篇》。照之于天，则虽冥冥之中自有枢轴，故曰"冥有枢"，所谓"枢始得其环中，以应无穷"者也。亦见《齐物论篇》既以应夫无穷，则未始有始者，于是而有始，未始有物者，于是而有物；有始有物，于是而彼是起矣，并见《齐物论篇》故曰"始有彼"。

此独言"彼"者，"彼"者外之之辞。上曰"问是"，以对"是"言，故曰

"彼"。此"彼"盖指惑说,故下云"解之也"。《庄子故》用姚鼐之说,以"则其解之也""解"字属上,读"尽有天循"为句,"有照冥"为句,"有枢始"为句,"有彼则"为句。天循、照冥、枢始、彼则诸名,既于《庄》书无征,而解"彼则"为因彼为则,与上下文义尤不连属,其误甚显,未敢苟从也。

"其解之也,似不解之者",惑解而忘其为解,故曰"似不解之"。不解之解,是乃真解。何则？若认以为解,有解之见存,则是解即足以蔽其知,亦一惑矣。"其知之也,似不知之也",下"也"字读与"者"字同。知惑而忘其为知,故曰"似不知之"。不知之知,是乃真知。何也？若执以为知,有知之见存,则是知亦足以蔽其天,犹一惑也,故曰"不知而后知之"。"不知而后知之",所以贵乎"问是"也。

"其问之也,不可以有崖"者,"崖"犹涯也。"有涯"则在物一曲,而非大方之道,"在物一曲",见下《则阳篇》。故不可也。又曰"而不可以无崖"者,无涯则漫无统纪,而非大一之道,故亦不可也。"颉滑"犹滑稽,言其出之无穷,详见前《胠箧篇》。但彼指名家之说言,此则指问是之言。大方之道如是。"有实",言其中有实理,大一之道如是。出之无穷,故"古今不代"。"代"与贷通,"不代"者,不相假贷也。中有实理,故"不可以亏"。"不可以亏",不可与易也。《骈拇篇》曰:"古今不二,不可亏也。"义盖与此同。

"则可不谓有大扬榷乎！"案:《释文》引许慎云:"扬榷,粗略法度。"《淮南子·俶真训》"物岂可谓无大扬榷乎",高诱注曰:"扬榷犹无虑。大,数名也。"《广雅》曰:"扬榷,都凡也。"王念孙因之,遂曰:"大扬榷者,犹言大略也。"窃以为"都凡"、"无虑"云者,并有赅备之义,释作总持,总持,字出释典,此借用之较为近之。且此曰"大扬榷"者,实与上大一、大阴、大目、大均、大方、大信、大定诸"大"字相应。彼析之为七,此合之为一,故曰"大扬榷",犹云大总持也。大总持,释典亦有是名。如是,则其名重而核,于上下文为称。若曰大略,不独义轻,亦与原旨为悖矣。今注家多用王说,故特为辩之。

"阖不亦问是已","阖"通盍,亦通曷。"阖不"犹"何不"也。"阖不亦问是已",犹孟子云"盖亦反其本矣",盖读盍。盍,缓读之则为何,急读之则为何不。所以诱道之。"奚惑然为","惑然"犹惑焉,所以开示之,皆非诘责之之辞也。故曰"以不惑解惑,复于不惑,是尚大不惑"。"尚"者,庶几也。不惑而曰"大"者,歆动之之辞。《天地篇》云:"知其惑者,非大惑也。大惑者终身不解。"今知其惑而解之,则非大惑矣。非大惑,则谓之"大不惑",孰曰不宜!

则阳第二十五

　　王夫之《庄子解》谓《则阳篇》杂引博喻，文义不相属。今详玩之，一篇之义，尽于"道者为之公"一语。以是求之，则前后自相贯串，且与上二篇有足相发明者。郭象以三篇相次，或亦沿其旧欤？

　　则阳游于楚，夷节言之于王，王未之见，夷节归。彭阳见王果曰："夫子何不谭我于王？"王果曰："我不若公阅休。"彭阳曰："公阅休奚为者邪？"曰："冬则擉鳖于江，夏则休乎山樊，有过而问者，曰：'此予宅也。'夫夷节已不能，而况我乎！吾又不若夷节。夫夷节之为人也，无德，而有知不自许，以之神其交。固颠冥乎富贵之地，非相助以德，相助消也。夫冻者假衣于春，暍者反冬乎冷风。夫楚王之为人也，形尊而严；其于罪也，无赦如虎。非夫佞人正德，其孰能桡焉！故圣人其穷也，使家人忘其贫；其达也，使王公忘爵禄而化卑；其于物也，与之为娱矣；其于人也，乐物之通而保己焉。故或不言而饮人以和，与人并立而使人化，父子之宜。彼其乎归居，而一閒其所施。其于人心者若是其远也。故曰：待公阅休。"

"则阳"姓彭，先出其名，后曰"彭阳"，则姓名并见，司马彪注云"名则阳，字彭阳"，恐未然也。"游于楚"，因游宦而入楚也。"夷节"，《释文》云"楚臣"，然以下"夷节归"之文推之，则似未尝仕于朝者。"王"，不知何王，成疏以为楚文王。下王果云："夫楚王之为人也，形尊而严；其于罪也，无赦如虎。"即于文王不类，而与灵王为近，然亦无确据，窃谓此等处阙之可也，若必欲指实之，徒为附会而已。"王果"，司马彪云："楚贤人。""公阅休"，《释文》云："隐士也。"谓之贤人，谓之隐士，并从本文推详而得，不必有他证也。"夫子何不谭我于王？""谭"本亦作谈。欲其荐己于王也。"公阅休"，公阅为姓，此如《孟子》之公明高、公都子，《墨子》之公输般，"休"则其名也。问公阅休"奚为者"，以为其人见重于王，必有大过人者也。而王果但曰："冬则擉鳖于江，夏则休乎山樊，有过而问者，曰：'此予宅也。'"注者读者皆不免疑其太略，不知详在下文，此特发端，而一顿便转入夷节、楚王，以见王不易说，然后公阅休之德足以化及于王，为王所重，乃真觉不可及，而其曰"我不若公阅休"者，始不为空言也。此正王果之善于为辞，亦庄子之妙于为文处，非细心玩之，不易得也。

"擉"与籍同。《周礼·天官·鳖人》"以时籍鱼鳖龟蜃"注："籍谓以权刺泥中搏取之。"是也。"樊"，《诗》所谓樊圃也。见《国风·齐风》山有林圃果蔬之类，足以取给，故夏休乎山樊。旧解"山樊"为山边山阴，意不明矣。曰"此予宅"者，言其能安之。故后文"圣人其穷也，使家人忘其贫"，乃直接此文，若非联贯看之，则后文为突兀，而此为语气未完矣。"吾又不若夷节"与"我不若公阅休"文两两相对。先言"夷节已不能，而况我"者，答则阳"何不谭我于王"之求，告以谢之之故也。

"夫夷节之为人也"一段，旧解咸谓其交结人主，情驰富贵；司马彪注语任知以干上，苟进，故德薄而名消。郭象注语此盖误会下"佞人正德"之语，以夷节为便佞之辈，故以种种恶辞加之，即陆德明断夷节为楚臣，亦由于此。不知春秋战国时，"佞"实非恶名，《论语》或曰："雍也仁而不佞。"若"佞"如后世之所谓巧佞，则不佞正所以称之，何以孔子曰："焉用佞！"为雍作辩护邪！且子曰："御人以口给，屡憎于人。"明明说"佞"是口才便给，以是取憎于人，亦非谓其谄媚也，故《说文·人部》"佞"下云："巧讇，高材也。"讇与谄同 其曰巧讇，则当时之义；曰高材，则古训也。明乎此，庶几可以论夷节矣。

曰"无德"、曰"非相助以德"者，既以正德归之公阅休，则夷节自不须以德称，非其人果有悖德之行也。"有知不自许"，此其视挟智以傲于人者，高下何若？而郭子玄乃责其任知，非相诬之甚邪？"以之神其交"，"交"自是交于侯王。然交而曰"神"，其中有多少妙用，岂当时以事君为容悦者所可比拟！而司马彪乃诋其交结人主，情驰富贵，不又诬之甚邪！惟坐其情驰富贵，故解"颠冥"为迷惑。司马云："颠冥犹迷惑也。"见《释文》。不知夷节果迷惑于富贵，则其人复何所可取！王果何为而有"吾又不若夷节"之言！王果之自视，果如是之卑邪？窃意此言"颠冥"，犹《山木篇》之言"猖狂妄行"。"颠"有狂义，"冥"则妄行，言其视富贵如无有，是以掉臂游行，往来自在，不独于己如此，于人亦然，虽不能有德及人，而可令人消其鄙吝之心，故曰"非相助以德，相助消也"。"消"即《田子方篇》"使人之意也消"之消。若如郭注"德薄而名消"，是则则阳一己之事，何言"相助"？毋乃不辞之甚乎！惟夷节为人如此，是以足当高材佞人之名，又不在以口给称也。抑不独夷节已也，即则阳之游楚，亦非营营于富贵者。何以见之？若则阳专为富贵来也，则以王果之贤，直拒之而已，何为曰"待公阅休"乎！然则郭注云"欲其释楚王而从阅休，将以静泰之风镇其动心"云云，其误解"待"字，失原书之旨，不辩而可明也。

"冻者假衣于春，暍者反冬乎冷风"，此如《楚辞》云："吉日兮辰良。"韩愈《罗池庙碑》云："春与猿吟兮，秋鹤与飞。"乃颠倒为对。"反冬乎冷风"，犹曰反冷风乎冬。"反"之为言复也。暍者病暑，得冷风而旧疾自平,故曰"反"也。是为后文"非佞人正德孰能桡焉""桡"字作喻。"桡"同挠,谓矫而正之。冻而得春,暍而得风,皆反也,即皆矫也。言"假衣"者,比之于挟纩也。挟纩,见春秋宣十二年《左氏传》。

"楚王之为人也",与"夷节之为人也",亦两两相对。"形尊而严",言其威。"其于罪也,无赦如虎",言其暴。威而暴,则言不易入,而势易相屈。故曰"非夫佞人正德,其孰能桡焉!"玩一"桡"字,即夷节之佞非夫望颜色承意志,如当时阿谀逢迎者之所为,亦可见也。

"圣人"谓公阅休,顾不斥名公阅休,而混曰"圣人"者,公阅休穷则有之,而不得谓之达,今欲穷达兼言,曰"圣人",则可该休,曰"公阅休",则不足以尽圣人,故不得不易其辞也。"忘爵禄而化卑",忘其爵禄而与卑贱者同化也。"于物也,与之为娱",犹言"与物为春"也。"与物为春",见《德充符篇》。"于人也,乐物之通而保己焉",犹言"命物之化而守其宗"也。"命物之化而守其宗",亦见《德充符篇》。"不言而饮人以和","饮"读去声。饮和犹《诗·大雅·既醉篇》言"饱德",此初不待于言语,故曰"不言而饮人以和"也。三国时,程普谓"与周公瑾交,如饮醇醪,不觉自醉",盖略似之。"与人并立而使人化","并立"言不待共处之久。"父子之宜",犹言父子是宜,汉时严遵与父言慈,与子言孝,盖略似之。此文和、化、宜为韵。郭注以"父子之宜"连下"彼其乎归居"作解,郭注:"使彼父父子子,各归其所。"固非。或以之连上,读作"使人化父子之宜",宋罗勉道《庄子循本》曰:"与人并立,而化为父子之亲。"亦误也。"彼其乎归居,而一閒其所施","彼其"叠言,犹彼也。"乎"者,赞叹之辞。"归居",谓隐居而不出。"施"谓施及于物。"一閒"者,一出之于閒暇从容,若无事然也。"其于人心者若是其远也",此总结上说。"远"犹深也。谓其入于人心如是之深,斯其进言于王,必见听用,故曰"待公阅休"也。

圣人达绸缪,周尽一体矣,而不知其然,性也。复命摇

作,而以天为师,人则从而命之也。忧乎知,而所行恒无几时,其有止也若之何!生而美者,人与之鉴,不告则不知其美于人也。若知之,若不知之,若闻之,若不闻之,其可喜也终无已,人之好之亦无已,性也。圣人之爱人也,人与之名,不告,则不知其爱人也。若知之,若不知之,若闻之,若不闻之,其爱人也终无已,人之安之亦无已,性也。旧国旧都,望之畅然;虽使丘陵草木之缗,入之者十九犹之畅然。况见见闻闻者也,以十仞之台县众间者也。冉相氏得其环中以随成,与物无终无始,无几无时。日与物化者,一不化者也,阖尝舍之!夫师天而不得师天,与物皆殉,其以为事也若之何?夫圣人未始有天,未始有人,未始有始,未始有物,与世偕行而不替,所行之备而不洫,其合之也若之何?汤得其司御门尹登恒,为之傅之,从师而不囿,得其随成,为之司其名。之名嬴法,得其两见。仲尼之尽虑,为之傅之。容成氏曰:"除日无岁,无内无外。"

此庄子因上王果之言从而引申之,以明圣人未尝自圣,虽曰"以天为师",而亦与天相忘,无有天之见存,盖必至是而后情识俱遣,独露本真。其间杂举冉相以至容成诸圣,皆以证明此事,与内篇《齐物论》、《人间世》、《大宗师》、《应帝王》皆足相发明者也。

"绸缪"犹缠绵,谓人情之不容已处。"达"者通也。惟通乎此,所以能"周尽一体"。"周尽一体"者,视万物为一体,而无有不到也。此为下文"圣人爱人无已"发端。旧注以"绸缪"为轇轕,释作通达事理,则前后文不相应,不知此以性言,不以理言,故曰"不知其然,性也"。"不知其然"者,发于自然者也。自然之谓命,故曰"复命摇作"。作而曰"摇"者,作于不得不作,如有摇之者然。"摇"者,鼓荡也。命本于天,故又曰"以天为师"。"以天为师",即以天为宗。"以天为宗",见《天下篇》。曰师曰宗,一也,合之则曰大宗师。"人则从而命之"者,"命",名也。圣人无名,人则名之圣人,非圣人意也,故曰"忧乎知而所行恒无几时"。"忧乎知"者,忧乎人之知之,如庚桑楚闻畏垒之民将尸祝社稷之而不释然,是也。旧读"知"为智,误也。"所行恒无几时"者,"几"如《诗·小雅·楚茨》"如几如式"之几,谓期也。"无几时",与下文云"无几"、"无时"正同。盖虽不欲人知,而行之则未尝稍有间歇,故曰"恒无几时"也。"其有止也若之何",系倒文,若之何其有止,言不可止也。"有止"与下"无已"文对。无已者圣人,有止则非圣人矣。

"生而美者"一段,设譬以明之,以见出于性者,若知若不知,人虽告之,亦若闻若不闻,此就圣人一边言。旧国旧都之譬,则就人之向往圣人一边言。"虽使丘陵草木之缗",郭注"缗,合也",是也。"人之者十九犹之畅然",九字为句。"十九犹之畅然",言畅然者犹十人而九也。望之者如彼,人之者如此,则亲见亲闻者可知,故曰"况见见闻闻者也"。"见见闻闻"者,见所见、闻所闻也。以旧国旧都喻圣人者,"圣人先得人心之同然",语见《孟子·告子篇》故见圣人识其本心,则如返其故里也。"以十仞之台县众间者也",此喻圣人虽不欲人知,而其德行显著,如高台县耸于众人之间,无有不见之知之者。旧注读"间"作"闲静"之闲,非也。

"冉相氏",古圣人名。"环中"已见《齐物论篇》。"随成"者,随顺于物,因而成之也。"与物无终无始",是为环中;与物"无几无时",是为随成。惟随成,故"日与物化"。惟得其环中,故"一不化"。"阖尝舍之"者,"阖"与盍同。"尝",试也。化与不化,本乎自然,执之则滞,滞则堕于一边,故欲其舍之也。"夫师天而不得师天",八字为句。"而"犹则也。言有心师天,则师天反不得矣。师天不得,斯其于物非是随顺,而为从逐,故曰"与物皆殉"。殉则失其不化,而非环中以应无穷者矣。推其由来,全坐有心,有心是有为也,是有事也,故曰"其以为事也若之何"。《逍遥游篇》言藐姑射之神人也曰:"孰肯以物为事。"又曰:

"孰弊弊焉以天下为事。"此云"为事"与彼两"为事"同义。"若之何其以为事",言不可有事有为,《天地篇》所谓"无为为之之谓天"也。

"未始有天,未始有人",天即人,人即天,天人非有二也。"未始有始,未始有物",物即始,始即物,物始非有二也。"与世偕行而不替","不替"者,无偏废也。《天地篇》所谓"不同同之之谓大,行不崖异之谓宽"也。"所行之备而不洫","洫"借作恤。"不恤"者,无忧也。《天地篇》所谓"循于道之谓备,不以物挫志之谓完"也。上言"以天为师",此则云"未始有天",上言"忧乎知",此则云"不洫",节节进则节节舍,以见道之无止也。"其合之也若之何",我所本有,不待于合,一也;本非有二,何言乎合,二也。故曰"若之何其合之"。

三"若之何"皆为学者指点亲切,是文中眼目,最为紧要处。郭注于后二者曰:"虽师天,犹未免于殉,奚足事哉!"曰:"都无,乃冥合。"尚于书旨不悖,而于前一者曰"任知而行,则忧患相继",则全失之。然即亦未尝以"若之何"为发问之辞,至章太炎《庄子解故》乃云"设此三难",并援用释典作解。其援用释典当否且置,而使读者迷于辞句,并文章之义法而乱之,误人实甚,不可不辩也。

"汤得其司御","司御"之名,他篇所不见,以文义推之,与"得其环中"、"得其随成"、"得其两见",正同一例,则亦谓道之要可以主天下,《玉篇》:"司,主也。"御万物,而汤得之,名之"司御"而已。《释文》于此无说。郭注有曰:"司御之属,亦能顺物之自成。"则已以"司御"为众官之称,于是本以指道者成为指人。宋道士林疑独承之,遂与"门尹"齐观,断作官名。见疑独《庄子注》后之注家沿用不改,而不知其非也。"门尹登恒",《释文》引向秀云:"门尹,官名。登恒,人名。""门尹"之为官名无疑。若"登恒",则以下文"仲尼之尽虑,为之傅之"例之,疑言门尹者登于恒道云尔。举其官不必定举其名也。《大宗师篇》云:"是知之能登假于道也。"彼言"登假于道",此言"登恒",文有繁简,义自相类。

"为之傅之",成疏云"为师傅",此以释门尹之为之傅之,或可通,以释仲尼之为之傅之,则窒碍而非理。仲尼去汤千余年,安得曰为之傅邪!且本文云"为之傅之",上"为"读去声。见《释文》"为之傅之",与"为之傅",于文相去亦远矣,而玄英混之,其误甚显,乃无有正之者,真不可解也。郭注于"仲尼之尽虑为之傅之"下,曰:"以辅万物之自然。"亦不得解而强为之辞。窃疑"傅"或"传"字之讹。不然,则"傅"如"傅籍"之傅,言为之傅著于简册耳。《汉书·高帝纪》"萧何发关中老弱未傅者悉诣军"。颜注曰:"傅,著也。言著名籍,给公家徭役也。"案:《周官书》天官以八成听邦治,已有傅别之说,则著于文字谓之"傅",其由来尚矣。且下文云"为之司其名"。"司其名"者,掌其名字也。是亦一证。门尹固不必与汤同时也。若如是解,则"从师而不囿",直是门尹以汤为师,而不为师说所囿,因以得其随成。注家反以门尹为汤师傅,慎矣。

"之名嬴法","之名"者,是名也。名者实之宾,得其实,则名为多事,故曰"嬴法"。"嬴"与赢通。嬴法者,剩法也。"得其两见","两见"如《齐物论》之言"两行"。见其实以名显,是一;见其名不尽实,又一,故曰"两见"也。"得其两见",盖谓仲尼也。以连"之名嬴法"言,故倒之在上。子曰:"有鄙夫问于我,空空如也,我叩其两端而竭焉。"见《论语·子罕篇》"两端"犹"两见"。"空空如",则所谓尽虑。"尽虑"者,子所云"何思何虑"也。见《易·系辞传》是故在冉相氏则谓之环中,在汤则谓之司御,在门尹则谓之随成,在仲尼则谓之两见,其实一而已。

"容成氏",黄帝时造历者。岁者日之所积,故曰"除日则无岁"。外者内之所运,故曰"无内则无外"。外者物,内者心也。此引容成氏之说,以总结上文。注者或以"无内无外"平看,不独与"除日无岁"之文不相对,亦与上文了无关涉,吾知其非已。

魏莹与田侯牟约,田侯牟背之。魏莹怒,将使人刺之。犀首闻而耻之,曰:"君为万乘之君也,而以匹夫从仇!衍请受甲二十万,为君攻之,虏其人民,系其牛马,使其君内热发于背,然后拔其国。亡也出走,然后抶其背,折其脊。"季子闻而耻之,曰:"筑十仞之城,城者既十仞矣,则又坏之,此胥靡之所苦也。今兵不起七年矣,此王之基也。衍乱人,不可听也。"华子闻而丑之,曰:"善言伐齐者,乱人也;善言勿伐者,亦乱人也;谓伐之与不伐乱人也者,又乱人也。"君曰:"然则若何?"曰:"君求其道而已矣!"

惠子闻之,而见戴晋人。戴晋人曰:"有所谓蜗者,君知之乎?"曰:"然。""有国于蜗之左角者,曰触氏,有国于蜗之右角者,曰蛮氏,时相与争地而战,伏尸数万,逐北旬有五日而后反。"君曰:"噫!其虚言与?"曰:"臣请为君实之。君以意在四方上下,有穷乎?"君曰:"无穷。"曰:"知游心于无穷,而反在通达之国,若存若亡乎?"君曰:"然。"曰:"通达之中有魏,于魏中有梁,于梁中有王。王与蛮氏有辨乎?"君曰:"无辨。"客出,而君惝然若有亡也。客出,惠子见。君曰:"客,大人也,圣人不足以当之。"惠子曰:"夫吹筦也,犹有嗃也;吹剑首者,吷而已矣。尧、舜,人之所誉也;道尧、舜于戴晋人之前,譬犹一吷也。"

"䓨",魏惠王名。"田侯牟",司马彪云:"齐威王也。"案:威王名因齐不名牟。彪以"田侯"为威王者,特以威王曾有伐魏之师,与背约之言相应耳。《史记·田齐世家》惠王父桓公名午,其字与牟相近。据《年表》,惠王十三年当桓公十八年。是时齐未为王,故称田侯。"牟"或是午字之讹。不然,则《史记》作"午"乃牟字之残也。当时各国有约而背者多矣,此所言当有其事,不必见之史册一一可征也。

"犀首",魏官名,官名"犀首"者,司马彪云"若今虎牙将军",是也,时公孙衍为此官。"闻而耻之"句绝。"曰"者,言之于惠王也,下并同。

"以匹夫从仇",指使人刺田侯言。"从仇"者,从事于报仇也。"内热发于背",谓怒而火动,中于背,发而为痈疽也。"拔其国",拔其国都也。"亡也出走",亡而出走也。今各本"亡"皆作忌,《释文》云"忌畏而走"。夫既已拔其国矣,复何言于"忌畏"?又云"元嘉本忌作亡"。古"忘"与"亡"通,则似是作"忘",误而为"忌"耳。兹从元嘉本,以还其旧。其注家有以"忌"为齐将田忌者。将而兵败,非死则虏,不得以"出走"言也。且下云"抶其背,折其脊",皆谓田侯,何从而中间横入一"忌",以是益知作"亡"为是,断断然也。"抶"音秩,击也。

"季子"亦魏臣。"城者既十仞矣","城者",谓为城者。为城多用刑徒,故坏之为胥靡所苦也。"胥靡"见《庚桑楚篇》。"此王之基","王"当读去声,谓王天下之基也。

"华子",当即《让王篇》之子华子,时客于魏也。"丑"亦耻也。"善言"犹好言,谓一意主张也。言"伐齐者乱人",为用兵。言"勿伐者亦乱人",为求王也。用兵,胜心也。求王,亦胜心也。"谓伐之与不伐乱人也者又乱人",则华子自谓。欲齐人之是非,必先自齐其是非;欲祛人之胜心,必先自祛其胜心也。"君求其道而已矣"者,求其道,则胜心自祛,而是非自齐也。

"惠子闻之而见戴晋人","见"读现,谓引见于王。"戴晋人",魏之贤者也。"蜗",蜗牛。"曰触氏",言其抵触而不宁。"曰蛮氏",言其蛮野而不文也。"伏尸数万",言杀伤之众。"逐北旬有五日而后反",言争战历时之久而涉地之远也。凡此皆所谓卮言,漫衍支离,故君以"虚言"斥之。"臣请为君实之"者,以今事证之,则虚言为实录矣。

"以意在四方上下","在"之为言察也。"反在通达之国","在"义亦同。"通达之国",谓舟车所至、人力所通之诸国,若山林未启,荒服之地,固所不及。旧注以为四海之内,尚嫌含混未清也。"若存若亡",言其不足数。"于魏中有梁"者,惠王由安邑迁都于梁,"魏"以国言,"梁"以都言也。"王与蛮氏有辨乎","辨",别也。比魏于蛮氏者,魏在齐之右也。"惝"与懭同。"若有亡",若有失也。

"客出,惠子见",重言"客出"者,明客一出而惠子即见,非衍文也。"大人",即所谓"达绸缪,周尽一体"者,顾不以圣人称客,而进而称之曰"大人"者,圣以表智,大则所以表德也。"吹筦者犹有嗃也,吹剑首者吷而已矣",筦同管。"嗃"音嚣,吹管声。"剑首",剑环头小孔也。"吷"音血,亦音缺,吹剑首声。嗃声长而过缓,故曰"犹有嗃也"。吷声促而过疾,故曰"吷而已矣"。嗃、吷皆当以声求之,不劳作释。"道",称道。"道尧、舜于戴晋人之前,譬犹一吷"者,言过耳而不留,闻如未闻也。

孔子之楚,舍于蚁丘之浆。其邻有夫妻臣妾登极者,子路曰:"是稯稯,何为者邪?"仲尼曰:"是圣人仆也。是自埋于民,自藏于畔。其声销,其志无穷,其口虽言,其心未尝言。方且与世违,而心不屑与之俱,是陆沈者也。是其市南宜僚邪?"子路请往召之。孔子曰:"已矣!彼知丘之著于己也,知丘之适楚也,以丘为必使楚王之召己也,彼且以丘为佞人也。夫若然者,其于佞人也,羞闻其言,而况亲见其身乎!而何以为存?"子路往视之,其室虚矣。

"蚁丘",地以丘名。"浆",卖浆之家。"舍",止也。"登极",《七月》之诗所谓"亟其乘屋",因葺屋而登其极。"极",屋脊也。司马彪云"升之以观",非是。彼方且避孔子不及,岂有登屋以观者哉!"臣妾",已见《庚桑楚篇》,盖从之游学者,故后有"是圣人仆也"之言。称"仆",犹庚桑之称"老聃之役"也。"稯稯"一作总总。众聚而有秩,如禾束之整列然,故子路怪而问之。

"自埋于民,自藏于畔",乃互文。"畔",田垅之间。言隐于田亩而甘为农民也。"其声销",不自彰显也。"其志无穷",志存乎大也。"其口虽言,其心未尝言",言以顺物,心无黏滞,故如未尝言然也。"方且与世违",方欲避世也。"而心不屑与之俱",心不屑与俗同也。"是陆沈者",不离世而避世,如在陆而沈于水,故曰"陆沈"也。"市南宜僚",已见前,疑即其人,故曰"是其市南宜僚邪?"

"子路请往召之"者,以为既知其人,可召与相见也。"已矣","已",止也。止勿往召。"彼知丘之著于己也","己"指宜僚,代宜僚自言,故称"己"。"著",明也,谓明识之。"以丘为必使楚王之召己也",此"己"亦与上同。谓疑孔子将荐之于王,而使召己也。"彼且以丘为佞人也",此"佞"与《论语》微生亩谓孔子"无乃为佞乎"之"佞"同,见《宪问篇》犹后世言阿世、媚世,与"不屑"意正反,观孔子对微生亩言"非敢为佞也,疾固也",以"佞"与"固"对,可见也。"羞闻其言","言"即指使楚王召己之言。见之则疑于请属,故曰"而况亲见其身乎!"既不可得见,则"何以为存"。"存"者,存问。"何以为存",犹云何以问为。此申上止勿往召之意。成疏以"存"为"在",云"汝何为谓其犹在",逆探下文"其室虚矣"之云,而为之解,大非也。

"子路往视之",往探之也。"其室虚矣",与《论语》记荷蓧丈人,"使子路往见之,至则行矣",见《微子篇》是一样文字。当时隐遁者往往有之,不必尽寓言也。

长梧封人问子牢曰:"君为政焉勿卤莽,治民焉勿灭裂。昔予为禾,耕而卤莽之,则其实亦卤莽而报予;芸而灭裂之,其实亦灭裂而报予。予来年变齐,深其耕而熟耰之,其禾繁以滋,予终年厌飧。"庄子闻之,曰:"今人之治其形,理其心,多有似封人之所谓。遁其天,离其性,灭其情,亡其神,以众为。故卤莽其性者,欲恶之孽,为性萑苇,蒹葭始萌,以扶吾形,寻擢吾性,并溃漏发,不择所出,漂疽疥痈、内热溲膏,是也。"

"长梧封人"，当即是长梧子，已见上《齐物论篇》。"子牢"即子琴张，见上《大宗师篇》。封人为守封疆之官，无人民政事之责，而子牢似亦未仕；即仕，封人亦不得称之为君。则此之所言，合是泛论当时国君之所为，非封人教子牢，亦非子牢教封人也。明乎此，乃知以"问"字发端，正示彼此互作商量之语。注家或有欲改"问"字作"谓"字者，盖未尝就文与事而细详之也。

"为政勿卤莽，治民勿灭裂"，系互文，"卤莽"如今云草率，"灭裂"如今云胡乱。"为禾"，犹为稼也。"耕而卤莽"，土不发，禾不易长，故"其实亦卤莽而报予"，"实"者秋实，谓穑也。"芸"借作耘，除草也。"芸而灭裂"，草未去，禾则已伤，故"其实亦灭裂而报予"。"变齐"，"齐"读如剂，司马彪注"谓变更所法"，是也。"深其耕"，则非卤莽矣。"熟耰之"，则不灭裂矣。"熟"者细也。"耰"者，锄其草而覆之，即用以壅禾，所谓覆种也。"其禾繁以滋"，"繁"言其盛，"滋"言其坚好也。"既坚且好"，见《小雅·大田》之诗。"终年厌飧"，"厌"读如餍，谓终岁饱食也。

"今人之治其形，理其心，多有似封人之所谓"，本言为政治民，而庄子乃引归之治形理心者，内外无二理。且身不治、心不理，未有能为政治民者也。"遁"，失也。遁天离性，卤莽之为也。灭情亡神，灭裂之致也。"以众为"者，逐物徇人，纷纷而无有止也。本卤莽灭裂兼言，而云"卤莽其性"，独侧重于卤莽者。有先之卤莽，必有后之灭裂。言卤莽，则灭裂不待言也。

"欲恶之孽，为性萑苇"，"欲恶"犹好恶。"孽"者，言其非正也。"为性萑苇"，犹孟子言"茅塞子之心"，譬喻之辞也。"萑"，今谓之荻，字本作"萑"，作萑者，省也。"苇"，今谓之芦。苇粗而萑细。"蒹葭始萌，以扶吾形，寻擢吾性"，"蒹葭"即萑苇，《说文》："萑，薍也。蒹，萑之未秀者。"又："苇，大葭也。葭，苇之未秀者。"则长大者为萑为苇，长读去声 其幼小者为蒹为葭，今以"始萌"言，故变萑苇而曰蒹葭，非萑苇自萑苇，蒹葭自蒹葭也。俞樾《诸子平议》以郭象为失读，而读"为性萑苇蒹葭"六字为句。若然,则雈苇蒹葭为四物。汉学家最守《说文》,不知于此何以失之。后之注家,反信俞而改郭,盖未深考也。"扶"如扶养之扶。始以养形,继以伤性,故曰"寻擢吾性"。俞氏谓:"寻与始相对为义,寻之言寖寻也。"此则是也。"擢"即《骈拇篇》"擢德塞性"之擢,孟子所谓"揠苗助长"者。性伤,而形亦随之而伤。卤莽之终,遂成灭裂,可以见矣。"并溃漏发","并"与旁通,谓四溃而漏发,故曰"不择所出"。"漂疽疥癕",则发之于外者。"内热溲膏",则漏之于内者。历历言之,所以深致其痛惜也。"漂"本亦作瘭,"瘭"其本字,"漂"则假借也。瘭亦疽类,其来忽然,故曰"漂"。"癕",痈字之别体。《大宗师篇》曰"决痈溃痤",则作痈。"癕"之为言壅也,气血壅塞而不通,发为毒疮也。"疥",痒疥。"内热溲膏",详见《人间世》"叶公子高将使于齐"下。

柏矩学于老聃。曰:"请之天下游。"老聃曰:"已矣! 天下犹是也。"又请之,老聃曰:"女将何始?"曰:"始于齐。"至齐,见辜人焉,推而彊之,解朝服而幕之,号天而哭之,曰:"子乎子乎! 天下有大菑,子独先离之。曰莫为盗,莫为杀人。荣辱立,然后睹所病;货财聚,然后睹所争。今立人之所病,聚人之所争,穷困人之身,使无休时,欲无至此,得乎! 古之君人者,以得为在民,以失为在己;以正为在民,以枉为在己;故一形有失其形者,退而自责。今则不然,匿为物,而愚不识;大为难,而罪不敢;重为任,而罚不胜;远其涂,而诛不至。民知力竭,则以伪继之;日出多伪,士民安得不伪! 夫力不足则伪,知不足则欺,财不足则盗。盗窃之行,于谁责而可乎?"

此正言当时为政之卤莽、治民之灭裂也。上节引以修己,此节则推之天下。本末先后,次第厘然矣。"柏矩",柏姓矩名也。曰"学于老聃",则亦老子之弟子也。"请之天下游",欲以行其所学也。知其志在行之者,以下"解朝服"语而知之,惟见国君乃备朝服,否则无取于是也。老聃曰"天下犹是"者,见道必不行,故沮之也。

"始于齐",齐大国,且天下之士之所聚也。"见辜人焉","辜"如《周官·大宗伯》"以疈辜祭四方百物"之辜,谓披磔罪人之尸而张之以示众。《汉书·刑法志》云:"诸死刑皆磔于市。景帝中二年,改磔曰弃市,勿复磔。"然则在战国时,磔人为常事矣。磔者竖立,故"推而强之"。"彊"借作僵,仆也。磔者露尸,故"解朝服而幕之","幕"者,覆也。"号天而哭之",呼天而哭之也。

"菑"同灾。灾莫大于僇死,故曰"天下有大菑"。"离"通罹,遭也。曰"子独先罹之"者,见遭刑者众,后之继之者将不绝也。"曰莫为盗,莫为杀人",国之常法所诏如是也。"荣辱立,然后睹所病",病夫在上者荣,在下者辱。干进而不得,则变而为倍乱矣。"货财聚,然后睹所争",争夫求生之厚,食税之多。厚积而不施,则激而为攘夺矣。故曰:"今立人之所病,聚人之所争;穷困人之身,使无休时,欲无至此,得乎!"此谓为盗与杀人也。

"古之君人者,以得为在民,以失为在己;以正为在民,以枉为在己",汤所谓"万方有罪,罪在朕躬",武王所谓"百姓有过,在予一人"也。见《论语·尧曰篇》"一形有失其形者,退而自责",禹思天下有溺者由己溺之,稷思天下有饥者由己饥之也。见《孟子·离娄篇》"一形"犹言一物。"失其形",言不获其生也。

"匿为物而愚不识","律令烦多,自明习者不知所由,况于众庶!"语本《汉书·刑法志》是所谓"匿为物"也,"匿"者隐也,"物"者事也。"愚不识"者,"于以罗元元之不逮",亦本《刑法志》犹孟子言罔民也。"大为难而罪不敢,重为任而罚不胜,远其涂而诛不至",皆言强人以所不能,而以刑罚驱其后也。"难"读如字。"胜"读平声。"涂"与途同。孔子曰"不教而杀谓之虐,不戒视成谓之暴,慢令致期谓之贼",见《论语·尧曰篇》意略与此同矣。"民知力竭则以伪继之","知"读智,言民欲避诛罚,

484

不得不以伪应上。"日出多伪,士民安得不伪!"言民之伪,由上之以伪召之、启之也。于"民"上又增言"士"者,士下无以强民之行,上无以副上之令,则亦有相与为伪而已矣。"力不足则伪,知不足则欺,财不足则盗",又反复言之者,见罪实不在士民,故曰"盗窃之行,于谁责而可乎?"不明言罪上,而其罪上之意益深至矣。

蘧伯玉行年六十而六十化,未尝不始于是之,而卒诎之以非也;未知今之所谓是之非五十九非也。万物有乎生,而莫见其根;有乎出,而莫见其门。人皆尊其知之所知,而莫知恃其知之所不知而后知,可不谓大疑乎!已乎已乎!且无所逃。此则所谓然与,然乎?

"蘧伯玉",已见《人间世篇》。"行年"犹历年。"六十而六十化",言无年不在变化中也。"未尝不始于是之,而卒诎之以非"者,"诎"同黜。始之所是,卒以为非而黜之,是所谓化也。"未知今之所谓是之非五十九非也",言今方且变化而未已。《寓言篇》亦有此文,但作孔子而非蘧大夫。案:《淮南子·原道训》有云"蘧伯玉年五十而知四十九年非",所言年岁与此有异,此传闻异辞,未可以彼而疑此也。

"万物有乎生而莫见其根,有乎出而莫见其门",借万物为喻,以见知亦有所自生、有所自出,而知之所不知也。知之所知,今之所谓是也。若知之所不知,则与化日新。今之是,移时有见其为非者矣,故曰"人皆尊其知之所知,而莫知恃其所不知而后知"。"莫知恃其知之所不知而后知",常人之所以滞于故而不能化也。"可不谓大疑乎!""大疑"犹大惑也。虽惑,而实日在此迁化之中,故曰"且无所逃"。欲人知其不可逃而反之,故曰"此则所谓然与,然乎?""与"读如欤。曰"然与",又曰"然乎"者,在人自知,非可代决,诱之使疑,实诱之使信也。

仲尼问于大史大弢、伯常骞、狶韦曰："夫卫灵公饮酒湛乐，不听国家之政；田猎毕弋，不应诸侯之际。其所以为灵公者，何邪？"大弢曰："是因是也。"伯常骞曰："夫灵公有妻三人，同滥而浴。史鳅奉御而进所，搏弊而扶翼。其慢若彼之甚也，见贤人，若此其肃也，是其所以为灵公也。"狶韦曰："夫灵公也，死，卜葬于故墓不吉；卜葬于沙丘而吉。掘之数仞，得石椁焉。洗而视之，有铭焉。曰：'不冯其子，灵公夺而里之。'夫灵公之为灵也久矣，之二人何足以识之！"

"大史"之"大"读如太。"大弢"、"伯常骞"、"狶韦"，皆人名。"伯常"，复姓，《晏子春秋》作柏常骞。史官明于故事，故孔子从而问之。"卫灵公"，已见《人间世篇》。"湛乐"，沈迷于乐也。"田"同畋。"毕弋"，已见《胠箧篇》。"际"谓交际，如聘问、盟会之事是也。"其所以为灵公者，何邪？"疑其无道，不应谥灵也。

"是因是也"，上"是"指谥灵，下"是"即指饮酒湛乐之类。言正因无道，所以谥灵。盖谥法"乱而不损曰灵"，大弢专就乱之义言也。

"滥"同鉴，《说文》："鉴，大盆也。"以其铜制，故字从金；以其贮水，故字或从水，非泛滥之滥也。"史鳅"，卫大夫，字鱼，孔子称"直哉史鱼，邦有道如矢，邦无道如矢"，见《论语·卫灵公篇》即其人也。"奉御"，如后世之番上当直。"进所"者，进于公所也。"搏弊"，今各本皆作"搏币"，因郭注作"币"而改。案：奉御不必用币，且币者所以将礼，谓曰"搏币"，亦嫌不辞。《释文》出"弊"字，则是原本作"弊"。"弊"者，疲困也。公虽疲困，而犹自把持不懈，是之谓"搏弊"，至使人扶之翼之，故曰"见贤人若此其肃也"。"若"如郭注，则"肃"字无著矣。"慢"谓无礼。"是其所以为灵公也"。伯常骞则专以不损之义言。《论语》子言卫灵公之无道也，康子曰："夫如是，奚而不丧？"孔子曰："仲叔圉治宾客，祝鮀治宗庙，王孙贾治军旅，夫如是，奚其丧？"亦此意也。

庄子发微卷之四·则阳第二十五

"故墓",故所作墓,如后世所谓寿藏也。"沙丘",地名。"椁",外棺也。"铭"犹记也。"不冯其子","冯"读同凭,言不能凭其子以自保。"里"如里居之里。"灵公夺而里之",言灵公夺而居之也。此文"里"与"子"协韵。狶韦之言,盖以灵公之谥"灵"已由前定,故曰"之二人何足以识之!"其言荒诞,庄叟所以引之者,特以证人之于化固无所逃,因蘧伯玉遂及卫灵耳,是亦所谓卮言,不得以正论视之也。

少知问于大公调曰:"何谓丘里之言?"大公调曰:"丘里者,合十姓百名而以为风俗也。合异以为同,散同以为异。今指马之百体,而不得马;而马系于前者,立其百体而谓之马也。是故丘山积卑而为高,江河合流而为大,大人合并而为公。是以自外入者,有主而不执;由中出者,有正而不距。四时殊气,天不赐,故岁成;五官殊职,君不私,故国治;文武殊能,大人不赐,故德备;万物殊理,道不私,故无名。无名,故无为,无为,而无不为。时有终始,世有变化。祸福淳淳,至有所拂者而有所宜;自殉殊面,有所正者有所差。比于大宅,百材皆度;观乎大山,木石同坛。此之谓丘里之言。"

少知曰:"然则谓之道,足乎?"大公调曰:"不然。今计物之数,不止于万,而期曰万物者,以数之多者号而读之也。是故天地者,形之大者也;阴阳者,气之大者也;道者为之公,因其大以号而读之则可也,已有之矣,乃将得比哉!则若以斯辩,譬犹狗马,其不及远矣。"

少知曰:"四方之内,六合之里,万物之所生恶起?"大公调曰:"阴阳相照,相盖相治;四时相代,相生相杀;欲恶去就,于是桥起;雌雄片合,于是庸有。安危相易,祸福相生,缓急相摩,聚散以成,此名实之可纪,精微之可志也。随序之相理,桥运之相使,穷则反,终则始,此物之所有。言之所尽,知之所至,极物而已。睹道之人,不随其所废,不原其所起,此议之所止。"

少知曰:"季真之莫为,接子之或使,二家之议,孰正于其情?孰遍于其理?"大公调曰:"鸡鸣狗吠,是人之所知;虽有大知,不能以言读其所自化,又不能以意其所将为。斯而析之,精至于无伦,大至于不可围。或之使,莫之为,未免于物,而终以为过。或使则实,莫为则虚。有名有实,是物之居;无名无实,在物之虚。可言可意,言而愈疏。未生不可忌,已死不可阻。死生非远也,理不可睹。或之使,莫之为,疑之所假。吾观之本,其往无穷;吾求之末,其来无止。无穷无止,言之无也,与物同理;或使莫为,言之本也,与物终始。道不可有,有不可无。道之为名,所假而行。或使莫为,在物一曲,夫胡为于大方?言而足,则终日言而尽道;言而不足,则终日言而尽物。道物之极,言默不足以载。非言非默,议其有极。"

此节凡四问答,其精深足与《秋水篇》河伯海若之文相比,而要在"道者为之公"一语。"公"者,上文所谓"圣人达绸缪,周尽一体"者也。故托言少知问于大公调。"少知"者,知之少也。知之少者,其私心亦少。故惟少知为能问。"大"读太。太公者,大公也。大公而曰"调"者,"调"者和合。不和不合,则无以成其为公也。

公议恒起于微贱,故以丘里之言发端。"丘里",犹言乡曲也。孟子曰:"得乎丘民而为天子。"民曰丘民,言曰丘里之言,其取意盖一也。"十姓百名",言其众也,众必有异。然和而合之,则同者出焉,故曰"合异以为同,散同以为异"。《易》之《同人》,说同之卦也,而象曰"君子以类族辨物"。《易》之《睽》,说异之卦也,而象曰"君子以同而异"。是故无同不足以见异,而无异亦不足以为同也。"指马之百体而不得马",所谓"散同以为异"。"马系于前者,立其百体而谓之马也",所谓"合异以为同"。"系"犹悬也。"马系于前者",马之像悬于前也。

"合流"一作合水。"流"谓川流。水亦百川之水也。"大人合并而为公","合并"即所谓调。"自外入者,有主而不执;由中出者,有正而不距",是则调与合并之道也。"自外入者",人言也。闻人言,中虽有主而不之执,所以能从也。"由中出者",己意也。用己意,外或有正而不之拒,所以能舍也。孟子曰:"大舜有大焉,舍己从人,乐取于人以为善。""乐取于人以为善",与"合并而为公",无二道也。

"天不赐","赐"谓有所偏厚,犹私也。"五官",谓司徒、司马、司空、司士、司寇。见《小戴礼记·曲礼篇》"文武"下旧缺,宣颖《南华经解》补"殊材"二字,但观郭注云:"文者自文,武者自武,非大人所赐也。若由赐而能,则有时而阙矣。"又成疏云:"文相武将,量才授职,各任其能,非圣与也。"则原文似是"能"字,故今定作"殊能"。然曰大人、曰德备,是谓大人一身备文武之德。"不赐",特言无偏重耳,与上云"五官殊职",意在任贤者有别,则注疏之说未为允当,亦不可不知也。"万物殊理,道不私,故无名",此句乃主旨所在,以上三者皆为此句作引。"无名"者,道合万物,不得以一名名之也。是故老子曰:"道可道,非常道,名可名,非常名。""无名故无为"者,"为"则有名,有名则为物而非道矣。"无为而无不为"者,道者所以任物,凡物之所为,皆道之所为也,故曰"无为而无不为"。

"时有终始,世有变化",天命流行,所谓生生之谓易也。"祸福淳淳","淳淳",言茫昧而难测也。知淳淳为茫昧者,老子曰:"其政闷闷,其民淳淳;其政察察,其民缺缺。""淳淳"与"闷闷"为类,而与"察察"、"缺缺"相反,则是茫昧也。郭注云:"流行反复。"特因老子祸福倚伏之言而为之辞，非"淳淳"本义也。下文"至有所拂者而有所宜"，正于祸福难定之中，喻人以祸福可知之道，曰极有所拂戾者，未始无所宜适。若已先知祸福相反复，则此文为赘语矣。"自殉殊面"者，各自从其所殊异之向也。各自从其所殊异之向，即各自以为正也。于是喻之曰"有所正者有所差"。凡以救其偏也。偏则不公，偏则非道矣，故曰"比于大宅，百材皆度"。"比"犹譬也。为"大宅"者，梁栋之大，枅柤之细，量材而用，无有废弃，是为"百材皆度"。"度"读入声，与宅为韵，谓相度其宜也。"宅"一本作泽。以"百材皆度"言之，作"宅"为长，故兹从"宅"。"观于大山，木石同坛"，"坛"与"山"为韵。"大"当读太。惟太山为帝王封禅之所，故得有坛也。"百材"犹同类也，木石则异类矣。异类而得同坛，大山之所以为大也。丘里之言亦然，故曰"此之谓丘里之言"。

"然则谓之道足乎？"以谓之道为足，是著于道也。著于道则非道，所谓"道可道，非常道"也，故直断之曰"不然"。"期曰万物者"，"期"犹要也。要约之而曰万物，故曰"以数之多者号而读之"。"号"读去声，谓为之记号。"读之"者，诵言之也。天地以形言，故曰"形之大者"。阴阳以气言，故曰"气之大者"。道则包天地、合阴阳、兼形气，故曰"道者为之公"。"为之公"者，为其公也。为其公，故得以天地言，而天地非道也；得以阴阳言，而阴阳非道也；得以形气言，而形气非道也。又岂特天地、阴阳、形气而已，道得以道言，而言道则非道。得以道言，故曰"因其大以号而读之则可也"。而言道则非道，故曰"已有之矣，乃将得比哉！""已有之"者，已有其号，已有其名也。有其号，有其名，则与夫无名之朴、不道之道，不无径庭矣。_{"无名朴"，语本老子。"不道之道"，见前《徐无鬼篇》}"乃将得比哉"者，言不可与比也。"则若以斯辩"，"辩"谓判也。"譬犹狗马，其不及远矣"，言名号之与道相去之远，犹若狗马之不同类也。

少知复问"万物之所生恶起"者，"恶"读如乌。道不离物，不知物，即亦无以知道,故问之。郭注云:"问此者,或谓道能生之。"此据老子"道生万物"为说,非此书之旨也。"阴阳相照",谓日月也。日阳而月阴,故曰"相照"。"相盖"犹相胜。"相治"者相理也。"相生相杀",犹后世言相生相克。"桥起",轩起也。"片合",牉合也。《仪礼·丧服传》云:"夫妇,牉合也。"本判而后合,是谓之牉合。"片"与牉通。"庸有",常有也。"相摩"犹相迫。"以成"犹相成也。老子云:"难易相成。""名实之可纪","纪"谓董理之。"精微之可志","志"与誌同,谓书识之。各本"精"下无"微"字,依覆宋本补。"随序",以序之先后相从言,故曰"相理"。"相理"者,相次理也。"桥运",以运之升降相替言,故曰"相使"。"相使"者,相驱使也。"桥运"之"桥",与"桥起"之"桥"同义。古名桥即桔槔。桔槔一轩一轾,乍升乍降;物理之运行,有似于此,故曰"桥运"。大抵"随序"言其渐,"桥运"言其骤。曰序曰运,互文见义也。"穷则反",承"桥运"言。"终则始",承"随序"言。"此物之所有"者,言此皆不能离于物,故曰"言之所尽,知之所至,极物而已"。若夫道,则无先后,无升降,亦无正反,无终始,故曰"睹道之人,不随其所废,不原其所起"。"随"谓追寻,"不随其所废",知其无终也。"不原其所起",知其无始也。"此议之所止"者,言议之所不及,无名实之可纪,无精微之可志也。

"季真",疑即上言"衍,乱人也"之季子,"真",其名也。"莫为",无为之主者。接子尝客于齐,《史记·田完世家》云:"宣王喜文学游说之士,自如驺衍、淳于髡、田骈、接子、慎到、环渊之徒七十六人,皆赐列第,为上大夫。不治而议论,是以齐稷下学士复盛。"《孟子荀卿列传》亦言:"稷下先生,慎到、环渊、接子、田骈之徒,各著书言治乱之事。"《汉书·艺文志》道家有《捷子》二篇。捷子即接子也。《史记正义》:"《艺文志》云:《接子》二篇在道家流。"是捷子本亦作接子。"或使",有使之者。太公调言"议之所止",有似于莫为,又言"桥运之相使",有似于或使,故少知因举二家之议以问之。"孰正于其情?孰遍于其理?""正"者正确,

"遍"者周遍。以情言,当以正确为尚;以理言,则以周遍为至。"孰正"、"孰遍",亦互文也。

"鸡鸣狗吠",举例以明之。"大知"之"知"读智。"不能以言读其所自化",即不原其所起之意也。"又不能以意其所将为","意"与億同,谓意度之,即不随其所废之说也。"斯而析之","斯",此也,承"鸡鸣狗吠"言,谓若于是而剖析之,则精可至于无伦,大亦可至于不可围,孰从而定之准之?故曰"或之使,莫之为,未免于物,而终以为过"。"未免于物而终以为过"者,犹是从物上起见,故终为过论也。旧解"斯"如《诗·陈风》"斧以斯之"之"斯",此于"析"字则合,而与上下文全不关涉,则此数语几等閒文,故别以意说之,读者详焉。

"或使则实",言有使之者,是实也。"莫为则虚",言莫为之者,是虚也。然虽虚实不同,而有莫为、或使之名,有名斯有实,则二者之著于物则同也,故曰"有名有实,是物之居"。"是物之居"者,"居"如《天下篇》关尹言"在己无居"之居,谓留滞而不化也。"无名无实,在物之虚",此"虚"与上"虚"义别,上"虚"对实言,此云"在物之虚",用《易》"变动不居,周流六虚"义,对"居"而言,言道非言物也,故旧解以"有名有实,是物之居"为说"或使"之过,"无名无实,在物之虚"为说"莫为"之过,此大非也。夫曰"在物之虚",则其非物明矣。且"莫为"明是有名,安得以"无名无实"者当之!下文"可言可意,言而愈疏",正反言以见"无名无实"之为至,以无名则不可言,无实则不可意,言而愈疏则不言为亲,不甚较然乎哉!

"未生不可忌","忌"犹避也。《周官·地官》:"诵训掌道方慝,以诏辟忌。""辟"古用为"避"。"辟忌"连文,是其义通也。《达生篇》云"生之来不可却",此云不可避,意正相同。"已死不可阻","阻"一作徂,"阻"义长,故从之。"不可阻",不可止也。"死生非远也,理不可睹",此以死生为例,以明或使、莫为二说之各有过,曰"不可忌"、"不可阻",则似有使之者,而不得谓之莫为,然理不可睹,则又似莫之为,而不得谓之或使。以死生之近,尚且如是,况于天地之远、万物之众哉!故曰"或之使,莫之为,疑之所假"。"疑之所假"者,谓因疑而假为是说,不得便认以为真实也。

"吾观之本,其往无穷",是无始也。"吾求之末,其来无止",是无终也。"无穷无止,言之无"者,言其无也。无者道,而物不能外,故曰"与物同理"。"同理"者,道与物无二理也。"或使莫为,言之本"者,言其本也。二说皆欲穷其始,故曰"言其本"。夫有始则有终,有始有终,则离道而泥于物,故曰"与物终始"。"道不可有",无者道也。"有不可无",有者物也。"道之为名,所假而行","名"者假名,所谓"号而读之则可",若执其名,以为道即在是,则非矣。以是论之,则知或使、莫为堕于二边,而大方之所不取也,故曰"在物一曲,夫胡为于大方?""一曲"与"大方"对。"大方"者道其全,"一曲"者守其偏也。

"言而足,则终日言而尽道;言而不足,则终日言而尽物","足"者,《天下篇》所谓"充实不可以已"也。言而发自充实不可以已,则尽乎道矣。而非然者,则尽于物矣。"道物之极,言默不足以载",此又进而言之。言固不足以载道,默亦不足以载道。如是,则道不在言,道亦不在不言,故曰"非言非默,议其有极"。"议其有极"者,议有所穷。上文所以言"此议之所止"也。于此更有不可忽者,言默不足以载,言道之极可也。何为兼物而言之曰"道物之极"乎!此文始终言道,未尝离物,如曰"无名无实,在物之虚",曰"言之无也,与物同理",皆可见也。盖执物以为道,道固不足言;而离物以为道,道更无可言也,故曰"道物之极"。以见物之极即道,而道之极亦未始不在于物也。

外物第二十六

此篇首言"外物不可必",盖欲人保生以自适耳。然保生亦不在绝外也,故篇中屡以"游"言。游者,无入而不自得也。《中庸》曰:"君子素其位而行,不愿乎其外。"其旨大略相同矣。

外物不可必,故龙逢诛,比干戮,箕子狂,恶来死,桀、纣亡。人主莫不欲其臣之忠,而忠未必信,故伍员流于江,苌弘死于蜀,藏其血三年而化为碧。人亲莫不欲其子之孝,而孝未必爱,故孝己忧,而曾参悲。木与木相摩则然,金与火相守则流。阴阳错行,则天地大絯,于是乎有雷有霆水中有火,乃焚大槐。有甚忧两陷而无所逃,螴蜳不得成,心若县于天地之间,慰暋沈屯,利害相摩,生火甚多,众人焚和,月固不胜火,于是乎有僓然而道尽。

"龙逢","比干",已见《人间世篇》。"箕子",已见《大宗师篇》。"恶来",蜚廉之子,父子并以强力事纣;周武王既诛纣,并杀恶来,见《史记》。此言龙逢、比干、箕子,复言恶来、桀、纣者,以见恃其勇力与权位,亦不可必保其身命也。"伍员",伍子胥,已见《胠箧》、《至乐》两篇。"苌弘",见《胠箧篇》。"蜀",地名,当是周之小邑,非今四川也。"化为碧"者,血凝成块,如碧玉然也。"孝己",名己,殷高宗武丁子。武丁惑于后妻,放之以死,后人以其有贤孝之行,因称为孝己。"忧"者,忧其不得于亲也。"曾参",曾皙子,父子皆孔子弟子。曾子芸瓜,误斩其根,曾皙怒,援大杖击之,曾子仆地,有顷始苏,见《骈拇篇》注。是曾子亦不得于其父,故曰"悲"。

"木与木相摩",所谓钻燧取火也。"然"即燃字,故下从火。后以"然"为语辞,乃更加火傍作"燃"耳。"金"谓金属,铜锡之类。"与火相守"者,言冶炼。"流",金融而流也。"阴阳错行",行之反其常也。"絯"借作硋。天地大硋,谓否塞而不通。"于是乎有雷有霆","霆",疾雷也。"水中有火,乃焚大槐",承上雷霆言。司马彪注云:"水中有火谓电也。焚,谓霹雳时烧大树也。"树独言"槐"者,取与絯为韵,无他义。此以上皆喻,为下"生火"、"焚和"发端。

"有甚忧两陷而无所逃",转入人心言。不陷于阳,则陷于阴,《人间世篇》叶公子高所谓"有阴阳之患"是也。"甚忧"犹云大患。"螴"、"蜳"皆忧意。"螴"读如《诗·草虫》"忧心忡忡"之忡。"蜳"读如《小雅·正月》"忧心惸惸"之惸。其字从虫者,如虫之蠢蠢不安宁也。"不得成",不得平也。《春秋》隐六年:"郑人来渝平。"《左氏传》曰:"郑人来渝平,更成也。"古谓成亦曰平。惟不得平,故曰"心若县于天地之间"。"慰"读若郁。"慰暋"者,郁结而不解。"沈屯"者,沈滞而不伸。"利害相摩",心盘旋于利害二者之间,无有已时,若相摩切然也。"生火甚多",叶公子高所谓内热也,以是伤其和德,故曰"焚和"。"月固不胜火"者,月者阴水,水本可以胜火,而火之盛则非杯水之所能灭,如孟子言"夜气不足存",为其旦昼之所为,梏亡之太甚也。"僓"同穨。今作"颓",兹从《说文》作穨者,见其相通也。"僓然",谓自废堕也。"道尽"者,不终其天年而中道夭也,此甚慨之之辞。郭注云:"唯僓然无矜,遗形自得,道乃尽也。"与书旨悖矣。

庄周家贫,故往贷粟于监河侯。监河侯曰:"诺。我将得邑金,将贷子三百金,可乎?"庄周忿然作色曰:"周昨来,有中道而呼者。周顾视车辙,中有鲋鱼焉。周问之曰:'鲋鱼来!子何为者邪?'对曰:'我,东海之波臣也。君岂有升斗之水,而活我哉?'周曰:'诺。我且南游吴越之王,激西江之水,而迎子,可乎?'鲋鱼忿然作色曰:'吾失我常与,我无所处。吾得升斗之水,然活耳,君乃言此,曾不如早索我于枯鱼之肆。'"

"贷",借贷。"监河侯",《说苑》作魏文侯。案:庄子,魏惠王时人,惠王,文侯孙,则与文侯非同时。且文曰:"我将得邑金。""邑金"者,一邑租赋之所入。若文侯,为万乘之君,安得作是言!知《说苑》误也。"监河",当是监理河道之官,以其自有封邑,故曰"监河侯"耳。

"忿然",不悦貌,非即忿也。"作色",犹变色。"中道",道中也。"辙",车轮所陷,时有积水,故得有鱼。"鲋",鲭鱼,鲭今作鲫。"波臣",司马彪云"波荡之臣",谓荡而失水者也。"升斗",各本皆作斗升,《白帖》、《艺文类聚》、《太平御览》引文则多作"升斗",下成疏亦云:"升斗之水,可以全生,乃激西江,非所宜也。"是成本原亦作"升斗",因并据改。"游",谓游说也。"激"如孟子"激而行之,可使在山"之激。见《告子篇》时鲋鱼在陆,故云激江水以迎之也。江曰"西江"者,对东海言,江在西也。成疏云"西江,蜀江也",失之矣。"失我常与","常与"者,常所与共,指水而言。"我无所处",言方无计以处此。"得升斗之水然活耳","然"者如是,谓有升斗之水,如是便活,不求多也。"曾不如",乃不如也。"索",求也。"枯鱼之肆",干鱼市场也。

任公子为大钩巨缁,五十犗以为饵,蹲乎会稽,投竿东海,旦旦而钓,期年不得鱼。已而大鱼食之,牵巨钩,錎没而下,惊扬而奋鬐,白波若山,海水震荡,声侔鬼神,惮赫千里。

任公子得若鱼,离而腊之,自制河以东,苍梧已北,莫不厌若鱼者。已而后世轻才讽说之徒,皆惊而相告也。夫揭竿纍,趣灌渎,守鲵鲋,其于得大鱼难矣;饰小说以干县令,其于大达,亦难矣。是以未尝闻任氏之风俗,其不可与经于世,亦远矣。

此寓言也。托名于"任公子"者,见其能任大也。春秋任国,汉为任城,今山东济宁。"缁",黑纶。"犗"音介,阉牛也,牛阉则壮硕。"会稽",已见《徐无鬼篇》。惟此云"蹲乎会稽,投竿东海",则专指会稽之山言。"旦旦"犹朝朝也。"期"本亦作朞,字同。"期年",周年也。

"已而",犹既而。"食之",食其饵也。"铭没而下",《释文》引吕忱《字林》云:"犹陷字也。"然其字从金,言钩之陷没其颚,非谓鱼之陷没于水,不可不辨也。"惊"各本作骛,《释文》云:"一本作惊。""惊"者,惊其钩之铭没也。本下也,因惊而复上,故曰"惊扬而奋鬐"。"扬"者,起而上也。"鬐",鱼之脊尾与腹下,用以排水而行进者。"奋",动之激也。此文一"惊"字,为生动传神之笔。若作骛,则精彩全失矣,故兹改从"惊"。"声侔鬼神"者,其声威与鬼神相侔也。"惮赫千里","赫"与吓同。千里之地为之吓畏,故曰"惮赫千里"。

"若鱼"犹此鱼。"离而腊之",分割之,曝而为脯也。"制"同浙,浙河即浙江。古制、折同声,故浙亦作浙也。"苍梧",山名,在今广西梧州。"已北","已"同以。"莫不厌若鱼者","厌"读如餍,谓皆得饱食此鱼也。"轻",车轮之无辐者,若椎轮,以此喻才,言其粗也。"讽说"犹诵说,《论语》所谓"道听而涂说"也。始则狂而不信,既则惊而相告,极形容此辈之见小也。

"纍"各本作累,乃"纍"之省,兹从其本字。"纍"亦钓纶也。"趣"读如趋。"灌渎"犹沟渎。"鲵",见《庚桑楚篇》。"守"如守株待兔之守,谓守候也。"饰",文饰。"小说",《齐物论》所谓"小言詹詹"者是。

"县"同悬。"县令",国家所悬之功令,以征召于下者。"干",谓求合也。"大达",显达也。"任氏之风俗","俗"字当是衍文,但无左证,不敢臆删。"经世",已见《齐物论篇》。"远",谓悬远也。

  儒以诗礼发冢,大儒胪传曰:"东方作矣,事之若何?"小儒曰:"未解裙襦。口中有珠。""诗固有之,曰:'青青之麦,生于陵陂。生不布施,死何含珠为!'接其鬓,压其顪,而以金椎控其颐,徐别其颊,无伤口中珠!"

  上节讥小知小言,其非易见,其文易为也。此斥假圣人之术以济其奸私者,其恶不易知,其迹亦不易写。不得已乃设为诗礼发冢之谈,一若实有其事然者。不知乃此老以天下沈浊,不可与庄语,因以卮言为曼衍,其辞虽谐,其意则几于垂泣涕而道之矣。

  "大儒",谓贼儒之渠魁。"胪",《尔雅·释言》:"叙也。""胪传"者,以叙相传,是其所谓礼也。"东方作矣,事之若何",问天将明,发冢事何如也。"小儒",其党类也。"未解裙襦",答事之若何。"口中有珠",告以新发现也。古者死人以玉含敛,故口中得有珠。"珠",玉之圆者,非蚌所产珠也。

  "诗固有之"以下,为大儒之言。"青青之麦,生于陵陂",此诗之所谓"兴"也。"陵",大阜。"陂",阪也。"生不布施,死何含珠为!"讥死者生吝于财,死何用以珠为含。意谓取其珠不为悖也。前叙其依礼传言,兹又叙其引诗,所谓"以诗礼发冢"也。"诗",逸诗。"为"古读讹音。"施"读陁之去声,与"陂"协韵。"接",引也。"压",按也。"顪"同哕,故字亦作哕,谓颐之下,司马彪云"颐下毛",非也。"而"各本皆作儒,王念孙据《艺文类聚》宝玉部引作"而",谓"而、儒声近,上文又多儒字,故而误为儒",是也,兹改正。但王曰:"而,汝也。"则非是。"而"自是承上联下之辞,观"接其鬓,压其顪"、"控其颐,别其颊",其文一例,

498

可见也。"控",击也。"以金椎控其颐"者,"颐"为下颚与上颚衔接处,击之,则下颚张而口得启也。"徐",缓也。"别",谓别开之。言"徐别"者,以"无伤口中珠",故亦不欲伤其颊也。

老莱子之弟子出薪,遇仲尼,反以告曰:"有人于彼,修上而趋下,末偻而后耳,视若营四海,不知其谁氏之子。"老莱子曰:"是丘也。召而来。"仲尼至。曰:"丘!去女躬矜,与女容知,斯为君子矣。"仲尼揖而退。蹴然改容,而问曰:"业可得进乎?"老莱子曰:"夫不忍一世之伤,而骜万世之患,抑固窭邪?亡其略弗及邪?惠以欢为,骜终身之丑,中民之行进焉耳,相引以名,相结以隐。与其誉尧而非桀,不如两忘而闭其所誉。反无非伤也,动无非邪也。圣人踌躇以兴事,以每成功。奈何哉其载焉,终矜尔!"

"老莱子",楚人,见《史记·老子列传》,云:"著书十五篇,言道家之用。"《汉书·艺文志》道家有《老莱子》十六篇。书今不传。案:《路史》商之裔有莱侯莱子,当是其后,故以莱为氏。其称"老莱子"者,则以其老寿也。

"出薪",出采薪也。"修上",言容之修饬也。"趋下","趋"读如促,言行之急遽也。"末偻",背微俯,言其恭也。"后耳",听向内,言其谨也。"视若营四海",瞻视高远,言其有忧世之思也。若老莱子之弟子,亦可谓善于观人者矣。老莱子于孔子为前辈,故曰"召而来",非倨也。

"去女躬矜与女容知","知"读如智。矜曰"躬矜",矜之见于躬也,如"修上"以至"末偻"皆是。知曰"容知",知之见于容也,如"趋下"以至"视若营四海"皆是。"揖而退",拜受其言也。"蹴然改容"句,改其躬矜容知之容,见圣人变化之速也。问其"业可得进乎"者,求教以更进其业。"业"者,道业。《释文》云"问可行仁义于世乎",此出陆氏揣测,非问意也。

"夫不忍一世之伤",谓欲救当世之急。"而骜万世之患","骜"一作敖。《天地篇》有曰"謷然不顾"。骜、謷、敖并通。谓不顾其患之中于万世也。《庚桑楚》曰:"大乱之本必生于尧、舜之间,其末存乎千世之后;千世之后,其必有人与人相食者也。"此云"万世之患",大旨盖与彼同,故道贵于无名无迹,有名有迹,则假夫禽贪者器,于是救天下者反以祸天下后世矣。此经世者所不可不知,亦为道者所不可不知,故特借老莱之言以发之。"抑固窭邪?亡其略弗及邪?"设为两边之辞以质孔子。"窭",穷也。"亡"同无。谓岂其穷而不得不然邪?无亦轻略而不之及也?

"惠以欢为"四字为句,此倒文,犹言以欢为惠。"欢"如孟子云"容悦"、云"媚世"。以媚悦为惠,微生亩所讥孔子为佞者也,此意亦略同矣。"骜终身之丑",与"骜万世之患"同一句法。"万世之患",就天下言;"终身之丑",则就一己言。"丑"犹耻也。媚世以为惠,君子所不为,故曰"骜终身之丑"。旧以"骜"字属上读,作"以欢为骜",既与上"骜"字义不合,又嫌"惠"字义不相属。或遂以"惠"为发声,亦牵强附会之至已。"中民"犹中人。"中民之行进焉耳",谓此不过中人之行较进一步者耳,不足取也。"行"读去声。"相引以名,相结以隐",皆"惠以欢为"之失。"隐",俞樾云"当训作私",是也。外则相引以名,内则相结以私,是虽欲救一世之急,而亦不可得。不必言失,失可知矣。

"与其誉尧而非桀",《大宗师篇》亦有是文,但彼云"不如两忘而化其道",此则云"不如两忘而闭其所誉",盖义各有主,彼主在化,故曰"化其道",此主在无名,故曰"闭其所誉"。"闭其所誉",则无誉。无誉,则名无得而立矣。"反无非伤也","反"谓反己,承"终身之丑"言。"动无非邪也","动"谓用世,承"万世之患"言。"圣人踌躇以兴事","踌躇"者,不得已而后为者也。"以每成功",言以是每有成功。《庚桑楚篇》末云:"不得已之类,圣人之道。"盖谓是也。"载"则有意而为之,故曰"奈何哉其载焉终矜尔"。"终矜尔"者,不免以骄矜而终,言无由而进也。然言不进,乃正所以进之,读者宜善会焉。

宋元君夜半,而梦人被发窥阿门,曰:"予自宰路之渊,予为清江使河伯之所,渔者余且得予。"元君觉,使人占之,曰:"此神龟也。"君曰:"渔者有余且乎?"左右曰:"有。"君曰:"令余且会朝。"明日,余且朝。君曰:"渔何得?"对曰:"且之网得白龟焉,箕圆五尺。"君曰:"献若之龟。"龟至,君再欲杀之,再欲活之,心疑,卜之,曰:"杀龟以卜吉。"乃刳龟,七十二钻,而无遗策。

仲尼曰:"神龟能见梦于元君,而不能避余且之网;知能七十二钻而无遗策,不能避刳肠之患。如是,则知有所不周,神有所不及也。虽有至知,万人谋之。鱼不畏网而畏鹈鹕。去小知,而大知明;去善,而自善矣。婴儿生无所师而能言,与能言者处也。"

此承上节"去女容知"之言,借神龟之事以明知之不足恃也。"去小知而大知明,去善而自善矣"二语最要。"小知"者,自用。"大知",则任人也。"善"者,自以为善。自以为善,犹是小知之见,而非善之至也,故曰"去善而自善矣"。"自善"之善,是则人之所同善也,故曰"虽有至知,万人谋之"。"万人谋之"者,谋之于众也。读者识得此意,即获益无量,若神龟事之有无,虽不问可也。

"宋元君",已见《田子方篇》。"阿门",寝门名。"宰路之渊",渊名。"宰路",神龟所居处也。"予为清江使河伯之所","为"、"使"皆读去声。"河伯"已见《秋水篇》。江曰"清江"者对河之浊而言,亦见由清江而入浊河,所以不习,而为渔者所得也。"余且",《史记·龟策传》作豫且,"且"皆读苴音。"使人占之",此"占"谓占梦也。《小雅·正月》

之诗曰:"讯之占梦。"《周官书》春官之属有占梦中士二人。《艺文类聚》、《太平御览》引此文作"召占梦者占之",疑后人所增改,实则不须言"占梦",自知此人指占梦者也。"令余且会朝","朝"音潮。令余且于朝时来会也。"箕"谓龟甲,以其形如箕,故名之"箕"。"圆"者,围也。"献若之龟",令献此龟也。"心疑卜之",因疑而卜以决之也。曰"杀龟以卜吉",此卜辞。谓杀龟留作占卜之用则吉也。"刳"者,去其脏而空之。"七十二钻而无遗策",古者龟卜,用火灼以观其兆,灼之先,钻之以定其处。"七十二钻",言其卜次之多。"无遗策",犹曰无遗算,言其卜屡中,未尝有失也。

"见梦"之"见"读如现。"知"同智。"知有所不周,神有所不及"为对文。"不周"之"周",各本皆作困。困疑即"周"之讹,又脱"不"字。传写者因其义可通,故沿用之耳。《释文》云:"一本作有所不周。""不周"义长,故据一本改正。"鹈鹕",水鸟善捕鱼者,单名曰鹈,《曹风·候人》之诗曰"维鹈在梁",是也。以其颈下有胡,可以贮鱼,故亦曰"鹈鹕",旧亦名淘河,渔者多畜之。"鱼不畏网而畏鹈鹕",鹈鹕,其知之所及,网则其知之所不周也。"所师"之"所",各本皆作石,盖"所"字缺其半为户,因讹为石。其作"硕"者,又因"石"而补之。"硕师"之义于此实无所取。《释文》云"一本作所师",作"所师"是也,因据改。"与能言者处",凡能言者皆其师也。皆其师而无师之名,故曰"生无所师"也。

惠子谓庄子曰:"子言无用。"庄子曰:"知无用,而始可与言用矣。夫地非不广且大也,人之所用容足耳。然则厕足而垫之,致黄泉,人尚有用乎?"惠子曰:"无用。"庄子曰:"然则无用之为用也亦明矣。"

《人间世篇》曰:"人皆知有用之用,而莫知无用之用也。"此所以发明其旨。"厕"读如侧。"厕足",侧足也。"垫之",斩其土使成坑垫也。

"致黄泉",以至于黄泉也。"黄泉"已见《秋水篇》。此喻与《徐无鬼篇》"足之于地,恃其所不蹍而后善",所说略同。"垫"各本作垫。《释文》云:"本又作垫。""垫"字义长,故兹从"垫"。

庄子曰:"人有能游,且得不游乎?人而不能游,且得游乎?夫流遁之志,决绝之行,意其非至知厚德之任与!覆坠而不反,火驰而不顾,虽相与为君臣,时也,易世而无以相贱。故曰:至人不留行焉。夫尊古而卑今,学者之流也。且以狶韦氏之流,观今之世,夫孰能不波!唯至人乃能游于世而不僻,顺人而不失己。彼教不学,承意不彼。目彻为明,耳彻为聪,鼻彻为颤,口彻为甘,心彻为知,知彻为德。凡道不欲壅,壅则哽,哽而不止则跈,跈则众害生。物之有知者恃息,其不殷,非天之罪。天之穿之,日夜无降,人则顾塞其窦。胞有重阆,心有天游。室无空虚,则妇姑勃溪;心无天游,则六凿相攘。大林丘山之善于人也,亦神者不胜。德溢乎名,名溢乎暴,谋稽乎诋,知出乎争,柴生乎守官,事果乎众宜。春雨日时,草木怒生,铫鎒于是乎始修,草木之到植者过半,而不知其然。"

"能游"、"不能游"之"游",以无滞无著为义,"得游"、"得不游"之"游",以自得自适为义。《中庸》曰:"君子素其位而行,不愿乎其外。素富贵行乎富贵,素贫贱行乎贫贱,素夷狄行乎夷狄,素患难行乎患难。君子无入而不自得焉。"无入而不自得,在于素位而行不愿乎外。不愿乎外,是此篇之本旨。故篇末再三以"游"为言。"能游"者,素位而行也。素者,无染义,即无滞无著义也。"且得不游"者,无入而不自得也。庄子屡言自适其适,自得与自适一也。"不能游"者反是。《庄子》与《中庸》多通者,《中庸》出于《易》,《庄子》亦出于《易》也。

"流遁之志,决绝之行"为互文。"流"如流亡之流。"流遁"犹遁逃也。以世之浊乱,惧其污己,故思远离,是为"流遁"。以世之浊乱,不可振拔,忍与弃置,是为"决绝"。"意其非至知厚德之任与","与"读欤。"意"各本作噫,唐写本则作"意",据唐写本改。"意"如《骈拇篇》"意仁义其非人情乎"之意。不欲作决辞,故上曰"意"而下曰"欤"。"至知"对"流遁"说。世岂可逃?故非"至知"。"知"读智。"厚德"对"决绝"说。绝则不仁,故非"厚德"。"任"者,以天下为己任也。流遁者不能任,决绝者不肯任。提一"任"字,而其非不待言而已明。故辞虽缓而意则峻,读者善体之当自知也。

"覆坠不反",承上"流遁"、"决绝"言。"火驰不顾",则谓当时任智术急功名之士,如纵横法家者流。"火驰",已见《天地篇》,所谓尊知而火驰是也。"相与为君臣","君臣"乃譬况之辞,犹言贵贱上下也。当功名之士有所成就,志得意满,视彼山林枯槁者,盖蔑如也;及其功高而贾祸,事败而杀身,于是山林枯槁者,亦得以神其先见,而讥彼为冥顽,是所谓"相与为君臣"也。然遭休明之世,以伊、周之业位,未尝不可以全身,而纪他、申徒狄之伦,转成残生而伤性。然则枯槁之士,与夫功名智术之徒,何所用其高下?故曰"时也"。"易世而无以相贱","易世"犹言易地也。若夫"至人",则二者皆所不处,故曰"至人不留行焉"。行而不留,所谓游也,所谓素位而行也。

"夫尊古而卑今,学者之流也",则又因上"易世"之言而发,以见古今异宜,不可不与日化。不化,则非游之道也。"尊古卑今",是不知化者,故曰"学者之流"。谓之"学者"犹韩非以孔墨为显学,见《韩非子·显学篇》盖当时之所谓学,非庄子之所谓学也。"流"如流辈之流。"学者之流",轻之之辞。"狶韦氏",见《大宗师篇》所谓狶韦氏得之以挈天地者,非《则阳篇》之狶韦也,其人尚在伏羲之前,故特引之,意谓彼时之人视今之世,不能免于惶惑必矣,故曰"夫孰能不波"。"波"如《应帝王篇》"因以为波随"之波,复言之曰波随,单言之则曰波,一也。特在彼

504

则形其变动不居,此则言其张皇无主,是则异也。

"游于世而不僻","不僻"者,中也。"顺人而不失己",顺人者和也。游于世而不失己,合中和而一之,所谓与物化者,一不化者也。"与物化者,一不化者也"。语见上《则阳篇》。"彼教不学"二句,指学者之流言,言其所以尊古而卑今,由于彼之教者不知学,而学者又承教者之意,不知教者之偏,相从而不敢背。所谓"不彼"者,"彼"者外之之辞,犹言不敢外也。以是规规自守,知不能彻,失夫游世之能,故叠举"耳彻"、"目彻"、"鼻彻"、"口彻"、"心彻"为比,而以"知彻为德",亟致其丁宁之意。"彻"者通也。"德"者得也。谓不彻则不足以为得也。"心彻为知,知彻为德",两"知"字皆读智。"鼻彻为颤","颤"谓其能审臭,此自当时常言,与耳之聪、目之明等。以其不见于他书,或遂以膻字释之,又以膻为恶辞,疑其声误,而改为馨字以释之,要之皆用己意揣测。存其本字,义自可明,无取劳攘为也。

"凡道不欲壅","壅"者彻之反,亦即不留行之反,游之反也。"壅则哽","哽"者梗塞。"哽而不止则跈","跈"与抮通,戾也,偝也。至于偝戾,则阴阳错行失其中,生火、焚和失其和,故曰"跈则众害生"也。

"物之有知者恃息","息"与《孟子》"牛山之木"章"是其日夜之所息"息字同,"牛山之木"章见《告子篇》亦即此书首篇"生物以息相吹"之息。谓得天地自然之气,而复其生生之机也。"其不殷非天之罪","殷"者中也,《尔雅·释言》:"殷,齐中也。"是也。中者戾之反。故不中承"跈"而言。"天之穿之,日夜无降","穿之"谓通之也。"无降",无减也。"人则顾塞其窦",人反自塞之,故曰"非天之罪"也。

"胞有重阆","胞",胎胞。"阆",空处。胞内外皆有之,故曰"重阆"。此原人之始胎,即非空虚不生,以见"心有天游"之不可缺。"天游"者,游于天也。"室无空虚",居室湫隘,无余隙也。"妇姑勃溪",因争处而诟谇也。此更设喻以明之。"心无天游,则六凿相攘","凿"即《应帝王篇》"日凿一窍"之凿。凿有六者,耳、目、口、鼻之外,益之以身、意,故六也。"相攘",相凌夺也。"大林丘山之善于人也,亦神者不胜","胜"读去声。神谓人之神明,亦即心之游于天者。游于天者,不借助乎外,故人有遇山林而善之,乐其闲旷者,亦由内不足之故,《刻意篇》言圣人之德有曰"无江海而闲",盖谓是也。郭子玄注云"自然之理,有寄物而通也",则适得其反矣。

"德溢乎名",即《人间世篇》所云"德荡乎名"。"知出乎争",亦见《人间世篇》。"名溢乎暴","暴"读如表襮之襮。因于表襮,名乃过乎其量,孟子所谓"声闻过情,君子耻之"者也。"谋稽乎誴"与"知出乎争"文对。"知出乎争"者,由知而生争,则"谋稽乎誴"者,亦谓因谋而致誴。"誴"从言,训言急也。言之急,讼之纷也。故"稽"当如《消摇游》"大浸稽天"之稽,谓至也。旧注并云:"急而后考谋,争而后见智。"若是,则与本书"不谋"、"去智"之旨悖矣。"柴生乎守官"句。荀子曰:"官人守官,君子守道。"是"守官"为当时之恒言,旧从"守"字断句,误也。"守官"者,局于常例,往往不知应变之权,于是有窒碍难行之弊,是之谓"柴生乎守官",故下句反言以见义,曰"事果乎众宜"。"众宜"者,无所不宜也。无所不宜,则事得遂矣。"果"者,遂也,成也。

"春雨日时",天之穿也。"草木怒生",物之息也。"铫鎒于是乎始修",人事之宜也。"铫"所以削土,今曰锹。"鎒"所以耨草,今之锄也。"草木之到植者过半",留嘉禾而去恶草也。"到"与倒通。"而不知其然",终归之于天也。

静默可以补病,揃搣可以沐老,宁可以止遽。虽然,若是,劳者之务也,非佚者之所,未尝过而问焉。圣人之所以䭱天下,神人未尝过而问焉;贤人所以䭱世,圣人未尝过而问焉;君子所以䭱国,贤人未尝过而问焉;小人所以合时,君子未尝过而问焉。演门有亲死者,以善毁爵为官师,其党人毁而死者半。尧与许由天下,许由逃之;汤与务光,务光怒之;纪他闻之,帅弟子而踆于窾水,诸侯吊之;三年,申徒狄因以踣河。

"静默"各本作"静然"。宋林疑独《庄子注》本作"静默"。"然"、"默"形近,"然"自是"默"字之讹,兹从林本改。病必有所亏损,惟静默可以补益之,故曰"补病"。"揃搣"各本皆作"眥搣",《释文》云:"眥亦作揃,搣亦作搣。"案:《说文》:"揃,搣也。搣,批也。批,本或作批,搣也。《说文·手部》无"批"字。批搣颊旁也。"三字互训,则"揃搣"或"批搣"连文,义并同,作"眥搣"者非"批搣"之误,则借"眥"为"批",借"搣"为"搣"耳,而汉史游《急就篇》有"沐浴揃搣,寡合同语",是"揃搣"尤为习用之语,唐写本正作"揃搣",故此定作"揃搣"。"揃搣"者,后世之所谓按摩也。《广韵》:"搣,案也,摩也。"可证。按摩面部,消其皱纹,故曰"可以沐老","沐"者涤治义。成玄英疏云:"衰老之容,以此而沐浴。"唐写本作"沐",与成疏合。各本作"休",则与"沐"形似而误也。"宁",安定也。"遽",匆迫也。安定者不匆迫,故曰"可以止遽"。

"若是"指上三者言。"劳者之务",谓此形神素劳者所当从事。若夫为无为者,形神闲逸,《刻意篇》所谓"不道引而寿",无病可补,无老可沐,无遽可止,则安用夫此!故曰"非佚者之所,未尝过而问焉"。"所"字当读断。"所"犹所以也。"佚"同逸。"未尝过而问"者,谓不以经意也。

"駴"与骇同,震动也。圣人初无意于駴天下,顾其所为,天下之人见不能及,则不得不为之震动,因曰"駴天下"云尔。下"贤者駴世","君子駴国"亦然。至小人则曰"合时"。"合时"者,投时所好。同乎流俗,合乎污世,若是,何駴之有!此言人之度量相越,而以神人为至者,惟神人能游,而不劳于为天下也。

"演门",宋城门名。"毁",哀毁。"善"犹能也。"爵为官师"者,宋君旌其孝行,而用之为官师也。"官师"为一官之长,当时以中士、下士任之。《小戴礼记·祭法篇》"官师一庙",郑注云"官师,中士、下士",是也。此云"爵"者,亦以其由庶民而爵为士言之。"党人",里党之人。古五百家为党。"毁而死者",冀赏而毁,毁不当情,因以致死也。

"许由",见《消摇游篇》。"务光",见《大宗师篇》。曰"务光怒之"者,《让王篇》云"非义非仁,吾不忍久见,乃负石而自沈于庐水",与许由之逃异,故曰"怒也"。"纪他",亦见《大宗师篇》。"窾水",地以水名,其地不可考。"踆"同逡,遁也。古从辵之字,或从足,如迹之与跡,逾之与踰皆是。《释文》引吕忱《字林》以为古"蹲"字,非也。"诸侯吊之",吊其穷困也。"三年"二字别为句,意谓三年之后也。"申徒"复姓,"狄"其名。"踣",毙也。"因以踣河",因慕务光、纪他而至踣河以毙也。此《大宗师》所谓"适人之适"者,慕外则然,故篇终痛言之以垂戒。

筌者所以在鱼,得鱼而忘筌;蹄者所以在兔,得兔而忘蹄;言者所以在意,得意而忘言。吾安得夫忘言之人,而与之言哉!

此节疑《寓言篇》文,郭子玄纂辑时误入于此。"筌者所以在鱼","筌",各本从艸作荃。《释文》引崔撰云:"香草也,可以饵鱼。"案:曰香草,则与《离骚》"荃不察余之中情"之荃同。荃可饵鱼,未之前闻。道藏各本、覆宋本并作"筌",《文选》注及《初学记》、《太平御览》引文亦多作"筌",释玄应《一切经音义》亦作"筌",且引司马彪注云:"筌,捕鱼具也。"今《释文》不列彪注,然有"一云:鱼笱也"之语。既为鱼笱,其字从竹不从艸,何疑!且下文"蹄者所以在兔",《释文》云:"蹄,兔罥也。"又云:"兔弶也,系其脚,故曰蹄也。"惟"筌"为捕鱼之具,故与猎兔之蹄对言;若香草之"荃",则非其类矣,故今断从竹作"筌"。

"忘筌"、"忘蹄"、"忘言","忘"者遗忘之忘,犹言遗也。子曰:"书不尽言,言不尽意。"见《易·系辞传》言已不足以尽意,而况执泥于言,则不得其意者多矣,故曰"得意而忘言"。又曰:"吾安得夫忘言之人而与之言哉!"虽然,忘言难,得意尤难。后世读《庄子》而得其意者有几人!吾于此不得不感此老之言之痛也。

寓言第二十七

王夫之《庄子解》以此篇与《天下篇》为全书之序例。案之《天下篇》云:"以天下为沈浊不可与庄语,以卮言为曼衍,以重言为真,以寓言为广。"即此篇首节之大意,则全书序例之说,的然似有据依。然此专就首节言则可,若夫"庄子谓惠子"以下,博引杂出,颇难明其条贯,且如罔两问景云云,与《齐物论篇》之文大致无甚差异,郭子玄编入杂篇,诚哉其为杂也。以统篇言,作全书序例观,未免失之矣。

寓言十九,重言十七,卮言日出,和以天倪。寓言十九,借外论之。亲父不为其子媒。亲父誉之,不若非其父者也;非吾罪也,人之罪也。与己同则应,不与己同则反;同于己为是之,异于己为非之。重言十七,所以已言也,是为耆艾。年先矣,而无经纬本末以期来者,是非先也。人而无以先人,无人道也;人而无人道,是之谓陈人。卮言日出,和以天倪,因以曼衍,所以穷年。

不言则齐,齐与言不齐,言与齐不齐也,故曰"无言"。言无言,终身言,未尝言;终身不言,未尝不言。有自也而可,有自也而不可;有自也而然,有自也而不然。恶乎然?然于然。恶乎不然?不然于不然。恶乎可?可于可。恶乎不可?不可于不可。物固有所然,物固有所可;无物不然,无物不可。非卮言日出,和以天倪,孰得其久!万物皆种也,以不同形相禅,始卒若环,莫得其伦,是谓天均。天均者,天倪也。

"十九"、"十七",有两解。寄之他人,则十言而九见信;世之所重,则十言而七见信。此郭象之说也。"寓言十九",则非寓而言者十一;"重言十七",则非重而言者十三而已。此吕惠卿之说也。郭以十九、十七属闻者言,吕以十九、十七属言者言。案之"卮言日出"之例,及后"借外论之"、"所以已言"之释,则吕是而郭非甚明。故后之注家,除成疏外,鲜有用郭说者。然推郭所以为此说之意,亦自有故,既以十之九属之寓言,又以十之七属之重言,以数而论,是不能并存者也。

予之怀此疑者亦有年矣,反复思之。《天下篇》曰:"以卮言为曼衍,以重言为真,以寓言为广。""曼衍"者,无穷者也。无穷,则不可以数稽也。故于此曰"卮言日出"。日出不已,犹曼衍也,故不言十之几。卮言之中而有重言焉,有寓言焉。

"重言"者,考诸古圣而不悖,质诸耆硕而无疑,是则可信今传后者,故曰"以重言为真"。然而多闻阙疑,多见阙殆,即不敢谓重言之皆真之必真也,故曰"重言十七"。此庄子之矜慎,非如吕氏所云"余十之三不在重言之数",若是之拘拘也。

"寓言",非空语无事实也。孔子作《春秋》曰:"我欲载之空言,不如见之行事之深切著明也。"故就二百四十二年之间,别嫌疑,明是非,善善恶恶,进退褒贬,以为天下仪表,庄子之寓言盖亦犹是也,故曰"借外论之"。自后世读者,误以鲲鹏蜩鹞之文为寓言,而卮言、寓言乃混而莫别,于是而曰十言而九见信,岂徒诬庄子,亦且诬郭象矣!不知

"以寓言为广"者,广人之意,使不为轻才小说之所囿,而庶几其进于大方也。惟其旨在于是,故首曰"寓言十九",此如内七篇以《逍遥游》居第一,申大知、大年、至人、神人之论,所以为广,而非如史公之言"洸洋自恣,徒以适己"已也。由是观之,"十九"之云,特以表其深切,以发人得意忘言之悟。若如吕说"寓者九而非寓者一",一之与九,试问将从何而定之?尝闻善读书者,莫如以意逆志;不善读书者,莫如信斯言也。"以意逆志"、"信斯言也",并孟子语,见《万章篇》。予以信斯言也,至怀疑者有年,而其得之也,则由以意逆志,乃益知"筌者所以在鱼"一段文字固当在《寓言篇》内,不然,不能得意忘言,即《寓言篇》不可得而通,遑论《庄子》全书哉!

"卮言"者,支离之言也。参阅《逍遥游篇》注语"卮言日出"下接云"和以天倪"者,此语甚要。曰"天"又曰"倪"者,"倪",小儿也。天机之动,于小儿为能见之,老子所以言"婴儿",孟子所以言"赤子之心"也。惟其"和以天倪",卮言是以日出,而支者不支,离者不离,其曰支离者,就世人言之则然,自真人言之,则固妙道之行也。"妙道之行",语见《齐物论篇》。

"亲父不为其子媒","媒"之为言谋也,谋,求合于人也。求合于人,先当誉之,故曰"亲父誉之,不若非其父者也"。"不若非其父者",所谓"借外论之"也。"借外论之",而或获罪,则罪在所借而不在我,故曰"非吾罪也,人之罪也"。所以知如此释者,《人间世篇》云:"成而上比者,与古为徒。其言虽教谪之,实也古之有也,非吾有也。若然者,虽直不为病。"此云"非吾罪也,人之罪也",与彼云"古之有也,非吾有也",于文则同,于义又合,言罪言病,一也。旧解云"非吾谈者不实,而人不信之过",则是是己而非人,殊乖庄子"不遣是非,以与世俗处"之意,"不遣是非,以与世俗处",语见《天下篇》。必不然矣。

"与己同则应"四句,当连下"重言十七,所以已言也",一气读之。盖同则应、不同则反,同为是之,异为非之,是争议之所起也。惟取彼此素所尊信之言而断之,则争议顿息,故曰"重言十七,所以已言也"。

"已言"者,止息争议之谓。亦惟其能止息争议,所以得为重言也。若如旧解,以"与己同则应"四句划入上解说寓言之文,则"所以已言"之言为无根矣。"是为耆艾",《尔雅·释诂》:"耆,长也。艾,历也。"长者多更历。然则取于重言者,为其言者年长而更历多,足以指导人也。若年虽在前,而更历无足以指导人者,即有言,何所重!故曰"年先矣,而无经纬本末以期来者,是非先也"。"非先"之"先",谓先导也。"经纬本末",言学也。直之为经,横之为纬,始之为本,卒之为末。"来者",各本皆作"年耆"者。"年"为"来"之讹字,"耆"则"者"之衍文,郭注云:"其余本末无以待人,则非所以先也。期,待也。"明不得有"年耆"之文,故古钞卷子本改"年耆"为"来者",又原无"者"字,是也,兹据改。"人而无以先人无人道"者,言未能尽人之道。"人而无人道是之谓陈人","陈人"者,陈死之人,言其不足取也。观于此言,则知庄子择取之慎,而所以言"重言十七",初不在数之比例明矣。

"和以天倪"下,又言"因以曼衍,所以穷年"者,《齐物论篇》已见之,盖言者所以明道,道在保身全生,而极之于尽年。语见《养生主篇》"穷年"犹尽年也。尽年者,所谓终其天年而不中道夭,是知之盛者也。语见《大宗师篇》不然,如惠子之其书五车,其言不中,于身何益!于人又何益!故曰"所以穷年",明卮言之出皆为穷年而出,其有无益于穷年者,皆在所弃。又不独卮言也,即重言、寓言亦然。此庄子吃紧为人语,而注家乃曰"聊以尽我之年岁",甚且曰"聊以消遣岁月",其孤负此老苦心,亦甚矣哉!

"不言则齐"者,虽告人以言之为寓、为重、为支离矣,而犹惧夫人之执于言也,故穷夫无言之始,而曰"不言则齐",盖言起而是非生,是非生则各执一是,而不睹道之大全,故曰"是非之彰也,道之所以亏也"。语见《齐物论篇》欲道之不亏,莫如齐是非;欲齐是非,莫如不言。何者?说齐即与言对立,对立斯不齐矣。有言亦与齐对立,对立亦不齐矣。故曰"齐与言不齐,言与齐不齐也",此所以归于无言也。然言果可无乎？《则阳篇》曰："言而足，则终日言而尽道；言而不足，则终日言而尽物。"岂特言而不足终日言而尽物哉！终日不言，而终日尽物者多矣。是知明于无言之意，虽言可也；不明于无言之意，即无言亦非也。因又下一转语曰"言无言"。"言无言"者，虽言而不悖于无言，无言而亦不妨于有言也。故曰"终身言，未尝言；终身不言，未尝不言"。"终身言未尝言"，如"夫子之言性与天道不可得而闻也"，是也。子贡之言，见《论语·公冶长篇》。"终身不言，未尝不言"，如"吾无隐乎尔！吾无行而不与二三子者，是丘也"，是也。盖至是而后知不言固齐，言亦未始不齐，于是然不然，可不可，可以纵横在手，予夺从心，而自不越乎大本、大宗之外。"大本"、"大宗"，见《天道篇》。故复重述《齐物论》然然可可之言，而曰"非卮言日出，和以天倪，孰得其久"。"久"者恒也。《庚桑楚篇》曰："人有修者，乃今有恒。""乃今有恒"，正言之；"孰得其久"，反言之，非有二也。旧解率谓惟此可以传久。可以传久，岂得曰"得其久"乎！抑此曰"有自也而可，有自也而不可；有自也而然，有自也而不然"。"有自"之云，非如郭注"由彼我之情偏，故有可不可"之说也。是所谓"自"，谓自乎天倪，亦即谓自乎此久也。使非自乎此久，则可不可、然不然之间偏而不齐，与世俗之论无以异，而得谓之"言无言"乎！

"万物皆种也"下，释"久"，即释"天倪"。"以不同形相禅，始卒若环"，非言久邪！"莫得其伦"，非言天倪邪！《中庸》引《诗》曰"德辅如毛"，而谓"毛犹有伦，'上天之载，无声无臭'，至矣"。"无声无臭"，是为无伦，知无伦之为天载，则知孰得其伦之为天倪，非强为附会者也。顾不即目为天倪，而曰"是谓天均"，再转乃曰"天均者天倪也"何？"均"者，陶均之均，其圆如盘，而可以旋转者也。泥之在均，惟陶者之所为；万物之在宇内，亦惟天之所为。其"始卒若环"，有似于均之圆转。又"均"者平义，平则齐，是皆惟"均"可以表之。故先言夫"天均"也。然天之为名，在人所取。对卮言言，则天倪为洽。始分之以求其各当,终合之以见其非殊。此庄子修辞之密,而其运意之圆也。深明夫此,其于读《庄》书无难矣。

庄子谓惠子曰:"孔子行年六十,而六十化,始时所是,卒而非之,未知今之所谓是之非五十九非也。"惠子曰:"孔子勤志服知也。"庄子曰:"孔子谢之矣。而其未之尝言。孔子云:'夫受才乎大本,复灵以生。鸣而当律,言而当法。'利义陈乎前,而好恶是非,直服人之口而已矣。使人乃以心服而不敢蘁,立定天下之定。已乎已乎!吾且不得及彼乎!"

"行年六十而六十化",已见《则阳篇》,蘧伯玉亦如是。在万物则曰禅,在一身则曰化。天地之道恒久而不已,惟于禅于化见之,非以不变为恒久也,故《易·恒卦象传》曰:"利有攸往,终则有始也。日月得天,而能久照。四时变化,而能久成。圣人久于其道,而天下化成。"圣人之化成天下,自其身之能化始,未有己不能化而能化人者也。以此与上天倪、大均及"孰得其久"、"始卒若环"语相印证,则思过半矣。

"勤志服知",谓勤于志而服于知。"知"读如智。"服",服习也。惠子之意,盖以为孔子之六十而六十化,实由勤习而然,智进则化耳。此似知孔子,而非真知孔子也,故庄子曰"孔子谢之矣"。"谢之",犹过之也。《大宗师篇》曰:"以德为循者,言其与有足者至于丘也,而人直以为勤行者也。"人以为勤行,而在孔子则只是顺而循之,则何勤志服知之有!故曰"谢之"也。

又曰"而其未之尝言"者,此事不在言,又非言所可表,故孔子不之言。孔子之所可言者,为学之大纲而已,故复引孔子云:"夫受才乎大本,复灵以生者。""才"如孟子"非天之降才尔殊"之才。见《孟子·告子篇》自天言则曰降,自人言则曰受。"大本"即天也。"灵"者善也。才无有不善。而既生之后,人知开而天知损,善而入于不善者有之矣,若是,则所谓罔之生也幸而免,见《论语·雍也篇》故曰"复灵以生",言惟复其善,而后始为遂其生也。"鸣而当律,言而当法"者,两"而"字与则字同。"当"读去声,中也。"律",乐律。"法",礼法也。言"言"先言"鸣"者,"鸣"者声而"言"者义也。声则中乐,言则中礼,是"复灵以生"之验也。孔子之言止此。

"利义陈乎前,而好恶是非直服人之口而已矣",此以讽惠子也。知其为讽惠子者,《天下篇》说辩者之囿即云:"能胜人之口,不能服人之心。"以彼证此,其为讽惠子何疑!旧解以此连接上文,谓亦孔子之言。夫"鸣而当律,言而当法",则岂直服人之口而已哉!以"鸣而当律,言而当法"为直服人之口,则"使人乃以心服而不敢蘁,立定天下之定"者,将何如?又岂有出于"鸣而当律,言而当法"之外者乎?以此断之,则此三言者非孔子之言,又何疑!

"使人乃以心服而不敢蘁","蘁"通"䚻"。今作䚻从芈。芈,逆也。《说文》:"䚻,哗讼也。"哗讼谓争。心服则不敢争,故曰"使人乃以心服而不敢蘁",此谓孔子也。知其为谓孔子者,孟子亦曰:"以德服人者,中心悦而诚服也。如七十子之服孔子也。""立定天下之定",旧以"立"属上句读,非是。"立定天下之定",犹后世言"坐定天下",极形其为效之速,而不劳用力也。子贡曰:"夫子之得邦家者,所谓立之斯立,道之斯行,绥之斯来,动之斯和。"见《论语·子张篇》立斯立,道斯行,绥斯来,动斯和,是所谓"立定天下之定"也。

"已乎已乎!吾且不得及彼乎!""且不得及",犹颜子言:"虽欲从之,末由也已。"此庄子叹服孔子之辞,发乎中心之诚,故曰"已乎已乎!"然亦所以诱导惠子,而惜乎惠子之莫能领取也。

曾子再仕而心再化,曰:"吾及亲,仕三釜而心乐,后仕三千钟而不洎,吾心悲。"弟子问于仲尼曰:"若参者,可谓无所县其罪乎?"曰:"既已县矣。夫无所县者,可以有哀乎?彼视三釜三千钟,如观鸟雀蚊虻相过乎前也。"

曾子名参,已见《骈拇》、《外物篇》。此称"曾子"者,后学者之辞也。"釜",六斗四升。"钟",六斛四斗。古者仕禄以粟,故用量计焉。"及亲"者,逮亲存也。"不洎"者,亲不及也。

"若参者,可谓无所县其罪乎?""县"如《养生主篇》"帝之县解"之县,系也。"罪",网也。《说文·辛部》"辠"下云:"犯法也,从辛从自。自,古鼻字。言辠人蹙鼻苦辛之忧。秦以辠似皇字,改为罪。"又网部"罪"下云:"捕鱼竹网,从网非声。秦以罪为辠字。"然则此云系其罪者,犹后世云挂于尘网之比,亦谓曾子心既再化,能超然于贫富之外,不为利禄所笼罩云尔。注家不察,乃以罪作犯辠解。夫即系于禄仕,何辠之有哉!

孔子曰"既已县矣"者,谓系于哀乐,是亦一网也。故继之曰"夫无所县者,可以有哀乎?"《养生主篇》曰:"安时而处顺,哀乐不能入也,古者谓是帝之县解。"哀乐不入,乃为县解。则哀乐关情,得不谓之有系乎!夫世人之视三千钟重于三釜远矣。曾子则以三千钟不如三釜之乐,度量自是过于世人。然其于三釜、三千钟终有多寡之见存,衡以齐物,即与世人未始有异也。故更从而进之曰"夫无所县者","彼视三釜、三千钟,如观鸟雀蚊虻相过乎前也"。"观鸟雀蚊虻过乎前"者,以喻视若无睹,更不为之判别大小多寡,是所谓齐也。"观"本或作鹳,又本或无鸟字,《释文》出"如鹳"字,云:"本亦作观。"案:"观"字是也。其作鹳者,则以观字阙其半,因合鸟字为一耳。郭注云:"视荣禄若蚊虻鸟雀之在前。"成疏云:"鸟雀大,以喻千钟;蚊虻小,以比三釜。"则有鸟字甚明,故改正。

《韩诗外传》曾子曰:"吾尝仕齐为吏,禄不过钟釜,而犹欣欣而喜者,非以为多也,乐其逮亲亲也。亲没之后,吾尝南游于楚,得尊官焉,堂高九仞,榱题三围,转毂百乘,犹北乡而泣涕者,非为贱也,悲不逮吾亲也。"文虽与此不同,而曾子曾为显仕,则知其有征矣。然《史记·仲尼弟子列传》云:"曾参少孔子四十六岁。"孔子卒时年七十三,时曾子尚未及三十,其游楚即在中年,孔子卒已久矣,则安得有弟子问及而孔子论之之事,倘亦所谓寓言者邪?

颜成子游谓东郭子綦曰:"自吾闻子之言,一年而野,二年而从,三年而通,四年而物,五年而来,六年而鬼入,七年而天成,八年而不知死、不知生,九年而大妙。生有为死也。劝公。'以其死也有自也,而生阳也无自也。'而果然乎?恶乎其所适?恶乎其所不适?天有历数,地有人据,吾恶乎求之?莫知其所以终,若之何其无命也?莫知其所以始,若之何其有命也?有以相应也,若之何其无鬼邪?无以相应也,若之何其有鬼邪?"

"颜成子游",已见《齐物论》及《徐无鬼》两篇。"东郭子綦",《齐物论篇》作南郭子綦,《大宗师篇》作南伯子葵,《徐无鬼篇》作南伯子綦,此作"东郭"者,成玄英疏云:"居在郭东,号曰东郭,犹是《齐物论篇》中南郭子綦也。"案:古以所居为氏,无为居移而氏亦改,本书南郭、东郭二氏杂出,如《田子方篇》有东郭顺子,《知北游篇》亦有东郭子问于庄子之文,疑此本作南郭,而传写者误作东郭耳。《释文》于此不出东郭字,则陆元朗作《释文》时尚未误,至成作疏始误也,顾此外无佐证,故仍其旧而不改。

"野"之为言放也,取《逍遥游》"广莫之野"为义,盖非放其胸襟,则暖暖姝姝,守一先生之言,见《徐无鬼篇》决无由以入道,故工夫之次,以此为始也。"从",顺也,谓顺于人也。《外物篇》云:"顺人而不失己。""通",通于一也。《齐物论篇》云:"道通为一。"又云:"唯达者知通为一。""物"者,物物而不物于物也。见《山木篇》"来",神明大来也。《人间世篇》云:"鬼神将来舍。"鬼神以喻神明。《管子·心术篇》亦云:"虚其欲,神将入舍。"《内业篇》云:"思之思之,鬼神通之,非鬼神之力也,精气之极也。"可见鬼神非言鬼神。"鬼入",鬼之为言归也。《尔雅·释训》文《易·系辞传》所谓"退藏于密",老子所谓"归根复命",本书《缮性篇》所谓"反一无迹,深根宁极"也。"天成",独成其天也。见《德充符篇》"不知死、不知生",入于不死不生也。见《大宗师篇》"大妙","妙"犹神也。神之又神而能精也。见《天地篇》此自入手以至成功,其次有九,然大概分之,亦可为三:由"野"而"通",《易》之所谓"穷理",故从、通为韵;由"物"而"鬼入",《易》之所谓"尽性",故物、来、入为韵;由"天成"而"大妙",《易》之所谓"至命",故成、生为韵。"穷理尽性以至于命",《易·说卦传》文。古人之文,往往以韵自为段落,此亦是也。

"生有为死也"以下,阐发不知生、不知死之旨。"为"当读去声。《大宗师篇》两言"善吾生者乃所以善吾死也",此云"生有为死也",正善生以善死之意。"劝公"者,致力于公也。"公"即《则阳篇》"道者为之公"之公,亦即《齐物论篇》"道通为一"、"万物与我为一"之一,不知公与一,则一身乍生乍死,如何能无生死!知公与一,则死于此者复生于彼,彼犹此也,更何生死之有!此王骀所以视丧其足犹遗土,见《德充符篇》而子犁所以说鼠肝虫臂为无往而不可也,是故惟公可以善生,亦惟公可以善死。"生有为死也"下,著"劝公"二字,岂徒然哉!郭象注曰:"今所以劝公者,以其死之由私耳。"语既不明,又以"有自"为有为,"无自"为无为,于是"而果然乎?"本为反诘之辞者,乃作为肯定之语,展转成误,后之注者纷纷,几不知从何断句,皆由不从《庄子》全书通其大义,而惟执一二句之文,强求其解,则宜其触处窒碍也。

"以其死也有自也",有生而后有死,故曰"有自"。"而生阳也无自也","阳"即《知北游篇》"天地之强阳气也"之阳,言其自动而然,故曰"无自"。此当时一种议论。不知万物以不同形相禅,始卒若环,有生则有死,亦有死则有生,所谓神奇化为臭腐,臭腐复化为神奇者是也,故曰"而果然乎?"言其不然也。"恶乎其所适?恶乎其所不适?""恶"读如乌,"适"即《大宗师篇》子犁云"又将奚以女为?将奚以女适"之适。言人之生死无所不之,而亦实无所之也。"地有人据"为倒文,谓人据有地,各为畛域也。知其为倒文者,盖此以人对天言,非以地对天言也。以"天有历数",故有无命、有命之论;以人据有地,故有无鬼、有鬼之论。"吾恶乎求之"者,言将求之于终,则"莫知其所以终";将求之于始,又"莫知其所以始";求之精神之感,则"有以相应也";求之形质之著,又"无以相应也"。然则有命无命、有鬼无鬼,亦如"或使"、"莫为"两家之说,执之必在物一曲,非合之不成其为融通也。

"莫知其所以终","莫知其所以始",今各本并无两"以"字,惟古钞卷子本有之。案:有者意较备,因据补。

众罔两问于景曰:"若向也俯,而今也仰;向也括,而今也被发;向也坐,而今也起;向也行,而今也止。何也?"景曰:"搜搜也,奚稍问也!予有而不知其所以。予,蜩甲也?蛇蜕也?似之而非也。火与日,吾屯也;阴与夜,吾代也。彼,吾所以有待邪?而况乎以有待者乎!彼来则我与之来,彼往则我与之往,彼强阳则我与之强阳。强阳者,又何以有问乎!"

"罔两"、"景",并已见《齐物论篇》。此罔两言"众"者,多一光则多一微阴,以其非一,故曰"众"也。"若"与女同。"括"谓括发。"搜搜",摇动貌,指众罔两言。"稍"借作屑。奚屑问,奚足问也。"予有而不知其所以","有",谓有此俯仰括发被发等相。"不知所以",不知所以然也。"予,蜩甲也?蛇蜕也?"两"也"字皆读如邪。影生于形,犹甲出于蜩,蜕出于蛇,故以相况。然甲蜕有质,而影则无质,故又曰"似之而非也"。"火与日,吾屯"者,"屯",顿也。有火日则影留,故曰"吾屯"。"阴与夜,吾代"者,"代"犹谢也。值阴夜则影隐,故曰"吾代"。"彼"字当读断。"彼"指形也。"彼,吾所以有待邪",犹言吾所以有待者彼邪。"而况乎以有待者乎","以"读如已。言彼形者已自有待,非能无所使而然也。"强阳",动而不息也,已见上。动而不息,则又岂止俯、仰、括发、被发、坐、起、行、止之变而已。故曰"强阳者,又何以有问乎"!

阳子居南之沛,老聃西游于秦,邀于郊,至于梁,而遇老子。老子中道仰天而叹曰:"始以女为可教,今不可也。"阳子居不答。至舍,进盥漱巾栉,脱屦户外,膝行而前,曰:"向者弟子欲请夫子,夫子行不闲,是以不敢。今闲矣,请问其过。"老子曰:"而睢睢,而盱盱,而谁与居?大白若辱,盛德若不足。"阳子居蹴然变容曰:"敬闻命矣!"其往也,舍迎将其家,公执席,妻执巾栉,舍者避席,炀者避灶。其反也,舍者与之争席矣。

"阳子居",即杨朱也,已见《应帝王篇》注。居、朱一声之转。张湛《列子注》疑子居为朱之字,非也。"沛",老子所居,今徐州也。时老子游秦,已西行,故阳子邀之于郊。"邀"与要通,谓要截之于途。《易·同人》:"上九,同人于郊。"王弼注:"郊者,外之极也。"《说文》亦云:"距国百里为郊。"则凡远地皆可曰郊,非必如《尔雅·释地》"邑外谓之郊"也。至梁而遇老子,"梁"即大梁,今开封。盖追迹久而始及。必叙此者,以见子居欲见老子之心之切,不得作闲文看也。"中道",道中也。时与老子同行,老子察见其睢睢盱盱之容,故有不可教之叹。

"舍",旅舍也。"盥",盥洗。"漱",漱口。"巾",以备盥洗之用。"栉",以理发也。"膝行而前",表其敬畏而请罪之诚也。"不闲",不得闲也,当读间之去声。"闲矣"之"闲"同。"过"犹罪也,本有作故者,非是。若仅问故,则无用膝行而前也。"睢睢",仰目视;"盱盱",张目视,皆骄慢之发于不自觉者。"而"与尔同。各本"盱盱"上无"而"字,古钞卷子本有之,《列子·黄帝篇》此文亦有之,因据补。"而谁与居"者,言将无人与之共处也。"大白若辱","若",似也。"辱"谓污。不曰污而曰辱者,与"盛德若不足"协韵也。"盛德",《老子》书作"广德"。盛、广一义。举此二文者,意谓平昔习闻之语,不应忘之,故"子居蹴然变容",而为之不安也。"敬闻命",犹言敬闻教也。

"舍迎将其家","舍"下各本有"者"字,盖涉下"舍者"而误。"舍者",谓同舍之人;"舍"则指旅舍主人。两者义各不同,于文自当有别。古钞卷子本无"者"字,《列子·黄帝篇》亦无"者"字,是其证也,因删。"迎将",迎送也。"公"对妻言,谓主人公。"席",坐席。"避席",让坐也。"炀",炙也,今谓烤火。"避灶",让与炙也。《释文》以炀为炊,误。"其反",谓送老子行后再来时也。"舍者与之争席"者,去其骄慢,人遂不复畏而避之也。

庄子发微卷之五

让王第二十八

篇名"让王",而甘贫贱、辞爵赏皆入之,盖甘贫贱、辞爵赏之心,即让天下、让国之心也。中间颇存孔门弟子逸事,虽亦得之传闻,而却为极有关系文字。苏子瞻乃欲去之,虽谓之无识,不为过也。

尧以天下让许由,许由不受。又让于子州支父,子州支父曰:"以我为天子,犹之可也。虽然,我适有幽忧之病,方且治之,未暇治天下也。"夫天下至重也,而不以害其生,又况他物乎!唯无以天下为者,可以托天下也。

舜让天下于子州支伯,子州支伯曰:"予适有幽忧之病,方且治之,未暇治天下也。"故天下大器也,而不以易生,此有道者之所以异乎俗也。

舜以天下让善卷,善卷曰:"余立于宇宙之中,冬日衣皮毛,夏日衣葛絺;春耕种,形足以劳动;秋收敛,身足以休食;日出而作,日入而息,逍摇于天地之间,而心意自得。吾何以天下为哉!悲夫,子之不知余也!"遂不受。于是去而入深山,莫知其处。

舜以天下让其友石户之农,石户之农曰:"卷卷乎后之为人,葆力之士也!"以舜之德为未至也。于是夫负妻戴,携子以入于海,终身不反也。

尧让许由,已见《逍遥游篇》。"子州支父","子州"姓,"支父"其字也。"幽忧"犹隐忧。"病"犹患也。谓忧夫生之不养,徒恃以法治天下,祸将中于后世也。旧解即作疾病说,失之。"夫天下至重也"以下五句,为作者之言。"唯无以天下为者,可以托天下",与《在宥篇》"贵以身于为天下,则可以托天下;爱以身于为天下,则可以寄天下"语略同。先言"不以害其生",即贵身爱身义也。

"支伯"即支父。舜时支父年长矣,故称之支伯。"故天下大器也"三句,亦作者之言。既曰"天下至重",又曰"天下大器",则其不满于当时之卤莽灭裂以为政,而冀有真可以托天下、寄天下者,意固较然甚明。说者乃谓庄子之学教人遗弃民物,而不屑理,不亦悖乎!

"善卷",姓善名卷。两"衣"字皆读去声。"葛",葛布。"絺",葛之细者,《国风·葛覃》之诗云"为絺为绤,服之无斁"是也。"形"与"身"互文。"休食",休且食也。"何以天下为",言无用乎天下也。"子"以称舜。"悲夫"者,卷与舜旧识,而竟不相知,所以可悲也。"处"读去声。"莫知其处",莫知其所也。

"石户之农",石户之地之农也。古隐者多不欲以名传,故人仅得以其地其业名之,如《论语》之晨门、荷蒉、楚狂接舆皆是。"卷卷"与拳拳同。《国语·齐语》:"有卷勇股肱之力。"卷勇即拳勇也。拳拳,专一用力之貌。"后",君也,以称舜。"葆"亦作保。保力犹恃力。"力"谓其勤,非勇力之力也。"以舜之德为未至"者,自石户之农视舜,所谓"弊弊焉以天下为事"者。语见《逍遥游篇》其去神人之德远矣,故云"未至"。"负",负于肩。"戴",戴于首。古人荷物,或用首戴,故孟子亦云:"斑白者不负戴于道路矣。"后以男子必冠,于戴不便,故戴多女子为之,今朝鲜及南洋各地犹然也。"入海",谓入居海岛之中。《论语·微子篇》亦云"少师阳、击磬襄入于海"。

大王亶父居邠,狄人攻之。事之以皮帛,而不受;事之以犬马,而不受;事之以珠玉,而不受;狄人之所求者,土地也。大王亶父曰:"与人之兄居,而杀其弟;与人之父居,而杀其子;吾不忍也。子皆勉居矣!为吾臣,与为狄人臣,奚以异!且吾闻之:'不以所用养害所养。'"因杖筴而去之,民相连而从之,遂成国于岐山之下。夫大王亶父,可谓能尊生矣。能尊生者,虽贵富,不以养伤身;虽贫贱,不以利累形。今世之人,居高官尊爵者,皆重失之,见利,轻亡其身,岂不惑哉!

"大"读太。"大王亶父",《大雅·绵》之诗所称古公亶父者也。古公犹先公也。此称"大王"者,武王受命,周公追王大王王季,见《中庸》从追王以后之辞也。追王之"王"读去声"邠",《诗·豳风》作"豳",亶父之封也,今陕西邠县。"狄",北方种族名,其大名曰狄,其别名曰獯鬻,孟子曰"大王事獯鬻"是也。见《梁惠王篇》"皮帛",《孟子》作"皮币"。亦见《梁惠王篇》币、帛一也。"不受"犹不纳。

"大王亶父曰",《孟子》作"乃属其耆老而告之曰",故此云"子皆勉居矣"。"子"即所以称耆老,"勉居"谓强留也。"奚以异",何以异也。"不以所用养害所养","所用养"谓土地,"所养"谓人。《孟子》作"君子不以其所以养人者害人"。"筴"同策,马箠也。知其为马箠者,《绵》之诗曰:"古公亶父,来朝走马。率西水浒,至于岐下。"夫曰走马,则自当用马箠矣。故"杖"与仗同,谓持也。旧解作拄杖而去之,实误。"民相连而从之","连",连属。犹云民从之者相属。《孟子》作"从之者如归市"。"岐山",在今陕西岐山县东北六十里,以顶分两岐,故谓之岐山,今名箭括岭,亦曰箭括山。"成国于岐山之下",因谓之岐,岐周之名由此起,今岐山县东北峡阳镇是也。

"尊生"犹贵生。"重失之","重"犹难也,《论语》所谓患失之。见《阳货篇》"重失之",是"贵富"而"以养伤身"者。"见利轻亡其身",是"贫贱"而"以利累形"者。

越人三世杀其君,王子搜患之,逃乎丹穴。越国无君,求王子搜,而不得,从之丹穴。王子搜不肯出,越人薰之以艾,乘以玉舆。王子搜援绥登车,仰天而呼曰:"君乎君乎!独不可以舍我乎?"王子搜非恶为君也,恶为君之患也。若王子搜者,可谓不以国伤生矣,此固越人之所欲得为君也。

"杀",各本皆作"弑",此从古钞卷子本。杀、弑古通也。案:司马贞《史记索隐·越句践世家》引《竹书纪年》云:"王翳三十三年迁于吴。三十六年七月,太子诸咎弑其君翳,粤杀诸咎。粤同越粤泪,吴人立子错枝为君。明年,大夫寺区定粤乱,立无余之。十二年,寺区弟思弑其君莽安,次无颛立。无颛八年薨,是为菼蠋卯。"因曰:"故《庄子》云:'越人三弑其君,王子搜患之,逃乎丹穴不肯出,越人薰之以艾,乘以王舆。'乐资云:'号曰无颛。'"然则搜为君后,号曰无颛,其又曰菼蠋卯者,则越人语耳。若《吕氏春秋·贵生篇》作王子翳,其为传闻之误无疑。

"丹穴",采丹后所遗之穴也。故越人以艾薰之迫其出。"薰"与熏同,今加火傍作燻。"而不得",各本"而"字在"越国无君"上,兹据《吕氏春秋·贵生篇》移下。"乘"读去声,载也。"玉舆",舆有玉为饰,《礼》所谓玉路也。见《周官·春官·巾车》。"路"与"辂"通。"玉"本或作王。古"玉"字作"王",与"玉"形似而讹。"绥",车中把。《论语》:"升车必正立,执绥。"见《乡党篇》古者立乘,绥所以安也。"援"犹执也。"独不可以舍我乎","舍"读如"捨"。两"恶"字,皆读去声。"为君之患",患乎见杀,故曰"可谓不以国伤生矣"。言"此固越人之所欲得为君"者,上文云"唯无以天下为者,可以托天下"者也。

韩、魏相与争侵地。子华子见昭僖侯,昭僖侯有忧色,子华子曰:"今使天下书铭于君之前,书之言曰:'左手攫之,则右手废;右手攫之,则左手废。然而攫之者,必有天下。'君能攫之乎?"昭僖侯曰:"寡人不攫也。"子华子曰:"甚善!自是观之,两臂重于天下也,身亦重于两臂。韩之轻于天下,亦远矣,今之所争者,其轻于韩又远。君固愁身以忧戚之不得也!"昭僖侯曰:"善哉!教寡人者众矣,未尝得闻此言也!"子华子可谓知轻重矣。

"侵地",两国交界,各以为己属之地也。"子华子",即《则阳篇》之华子。此云"子华子"者,从其弟子尊其所师之称也。"昭僖侯",即韩昭侯。《淮南子·要略篇》云:"申子者,韩昭釐之佐。"釐通僖。案:《史记·韩世家》:昭侯八年,申不害相韩,实先昭侯卒。以是证之,知昭侯又谥昭僖也。"铭"犹约也。谓之铭者,书而刻之,以示不改移也。"攫",捉取。"废",斩而去之也。"身亦重于两臂",身又重于两臂也。"忧戚之不得","之"与其同,忧戚其不得也。今各本无"之"字,古钞卷子本有之,据补。"昭僖侯曰",各本作"僖侯曰",盖误脱"昭"字,兹据上文补之。"子华子可谓知轻重矣",为作者之言。

鲁君闻颜阖得道之人也,使人以币先焉。颜阖守陋闾,苴布之衣,而自饭牛。鲁君之使者至,颜阖自对之。使者曰:"此颜阖之家与?"颜阖对曰:"此阖之家也。"使者致币,颜阖曰:"恐听者谬,而遗使者罪,不若审之。"使者还,反审之,复来求之，则不得已。故若颜阖者，真恶富贵也。

故曰："道之真，以治身；其绪余以为国家；其土苴以治天下。"由此观之，帝王之功，圣人之余事也，非所以完身养生也。今世俗之君子，多危身弃生以殉物，岂不悲哉！凡圣人之动作也，必察其所以之，与其所以为。今且有人于此，以随侯之珠，弹千仞之雀，世必笑之。是何也？则其所用者重，而所要者轻也。夫生者，岂特随侯珠之重哉！

"鲁君"一本作"鲁侯"，李颐云"哀公"，是也。"颜阖"，已见《人间世篇》。"币"，礼币。将欲召而用之，故以币先。"闾"，里门。"陋闾"，犹言陋巷。"苴布"，子麻布也。"饭牛"，饲牛。"自对之"，自应之也。"听者"之"者"，同之。"听者谬"，听之谬也。或以"者"为衍文，非也。"遗"读去声。"遗使者罪"，谓使使者获罪，若己有以遗之，今俗云"带累"者是。"审之"，审查之也。"还"读旋。"求之"，寻之也。"不得已"，"已"读如矣。"故若颜阖者"句，结此节之文。"故曰"以下，则总结篇首以来诸节。

"真"，本真。"绪余"犹剩余。"土苴"，糟粕也。"苴"读如今"渣"字。"绪余"、"土苴"上，并著"其"字，"其"即谓道。司马彪以土苴为粪草，可谓道之粪草乎？成疏用司马说，后之注家多沿之，盖未之思也。"所以之"，"之"犹"至"也，谓其后果。"所以为"，"为"当读去声，谓其目的。"随"，春秋时汉上国名，相传得大蛇之珠甚贵，世因谓之随侯珠。"千仞之雀"，雀之飞翔于千仞之上者，言其不必弹中也。"要"，求也，读平声。"岂特随侯珠之重哉"，各本无"珠"字。俞樾引《吕氏春秋·贵生篇》为证，谓当有"珠"字，是也，因据补。

子列子穷，容貌有饥色。客有言之于郑子阳者，曰："列御寇，盖有道之士也，居君之国而穷，君无乃为不好士乎？"郑子阳即令官遗之粟。子列子见使者，再拜而辞。使者去，子列子入，其妻望之而拊心曰："妾闻为有道者之妻子，皆得佚乐，今有饥色，君过而遗先生食，先生不受，岂不命邪？"子列子笑谓之曰："君非自知我也。以人之言而遗我粟，至其罪我也，又且以人之言。此吾所以不受也。"其卒，民果作难，而杀子阳。

"穷"，困也。"容貌有饥色"，饥饿至见于容貌，言困之甚也。"子阳"，郑相。《史记·郑世家》云："繻公二十年，韩、赵、魏列为诸侯。二十五年，杀其相子阳。"则子阳战国初人也。后二十余年，而郑灭于韩。"好士"之"好"读去声。"遗之粟"，以粟馈列子也。"遗"亦读去声。"再拜而辞"，谢之而不受也。

"拊"，击也。"拊心"，如今云捶胸，所以表其愤惋也。"佚"同逸。"佚乐"，安乐也。"君过而遗先生食"，"君"谓子阳，如后世称相为相君也。"先生"谓列子。遗先生食而曰"过"者，可以无遗而遗，是谓之过，犹今云错与也。变粟而言"食"者，见饥者望食之急也。"岂不命邪"，《列子·说符篇》作"岂不命也哉？""岂不"犹岂非也。

"笑谓之"，解其惑，亦以慰其心，而列子之忘其饥穷亦可见矣。《淮南子·氾论训》云："郑子阳刚毅而好罚，其于罚也，执而无赦。舍人有折弓者，畏罪而恐诛，则因猘狗之惊以杀子阳。"夫舍人，子阳之家臣也。家臣而至畏罪以杀其主，则子阳平日之暴可知。故列子曰："君非自知我也，以人之言而遗我粟；至其罪我也，又且以人之言。"此非过虑也。刚暴之人，固不可与为缘也。故列子之不受，亦所谓"不以利累形"者也。曰"其卒民果作难而杀子阳"，正以见列子不受之为是，而保身必有见于几先也。"难"读去声。猘狗，狂犬也。

楚昭王失国，屠羊说走而从于昭王。昭王反国，将赏从者，及屠羊说。屠羊说曰："大王失国，说失屠羊；大王反国，说亦反屠羊。臣之爵禄已复矣,又何赏之言!"王曰:"强之。"屠羊说曰:"大王失国,非臣之罪,故不敢伏其诛;大王反国,非臣之功,故不敢当其赏。"王曰:"见之。"屠羊说曰:"楚国之法,必有重赏大功,而后得见。今臣之知不足以存国,而勇不足以死寇。吴军入郢,说畏难而避寇,非故随大王也。今大王欲废法毁约而见说,此非臣之所以闻于天下也。"

王谓司马子綦曰:"屠羊说居处卑贱,而陈义甚高,子其为我延之以三旌之位。"屠羊说曰:"夫三旌之位,吾知其贵于屠羊之肆也;万钟之禄,吾知其富于屠羊之利也。然岂可以贪爵禄,而使吾君有妄施之名乎!说不敢当,愿复反吾屠羊之肆。"遂不受也。

"楚昭王",平王子,名轸。平王听谗杀其臣伍奢及其子尚,尚弟伍员逃之吴国,吴王阖闾用之,遂以吴师伐楚,入郢,昭王出奔随,因谓失国也。事在春秋定四年。"屠羊说",屠羊者名说也。"说"读如悦。"反国",复国也。"从者"之"从"读去声,谓楚之臣从王效忠而出力者。"及屠羊说",因遂及于说也。"臣之爵禄已复矣"者,屠羊其本业,比之于仕者之有爵禄,故曰"爵禄已复"也。"又何赏之言",倒言之,即又何言赏也。"强"读勉强之强。"强之",欲其勉受之也。"见"音现。"见之",欲其来见也。"知"读智。"存国",保国也。"死寇",与寇斗而死也。"郢",楚都,今湖北江陵县东南有故郢城,是也。"畏难","难"读去声。"非故随大王",言非有意从王,特为避寇而至。欲逃赏,故诡辞以对也。"废法毁约","约"即法也。以国所制定言,谓之法。以与众共守言,谓之约。言法又言约,见其必不可以废毁也。"非臣之所以闻于天下",言此不可使天下闻之。废法毁约者王,本当言王,不言王而言臣者,事由臣起,避斥尊者,故引之归己也。

"司马子綦",即司马子期,期、綦古通。"处"读上声。"陈义甚

庄子发微卷之五·让王第二十八

高","高"与卑贱文对,谓所言义理足尊贵也。"三旌"犹三命。一命而士,再命而大夫,三命而卿。"三旌之位",卿位也。"延",引而进之也。"子其"之"其",各本皆误作"綦",宣颖《南华经解》作"其",是也,兹从宣本。"万钟之禄",卿禄万钟也。"然岂可以贪爵禄而使吾君有妄施之名乎","妄施",谓行赏之不当。仍归结于不愿君之有过举,处处为君著想,实处处为国著想,真可谓陈义之高者矣。"遂不受",卒不受也。

原宪居鲁,环堵之室,茨以生草,蓬户不完,桑以为枢而瓮牖,二室褐以为塞,上漏下湿,匡坐而弦歌。子贡乘大马,中绀而表素,轩车不容巷,往见原宪。原宪华冠縰履,杖藜而应门。子贡曰:"嘻!先生何病?"原宪应之曰:"宪闻之:'无财谓之贫,学而不能行谓之病。'今宪贫也,非病也。"子贡逡巡而有愧色。原宪笑曰:"夫希世而行,比周而友,学以为人,教以为己,仁义之慝,舆马之饰,宪不忍为也。"

"原宪",孔子弟子,姓原名宪,字思,鲁人,或云宋人。《论语》第十四《宪问篇》宪问耻,子曰:"邦有道穀,邦无道穀,耻也。"《论语》记弟子问,无有称名者,此独称名,且以之冠一篇之首,当是思所自记。《史记·仲尼弟子列传》谓孔子没,思亡走草泽。即此,其人可知也。

"环堵之室",已见《庚桑楚篇》。"茨",以草盖屋也。曰茨以生草,则不及待草之干而即用之,故下云"上漏下湿"也。"蓬户",编蓬以为户扇也。单扇曰户。"枢",户枢。屈桑条以为之。"瓮牖",以破瓮为牖。"二室褐以为塞"六字连读。"褐"如今之毡。"塞",蔽也。本一室,而用毡蔽隔为二也。司马彪注解"褐以为塞"作以褐塞牖,非是。若以褐塞牖,文当在"瓮牖"下,不得在"二室"下也。"匡坐",正坐也。"弦"下各本无"歌"字,《阙误》引张君房本有之,《艺文类聚》卷三十五、《太平御览》卷百七十三及卷三百九十三引文亦有"歌"字,因据补。

533

"匡坐而弦歌",所谓礼乐不斯须去身,不独贫而能乐也。

子贡已见《大宗师篇》。"乘大马",以四马驾车,马皆大也。"绀",青而含赤色。"中绀表素",绀为中衣,复加素为表也。"轩车",大夫所乘车,曲辀,且有藩以为蔽者。"不容巷",巷狭而车大,不容出入也。《仲尼弟子列传》云"子贡时相卫",当是也。

"华"同桦。"华冠",以桦皮为冠。"縰履",履无跟也。"藜"已见《徐无鬼篇》。藜草似蓬,其茎坚壮,可以为杖。"杖藜应门",见其惫也。故子贡曰:"嘻!先生何病?""何病"者,何其病也。病谓困。"闻之",闻之夫子也。"学而不能行",学而不能实践也。"逡巡",进退不得也。"希世而行","希"同睎,谓观望世俗之好恶以为去就。"比周而友","比周"犹阿党也,谓所交友皆由阿私党同而然。"学以为人",不务本而干誉。"教以为己",不服善而自专。"仁义之慝","慝"借作忒,失也。此与车马之饰为对文,言饰车马而失仁义也。曰"宪不忍为",以讽子贡之忍于为之。于此亦可见孔子门下朋友责善之严。

曾子居卫,缊袍无表,颜色肿哙,手足胼胝;三日不举火,十年不制衣,正冠而缨绝,捉衿而肘见,纳屦而踵决;曳縰而歌《商颂》,声满天地,若出金石;天子不得臣,诸侯不得友。故养志者忘形,养形者忘利,致道者忘心矣。

"曾子"已见《骈拇》、《外物篇》。曾子,鲁人,其居卫盖寓居也。"缊袍",袍之以麻絮为褚者。古人衣裘与袍必有表,若今罩衫然。此云"无表",言单著缊袍而已。或解作袍无面子者,大误也。"哙"通瘣。"肿瘣",肿而有病色也。"胼胝",皮坚厚也,俗云生老茧,盖亲劳作使然。"不举火",无以炊也。"缨",冠繄,岁久烂腐,故正冠而遂绝也。"衿",领也。"捉衿"犹言挈领。"肘见"者,袖破也。"见"读现。"屦",麻履。"纳"犹著也。"踵决",后跟裂也。

"歌《商颂》"者，《乐记》云："商者五帝之遗声也，商人识之，故谓之商。"又云："明乎商之音者，临事而屡断。"临事而屡断，勇也。歌之，所以见其勇决，故曰"声满天地，若出金石"。又曰"天子不得臣，诸侯不得友"者，其志气之盛，有非天子诸侯所可得而屈者也。

"养志者忘形"三句，所以总结"子列子"以下数节之文，"忘利"谓子列子、屠羊说，"忘形"谓原宪、曾子，"致道者忘心"，则又进而言之。"忘心"者，并忘利、忘形之心而无之也，如是则至于道，故曰"致道者忘心"。此言养形，犹言养生，与《达生篇》云"养形不足以存生"之养形不同，是则不可不辨。

孔子谓颜回曰："回，来！家贫居卑，胡不仕乎？"颜回对曰："不愿仕。回有郭外之田五十亩，足以给飦粥；郭内之田十亩，足以为丝麻；鼓琴足以自娱；所学夫子之道者，足以自乐也。回不愿仕。"孔子欣然变容，曰："善哉，回之意！丘闻之：'知足者，不以利自累也；审自得者，失之而不惧；行修于内者，无位而不怍。'丘诵之久矣。今于回而后见之，是丘之得也。"

"颜回"已见《人间世篇》。"居卑"，言处贱也。"胡不仕"，劝之仕也。"郭"，外城。"飦"音干，饭也。"丝"谓种桑饲蚕，得以为帛。"麻"谓种麻，得以为布也。"所学夫子之道，足以自乐"，此句为主。《论语》云："一箪食，一瓢饮，在陋巷，人不堪其忧，回也不改其乐。"盖为是也。再言"不愿仕"者，见其志之决也。

"欣然"各本皆作愀然，《释文》云"愀一本作欣"。以下文"善哉，回之意"，及"是丘之得也"语气观之，作"欣"是也，故兹改从"欣"。"欣然"言变容者，以回之贤而贫贱，当劝其仕时，孔子固有为之不豫者。今喜其好学如此，道有传人，改而欣然，故云"变容"也。

"知足者不以利自累",对上家贫说。"行修于内者,无位而不怍",对上居卑说。"不怍"者,不慊也。"审自得者,失之而不惧",对回之言自娱、自乐说。"审"者,诚也,信也。"失之"者,失其所当有,兼利与位而言之。"不惧"者,惟有守,故无畏也。夫不怍,仁也;不以自累,智也;不惧,勇也。三言者盖具三德,故曰"丘诵之久矣"。"今于回而后见之"者,久欲见之而不得,今始得之,故曰"而后见之"也。"是丘之得",得回而道有所托也。然则为之欣然,复何疑乎!

中山公子牟谓瞻子曰:"身在江海之上,心居魏阙之下,奈何?"瞻子曰:"重生。重生则利轻。"中山公子牟曰:"虽知之,未能自胜也。"瞻子曰:"不能自胜,则从之。神无恶乎?不能自胜,而强不从者,此之谓重伤。重伤之人,无寿类矣。"魏牟,万乘之公子也,其隐岩穴也,难为于布衣之士;虽未至乎道,可谓有其意矣。

"中山公子牟",即魏牟,已见《秋水篇》,以其为魏之公子,故曰魏公子牟,省称则曰魏牟,牟又封于中山,故又曰中山公子牟也。"瞻"与詹通,《吕氏春秋·审为篇》、《淮南子·道应训》皆作詹子,其名不可考。"魏阙","阙",门也,以其巍然高大,故谓之魏阙,即《马蹄篇》之所云仪台。"心居魏阙之下",言念念不忘朝廷。"居"犹止也。"未能自胜","胜",克也,读去声。"不能自胜则从之",各本"从"下无"之"字,《吕氏春秋》、《淮南子》皆有"之",有"之"字意较完足。且"从之"与上"知之"文正一例相应,疑传写脱之,故据《吕览》、《淮南》增补。"从之"者,任之也。"神无恶乎"当连下"不能自胜而强不从者"为句,意谓既不能自克,又勉强不从,则神将恶之也。"恶"读去声。"恶之",言神所不能受也,故曰"此之谓重伤"。"重伤"者,甚伤也。"重伤之人无寿类"者,言非寿考者之俦类也。

"万乘之公子",万乘之国之公子也。"其隐岩穴也",所谓"身在江海之上"。江海言其大,岩穴言其幽,皆谓高蹈而远引也。"难为于布衣之士",较布衣之士为难能也。"虽未至乎道,可谓有其意"者,有为道之意,今虽未至,终可渐望其至也。

孔子穷于陈、蔡之间,七日不火食,藜羹不糁,颜色甚惫,而弦歌于室。颜回择菜,子路子贡相与言曰:"夫子再逐于鲁,削迹于卫,伐树于宋,穷于商、周,围于陈、蔡,杀夫子者无罪,藉夫子者无禁。弦歌鼓琴,未尝绝音,君子之无耻也,若此乎!"颜回无以应,入告孔子。孔子推琴,喟然而叹曰:"由与赐,细人也。召而来,吾语之。"子路、子贡入。子路曰:"如此者可谓穷矣!"孔子曰:"是何言也!君子通于道之谓通,穷于道之谓穷。今丘抱仁义之道,以遭乱世之患,其何穷之为!故内省而不穷于道,临难而不失其德。大寒既至,霜雪既降,吾是以知松柏之茂也。陈、蔡之隘,于丘其幸乎!"孔子削然反琴而弦歌,子路扢然执干而舞。子贡曰:"吾不知天之高也,地之下也。古之得道者,穷亦乐,通亦乐,所乐非穷通也。道德于此,则穷通为寒暑风雨之序矣。故许由娱于颍阳,而共伯得乎共首。"

"穷于陈、蔡之间,七日不火食",已见《天运》及《山木》两篇。彼作"围",此作"穷"者,承上数节而言之,皆穷之事,故先云"穷"而后云"围"也。"藜羹",以藜为羹。"糁",米屑。"不糁",绝无米也。"惫",困而病也。

"菜"即指藜言。藜与蓬近似。藜可食,蓬则不可食,故须择之。"再逐于鲁",见《山木篇》。"削迹于卫"以下三事,见《天运》及《山木》两篇。"杀",伤害也。"藉",陵藉,犹今云凌辱也。"无罪"、"无禁",盖互文。"弦歌鼓琴,未尝绝音",对上弦歌于室言。"君子之无耻也若此乎",盖怪孔子不抵抗而忍受,故以无耻为言。此愤辞,非疑辞也。"颜回无以应"者,回闻其语,欲应之而不知何以应,故曰"无以应"。或因此乃谓上文子路、子贡相与言为与回言,非也。"由与赐,细人也",犹《论语》称"小人哉,樊须也",见《子路篇》言其所见之细小,非谓其人品之卑也。"由",子路名。子路姓仲,名由,鲁人。"召而来",召之来也。"入",入室也。

"如此者可谓穷矣","如此",指七日不火食以至颜色甚惫言。"是何言也!""也"读如邪,不然子路之言也。"通于道之谓通,穷于道之谓穷",穷与通对。"穷于道"者,不通于道也。道即下云仁义之道。"遭乱世之患",遭乱世之害也。"何穷之为",倒文,犹云何为之穷。何为之穷,何谓之穷也。"内省而不穷于道"二句,乃串文,非对文,言惟内省而不穷于道,斯能临难而不失其德也。"难",患难,读去声。"大寒",各本皆作天寒,俞樾《诸子平议》以天为"大"之误,引《吕氏春秋·慎人篇》为证,是也,兹据改。《论语》云:"岁寒,然后知松柏之后凋也。"见《子罕篇》与此文义同。"陈、蔡之隘","隘",迫隘,犹穷也。"于丘其幸乎"者,幸遇穷而有以自考验也。

"削然",宋本一作俏然。案:削、俏皆悄之借,悄然犹安然也。"扢"与仡通,勇壮貌。"干",楯也。"执干而舞",乐所谓武舞也。旧以削然为反琴声,误。扢然非干声,则削然非琴声明矣。"不知天之高",天之高不可知也。"不知地之下",地之下亦不可知也。以喻"得道者穷亦乐,通亦乐",为不可测也。"所乐非穷通"者,所乐不关乎穷通也。"道德于此","德"与得通,谓于是而得道,与上"古之得道者"句相应,《吕氏春秋·慎人篇》作"道得于此"可证也。"则穷通为寒暑风雨之序"者,人事之有穷通,犹天时之有寒暑风雨,节序使然,不足为之动也。"许由"已见上。"娱",自娱。"颍阳",颍水之阳,由之所隐居也。"共伯",共伯和也。共国在今河南共县,音恭。司马彪注云:"共伯修其行,诸侯皆以为贤。周厉王之难,天子旷绝,诸侯请以为天子,共伯不听,即干王位。案:干如《诗》言"干城"之干,与"扞"同,谓保王位而摄行王事也。解作干犯者误。十四年,召公立宣王。共伯复归于宗,消摇得意共山之首。"言复归于宗,不言复归于国者,共伯既入周摄行王事,国别立君,归则无位,故不得言归国,特归于宗子之所耳。"得"即得意。得意者,得遂其初志也。共山今为共丘山,在共县西。"首",山根也。

舜以天下让其友北人无择,北人无择曰:"异哉,后之为人也!居于畎亩之中,而游尧之门,不若是而已,又欲以其辱行漫我。吾羞见之!"因自投清泠之渊。

"北人无择",姓北人,名无择也。"畎"古文作甽,田间水道。广尺深尺曰甽。古者井田,一亩之地,必有甽贯其中,故"畎亩"恒连言。"游尧之门",讥其游于天子之门,下文所谓"辱行"也。"不若是而已",不如是而止也。"以辱行漫我","漫"犹污也。"清泠之渊",江中渊名,《释文》引一云"在南阳郡西崿山下",不知何据。

汤将伐桀,因卞随而谋,卞随曰:"非吾事也。"汤曰:"孰可?"曰:"吾不知也。"汤又因瞀光而谋,瞀光曰:"非吾事也。"汤曰:"孰可?"曰:"吾不知也。"汤曰:"伊尹何如?"曰:"强力忍垢,吾不知其他也。"汤遂与伊尹谋。伐桀,剋之,以让卞随,卞随辞,曰:"后之伐桀也,谋乎我,必以我为贼也;胜桀而让我,必以我为贪也。吾生乎乱世,而无道之人,再来漫我以其辱行,吾不忍数闻也。"乃自投椆水而死。汤又让瞀光,曰:"知者谋之,武者遂之,仁者居之,古之道也。吾子胡不立乎?"瞀光辞,曰:"废上,非义也;杀民,非仁也;人犯其难,我享其利,非廉也。吾闻之曰:'非其义者,不受其禄;无道之世,不践其土。'况尊我乎! 吾不忍久见也。"乃负石而自沈于庐水。

"桀",夏王桀也。"卞随",姓卞名随,当时之贤而隐者。"因",就也,就之谋伐桀之事也。"孰可"者,问孰可与谋也。"瞀光"即务光,已见《大宗师》及《外物篇》。"伊尹"见《庚桑楚篇》。"强力","强"当读去声,谓能自勉强也。"忍垢",谓能受污。孟子曰:"何事非君,何使非民,治亦进,乱亦进,伊尹也。"见《公孙丑》及《万章篇》又曰:"五就汤,五就桀者,伊尹也。"见《告子篇》即此,尹子"强力忍垢"可知,故曰"伊尹,圣之任者也"。见《万章篇》汤问伊尹,瞀光曰:"强力忍垢,吾不知其他也。"亦可谓能知伊尹者矣。

"剋",克也。"以我为贼","贼"如孟子"贼仁者谓之贼"之贼,言忍也。"数"读入声。"不忍数闻"者,不忍汤之屡以言来聒也。"裯",本又作桐。案:古周、同一音,《小雅·车攻》之诗"弓矢既调"与"射夫既同"为韵,是其证,则裯水、桐水为一水,非有二也。

"知"读智。"知者谋之",谓伊尹。"武者遂之",汤自谓。"遂",成也。"仁者居之",谓务光。"立",古位字。胡不位者,何不就天子之位也。"废上"谓放桀。"杀民"谓用兵。用兵则不能不杀人也。"人犯其难","难"读去声,谓冒其艰险。"我享其利",谓享其成功,故曰"非廉"。"非其义",非其所为也。此"义"字虚,与上文"废上非义也"之"义"别。"不受其禄",不仕而已。"不践其土",则不欲为之民。"尊我",谓奉我为君也。"不忍久见"者,不忍久见汤之非义非仁与无道也。

汤放桀于南巢,南巢,今安徽巢县也。汤都亳,亳今河南商丘,后迁西亳,今河南偃师。则卞随、瞀光所居,当不出今河南、安徽之界,故桐水疑在今安徽桐城,庐水即庐江也。《释文》:"桐水,一云在范阳郡界。庐水,司马本作卢水,在辽东西界,一云在北平郡界。"汤时疆域,不及太行以北,遑言辽东! 其所云桐水、庐水之地,皆不足信也。

北人无择与卞随、瞀光其不受天下,与许由、子州支父、善卷、石户之农同,而不与数人者并列,乃于篇末说之,推作者之意,亦以其轻生为过,如《刻意篇》所云"枯槁赴渊者,特为亢而已矣",不足语于圣人之道也。其间高下予夺,亦自有微意存,不可忽视之也。

昔周之兴,有士二人,处于孤竹,曰伯夷、叔齐。二人相谓曰:"吾闻西方有人,似有道者,试往观焉。"至于岐阳,武王闻之,使叔旦往见之,与之盟,曰:"加富二等,就官一列。"血牲而埋之,二人相视而笑曰:"嘻!异哉!此非吾所谓道也。昔者神农之有天下也,时祀尽敬,而不祈喜;其于人也,忠信尽治,而无求焉。乐与政为政,乐与治为治,不以人之坏自成也,不以人之卑自高也,不以遭时自利也。今周见殷之乱,而遽为政,上谋而行货,阻兵而保威,割牲而盟以为信,扬行以说众,杀伐以要利,是推乱以易暴也。吾闻古之士,遭治世不避其任,遇乱世不为苟存。今天下暗,周德衰,其并乎周以辱吾身也,不如避之以絜吾行。"二子北至于首阳之山,遂饿而死焉。若伯夷、叔齐者,其于富贵也,苟可得已,则必不赖。高节戾行,独乐其志,不事于世,此二士之节也。

伯夷、叔齐,已见《大宗师》及《骈拇》诸篇。夷、齐为孤竹君之子,而此云"有士二人"者,古者世子齿于学,与士齐,故《小戴礼记·郊特牲篇》云:"天子之元子,士也。天下无生而贵者也。"语本《士礼·冠礼》。《士礼》即《仪礼》。天子之元子犹士,则以"士"称孤竹君之子何疑!"西方有人似有道者",谓文王也。孤竹国在今卢龙,于方位为东,故称周为西方,孟子亦曰:"伯夷辟纣,居北海之滨,闻文王作,兴曰:'盍归乎来!'"见《离娄》、《尽心》二篇"岐阳",岐山之阳也。"叔旦",周公旦也。旦为武王弟,于伯仲为叔,故称叔旦。"加富二等",富谓禄也。"就官一列","一列"犹一位也。"血牲而埋之",古者为盟,以牲血涂于盟书,而埋之所盟坛下,以表信于鬼神也。此云"血牲","血"为动字,义谓涂牲之血。

"嘻",怪而叹之之辞。"神农"已见《胠箧篇》。"时祀",四时之祭。"喜"与禧通。"不祈喜",不求福也。"尽治",尽其治理也。"无求焉",不责报于人也。"与政为政",两"政"字皆正之借。《吕氏春秋·诚廉篇》有此文,并作"正",是也。"乐正与为正、乐治与为治",谓有乐乎正者则与之为正,有乐乎治者则与之为治,即"善与人同"之意,故下文云"不以人之坏自成也,不以人之卑自高也,不以遭时自利也"。

"今周见殷之乱而遽为政","遽"之为言急也,急于为政,盖有取殷而代之之心焉,则与前之三言者异矣,是以"上谋而行货"。"上谋"之"上"与尚同。尚谋者,重谋也。"行货",谓以爵禄诱天下,如曰"加富二等,就官一列"是。"行货"上旧有"下"字,王念孙曰:"下字后人误加。"案:"上谋而行货",与"阻兵而保威"文相对,则不得有"下"字甚明,故据王说删。"阻兵",恃兵也。春秋隐四年《左氏传》"阻兵无众",杜预注曰:"恃兵则民残,民残则众畔。"是阻兵为恃兵也。"保威",保其武威也。"割牲而盟以为信",即指上与盟之事。"扬行以说众","行"读去声,"说"读悦,谓播扬其行以取悦于众。"杀伐以要利","要"读平声。"杀伐"承"阻兵"、"保威"说。"要利",求利也。"推乱以易暴",即《采薇》之歌所云"以暴易暴"也。《采薇》歌见《史记·伯夷列传》。

"其并乎周以辱吾身也","也"当读如邪。"涂"犹污也。此为一开一合之文。谓"其并乎周以辱吾身",此一开。则"不如避之以絜吾行",此一合。《吕氏春秋》"其"上有"与"字而此无有,文本不尽同也。解者或据《吕览》以为此脱"与"字,当补,非也。又以为"并"字无义,当作立字,不知"并"从双立,本有立义。此夷、齐二人相商度语,以二人偕行,故特用"并"字。春秋战国之文,于六书犹颇致谨,而以后世为文之例视之,宜其不解也。"絜"与洁同。

"首阳山",即《禹贡》之雷首,在今山西永济县南。"遂饿而死"者,非以饿而死,饿以至于死也,故《论语》但云"饿于首阳之下,民到于今称之",不言死也。"不赖",不恃也,此盖指其让国而逃言,故曰"苟可得已,则必不赖"。本所有而去之,是之谓不恃。若曰不受周禄,则固其本志,何言得已不得已哉!"戾行","戾"与厉通。《吕览》作厉行,一也。

盗跖第二十九

此篇三节,惟末节可取,首节则至为浅陋,三十三篇中最下乘也。

孔子与柳下季为友。柳下季之弟,名曰盗跖。盗跖从卒九千人,横行天下,侵暴诸侯,穴室枢户,驱人牛马,取人妇女,贪得忘亲,不顾父母兄弟,不祭先祖;所过之邑,大国守城,小国入保,万民苦之。孔子谓柳下季曰:"夫为人父者,必能诏其子;为人兄者,必能教其弟。若父不能诏其子,兄不能教其弟,则无贵父子兄弟之亲矣。今先生,世之才士也,弟为盗跖,为天下害,而弗能教也,丘窃为先生羞之。丘请为先生往说之。"柳下季曰:"先生言:'为人父者必能诏其子,为人兄者必能教其弟。'若子不听父之诏,弟不受兄之教,虽今先生之辩,将奈之何哉?且跖之为人也,心如涌泉,意如飘风,强足以拒敌,辩足以饰非,顺其心则喜,逆其心则怒,易辱人以言。先生必无往。"孔子不听,颜回为驭,子贡为右,往见盗跖。

盗跖乃方休卒徒大山之阳,脍人肝而铺之。孔子下车而前,见谒者,曰:"鲁人孔丘,闻将军高义,敬再拜谒者。"谒者入通。盗跖闻之,大怒,目如明星,发上指冠,曰:"此夫鲁国之巧伪人孔丘,非邪? 为我告之:'尔作言造语,妄称文、武,冠枝木之冠,带死牛之胁,多辞缪说,不耕而食,不织而衣,摇唇鼓舌,擅生是非,以迷天下之主,使天下学士,不反其本,妄作孝弟,而侥幸于封侯富贵者也。子之罪大极重,疾走归! 不然,我将以子肝益昼铺之膳!'"

孔子复通曰:"丘得幸于季,愿望履幕下。"谒者复通。盗跖曰:"使来前!"孔子趋而进,避席反走,再拜盗跖。盗跖大怒,两展其足,案剑瞋目,声如乳虎,曰:"丘,来前! 若所言,顺吾意则生,逆吾心则死!"孔子曰:"丘闻之:'凡天下人有三德:生而长大,美好无双,少长贵贱,见而皆说之,此上德也;知维天地,能辩诸物,此中德也;勇悍果敢,聚众率兵,此下德也。'凡人有此一德者,足以南面称孤矣。今将军兼此三者,身长八尺二寸,面目有光,唇如激丹,齿如齐贝,音中黄钟,而名曰盗跖,丘窃为将军耻不取焉。将军有意听臣,臣请南使吴、越,北使齐、鲁,东使宋、卫,西使晋、楚,使为将军造大城数百里,立数十万户之邑,尊将军为诸侯,与天下更始,罢兵休卒,收养昆弟,共祭先祖。此圣人才士之行,而天下之愿也。"

盗跖大怒曰:"丘,来前! 夫可规以利,而可谏以言者,皆愚陋恒民之谓耳。今长大美好,人见而说之者,此吾父母之遗德也。丘虽不吾誉,吾独不自知邪? 且吾闻之:'好面誉人者,亦好背而毁之。'今丘告我以大城众民,是欲规我以利,而恒民畜我也,安可久长也! 城之大者,莫大乎天下矣。尧、舜有天下，子孙无置锥之地；汤、武立为天子，而后世绝灭；非以其利大故邪？且吾闻之：'古者禽兽多而人民少，于是民皆巢居以避之，昼拾橡栗，暮栖木上，故命之曰有巢氏之民。古者民不知衣服，夏多积薪，冬则炀之，故命之曰知生之民。神农之世，卧则居居，起则于于，民知其母，不知其父，与麋鹿共处，耕而食，织而衣，无有相害之心，此至德之隆也。然而黄帝不能致德，与蚩尤战于涿鹿之野，流血百里。尧、舜作，立群臣，汤放其主，武王杀纣。自是之后，以强陵弱，以众暴寡。汤、武以来，皆乱人之徒也。'

"今子修文、武之道，掌天下之辩，以教后世，缝衣浅带，矫言伪行，以迷惑天下之主，而欲求富贵焉，盗莫大于子。天下何故不谓子为盗丘，而乃谓我为盗跖？子以甘言说子路，而使从之。使子路去其危冠，解其长剑，而受教于子，天下皆曰：'孔丘能止暴禁非。'其卒之也，子路欲杀卫君，而事不成，身菹于卫东门之上，是子教之不至也。子自谓才士圣人邪？则再逐于鲁，削迹于卫，穷于齐，围于陈、蔡，不容身于天下。子教子路菹，此患，上无以为身，下无以为人。子之道岂足贵邪？

"世之所高，莫若黄帝，黄帝尚不能全德，而战涿鹿之野，流血百里。尧不慈，舜不孝，禹偏枯，汤放其主，武王伐纣，文王拘羑里，此六子者，世之所高也。孰论之，皆以利惑其真而强反其情性，其行乃甚可羞也。

"世之所谓贤士：伯夷、叔齐辞孤竹之君，而饿死于首阳之山，骨肉不葬；鲍焦饰行非世，抱木而死；申徒狄谏而不听，负石自投于河，为鱼鳖所食；介子推至忠也，自割其股，以食文公，文公后背之，子推怒而去，抱木而燔死；尾生与女子期于梁下,女子不来,水至,不去,抱梁柱而死。此六子者,无异于磔犬流豕,操瓢而乞者,皆离名轻死,不念本养寿命者也。

"世之所谓忠臣者,莫若王子比干、伍子胥。子胥沈江,比干剖心,此二子者,世谓忠臣也,然卒为天下笑。

"自上观之,至于子胥、比干,皆不足贵也。丘之所以说我者,若告我以鬼事,则我不能知也;若告我以人事,不过此矣,皆吾所闻知也。今吾告子以人之情:目欲视色,耳欲听声,口欲察味,志气欲盈。人上寿百岁,中寿八十,下寿六十,除病瘦、死丧、忧患,其中开口而笑者,一月之中,不过四五日而已矣。天与地无穷,人死者有时,操有时之具,而托于无穷之间,忽然,无异骐骥之驰过隙也。不能说其志意,养其寿命者,皆非通道者也。丘之所言,皆吾之所弃也,亟去走归,无复言之!子之道,狂狂汲汲,诈巧虚伪事也,非可以全真也,奚足论哉!"

孔子再拜,趋走出门,上车,执辔三失,目芒然无见,色若死灰,据轼低头,不能出气。归到鲁东门外,适遇柳下季。柳下季曰:"今者阙然数日不见,车马有行色,得微往见跖邪?"孔子仰天而叹曰:"然。"柳下季曰:"跖得无逆女意若前乎?"孔子曰:"然。丘所谓无病而自灸也,疾走料虎头,编虎须,几不免虎口哉!"

"柳下季",鲁大夫展获也,"季"其字,一字禽,食邑柳下,故称柳下季,其卒也,其妻谥之曰惠。见《列女传》《论语》、《孟子》皆曰柳下惠者,称其谥也。《释文》曰:"案:《左传》云:展禽是鲁僖公时人,至孔子生八十余年,若至子路之死百五六十岁,不得为友,是寄言也。"窃谓不独孔子与禽年岁不相及也,即跖为禽之弟亦未可信。《释文》引李奇注

547

《汉书》云："跖，秦之大盗也。"则跖为秦人。秦人安得为鲁大夫之弟乎！不独此也。《淮南子·说林训》曰："柳下惠见饴，曰可以养老；盗跖见饴，曰可以黏牡。见物同，而用之异。"其以惠与跖对言，犹孟子曰："鸡鸣而起，孳孳为善者，舜之徒也。鸡鸣而起，孳孳为利者，跖之徒也。"以舜与跖对言也。本书《骈拇篇》："伯夷死名于首阳之下，盗跖死利于东陵之上。"夷、跖对言，亦此类。迹其文义，惠与跖不独不同地，亦且不必同时，况云有兄弟之亲乎！且盗跖之名，见于诸子之书者多矣，若《荀子》，若《吕氏春秋》，皆未尝言其为惠之弟，而惟此篇云然。以孔子与柳下季为友之例推之，其以跖为季之弟，同为寓言可知也。顾自有是文之后，学士文人殆无不认惠、跖之为昆弟者，惠何不幸而有是弟！跖又何所爱而有是兄！文中明言"跖贪得忘亲，不顾父母兄弟，不祭先祖"，不啻告人跖无兄弟矣，而必强加跖以柳下为兄，其不善会于文意，若作者有知，亦当为之窃笑耳。故不惮费辞，一一为辩之。

"从卒"之"从"读去声。"枢户"之"枢"，谓提其枢而移之，如《淮南子》所云"以饴黏牡"牡，门橛也。之类。"穴室"，"穴"作动字用。"枢户"，"枢"亦作动字用也。《胠箧篇》云：跖之徒问于跖曰："盗亦有道乎？"跖曰："何适而无有道邪？夫妄意室中之藏，圣也；入先，勇也；出后，义也；知可否，知也；分均，仁也。五者不备，而能成大盗者，未之有也。"此云"穴室枢户，驱人牛马，取人妇女"，其行径与上说正相合。由是可知，"从卒九千人，横行天下，侵暴诸侯"，以及"所过之邑，大国守城，小国入保"诸语，皆夸大之谈，羌非事实。何以言之？天下岂有从卒数千人，其"取人财物"，乃有待于"穴室枢户"者哉？即以文字论，矛盾凿枘亦甚矣，予所以判此文为浅陋之至也。"入保"，"保"同堡，入于障塞而保聚也。

"诏"，诰戒也。"往说"，"说"音税，今所谓说服也。"心如涌泉"，言其不可抑制。"意如飘风"，言其难以测度。"强足以拒敌"，"敌"，对也，谓以言辞与之对抗者，承上"说之"与"辩"言，非战敌之敌也。"顺

庄子发微卷之五·盗跖第二十九

其心则喜,逆其心则怒",两"心"字有一为"意"之阙文,观下文"顺吾意则生,逆吾心则死",亦以"心"、"意"对举可见。"驭"同御。

"大山","大"读太,即泰山也。"脍"音侩,肉细切之曰脍。"铺"音铺,食也。"谒者",主通宾客者。"敬再拜谒者",此"者"字为语辞,犹今云的,谓再拜而求谒见也。"发上指冠","上"读上声,竖也。"此夫鲁国之巧伪人孔丘非邪",乃倒文,谓此非夫鲁国之巧伪人孔丘邪?"为我告之","为"读去声。"文、武",周文王、武王也。"冠枝木之冠",上"冠"字读去声,戴也。"枝木之冠",谓以木之枝条为冠,与下"带死牛之胁",以死牛胁上之皮为带,皆极形孔子冠带之俭陋,上所云"巧伪"是也。司马彪注谓冠多华饰,如木之枝繁者,失之。"缪说","缪"同谬,迷惑也。"不反其本","本"谓本业,指耕而食言。"疾走归",速走归也。"膳",肴馔也。

"得幸于季",幸得交于季也。"愿望履幕下",愿一望颜色而履幕下,意求必见也。"避席",让席。"反走",却行也。"两展其足",跖不坐而箕倨,故得左右伸其足也。"瞋目",努目视也。"乳虎",虎子也。"若所言",女所言也。"三德"犹三善。"少长","少"去声,"长"上声。"说之","说"同悦。"知"读智。"维天地"犹络天地。"络天地",见《天道篇》。"能",才能。"辩诸物","辩"同"辨",辨别诸物也。"激丹"犹渥丹。《诗·秦风·终南》之篇曰:"颜如渥丹。""齐贝"犹列贝。"中"读去声,合也。"黄钟"为六律之首,其音宏大。"音中黄钟",言跖之声雄而亮,所谓如乳虎者也。"为将军","为"去声。"耻不取"者,耻之而不取也。"南使"四"使"字读去声。"使为将军","使"读上声。"大城数百里"、"数十万户之邑",皆夸辞过当。孟子云:"五里之城,七里之郭。"见《公孙丑篇》此诸侯之制也。周公营成周,城方千七百二十丈,郭十七里,南系于洛水,北因于郏山,以为天下凑。见《逸周书·作洛篇》此天子之制也。以天子之制,郭不过十七里,郭即廓岂不欲广大哉!当时人力所就,盖至是而极,则安得有数百里之大城!苏秦以合从说齐宣王,曰"临淄之中七万户"。临淄,齐之都城也,而不过七万户。当时号大邑,辄曰万户而止,则安得有数十万户之邑!说人者,语必近情而后可入,况以圣人之言,修辞立诚,正名当物,一无所苟者,而乃为是不经之谈,欲以歆动刚很如跖者哉!亦可谓不善模拟人之辞令者已。"更始"犹更新。"共祭","共"读如"恭",敬祀也。"行"读去声。

"规",劝也。"恒民"犹言常人。"皆愚陋恒民之谓",乃倒文,言皆谓之愚陋恒民耳。"好面誉人,好背而毁之",两"好"字皆去声。"畜我"犹待我。"命",名也。"炀",向火也,已见《寓言篇》。"知生",谓知求生道也。"居居"同倨倨,便安也。"于于",已见《应帝王篇》。"致德",尽德也。"蚩尤",当时北方王者之名。黄帝与蚩尤战,详见《史记·五帝本纪》。"涿鹿",今之涿州也。"立群臣",谓置百官。

"缝"亦作"撞",或作"逢"。"缝衣",广袖之衣。"浅带"犹缓带也。"矫言",饰言也。"以甘辞说子路"者,"说"音税。子路本好勇力,陵暴孔子,孔子设礼以诱之,乃儒服谢罪,因门人请为弟子,见《史记·仲尼弟子列传》,故此云然。"危冠",高冠也。"卫君"谓蒯聩。灵公逐蒯聩,立其子辄为后。灵公卒,辄立,是为出公。蒯聩自晋入,为乱,劫卫大夫孔悝使助己,与之登台,子路为悝邑宰,欲救拔悝,攻台,不克。聩使人夹击之,遂死。详见《弟子列传》及《卫世家》。"菹"同"葅",犹醢也。谓糜之以为肉酱"穷于齐"者,鲁昭公既出奔,鲁乱,孔子适齐,齐景公欲封孔子以尼谿之田,为晏婴所沮而止,孔子遂去齐,盖谓此事。"此患"上当有脱文。"患"即指"再逐于鲁"以下数事。以自罹此患,故曰"上无以为身"。以教子路而见菹,故曰"下无以为人"也。

"尧不慈",即下节所谓尧杀长子也。"舜不孝",当谓不告而娶,事见《孟子·万章篇》。"偏枯",半身废也。"羑里",殷狱名。文王为纣所囚,七年而后释。"偏枯",积劳所致。"羑里",无罪而见囚。而以与不慈、不孝、放主、伐纣并论,亦可见作者置辞之凌乱无序矣。"埶"读如"熟"。"孰论之",细论之也。"伯夷"、"叔齐",已见前。"骨肉不葬",谓无子嗣,因不得葬埋。"鲍焦",周人。"非世",非刺当时也。焦以子贡责之曰:"吾闻非其政者不履其地,污其君者不受其利。今子履其地,食其利,而非之,其可乎?"焦曰:"贤人易愧而轻死。"遂抱木立枯焉。见《韩诗外传》。"申徒狄",已屡见。"谏而不听",谓狄将自沈,崔嘉闻而止之,狄不从,遂沈河而死。亦见《韩诗外传》。"介子推",《春秋左氏传》作介之推,僖公二十四年传曰:"晋侯赏从亡者,介之推不言禄,禄亦弗及,遂隐而死。"此所谓"文公后背之"者。割股及抱木燔死事,见刘向《说苑》及《新序》,所谓龙蛇之歌云"龙饥无食,一蛇割股"者也。"以食文公","食"音嗣。"梁",木桥也。"磔犬",犬被磔杀。"流豕",豕被漂流。"操瓢而乞者",乞人而遭冻馁以死。"离名","离",丽也,谓为名所挂丽。"轻死",轻于死也。"本养寿命者",养生尽年为人之本务,故曰"本养寿命"。《释文》云:"本或作卒。"卒则终尽之义也。"比干"、"子胥",已屡见。

"自上观之,至于子胥、比干",谓自上黄帝以下至于二人也。"人之情",犹人之真也。"察味"犹辨味。"盈"谓满足也。"瘠"亦病也,旧作"瘦",误,依王念孙校改。"死丧",谓遭亲戚之丧亡。"人死者有时","有时",有期限也。"忽然",言速之甚也。"说其志意","说"读"悦"。"狂"读如"诳"。"狂狂",以形其诈巧。"汲"与"伋"通,故本亦作"伋"。"汲汲",以形其虚伪。"全真",即全其情。此为跖之说,视缕至五六百言,而归根不过"说其志意,养其寿命"八字,实庄学之糟粕,文亦破碎钉饳,鲜有神采。以视《列子·杨朱篇》设为管仲、晏子之论养生,子产、公孙朝、公孙穆之辩好酒、好色,尚远不能及。而谓孔子为之"执辔三失,目芒然无见,色若死灰,据轼低头,不能出气",岂真不自知其文之丑邪?不然,则何其诬罔悖谬之至于斯极也!郭子玄以是编入三十三篇之中,亦可谓不知去取者矣。

"芒然"同茫然。"轼",车前横木,以备乘者凭之之用者。"微"犹无也。"若前"者,若前之所言也。"灸",以艾灼体疗病也。"料"同"撩"。"须"原"鬚"字。"不免虎口",言遭噬也。

子张问于满苟得曰:"盍不为行? 无行则不信,不信则不任,不任则不利。故观之名,计之利,而义真是也。若弃名利,反之于心,则夫士之为行,不可一日不为乎!"满苟得曰:"无耻者富,多信者显。夫名利之大者,几在无耻而信。故观之名,计之利,而信真是也。若弃名利,反之于心,则夫士之为行,拂其天乎!"

子张曰:"昔者桀、纣贵为天子,富有天下,今谓臧聚曰'汝行如桀、纣',则作色有不服之心者,小人,所贱也。仲尼墨翟,穷为匹夫,今谓宰相曰'子行如仲尼、墨翟',则变容易色,称不足者,士,诚贵也。故势为天子,未必贵也;穷为匹夫,未必贱也;贵贱之分,在行之美恶。"满苟得曰:"小盗者拘,大盗者为诸侯,诸侯之门,义士存焉。昔者桓公小白,杀兄入嫂,而管仲为臣;田成子常,杀君窃国,而孔子受币。论则贱之,行则下之,则是言行之情悖,战于胸中也,不亦拂乎!故书曰:'孰恶孰美? 成者为首,不成者为尾。'"

子张曰:"子不为行,即将疏戚无伦,贵贱无义,长幼无序,五纪六位,将何以为别乎?"满苟得曰:"尧杀长子,舜流母弟,疏戚有伦乎? 汤放桀,武王杀纣,贵贱有义乎? 王季为適,周公杀兄,长幼有序乎? 儒者伪辞,墨者兼爱,五纪六位将有别乎? 且子正为名,我正为利。名利之实,不顺于理,不监于道。吾日与子讼于无约。"

曰:"小人殉财,君子殉名。其所以变其情,易其性,则异矣；乃至于弃其所为，而殉其所不为，则一也。故曰：无为小人，反徇而天；无为君子，从天之理。若枉若直，相而天极；面观四方，与时消息。若是若非，执而圆机。独成而意，与道徘徊。无转而行，无成而义，将失而所为；无赴而富，无殉而成，将弃而天。比干剖心，子胥抉眼，忠之祸也；直躬证父，尾生溺死，信之患也；鲍子立乾，申子自埋，廉之害也；孔子不见母，匡子不见父，义之失也。此上世之所传，下世之所语。以为士者正其言，必其行，故服其殃，离其患也。"

"子张"，孔子弟子，姓颛孙，名师，陈人。以《论语》有"子张问行"之章，见《卫灵公篇》故此以为行托之于张也。"满苟得"，假名，《曲礼》曰"临财毋苟得，临难毋苟免"，以言财利，故名之曰苟得，而姓满。"满"即上节所云"志气欲盈"者也。"盍"与曷通。曷不犹何不也。"行"读去声。"为行"，犹言修行。"不信"，不见信于人也。"不任"，不为人任用也。"义"即谓行。《天地篇》曰："跖与曾、史行义有间矣，然其失性，均也。"行、义并言，可证也。"若弃名利反之于心"者，谓即舍名利不论，但反诸本心，士亦不可一日不修行也。"无耻者富"，苟得者必无耻也。"多信者显"，此"信"当读如"伸"。多伸者，不甘屈抑而贪于进取也。"几在"，殆在也。"拂其天"，"拂"旧作"抱"，误。

"臧"即《骈拇篇》"臧穀"之臧，奴也；"聚"读如"扦揪"之揪，谓守夜者，后世之所谓更夫，亦奴之辈，皆言其贱也。"作色"，今各本皆作"有怍色"，惟张君房本"怍"作"作"，无"有"字。案："作色"正与下"变容易色"对，则作"作色"是也。"作色"者，表其愤，故曰"有不服之心"，意相贯注。若曰"有怍色"，又曰"有不服之心"，上下意参差矣，故兹从张本改正。"小人所贱"者，小人谓桀、纣。所贱言臧聚亦知贱之。"小人"字当顿。"宰相"，宰自宰，相自相。"宰"如一邑之宰，如少宰、太宰皆是。少宰、太宰，宋国有其官。"相"如管仲相桓公与孔子摄行相事之相，非

553

如后世以宰相连称也。宰相并言其贵。"变容易色",形其不安。"称不足者",言不足以当之也。"士诚贵","士"指孔、墨。"拘",被拘囚也。"诸侯之门义士存"者,言行义之士亦不得不出入诸侯之门,如下云管仲、孔子是也。"小白",齐桓公名。"入嫂",纳嫂也。"田成子",已见《胠箧篇》,本名恒,此作常者,汉人避文帝讳因而改之也。"孔子受币",史无其事。鲁哀公十四年,陈恒弑齐简公,孔子沐浴请讨,见于《论语》及《春秋左氏传》。十六年,孔子遂卒。中间相隔不及两年。是时孔子已老,无复用世之心,何为而受成子之币!战国时,处士横议,造作蜚语,以厚诬古先圣哲者多矣,此亦其类,固无待于繁征博引以为之辩也。"论则贱之,行则下之",此"行"字读平声。谓言论时则贱之,行事时则为之下,故曰"言行之情悖",言言与行实未免相反也。以言行相反,反之于心,终不能安,故曰:"战于胸中,不亦拂乎!""拂"即拂其心,拂其天也。"书曰"者,引古记之言。"孰恶孰美",无所谓美恶也。"成者为首,不成者为尾",成则居上,不成则居下也。"美"与"尾"为韵。

"疏戚",亲疏也。"伦",次也。"五纪六位",俞樾曰:"五纪即五伦。六位,即《白虎通》之六纪,谓诸父、兄弟、族人、诸舅、师长、朋友。"是也。"尧杀长子",《释文》引崔撰曰"尧杀长子考监明",不知所出。"舜流母弟",弟谓象也。《孟子》万章问曰:"象日以杀舜为事,立为天子,则放之,何也?"孟子曰:"封之也。或曰放焉。"见《万章篇》流、放一义,则当时固有是说矣。"王季为适","适"同"嫡",谓大王传位季历,而泰伯仲雍逃之吴也。《论语·泰伯篇》言泰伯"三以天下让",即此事。季本非嫡,曰为嫡者,视之如嫡也。"周公杀兄",谓管叔以殷畔,周公杀管叔,见《史记·周本纪》及《鲁世家》。"伪辞"犹巧辞。"兼爱",所谓爱无差等也。"为名"、"为利","为"字读去声。"监",本亦作"鉴",字通,谓明也,察也。"日",异日也。"讼"谓断其是非。"无约"亦假名,义取于无拘束。

"曰"以下,无约之言也。"所为"、"所不为",与孟子言"无为其所不为,无欲其所不欲"义同。"无为"二句见《尽心篇》"所为",本所当为。"所不为",本所不当为也。"反殉而天","而"与"尔"同,反从尔天也。下诸"而"字并同。"相而天极","相",视也。"天极"犹天则。"与时消息",随时损益也。"圆机","圆"谓圆转自在,"机",枢机。以天体圆而运行不息,故曰"圆机"。言"圆机",犹言天枢也。"独成而意","独"谓不为物移。"成",遂也。"与道徘徊",与道进退也。"无转而行",王念孙云:"转读为专。专、转古通用。《山木篇》'一龙一蛇,与时俱化,而无肯专为',即此所谓无专而行也。"王说是也。"无成而义",此"成"与上"成"字义异,如成心、成见之成,谓一成而不变。"将失而所为"者,谓若专行成义,则将失其所为也。"无殉而成","成",成功,谓利也。不言利而言成者,取其与"天"为韵,与上"义"与"为"相协对也。"义"从我声,古读如"俄"。"为"读如"讹",故相协韵。"将弃而天",亦谓赴富殉成,将弃其天。

"抉眼",子胥将死,曰:"抉吾目悬之东门,以观越师之入也。"因抉其目。见《吴越春秋》"直躬","躬"其名,以直见称,因曰"直躬",《论语》叶公语孔子曰:"吾党有直躬者,其父攘羊,而子证之。"是也。见《子路篇》"鲍子"即鲍焦,见上。"立乾","乾"音干,谓立而枯死也。"申子"即申徒狄。"自埋",谓自投于河。曰"埋"者,刘熙《释名》云:"葬不如礼曰埋。埋,痗也,趣使痗腐而已。"投河亦取其速腐,故谓之埋也。本有作"申子不自理"者,"理"为"埋"讹,"不"涉下文两"不"字而衍。陆氏《释文》云:"申子,谓申生也。"案称某子者,皆以姓,不闻以名。且申生之行,世可谓之孝,不得谓廉。注家有用陆说者,皆失考也。"孔子不见母",此亦诬辞。孔子合葬其母于防,见于《小戴礼记·檀弓篇》,且曰:"吾闻之:古也墓而不坟。今丘也,东西南北之人也,不可以弗识也。"于是封之。夫死而犹欲识其墓,岂有生而不见其人者乎?成疏曰:"孔子滞耽圣迹,历国应聘,其母临终,孔子不见。"夫母死不归,但可罪其

555

不奔丧,不得便谓之不见母。虽曲为之说,终无解于人之惑也。若是者,直断其诬可矣,焉取回护哉!"匡子",匡章也,齐人。"不见父"事见《孟子·离娄篇》,公都子曰:"匡章,通国皆称不孝焉,夫子与之遊,又从而礼貌之,敢问何也?"孟子曰:"夫章子,子父责善而不相遇也。"不相遇",犹言不相得。为得罪于父,不得近,出妻屏子,终身不养焉。"中有节文由孟子之言观之,是匡子因事强谏其父,其父不受,遂逐匡子,不与相见。然则乃匡父不见子,非匡子不见父也。且匡子为得罪于父,至出妻屏子,独居终身,用以自责,匡子未尝以是为义,又安得曰"义之失"乎!

"上世之所传"谓远事,如申徒狄、比干是。"下世之所语"谓近事,如尾生、匡子是。"正其言","正"如孟子"必有事焉而勿正"之正;见《公孙丑篇》"必其行","必"如《论语》"言必信,行必果,硁硁然小人哉"之必,见《子路篇》皆谓固执而不知变化也。"服其殃",受其祸也。"离"与罹通。"罹其患",遭其害也。

此文"故曰无为小人"至"将弃而天"一段,颇模仿《秋水篇》之文,似若可取,而曰"忠之祸"、"信之患"、"廉之害"、"义之失",一蔽其罪于忠信义廉,则实与庄子之学相牾。《人间世篇》引仲尼之言曰:"天下有大戒二:其一命也,其一义也。子之爱亲,命也,不可解于心;臣之事君,义也,无适而非君也。无所逃于天地之间,是之谓大戒。"又曰:"为人臣子者,固有所不得已。行事之情而忘其身,何暇至于悦生而恶死!"庄子之外生死,全由明于义命之分读去声而然,岂有取忠信义廉而悉排之之说哉!若是文者,自是庄子之后学所为。然其失庄子之意,则亦甚矣!呜呼!学之难得传人如是,即又何怪后之说庄者之多臆解哉!

无足问于知和曰:"人卒未有不兴名就利者。彼富则人归之,归则下之,下则贵之。夫见下贵者,所以长生安体乐意之道也。今子独无意焉。知不足邪?意知而力不能行邪?

故推正不妄邪?"知和曰:"今夫此,人以为与己同时而生,同乡而处者,以为夫绝俗过世之士焉。是专无主正,所以览古今之时,是非之分也。与俗化世,去至重,弃至尊,以为其所为也。此其所以论长生、安体、乐意之道,不亦远乎!惨怛之疾,恬愉之安,不监于体;怵惕之恐,欣欢之喜,不监于心。知为为而不知所以为,是以贵为天子,富有天下,而不免于患也。"

无足曰:"夫富之于人,无所不利。穷美究势,至人之所不得逮,圣人之所不能及。侠人之勇力而以为威强,秉人之知谋以为明察,因人之德以为贤良,非享国而严若君父。且夫声色、滋味、权势之于人,心不待学而乐之,体不待象而安之。夫欲恶避就,固不待师,此人之性也。天下虽非我,孰能辞之!"知和曰:"知者之为,故动以百姓,不违其度,是以足而不争,无以为,故不求。不足,故求之,争四处,而不自以为贪;有余,故辞之,弃天下,而不自以为廉。廉贪之实,非以迫外也,反监之度。势为天子,而不以贵骄人;富有天下,而不以财戏人。计其患,虑其反,以为害于性,故辞而不受也,非以要名誉也。尧、舜为帝而雍,非仁天下也,不以美害生也;善卷、许由得帝而不受,非虚辞让也,不以事害己。此皆就其利,辞其害,而天下称贤焉,则可以有之,彼非以兴名誉也。"

无足曰:"必持其名,苦体绝甘,约养以持生,则亦犹久病长厄而不死者也。"知和曰:"平为福,有余为害者,物莫不然,而财其甚者也。今富人耳营于钟鼓筦籥之声,口嗛于刍豢醪醴之味,以感其意,遗忘其业,可谓乱矣;侅溺于冯气,若负重行而上坂也,可谓苦矣;贪财而取慰,贪权而取竭,静居则溺,体泽则冯,可谓疾矣;为欲富就利故,满若堵耳而不知辟,且冯而不舍,可谓辱矣;财积而无用,服膺而不舍,满心戚醮,求益而不止,可谓忧矣;内则疑劫请之贼,外则畏寇盗之害,内周楼疏,外不敢独行,可谓畏矣。此六者,天下之至害也,皆遗忘而不知察,及其患至求尽,性竭财单,以反一日之无故,而不可得也。故观之名则不见,求之利则不得,缭意绝体而争此,不亦惑乎!"

"无足"、"知和",亦假名。"人卒",人众也,已见《秋水篇》。"兴名",兴于名。"就利",就乎利也。"下之",谓降下于己。"贵之",谓尊贵己。"见下贵",谓为人所降下而尊贵之也。"安体",以身言。"乐意",以心言。身心安乐则可长寿,故以"长生"二字冠之。"知不足邪","知"读去声。"意"同"抑"。"故"同"固"。"不妄",各本作"不忘"。《释文》云:"忘或作妄。"案:"妄"与"正"对,作"妄"是本字,"忘"则假借也,兹从本字作"妄"。此文分三层,言所以无意于名利者,智不及知乎?抑知之而力不能行乎?其固以正为妄,因推之而不欲从于妄乎?就无足言,以名利为正,故谓之正;而就知和言,则以名利为非正,故探其意而谓之曰妄也。

"今夫此","此"字当顿,"此"即指上无足所言之名利与下之贵之。"以为夫绝俗过世之士焉",此"以"字与"已"同。"绝俗",对"同乡而处"言。"过世",对"同时而生"言。意谓本同时,何足以为过世!本同地,何足以为绝俗!而所以为者乃如此,其见之浅陋已甚矣。故曰"是专无主正,所以览古今之时,是非之分也"。"是"以下十七字当作一句读,"主"即"中无主而不止"之主,"正"即"外无正而不行"之正。"中无主"二句见《天运篇》"专"犹一也。一无主正,斥其中既无主见,外又不知取正。而此主与正者,固所以览古今之时,是非之分者也。今一无之,是以"与俗化世,去至重,弃至尊,以为其所为也"。"与俗",犹言同乎俗。"化世",为世所化也。"至重"、"至尊",尊重在我而不在人者,谓德也、和也。"为其所为",上云"兴名就利"是也。"兴名就利",非真能安体乐意而长生之道也,故曰"此其所以论长生、安体、乐意之道,不亦远乎"! "惨怛",痛楚也。"恬愉",已见《在宥篇》。"监",察也。"惨怛之疾,恬愉之安,不监于体",言其不察体之孰为安、孰为疾。"怵惕",惊悚也。"怵惕之恐,欣欢之喜,不监于心",言其不察心之孰为恐、孰为喜。故曰"知为为而不知所以为"。若是,虽"贵为天子,富有天下",而犹"不免于患"。"贵为天子",名之至也。"富有天下",利之至也。而犹"不免于患",则兴名就利之非长生安体乐意之道,彰彰明矣。

无足虽双提名利,而所重实在利,此观其名为"无足"可见也,故于此特言"富之于人,无所不利"。虽犹是富则人归之、下之、贵之之说,而曰"穷美究势,至人之所不得逮,圣人之所不能及",则视前又甚矣。"至人"、"圣人",已见《逍遥游篇》。"穷美"者,美无以复加。"究势"者,势不得更进。"穷"、"究"一义,皆尽也。"逮"亦及也。"侠人之勇力"四句,即承"究势"言。"侠"与挟同。"秉",把也。"知谋"之"知"读智。"因",用也。言人之勇皆其威,人之智皆其明,人之德皆其贤,故不必享国而尊如君父。此所以应上"贵为天子,富有天下,而不免于患"之说也。"声色、滋味、权势之于人","人"字当顿。"心不待学而乐之,体不待象而安之",心体对言,犹上体意对言也。"象"者像也,谓摹仿,与学同义,故曰"欲恶避就,固不待师,此人之性也"。"恶"读去声。"不待师",不待教也。"天下虽非我,孰能辞之"者,言此不独我,凡天下之人,孰有辞声色、滋味、权势而不欲受者哉!

"知者之为故"句。"知"读智。"故"犹事也。"故"与"度"为韵。"动以百姓",非为己也。"不违其度",非从欲也。"度"者,《易·节卦象传》所谓"节以制度,不伤财,不害民"者也。惟有度,是以"足而不争"。而争起于求,求由于须,"无以为",则不须也,故又曰"无以为,故不求。不足,故求之,争四处,而不自以为贪"。"四处"者:一声,二色,三滋味,四权势。此针对无足之所主而言。旧解"四处"为四方,非

559

也。"有余,故辞之,弃天下而不自以为廉",此应上至重、至尊之语而言。有重于天下、尊于天下者,则无不足而有余矣,故能弃天下也。"不自以为贪",不知其贪也;"不自以为廉",亦不知其廉也。"廉贪之实,非以迫外"者,"迫",急也,切也。曰廉曰贪,不以切求于外者而定,而实定于内之有余不足,故曰"反监之度"。"反监之度"者,反而察其有度、无度而已。"戏人",侮人也。"虑其反","反"如曾子曰"出乎尔者,反乎尔者也"之反,见《孟子·梁惠王篇》谓报也。"辞而不受"者,非辞天子、天下,特去其贵骄财戏,则虽为天子,而忘其为天子,虽有天下,而一若无天下,是之谓"辞而不受"也。"要"读平声,与"邀"同。

"尧、舜为帝而雍","雍",和也,《尧典》所谓"黎民于变时雍"是也。此以尧、舜为帝而不辞,与"善卷、许由得帝而不受"对言。为而不辞,故曰"非仁天下"。得而不受,故曰"非虚辞让"。不受者固不以事害己,不辞者亦不以美害生,故曰"此皆就其利,辞其害,而天下称贤焉"。"辞其害"者,亦曰不蒙其害云尔,非谓辞之而不为也。章太炎《庄子解故》用孙诒让之说,以"雍"为"推"之误,谓推位于善卷、许由。若然,则但曰"不以美害生"足矣,何云"非仁天下"也!"非仁天下"者,有仁天下之事,而无仁天下之见存也。"仁天下"之事,于何征之?则于"黎民于变时雍"征之,故上文著一"雍"字,亦可谓言简而意赅者矣。改"雍"为"推",斯前后文俱成不可解。孙仲容特一时不察,率为之说,而太炎主之,后之注家又从而遵奉之,过矣。"可以有之",有夫贤之名也。称之自人,而后己受而有之,非本为兴于名而一仁一让也,故曰"彼非以兴名誉也"。此破无足兴名之说也。

"持其名",守其名也。"绝甘",绝甘美之味。"约养","约",节也,节耳目之养。"持生"谓保其生。"则亦"下各本无"犹"字,据江南古藏本补。"厄",困也。无足因知和"不违其度"、"反监之度"语故设此以难之,谓若是,即与久病长困而不死者何异!虽曰不害生,生亦何取乎!

"平"之为言中也,得其中则为福,过则为害。此言有余,谓过也。"物莫不然,而财其甚",特提"财"字,此破无足就利之说也。"耳营"下各本无"于"字,据下文"口嗛于刍豢醪醴之味"有"于"字,则上亦当有之,盖传写误脱也,因补。"筦"与"管"同。"嗛",快也。"刍豢",已见《齐物论篇》。"醪",醇酒。"醴",酒之带滓者,若今之甜酒。"感"与《山木篇》"异鹊感周之颡"之"感"同,为"撼"之借。撼其意,摇动其意也。或曰"感"为"惑"之讹,亦通。以意为摇惑,所以遗忘其业也。"侅溺于冯气","冯"音凭,盛也,满也。盛满之气,因上"嗛于刍豢醪醴"而言。嗜口腹者,填肠塞胃,其气充满,上则侅,下则溺,《释文》云"饮食至咽为侅",是也。"溺"者,沈也,故曰"侅溺于冯气,若负重行而上坂也"。各本无"坂"字,张君房本有之,成疏云:"犹如负重上坂而行。"是成本亦有"坂"字,故补。"贪财而取慰","慰"与《外物篇》"慰暋沈屯"之"慰"同,读若"郁"。贪财取郁,贪权取竭,郁、竭皆切本身言。郁者郁其气,竭者竭其精,故下曰"可谓疾矣"。章太炎《解故》云:"《诗·小雅传》:'慰,怨也。'贪财而取慰,犹言放于利而行多怨。"以"怨"释"慰",似若径切,然与"疾"意不合,故不取也。"静居"言其不动,以不动故体泽。泽之为言肥也。《春秋》成六年《左传》曰:"于是乎有沈溺重膇之疾。""静居则溺"者,所谓沈溺之疾。"体泽则冯"者,所谓重膇之疾也。"为欲富就利故"句。"为"读去声。"满若"犹满然,言其志之盈也。"堵耳",塞耳也。"不知辟",不知法也。不知法,则不免取辱,故曰"可谓辱矣"。"辟",今各本作"避",辵傍盖不知者所加。"辟"改为"避",所避者何?上下无文,遂不可解,用特正之。"冯而不舍"者,"冯",恃也,仗也。仗其富而不能施舍也。富而不施,则怨讟日至,是亦辱之类也。"服膺",念兹在兹也。"不舍",此"舍"谓舍弃,谓不能忘之。以不能忘,故"满心戚醮"。"醮"读如焦,焦急也。"求益而不止",所谓无足也。"劫请","请",求也。劫而求之,是为劫请。"劫请"多出之亲戚家人,故曰"内则疑劫请之贼"。"寇盗"来之自外,故曰"外则畏寇盗之害"。"内周楼疏",此"内"谓在家。"周",备也。"楼疏","疏",牖也。刘熙《释名》曰："楼谓牖户之间,有射孔娄娄然也。"然则古之为楼,正为防盗而设,取其高可以瞭望,又可以射远也,所谓"射孔娄娄然"者,即此"疏"也。"外"谓出外。"不敢独行",《达生篇》所云"夫畏途者,十杀一人,则父子兄弟相戒,必盛卒徒而后敢出焉"者也。

"六者",乱、苦、疾、辱、忧、畏也。"至害"犹云大害。"患至求尽,性竭财单",两文相对。"单"同"殚",亦尽也。"以反一日之无故","反",还也。"无故"犹无事。谓欲求如昔时贫居之安而不可得也。本兴名而卒之"名则不见",本就利而卒之"利则不得",乃"缭意绝体而争此,不亦惑乎!""缭",缠也,绕也。缠绕其意,谓苦心劳思,此对上"乐意"说,言未尝乐。"绝体",谓残形伤生,此对上"安体"说,言何尝安也。

说剑第三十

此文与《战国策》之文绝似,其为后出无疑。

昔赵文王喜剑,剑士夹门而客,三千余人,日夜相击于前,死伤者岁百余人,好之不厌。如是三年,国衰,诸侯谋之。

太子悝患之,募左右曰:"孰能说王之意,止剑士者,赐之千金。"左右曰:"庄子当能。"太子乃使人以千金奉庄子。庄子弗受,与使者俱往见太子,曰:"太子何以教周,赐周千金?"太子曰:"闻夫子明圣,谨奉千金,以币从,夫子弗受,悝尚何敢言!"庄子曰:"闻太子所欲用周者,欲绝王之喜好也。使臣上说大王,而逆王意,下不当太子,则身刑而死,周尚安所事金乎?使臣上说大王,下当太子,赵国何求而不得也!"太子曰:"然吾王所见唯剑士也。"庄子曰:"诺。周善为剑。"太子曰:"然吾王所见剑士,皆蓬头突鬓,垂冠曼胡之缨,短后之衣,瞋目而语难,王乃说之。今夫子必儒服而见王,事必大逆。"庄子曰:"请治剑服。"治剑服三日,乃见太子。

太子乃与见王，王脱白刃待之。庄子入殿门不趋，见王不拜。王曰："子欲何以教寡人，使太子先？"曰："臣闻大王喜剑，故以剑见王。"王曰："子之剑何能禁制？"曰："臣之剑，十步一人，千里不留行。"王大说，曰："天下无敌矣！"庄子曰："夫为剑者，示之以虚，开之以利，后之以发，先之以至。愿得试之。"王曰："夫子休就舍，待命令设戏待夫子。"

王乃校剑士，七日，死伤者六十余人，得五六人，使奉剑于殿下，乃召庄子。王曰："今日试使士敦剑。"庄子曰："望之久矣。"王曰："夫子所御杖，长短何如？"曰："臣之所奉皆可。然臣有三剑，唯王所用，请先言而后试。"王曰："愿闻三剑。"曰："有天子剑，有诸侯剑，有庶人剑。"王曰："天子之剑何如？"曰："天子之剑，以燕谿、石城为锋，齐、岱为锷，晋、卫为脊，周、宋为镡，韩、魏为夹；包以四夷，裹以四时，绕以渤海，带以恒山；制以五行，论以刑德，开以阴阳，持以春夏，行以秋冬。此剑直之无前，举之无上，案之无下，运之无旁，上决浮云，下绝地纪。此剑一用，匡诸侯，天下服矣。此天子之剑也。"文王芒然自失，曰："诸侯之剑何如？"曰："诸侯之剑，以知勇士为锋，以清廉士为锷，以贤良士为脊，以忠圣士为镡，以豪杰士为夹。此剑直之亦无前，举之亦无上，案之亦无下，运之亦无旁；上法圆天，以顺三光；下法方地，以顺四时；中和民意，以安四乡。此剑一用，如雷霆之震也，四封之内，无不宾服而听从君命者矣。此诸侯之剑也。"王曰："庶人之剑何如？"曰："庶人之剑，蓬头突鬓，垂冠曼胡之缨，短后之衣，瞋目而语难。相击于前，上斩颈领，下决肝肺。此庶人之剑，无异于斗鸡，一旦命已绝矣，无所用于国事。

今大王有天子之位,而好庶人之剑,臣窃为大王薄之。"王乃牵而上殿,宰人上食,王三环之。庄子曰:"大王安坐定气,剑事已毕奏矣。"于是文王不出宫,三月,剑士皆服毙其处也。

"赵文王",武灵王子惠文王也,名何。武灵王初传位于何,自号主父。越四年,而为李兑所弑,时何年十六耳。庄子当梁惠、齐宣之世,约与孟子同时。何之立,为梁襄王二十年、齐湣王十五年,时庄子即未死,亦已老矣。且庄子不受魏、楚之聘,安得以赵太子悝一言,而至"垂冠曼胡之缨,短后之衣",见惠文而说剑哉!则其为假托之言,固不待辩也。"喜剑",喜剑术也。"夹门而客",客居门左右也。"好之","好"读去声,下"喜好"之"好"亦同。"太子悝",太子名悝也。俞樾曰:"惠文王之后为孝成王丹,则此太子盖不立。"案:战国时诸王名辄数易,丹之为悝与否,史固无稽,而寓言之文,其人有无即亦难定,阙疑可也。

"说王之意","说"读如字,谓能解王之意也。"止剑士者",止剑士而不用也。"使者","使"读去声。"以币从","从"当读平声。古者馈人必有侑,老子曰"有拱璧以先驷马"是也。此奉庄子千金,当有币以为侑,故曰"以币从"。《释文》出"以币从"三字,曰:"一本作以币从者。"案:其馈千金,在庄子未至之先,安得有从者之说!且"以币从"者,亦不辞,则无"者"字者是。其有"者"字者,乃后不知者妄加,陆氏因读"从"作去声,音才用反,误矣。"不当太子","当"读去声,谓有负太子之任也。

"然吾王所见唯剑士也","然"字连下读,下文"然吾王所见剑士皆蓬头突鬓"云云,"然"字亦同。或以"然"为唯诺之辞,因疑下"然"字不当有而以为衍文,皆非也。"善为剑",善为剑术也。"蓬头突鬓",成疏云"发乱如蓬,鬓毛突出",是也。《释文》云:"蓬头,谓著兜鍪也,有毛,故如蓬。"推陆氏之意,以为有冠则头蓬,不可得见,故易为兜鍪之说,不知冠与兜鍪不能并用,既云垂冠,安得复著兜鍪乎!此"蓬头"与"突鬓"连文,不言"蓬头",则"突鬓"无根,盖文章之序如此,不必得见蓬头而始可说之也。"垂冠","垂"同"倕",重也。见《玉篇》重冠,所以表其武。《释文》"将欲斗,故冠低倾也",此不得其解,而强为之辞,不可从也。"曼胡之缨",司马彪注云:"谓粗缨无文理。"盖斗者缨易断绝,惟粗者为牢,而粗则无文理,是以为曼胡之缨。"曼胡",音如今模糊也。"短后之衣",衣短后者,便于坐起进退也。"语难",竞以难事相夸说也,司马彪云"说相击也",意尚近之。《释文》谓:"勇士愤气积于胸中,言不流利也。"是乃语謇。语謇者岂必勇士,而谓王乃说此乎!"事必大逆","逆"者不顺,谓必不行也。"治剑服","治"读平声。

"入殿门不趋,见王不拜",故为无礼,以示勇者不必娴于礼仪也。"使太子先","先"谓先容也。"禁制"犹制服也。"十步一人,千里不留行",谓假设十步而置一人,虽行千里,无有能留碍之者,盖剑能制服之。司马彪云:"十步与一人相击,辄杀之,故千里不留于行也。"夫十步而一击,击必杀人而后行,则千里之远,处处阻碍,何得谓之不留行!古之善战者,贵乎一出而众皆披靡,又安取步步杀人乎!俞樾知司马之说之非,而谓:"行以剑言,非以人言。千里之远,所杀多矣,而剑锋不缺,是谓'十步一人,千里不留行'。极言其剑之利也。"不知此论剑术,非论剑。若剑之利,陆刿兕虎,水断鲛鼍,足以鉴之,何取于"十步一人,千里不留行"哉!俞氏之说,较之司马只益不伦耳甚矣!读书而能会古人之意之难也。

"示之以虚",欲人不能测也;"开之以利",欲人不及防也,故曰"后之以发,先之以至"。"设戏","戏"即谓试剑。以"戏"言者,晋、楚城濮之战,子玉使斗勃请战,曰:"请与君之士戏,君冯轼而观之,得臣亦寓目焉。"见《春秋》僖公二十八年《左氏传》彼实战也,尚曰与君之士戏,况此特比试于庭堂者乎!其以"戏"言固宜。注家不知古人习语如此,读"戏"

庄子发微卷之五·说剑第三十

为麾,以为张设旗帜之属,凿矣。

"奉剑",捧剑也。"敦剑",对剑也。古"敦"、对一音,故字得通假,如"憝"或作"怼",可证也。司马彪注云:"敦,断也。试使用剑相击断截也。"语亦太迂曲矣。郭庆藩《庄子集释》用其世父嵩焘之说,云:"《说文》:'敦,怒也,一曰谁何也。'谁何,犹言莫我何,亦即两相比较之意。两相比较,故怒也。"其迂曲更甚于彪。又训"敦"为治,谓"敦剑"即治剑。然云治剑与此情事殊不相合,故并不从也。

"杖"与仗同。仗者兵仗,剑戟之总名。见《广韵》"所御仗",即谓所用剑也。"燕溪"、"石城",并地名,皆燕之险阻也。燕最在北,故以为剑锋。"锋",剑端也。"岱",泰山,齐之险阻。齐在东,故齐、岱连言而以为锷。"锷",剑刃也。"晋、卫","卫"各本并讹作魏,惟古钞卷子本不误,据改。"为脊","脊",剑棱也。"周、宋为镡","镡"音覃,剑镮也。"韩、魏为夹","夹"同铗,故本亦作"铗","铗",剑把。韩、魏于赵为最近,故以为把也。说不及秦与楚者,时赵之所争在东与北,楚在南,非其所及;秦在西,时闭关,又非其所敌也。"四夷",四裔也。"五行",金、木、水、火、土。"刑德",生杀之义,此阴阳家之言。《汉书·艺文志》"兵阴阳十六家",后云:"阴阳者,顺时而发,推刑德,随斗击,因五胜,假鬼神而为助者也。"《淮南子·天文训》曰:"阴阳相德,德同得则刑德合门。"又曰:"凡用太阴,左前刑,右背德。击钩陈之冲辰,以战必胜,以攻必克。"盖"刑德"之说如是,注家不察,率以通常之刑罚德赏释之,舛矣。"直"如孟子"枉尺而直寻"之"直",伸也。"无前",前无有当之者。"无上"、"无下"、"无旁",义并同。"决"通"抉",后下"决肝肺"之"决"亦然。"绝",断也。"地纪"如地维,谓地之方隅也。

"芒然"犹茫然。"忠圣"本有作"忠胜"者,盖声讹也,兹定从"圣"。"三光",日、月、星也。"四乡","乡"读如"向",谓四方也。"四封"犹四境。"宾服",协服也。《乐记》:"暴民不作,诸侯宾服。"郑注云:"宾,协也。"

567

"斗鸡"已见《达生篇》。"无所用于国事","国事"谓国有战事。"窃为大王薄之","为"读去声。"薄"犹轻也。"牵",引也。"上殿"、"上食","上"皆读上声。"宰人",主王膳者。"王三环之",闻庄子之说,悔愧交心,久不自宁,故环食三周,而不能坐食也。"已毕奏",奏已毕也。"服毙","服"同"伏",忿王不用,伏剑而自杀也。

渔父第三十一

此篇文字较前二篇为胜,然终见有造作之迹,义亦肤泛。郭子玄云:"此篇言无江海而闲者,能下江海之士也。夫孔子之所放任,岂直渔父而已哉!"可谓能知孔子,而惜其于文之真伪未能辨也。

孔子游乎缁帷之林,休坐乎杏坛之上。弟子读书,孔子弦歌。鼓琴奏曲未半,有渔父者,下船而来,须眉交白,被发揄袂,行原以上,距陆而止,左手据膝,右手持颐,以听。曲终,而招子贡、子路二人俱对。

客指孔子曰:"彼何为者也?"子路对曰:"鲁之君子也。"客问其族。子路对曰:"族孔氏。"客曰:"孔氏者何治也?"子路未应,子贡曰:"孔氏者,性服忠信,身行仁义,饰礼乐,选人伦,上以忠于世主,下以化于齐民,将以利天下。此孔氏之所治也。"又问曰:"有土之君与?"子贡曰:"非也。""侯王之佐与?"子贡曰:"非也。"客乃笑而还行,言曰:"仁则仁矣,恐不免其身。苦心劳形,以危其真。呜呼,远哉其介于道也!"

子贡还报孔子,孔子推琴而起,曰:"其圣人与!"乃下求之。至于泽畔,方将杖拏而引其船,顾见孔子,还乡而立。孔子反走,再拜而进。客曰:"子将何求?"孔子曰:"曩者先生有绪言而去,丘不肖,未知所谓,窃待于下风,幸闻咳唾之音,以卒相丘也。"客曰:"嘻!甚矣子之好学也!"孔子再拜而起,曰:"丘少而修学,以至于今,六十九岁矣,无所得闻至教,敢不虚心!"

客曰:"同类相从,同声相应,固天之理也。吾请释吾之所有,而经子之所以。子之所以者,人事也。天子、诸侯、大夫、庶人,此四者自正,治之美也;四者离位,而乱莫大焉。官治其职,人忧其事,乃无所陵。故田荒室露,衣食不足,征赋不属,妻妾不和,长幼无序,庶人之忧也;能不胜任,官事不治,行不清白,群下荒怠,功美无有,爵禄不持,大夫之忧也;廷无忠臣,国家昏乱,工技不巧,贡职不美,春秋后伦,不顺天子,诸侯之忧也;阴阳不和,寒暑不时,以伤庶物,诸侯暴乱,擅相攘伐,以残民人,礼乐不节,财用穷匮,人伦不饬,百姓淫乱,天子有司之忧也。今子既上无君侯有司之势,而下无大臣职事之官,而擅饰礼乐,选人伦,以化齐民,不泰多事乎!

"且人有八疵,事有四患,不可不察也。非其事而事之,谓之摠;莫之顾而进之,谓之佞;希意道言,谓之谄;不择是非而言,谓之谀;好言人之恶,谓之谗;析交离亲,谓之贼;称誉诈伪,以败德人,谓之慝;不择善否,两容颊适,偷拔其所欲,谓之险。此八疵者,外以乱人,内以伤身,君子不友,明君不臣。所谓四患者:好经大事,变更易常,以挂功名,谓之叨;专知擅事,侵人自用,谓之贪;见过不更,闻谏愈甚,谓之很;人同于己则可,不同于己,虽善不善,谓之矜。此四患也。能去八疵,无行四患,而始可教已。"

孔子愀然而叹,再拜而起,曰:"丘再逐于鲁,削迹于卫,伐树于宋,围于陈、蔡。丘不知所失,而离此四谤者,何也?"客凄然变容曰:"甚矣子之难语也!人有畏影恶迹而去之走者,举足愈数,而迹愈多;走愈疾,而影不离;自以为尚迟,疾走不休,绝力而死。不知处阴以休影,处静以息迹,愚亦甚矣!子审仁义之间,察同异之际,观动静之变,适受与之度,理好恶之情,和喜怒之节,而几于不免矣。谨修而身,慎守其真,还以物与人,则无所累矣。今不修之身,而求之人,不亦外乎!"

孔子愀然曰:"敢问何谓真?"客曰:"真者,精诚之至也。不精不诚,不能动人。故强哭者,虽悲不哀;强怒者,虽严不威;强亲者,虽笑不和。真悲无声而哀,真怒未发而威,真亲未笑而和。真在内者,神动于外,是所以贵真也。其用于人理也,事亲则慈孝,事君则忠贞,饮酒则欢乐,处丧则悲哀。忠贞以功为主,饮酒以乐为主,处丧以哀为主,事亲以适为主,功成之美,无一其迹矣。事亲以适,不论其所以矣;饮酒以乐,不选其具矣;处丧以哀,无问其礼矣。礼者,世俗之所为也;真者,所以受于天也,自然,不可易也。故圣人法天贵真,不拘于俗。愚者反此,不能法天,而恤于人;不知贵真,录录而受变于俗,故不足。惜哉!子之蚤湛于人伪,而晚闻大道也。"

孔子又再拜而起,曰:"今者丘得遇也,若天幸然。先生不羞而比之服役,而身教之。敢问舍所在,请因受业,而卒学大道。"客曰:"吾闻之:'可与往者,与之;至于妙道,不可与往者,不知其道,慎勿与之,身乃无咎。'子勉之！吾去子矣！"乃刺船而去,延缘苇间。

颜渊还车,子路授绥,孔子不顾,待水波定,不闻挐音,而后敢乘。子路旁车而问曰："由得为役久矣,未尝见夫子遇人如此其威也。万乘之主、千乘之君,见夫子,未尝不分庭伉礼,夫子犹有倨傲之容。今渔父杖挐逆立,而夫子曲要磬折,言,拜而应,得无太甚乎！门人皆怪夫子矣！渔人何以得此乎？"孔子伏轼而叹曰："甚矣,由之难化也！湛于礼义有间矣,而朴鄙之心至今未去。进,吾语女！夫遇长不敬,失礼也；见贤不尊,不仁也。彼非至人,不能下人,下人不精,不得其真,故常伤身。惜哉！不仁之于人也,祸莫大焉,而由独擅之。且道者,万物之所由也,庶物失之者死,得之者生,为事逆之则败,顺之则成。故道之所在,圣人尊之。今渔父之于道,可谓有矣。吾敢不敬乎！"

"缁帷之林",不言其地,司马彪注云："黑林名也。"盖因缁黑色而想像说之,然否未敢知也。"杏坛",在鲁东门外。宋孔传《东家杂记》曰："孔子出鲁东门,过故杏坛,曰：'兹臧文仲誓盟之坛也。'睹物思人,命琴而歌。"若《杂记》之说而信,则缁帷之林亦当是鲁东门外地。至今圣庙内杏坛,乃宋真宗乾兴间,孔道辅增修祖庙,移大殿于后,因以旧基甓石为坛,环植杏树,以杏坛之名名之,非杏坛旧址也。"孔子弦歌",与上"弟子读书",皆四字为句。"鼓琴奏曲",承上"弦歌"而言。"鼓琴",弦也。"奏曲",歌也。旧以"鼓琴"连上"弦歌"读之,非也。"须",古"鬚"字。"揄袂",摇袖也。《小戴礼记·玉藻篇》"夫人揄狄",疏云："揄读如摇。狄读如翟。谓画摇翟之雉于衣也。"是"揄"与"摇"同。《释文》音遥,是也。"以上","上"读上声。陆高于原,故曰"距陆而止"。《尔雅·释地》："广平曰原,高平曰陆。"是陆高于原也。"持颐",犹拄颐也。至"以听"句绝。"曲

庄子发微卷之五·渔父第三十一

终"二字别为句。"招子贡、子路二人俱对"者,招二人而问之,与相酬对也。称渔父为客者,主二人之辞也。

"孔氏何治",问孔子所治何业。"饰礼乐",《论语》所谓"文之以礼乐"也。见《宪问篇》"选人伦","选"与撰通,撰定人伦之则也。"齐民"犹平民。"笑而还行","还"读旋,反行也,与下"还乡而立","还乡"文一例。或读"行"字连下"言曰"为句,以为且行且言,亦非也。"危其真",危害其真也。"介"与界同。界,隔也。"远哉其介于道",言其与道相隔之远也。

"其圣人与","与"读欤。"杖",拄也。"挐",桡也。"引其船",引去其船也。"乡"同向。"反走",却行也。"绪",端绪。言发其端而未竟,故曰"绪言"。"下风",已见《在宥篇》。"咳唾之音",与《徐无鬼篇》言"謦欬"同。"卒相丘"者,"相"读去声,助也,望其终有以裨于己也。

庄子曰:"孔子行年六十而六十化。"且曰:"使人乃以心服而不敢蘁,立定天下之定。已乎已乎!吾且不得及彼乎!"见《寓言篇》今此则云:"六十九岁矣,无所得闻至教。"其非庄子之言甚明。太史公曰:"庄子作《渔父》、《盗跖》、《胠箧》以诋訾孔子之徒,以明老子之术。"夫庄子何尝诋訾孔子之徒哉!《渔父》、《盗跖》诸篇之非庄作,史公且不能辨,却又何怪于郭子玄辈乎!抑岂徒郭子玄而已,苏子瞻自诩能知《盗跖》、《渔父》诸篇之剿入,而乃谓"庄子之于孔子,皆实予而文不予,阳挤而阴助之"。见《东坡集·庄子祠堂记》今通观《庄子》全书,其予孔子而助之者则有之矣,若挤孔子而不予之者盖未之见。然则子瞻亦牵率而漫为之辞尔,又岂真能知庄子者!是故欲知庄子,必于三十三篇之文孰为庄作、孰非庄作,其非庄作者孰为合于庄旨、孰则悖于庄旨,能一一区别之。不然,我以为庄子诬孔子者,实非庄子诬孔子,而乃我之诬庄子也。乌乎可哉!

"经子之所以","以"犹用也。"经",司马彪云"理也",是也。"治之美",治之盛也。"离位",出其位也。"人忧其事",人与官对,言

573

"人",犹民也。"无所陵",不相陵犯也。"室露","露"犹败也。"征赋",赋税也。"属"音烛,逮也。"不属",谓不及其时。"长幼"各本作长少,兹从古钞卷子本。"长"上声。"不胜任",不堪其任也。"胜"平声。"行"去声。"群下",谓下属。"美",善也。"无有"各本作不有,兹从古钞卷子本。"爵禄不持",爵禄不保也。"贡职不美",不精美也。诸侯各以其方物贡,贡之精美与否,视其工技之何若,故此先言工技不巧也。"春秋后伦"者,朝觐后于人也。春见天子曰朝,秋见曰觐。"伦",类也。"以伤庶物",耕稼之所出,畜牧之所育,皆庶物也。"不饬",不正也。"天子有司",言"天子"又言"有司"者,谓天子有司牧之责也。传曰:"天生民而立之君,使司牧之。"盖谓是也。注家区"天子"、"有司"而二之,以"有司"为"天子"之公卿,殊失之。下文云"上无君侯有司之势,下无大臣职事之官"。"大臣职事之官"与"君侯有司之势"分说,则"大臣职事之官"之非有司,明矣。天子诸侯皆民之司牧,故曰"君侯有司","君"谓天子,"侯"谓诸侯,"势"谓势位。注家但知有司之为百官,而不知此之所云非其比也。"泰多事","泰"与太同,本又作"大","大"亦读"太"也。

"疵",病也。"摠",总也,犹今云揽事也。"进之",谓进言。不当言而言,故谓之"佞","佞",口给也。"希意",迎合人意。"道"同导,"导言",顺之言也,故谓之"谄"。"不择是非而言",不辨是非而附和之,故谓之"谀"。"恶"读入声。好言人恶,则人未必恶,而亦以恶诬之,故谓之"谗"。因谗而使人交析亲离者多矣,故接言"析交离亲谓之贼"。"贼",贼害人也。"德人"各本作"恶人",惟张君房作"德人"。案:"德"字古从直心作"悳",与"恶"字相似,故讹作"恶"。"称誉诈伪以败悳人"者,于诈伪者称之誉之,则德人自不免遭其诬蔑,故曰"以败德人"也。今"德"误"恶",为其败恶人不可通,故《释文》音乌路反,读去声,然"败"、"恶"两字终难连属,故兹断从张君房本作"德"也。"谓之慝"者,"慝"者隐恶。入声称"誉诈伪",其恶不易见,故曰"慝"也。

"两容"犹兼容。"颊"借作夹。夹适者,各合也,与"两容"一义。"拔",擢取也,此盖依违两可之间,以图遂其私者。故曰"不择善否",又曰"偷拔其所欲"而"谓之险"也。

"好经大事",好经营大事也。"变更易常","易",平易,谓于平易庸常之法而好变更之。"以挂功名",以网取功名也。"叨",叨窃。得非其分谓之叨。"专知","知"读智,专逞其智。"侵人",陵驾人也。"贪",贪冒。夺人之有谓之贪。"不更","更"与上"变更"同,改也。"很",愎拗也;俗书从犬作"狠",非是。"矜",矜夸,其在释典谓之"贡高我慢"是也。

案:八疵四患,惟摠、佞、叨、贪根上"离位"而言,以此箴孔子,尚或近之;若其余,则君子之所不为,况于孔子! 但知繁文以为富,而不知其不切也,余所以谓其肤泛也。

"离此四谤","四谤"即上"再逐于鲁"以下四事。谓之"谤"者,己本无失,而人毁伤之,是之谓"谤"也。"难语",难与言也。"语"本或作悟,亦通。"影不离"下各本有"身"字,古钞卷子本无之,盖传写者误重"自"字,"自"与"身"形近,不知者疑为"身"误,因又改为"身"耳,兹据古钞卷子本删。"绝力",力尽也。"休影",止影也。"受与"犹取与。"好"、"恶"并读去声。

"审仁义之间"六句,极言修己处事事,精密如此,而犹不免,推其意,特将以抬高己之所欲言者耳。然其所言,不过曰"谨修尔身,慎守其真,还以物与人"三言而止。试问"以物与人",有出"察同异"、"观动静"、适取与之外者乎? "修身",有出仁义之外者乎? 又有好恶不理、喜怒不和而能以"守其真"者乎? 若是则无累,而若彼则不免,是则百思而不能详其区别之所在也。若曰"今不修之身而求之人,不亦外乎",岂"审仁义"、"察同异"以至"理好恶"、"和喜怒",皆求之人,而非修之身者邪? 其亦浅之乎论仁义与和理者矣。

"人理"犹人伦。"事亲则慈孝","慈",爱也。爱之义可通于上下,故以"慈孝"连言。《国语·齐语》曰:"慈孝于父母。"又曰:"不慈孝于父母。"《管子·小匡篇》文同则当时谓孝为"慈孝",固习语也。"忠贞","贞",正而固也。"欢乐","乐"音洛,下仿此。"事亲以适为主","适",安也。"无一其迹"者,成功之道不必尽同也。"不论其所以","以",用也,谓所用之方也。各本"所以"上无"其"字,古钞卷子本有之,与上下三句一例,因据补。"不选其具",不择供具也。"自然不可易"者,自然而然,是以不可改易也。"不拘于俗",不为俗情拘束也。"怖于人","怖",忧也。惟忧不合于世人,是以"录录而受变于俗"也。"录录"同碌碌,一作禄禄,凡庸之称。"不足",不足于己也。"蚤"通早,故本亦作早。"湛"与耽同。《小雅·常棣》之诗:"和乐且湛。"《中庸》引作"和乐且耽"。"湛于人伪",谓耽溺于人伪也。此段言真者精诚之至、天人真伪之分,颇见精湛。若言节取,则亦不可废也。

"不羞",言不以为辱。"比之服役","役"如《庚桑楚篇》"老聃之役"之"役",犹云置之弟子之列也。"身教",亲教也。"舍",居舍。"可与往者","往"犹适也。《论语》曰:"可与共学,未可与适道。"见《子罕篇》此云"往",与彼言"适"略同矣。顾此云"至于妙道不可与往者"何?道而曰妙,则《易·系传》所谓"神无方而易无体"。此已到"化"与"权"之境地,惟有自证自悟,非教者之所可与为力,故《论语》于"适道"犹言"可与适道",而于"权"则极其至亦只曰"未可与权",不能有所加也。"与之"、"慎勿与之",两"与"字皆训许,与"与往"之"与"不同。旧读"与之至于妙道"为句,"不可与往者"连下"不知其道"为句,并非。"与之"、"勿与之",文正相对,不能有两样读法也。"刺船","刺"音戚,撑也。

"旁",车旁,读去声,与傍同。"如此其威","威",敬畏也。万乘、千乘,"乘"皆读去声。"分庭伉礼","伉"与抗同。古者宾主之礼,主迎宾于门,宾由庭之西蹑西阶而升堂,主由庭之东蹑阼阶而升堂。其入门及升阶皆相揖,是之谓"分庭"。升堂之后,宾让主亦让,宾拜主亦拜，是之谓"伉礼"。盖言以宾主之礼相接，而非以君臣之礼见也。"夫子犹有倨傲之容"，此亦过言也。子曰："君子泰而不骄。"又曰："君子无众寡，无小大，无敢慢。"见《论语·尧曰篇》至子贡之说"夫子至于是邦，必闻其政"，则曰："夫子温良恭俭让以得之。"见《学而篇》由是言之，夫子安得有倨傲之容乎！"逆立"，对立也。"要"，腰之本字。"磬折"，如磬之折曲腰貌也。"言拜而应"，"言"字当略顿，谓渔父有言，则必拜而后应也。"怪"，以为异也。

"湛于礼义有间矣"，"湛"，渐渍之义。"有间"，谓久也。"朴鄙"，犹鄙野也。"遇长"，"长"上声。渔父须眉交白，视孔子为长也。"彼非至人，不能下人"，"彼"谓渔父。此"下人"犹言服人。盖使人为之降下，即所以服人也。"下人不精，不得其真"，此"下人"谓下于人，承上"尊贤"言。"不精"，不专精也。"不得其真"，不得其诚也。不诚则失己，故长伤身。"擅之"犹据之也。"今渔父之于道可谓有矣"，"有"与"在"同义，谓即道之所在，故曰"吾敢不敬乎"！

列御寇第三十二

此篇多记庄子之言,且及庄子之死,自是庄子门下所作,然大义则与庄子无悖也。

列御寇之齐,中道而反,遇伯昏瞀人。伯昏瞀人曰:"奚方而反?"曰:"吾惊焉。"曰:"恶乎惊?"曰:"吾尝食于十𩐈,而五𩐈先馈。"伯昏瞀人曰:"若是,则女何为惊已?"曰:"夫内诚不解,形谍成光,以外镇人心,使人轻乎贵老,而齑其所患。夫𩐈人,特为食羹之货,多余之赢,其为利也薄,其为权也轻,而犹若是,而况于万乘之主乎!身劳于国,而知尽于事,彼将任我以事,而效我以功,吾是以惊。"伯昏瞀人曰:"善哉观乎!女处已,人将保女矣。"无几何而往,则户外之屦满矣。伯昏瞀人北面而立,敦杖蹙之乎颐。立有间,不言而出。宾者以告列子,列子提屦,跣而走,暨乎门,曰:"先生既来,曾不发药乎?"曰:"已矣。吾固告女曰:'人将保女。'果保女矣。非女能使人保女,而女不能使人无保女也,而焉用之感豫出异也!

必且有感，摇而本才，又无谓也。与女游者，又莫女告也，彼所小言，尽人毒也。莫觉莫悟，何相孰也！巧者劳而知者忧，无能者无所求，饱食而敖游，泛若不系之舟，虚而敖游者也。"

"伯昏瞀人"，即伯昏无人，已见内篇《德充符》及外篇《田子方》，其于列子，盖在师友之间者也。"方"，事也。"奚方而反"，问何事中道而反也。《易·复卦·大象》"后不省方"，王弼注云："方，事也。""饡"亦作浆，字同。《周官·天官·酒正》辨四饮之物，三曰浆，四曰酏。郑注："浆，今之酨浆也。酏，今之粥。"酨音代《玉篇》："酨，释米汁也。"然则浆若今米汤矣，故《周官》与"酏"并列。《说文》云"浆，酢浆"者，盖其味微酸，故曰酢浆也。此云"饡"，则指卖饡家言。"五饡先馈"者，十家之中，见已而先进饷者过半，郭注云"言其敬己"，是也。

"内诚不解"，"解"如《庚桑楚篇》言"冰解冻释"之"解"，盖诚而自矜其诚，中有症结未化，故曰"内诚不解"。"形谍成光"，"谍"与渫同义，已见《人间世篇》"法而不谍"注。"形谍"者，其未化之诚，由形而外渫。渫即泄也所谓"以阳为充，孔阳者，是之谓成光"，非"宇泰定者，发乎天光"之"光"也，故以"外镇人心，使人轻乎贵老"，"镇"之为言镇服也。"贵老"犹言爵齿。孟子曰："天下有达尊三：爵一，齿一，德一。"见《公孙丑篇》列子爵齿并非尊，徒以仪容之盛使人敬而畏之，反驾于齿爵之上，而视贵者、老者为轻。若是，则与"人见其人，人舍天助"者迥乎异矣。"人见其人，人舍天助"，与"宇泰定者，发乎天光"，语并见《庚桑楚篇》。此学道者之大患也。故曰"而鳌其所患"，"而"犹乃也。"鳌"通赍。《说文》："赍，持遗也。"赍与馈对言。谓饡之先馈，实即持其所患而以见遗也。"食羹之货"，所货者食羹也。"食"读去声。"多余之赢"，所赢者多余也。"多余"犹残余。"多"非众多之多也。"为利也薄"，承"多余之赢"言。"为权也轻"，承"食羹之货"言。"而犹若是"，犹敬我若是也，而况万乘之主。"身劳于国"，其权重也。"知尽于事"，其利大也。"知"读智。

使其敬我,则"将任我以事,而效我以功"。"效",责效也。夫当乱世,事未可任,而功难为效也,乌能无惊! 是所以之齐而中道遂反也。

"善哉观乎",嘉其观身之密也。"女处已","已",语辞。令其止舍也。旧读"已"为人、己之"己"者,误。"人将保女"者,司马彪云:"保,附也。"是也。言人将归附于女也。

"无几何而往","往"者,伯昏瞀人往之御寇所止之舍也。"户外之屦满矣"者,言来谒者之众也。"北面而立",面户而立也。"敦杖",以杖顿地也。古矛戟下铜镦平底者,谓之镦。《礼记·曲礼》"进矛戟者前其镦",郑注:"平底曰镦,取其镦也。"取其镦云者,即取其顿也。观此,知"敦"之为顿,音同而义亦同矣。"蹙",迫也。"蹙之乎颐",拄其颐也。"宾"读去声,字亦作"傧"。"宾者",谓通宾客者。"提屦跣走",迫不及著屦也。"暨乎门",至门而后相及也。"曾不发药"者,望瞀人有药石之言以规己也。

"非女能使人保女,而女不能使人无保女也",此意极细极密,注者鲜能发之。盖御寇惊于五浆之先馈,已知"形谍成光"之非,固已极力敛退,而不敢少有炫露于人,所以瞀人云:"非女能使人保女。"此犹前"善哉观乎"之意,许之之辞,非责之也。若曰"女不能使人无保女",此则所以进之,所谓发药也。"使人无保女"云者,即庚桑楚"藏身不厌深眇"之意,非特不欲人知,亦且令人无得而知之。其道奈何? 曰:虚而已矣。虚则无迹,无迹则虽以神巫季咸之神将莫得而相之,况常人哉! 故末云"虚而敖游者也"。"虚而敖游",即"虚而与之委蛇"之谓。见《应帝王篇》此极关紧要文字。晚出《列子·黄帝篇》采用此文,乃截至"何相孰也"为止,而将末段略去,遂使瞀人发药之言失其肯綮。而注《庄子》者,以此至疑"巧者劳而知者忧"以下为《庄子》所增,如王先谦《集解》即如此贻误读者,莫此为甚。吁,可叹也!

"而焉用之感豫出异也"九字为句,"而"犹尔也,"之"犹此也。至人藏身之固,大抵主应不主感,故《应帝王》以"应"名篇,而曰:"至人之用心若镜,不将不迎,应而不藏。"又曰:"女又何寗以治天下感予之心为!"夫治天下大事也,尚且不可以感其心,而况与人酬酢之间乎!而况感不待时而又豫发乎!故曰"感豫出异"。即此"感豫",便是"出异"。"出异",则《庚桑楚篇》所谓"杓之人"者,与"和光同尘"之道适相背驰,故曰而焉用此也。

"必且有感"句。"必且",必将也。若必以为感不可无,则亦只有"摇而本才"而已。"本才"者,本性也。故一本"才"作性。而于人则未始有益,故曰"又无谓也"。"谓"与为通。"无谓"者,无所为于人也。为,去声。不能为人,斯人亦无以益女,故曰"与女游者,又莫女告也,彼所小言,尽人毒也"。"告"如忠告善道之告,音谷。忠告善道,见《论语·颜渊篇》。"毒"对发药言,意谓女但知求药,而不知日中人之毒,则药又何用也!谓之"小言"者,《齐物论》所谓"小言詹詹",多言而枝,反害于大道者也。"莫觉莫悟,何相孰也",曰"相孰"者,兼人己而言。己无以为人,是己莫觉悟人;人无以告我,是人莫觉悟我,故曰"何相孰也"。"孰",古"熟"字。熟者成也。言不能相与有成也。盖当时户外屦满,多为问学讲习而来,而列子亦必有以是自任之意,故警人之言如此。

"无能",非实无能也,犹《逍遥游》之言"无所可用"、《人间世》之言"无用之用"。郭象注云:"无其能者,惟圣人耳。"可谓能得其意矣。"无所求",即是无感。"饱食而敖游","敖"与遨同。此不得作饱食而嬉会。"饱食"者,内足于己。"敖游"者,外不滞于物。内足于己,所以成己;外不滞于物,所以成物也。"泛若不系之舟,虚而敖游者也",归结一"虚"字。虚则无应无不应,更何言感与不感哉!

郑人缓也,呻吟裘氏之地,只三年,而缓为儒,河润九里,泽及三族。使其弟墨。儒墨相与辩,其父助翟。十年,而缓自杀。其父梦之,曰:"使而子为墨者,予也。阖胡尝视其良,既为秋柏之实矣?"夫造物者之报人也,不报其人,而报其人之天。彼故使彼。夫人以己为有以异于人,以贱其亲,齐人之井饮者相捽也。故曰:"今之世皆缓也自是。"有德者,以不知也,而况有道者乎!古者谓之遁天之刑。圣人安其所安,不安其所不安;众人安其所不安,不安其所安。

"郑人缓",郑人而名缓也,取名曰缓者,儒之为名本有濡缓之义,故名之为缓,此自寓言,未必实有其人也。"呻吟"犹诵读。《礼·学记》云"今之教者,呻其占毕"是也。"裘氏",郑地名。"只三年",适三年也。"而缓为儒",谓学儒而儒名成也。"河润九里",乃比况之辞。"泽及三族",儒成而三族蒙其泽也。缓既获为儒之利,复欲兼收为墨之利,因使其弟学墨。而儒墨之术不同,弟学墨成,遂与兄辩。不曰弟兄相与辩,而曰"儒墨相与辩"者,以见是非之争起于所习。敌对既成,则无复有友于之好。"其父助翟","翟"本墨子之名,今以名其弟,益知其为寓言矣。"十年而缓自杀",盖辩而不胜,悔不当使弟习墨以自树敌,遂自杀也。故其父梦之曰:"使而子为墨者,予也。"观此一言,其悔恨之意显然。旧注以为自杀出于怨父助弟,殆不然也。不曰弟而曰"而子"者,儒之教在人伦,至是而人伦荡灭已尽,缓亦自背其儒,则是非之争,为祸之烈,不难于文外见之。

"阖胡尝视其良,既为秋柏之实矣","阖"与盍同。"胡"亦盍也。"阖胡"叠言,犹"尝试"叠言,"庸讵"叠言也。见《齐物论篇》"秋"借作楸。《人间世篇》云:"宜楸柏桑。"彼言"楸柏",此言"秋柏",一也。楸、柏皆材之良者,故曰"何不试视其良"。"良"以自谓。秋柏云"实",以喻学术之成。盖死而胜心犹在,故以夸示于父,忿其不识己而反助翟也。《释文》读"良"为埌,以秋柏为墓上之木,且缓自杀便见梦于父,坟土未干,安得墓木已实!以比况为实语,谬误之至。旧注多从之,非也。

"夫造物者之报人也"以下,为作者之辞。"不报其人而报其人之天"者,泽及三族,以至自杀,皆所以报其人,此非报也。父子兄弟无复亲亲之谊,至死而犹怨恨不解,斯所以"报其人之天",是乃真报也。然所以若是者,非造物之为之,而实自取之,故曰"彼故使彼"。上"彼","彼"是人;下"彼","彼"是事。谓有是人所以有是事,是所谓报也。"夫人以己为有以异于人",儒以为胜于墨,墨以为胜于儒,皆是也。其卒也,虽以亲之尊而不免于贱之。若是,则一身之外无往而非敌,亦无往而不争,与常人之无知,恒以细故而忿斗何异!故以齐人之井饮相捽为喻。"齐人"犹齐民也。"井饮",饮于井也。"相捽"者,争水之故,持人发而互殴也。"故曰今之世皆缓也自是"十字为句,谓今之世人其自是皆与缓同,盖倒文。旧以"自是"属下"有德者"读,失之。"有德者以不知也","不知"正对"自是"说。"不知"者,不知其有德也。不知其有德,所以为有德。老子曰:"上德不德,是以有德。"谓此也。有德如是,"而况有道者乎!"若夫缓之自是,动与天倍,"古者谓之遁天之刑"。"遁天之刑",已见《养生主篇》。与天倍,即与养生倍也。"圣人安其所安",安其生之所安也。"不安其所不安",不安其生之所不安也。生之所安,天之所安也;生之所不安,天之所不安也。而众人反是,所以曰造物者之报人,不报其人而报其人之天也。

庄子曰:"知道易,勿言难。知而不言,所以之天也;知而言之,所以之人也。古之人天而不人。朱泙漫学屠龙于支离益,单千金之家,三年技成,而无所用其巧。圣人以必不必,故无兵;众人以不必必之,故多兵。慎于兵,故行有求兵,恃之则亡。小夫之知,不离苞苴竿牍,敝精神乎蹇浅,而欲兼济道物,大一形虚。若是者,迷惑于宇宙,形累,不知太初。彼至人者,归精神乎无始,而甘冥乎无何有之乡。水流乎无形,发泄乎太清。悲哉乎女为!知在毫毛,而不知大宁!"

"勿言",谓默也。子曰:"默而识之。"见《论语·述而篇》又曰:"默而成之。"见《易·系辞传》学未有不以默而成者,故曰"知道易,勿言难"也。"之",往也,向也。"之天",谓与天合也。"之人",谓与人合也。诚者天之道,与天合则诚;人者人为,与人合则伪,故曰"古之人天而不人"。

"朱泙漫"、"支离益",皆假托之名。"泙漫"犹汗漫。汗漫、支离,皆不人之喻。"屠龙"以喻为道。"单"同殚,尽也,竭也。殚千金之家,以喻竭其才。"竭才",语见《论语·子罕篇》。"技成而无所用其巧",道本无巧可用也。有巧可用,则人而不天,即非道矣。

"必不必",承上言。必可用而不必用,是之谓"以必不必"。不必可用而必用之,是之谓"以不必必之"。"兵"者争也。"慎"借作顺,古慎、顺同音通假,《荀子·修身篇》:"术顺、墨而精杂污。""顺、墨"即"慎、墨",谓慎到、墨翟,是其证也。故此《释文》云:"慎或作顺。"顺于兵者,从于争也。从于争,故"行有求"。求者必得,所以"以不必必之"也。"兵恃之则亡",盖安其所不安而欲求安,未有能得之者。其垂戒也深矣。

"小夫之知","知"读智。"苞苴",古者馈人鱼肉之类,用茅苇之叶,或苞之,或藉之,故曰"苞苴"。"竿"与简通。《诗·小雅》"秩秩斯干",毛《传》:"干,涧也。""干"通"涧",则知"竿"通"简"矣。简牍用以问候。苞苴、简牍,皆人事之琐细者,不离乎此,极言其智之小也,故曰"敝精神乎蹇浅"。"敝",劳敝。"蹇",短也。蹇本义跛也,跛者一足短,故蹇有短义"而欲兼济道物,大一形虚"十字当一句读。"道"读如字,旧作"道"解,误。"济",成也。成道复成物,故曰"兼济"。"大一"与"兼济"文对。《徐无鬼篇》曰:"大一通之。"此"大一"作动字用,即通之之义,犹言一贯也。"形"承"物"言。"虚"承"道"言。故"大一形虚"者,谓取形与虚而一贯之,此岂小夫之知所能及!故曰"若是者,迷惑于宇宙,形累不知太初"。"宇宙",详见《庚桑楚篇》。宇宙本虚,而或视以为有形之物,则何得不迷!何得不惑!既为形所累矣,又何得而知夫太初之无有无名哉!"太初"即泰初,详见《天地篇》。

若夫至人则不然。"归精神乎无始",则与"敝精神乎蹇浅"者迥异矣。归之为言复也。复于无始,所以之天也。"甘冥乎无何有之乡",则与"迷惑于宇宙"者又异矣。"无何有之乡",见《逍遥游篇》。冥之为言寂也。寂则虚,所以无形累也。若是,则不言兼济自有兼济之功,不言一贯自契大一之妙,故曰"水流乎无形"。"水流"者,以水喻道。"流乎无形",无所不到也。虽无所不到,而其发泄者,皆如太清之无染无著,故又曰"发泄乎太清"。"太清"见《知北游篇》。彼文作"泰清",有曰:"泰清邛而叹曰:弗知乃知乎!知乃不知乎!孰知不知之知?"孰知不知之知,所以"知道易,勿言难"也。

"悲哉乎女为","为"字句绝,"女"谓小夫。"女为"者,女之所为也。小夫自谓知出众人之上,而所知区区在苞苴、简牍之间,即与众人何别!知小而谋大,其不胜任必矣,是以悲之。"知在毫毛,而不知大宁"者,"在",察也。"大宁"者,大安之道。言其察细而不见大,亦归于安其所不安而已。

宋人有曹商者,为宋王使秦。其往也,得车数乘;王说之,益车百乘。反于宋,见庄子,曰:"夫处穷闾厄巷,困窘织屦,槁项黄馘者,商之所短也;一悟万乘之主,而从车百乘者,商之所长也。"庄子曰:"秦王有病,召医:'破痈溃痤者,得车一乘;舐痔者,得车五乘;所治愈下,得车愈多。'子岂治其痔邪?何得车之多也?子行矣!"

此举曹商者,亦以见小夫之知,其所为卑下,为可悲之甚也。"宋王",宋王偃也。"为"读去声。"乘",一车四马。"乘"亦读去声。"王说之","王",秦王也。"说"读悦。"益",加赐也。古者问士之富,以车数对,见《礼记·曲礼篇》今有车百乘,则富与大夫侔矣,故见庄子而骄之。

"处",居也,读上声。"间",里门。"厄"通隘,狭也。"织屦",谓编屦而售之以为生也。"槁项",颈枯瘦。"黄馘",面黄败也。"馘"音洫。"从车","从"读去声。"召"同诏。下文得车一乘、五乘,乃诏辞也。"痤"亦痈类。"破"、"溃",皆言抉也。"痔",隐疮。"舐",舓之别体,音士,今所谓舔也。"治"读平声。"治其痔",治痔而得愈,意即谓舐之。"子行矣",斥之使去也。"秦王",旧云秦惠文王,以其时考之,当是也。

鲁哀公问乎颜阖曰:"吾以仲尼为贞幹,国其有瘳乎?"曰:"殆哉圾乎仲尼!方且饰羽而画,从事华辞,以支为旨,忍性以视民,而不知不信,受乎心,宰乎神,夫何足以上民!彼宜女与予颐与,误而可矣。今使民离实学伪,非所以视民也,为后世虑,不若休之。难治也。施于人而不忘,非天布也。商贾不齿,虽以事齿之,神者不齿。为外刑者,金与木也;为内刑者。动与过也。宵人之离外刑者,金木讯之;离内刑者,阴阳食之。夫免乎外内之刑者,唯真人能之。"

"鲁哀公",已见《德充符篇》。"颜阖",已见《人间世》、《达生》、《让王》诸篇。据《让王篇》云"哀公使人以币聘阖,阖避而逃之",则安得有与哀公问答之语!知此特借阖之口,以发"华辞"、"离实"非以"视民"一段议论。言既非阖之言,事亦非哀公、孔子之事,若认以为此阖阻哀公之用孔子,真痴人前不得说梦者矣。"贞"同桢。"幹"借作榦。桢榦,古筑墙之具,当墙两端者为桢,夹墙两侧者为榦。以仲尼为桢榦,喻言以仲尼为辅相也。"国其有瘳乎",问国将可治不也。

"殆哉圾乎仲尼"句,"圾"与岌同。殆、岌皆危,已见《天地篇》。"饰羽而画",喻下"从事华辞",如画羽而饰之,反失其自然之好,故曰"以支为旨"。"支"如《礼·表记》"辞有枝叶"、《易·系传》"其辞枝"之枝。"旨",美也。以支为美,极形其不当也。旧解"旨"作意旨,误。

"忍性"犹言矫情。"视"同示。矫情以示民,是饰伪也,故曰"不知不信"。"不信",不诚也。"受乎心,宰乎神",申言所以不知不信之故。心对性言。性本不欲矫伪,而心实使之,故曰"受乎心"。然始之不信,神犹知之。神知之,其反不难也。久之习移其性,神亦听命于习,不知其为不信,而终身无反期矣,是曰"宰乎神"。上言"殆哉圾乎",其殆圾盖在乎此,故曰"夫何足以上民"。"上民",谓居民上也。

"彼宜女与予颐与"句,"误而可矣"句。"彼"指仲尼。"女",哀公也。"予",阖自谓。"宜"犹乃也。《诗·小雅·小宛篇》:"哀我填寡,宜岸宜狱。"王念孙曰:"宜岸宜狱,即乃犴乃狱。"是其证也。上"与"读如字,下"与"为语辞,读平声。旧以上"与"字断句,亦读平声,非是。"颐",养也。"而"犹则也。意谓若仲尼以此为女与予之养,其误则犹可也。以反跌下文"使民离实学伪"之为不可。于此下"颐(养)"字者,盖所云"饰羽而画,从事华辞",皆以儒家之礼文繁缛而言。而在儒家,则视礼为寻常日用养身之所不可少,故荀子曰"礼者养也",又曰"孰知夫恭敬辞让之所以养安也,孰知夫礼义文理之所以养情也",以是推之,此颜阖之言固有所为而发,非漫为之辞也。注者不察,仅依文字为说,所以迂曲缴绕而卒莫能通也。

"离实学伪","实"谓信也,亦即性也。"伪"谓华辞、忍性,亦即谓礼,老子曰:"礼者,忠信之薄而乱之首,前识者,道之华而愚之始。"又曰:"大丈夫处其厚不处其薄,居其实不居其华。"然则此之所言,固犹是老氏之旨耳。"为后世虑,不若休之","休之",止之也。又言"难治也"者,《在宥篇》云:"闻在宥天下,不闻治天下也。"故"难治"犹云不可治。郭注"治之则伪,故圣人不治",是也。

"施于人而不忘"以下,注家多别分节,案其意,实与上相连贯,故今合之。"施于人",谓施于民也。"不忘",谓责报也。施于民而责其必报,是治也,非在宥也。在宥则循其性,治则拂其性,循其性是用天,拂其性是用人,故曰"非天布也"。"天布"犹言天行。责报者,商贾之道,故曰"商贾不齿"。"不齿"者,不道诸口,所以贱之也。然为国家者,商贾亦所不废。虽所不废,而于人之性天,即未有以商贾为可贵者,故曰"虽以事齿之,神者不齿",此"神"即上"宰乎神"之"神"。以此知其文意之未始不属矣。

"为外刑者,金与木也","金"谓刀锯、斧钺,"木"谓捶楚、桎梏。"为内刑者,动与过也","动"谓得已而不已,"过"谓及时而失时。"宵人"即小人。"离"同罹。"讯之",谓案问之。"食"犹"蚀"也。"夫免乎外内之刑者,唯真人能之","真"对伪言,于此而言"免乎外内之刑者",犹《养生主》之言"无近刑"、《在宥》之言"阴阳并毗伤人之形"。盖养生为国,无有二道。所以释上"颐食"之旨,亦所以答哀公"国其有瘳"之问也。

孔子曰:"凡人心险于山川,难于知天;天犹有春秋冬夏旦暮之期,人者厚貌深情。故有貌愿而益,有长若不肖,有顺懁而达,有坚而缦,有缓而钎。故其就义若渴者,其去义若热。故君子远使之,而观其忠;近使之,而观其敬;烦使之,而观其能;卒然问焉,而观其知;急与之期,而观其信;委之以财,而观其仁;告之以危,而观其节;醉之以酒,而观其则;杂之以处,而观其色。九征至,不肖人得矣。"

继颜阖之言之后,而详记孔子"九征"之说,则知上文之诽议仲尼者,非实诽议仲尼矣。"厚貌深情","深"、"厚"皆言其难测。"愿",谨愿也。"益"从水在皿上,本满溢字,后用为损益之益,满溢乃加水傍。此言"貌愿而益",谓貌若谨悫而中实自满也。"有长若不肖","长"读平声,谓外似不肖,而其才实长也。旧读"长"为上声,解作长者,长者不得但云长,犹小人不得但云小也,故不从。"顺"与慎同。"懁"即狂狷之狷。《论语》作"狂狷",《孟子》作"狂獧",见《尽心篇》。狷者有所不为,故以

"慎狷"连言。"达"如《国风·子衿》之诗"挑兮达兮"之达,乃狷之反,故曰"有顺懁而达"。"缦",缓也。貌坚强而内濡缓,曰"坚而缦"。貌和缓而内卞急,曰"缦而钎",《释文》"钎,急也",是也。"其就义若渴者,其去义若热",始则趋义甚急,始则去义亦速。前五者言内外不如一,此则言终始不如一也,于是而有"九征"之法。"征",验也。验之以九事,故谓之"九征"。

曰"忠",谓不贰也。曰"敬",谓不怠也。《逸周书·官人篇》云:"远之以观其贰,迩之以观其不倦。"《大戴礼记·文王官人篇》同,可参看。曰"能",谓不乱也。《周书》云"烦之以事以观其治",《大戴记》无"以事"二字。曰"知",读智谓不昏也。"卒然"同猝然。《周书》云"设之以谋以观其知",《大戴记》作"絜之以观其知","絜"者度也。曰"信",谓不背也。"期",约。"急",骤也。《周书》云"考之以观其信"。《大戴记》同。曰"仁",谓不贪也。《周书》云"淹之以利以观其不贪",《大戴记》同。淹谓久也。曰"节",谓不屈也。《周书》云"示之难以观其勇",《大戴记》同。勇、节义近。"告"犹示也。曰"则",谓不失也。《周书》云"醉之以观其恭",《大戴记》作"醉之以观其不失也"。恭则不失,不失为是有则。曰"色",谓不荒也。《周书》云"滥之以乐以观其不荒",《大戴记》:"滥"作"蓝","不荒"作"不宁","不"疑衍文。"色"与上"则"字对。"则"者仪则,就一身言。"色"者颜色,就见于面者言。或作好色之色解,非也。"处"读上声。"杂之以处",谓任其杂处,故与"滥之以乐"相当,乐,欢乐也。"九征至,不肖人得矣"者,此"不肖"与上"不肖"异,上"不肖"谓愚不肖,此"不肖"则取不似本义,指内外终始不如一言。"得"者,得其真实,谓无复可掩饰也。

正考父一命而伛,再命而偻,三命而俯,循墙而走,孰敢不轨!如而夫者,一命而吕钜,再命而于车上儛,三命而名诸父,孰协唐、许!贼莫大乎德有心,而心有睫,及其有睫也,而内视,内视而败矣。凶德有五,中德为首。何谓中德?中德也者,有以自好也,而呲其所不为者也。穷有八极,达有三必,形有六府。美、髯、长、大、壮、丽、勇、敢,八者俱过人也,因以是穷。缘循,偃佒,困畏不若人。三者,俱通达。知慧外通,勇动多怨,仁义多责。达生之情者傀;达于知者肖;达大命者随,达小命者遭。

"正考父",宋卿,尝事戴、武、宣三公,于孔子为七世祖。此文即本其《鼎铭》,详见《春秋》昭公七年《左氏传》。"一命"为士。"伛",背曲也。"再命"为大夫。"偻",腰曲也。"三命"为卿。"俯",身近地也。"循墙而走",不敢当正路。皆言其恭也。"孰敢不轨","轨"犹法也,言不敢不循法。《鼎铭》本文作"亦莫予敢侮"。谓其恭如是,人亦莫敢侮之。此改作"孰敢不轨"者,意在循法为重,以见"如而夫者"之憍无法纪,非原文义也。郭注:"言人不敢以不轨之事侮之。"仍依原文义为释,失之矣。

"而夫",犹云若人,盖指当时在位者言,贱之之辞也。"吕",膂本字,《说文》云"脊骨也"。"钜"通巨,大也,强也。脊骨强大,言其不能伛偻,骄肆之状也。"儛"与舞同。大夫则有乘轩,故曰"于车上舞",骄极而忘形,近于颠狂矣。"诸父",伯父、叔父也。"名诸父",于伯叔而呼其名,无礼之至也。"唐",唐尧。"许",许由。皆视天下为轻者。"协",同也,比也。"孰协唐、许",与"孰敢不轨"文对,亦托之"而夫"之口,谓唐、许何足与比! 盖极形其无状。

旧注谓其不知比同于尧、由。夫若人之非尧、由之比,更何待言? 作者何取下此评语? 唯出于彼口,骄昏之态乃毕见,是不评之评也,故接曰"贼莫大乎德有心,而心有睫"。"德"者得也,非道德之谓。若名若位,凡有所得,不能浮云视之,而胶著乎心,是为"德有心"。"睫",目毛也。睫所以护目,故目不可无睫。然目外视而心内视。内视而有睫,则反妨其明矣,故心之有睫,心之害也。吕惠卿《庄子义》以心有眼解之,后之注家沿用吕说,非也。睫非眼,安得谓有睫为有眼乎! 且下文云"及其有睫也而内视,内视而败矣",昧"及其有睫"之文,是内视者本不得有睫也,故曰"内视而败矣"。"内视而败",内视则败也。

《消摇游篇》庄子谓惠子曰:"夫子犹有蓬之心也夫。""心有睫",亦蓬之心之比,故下云"凶德有五,中德为首"。"中德"者,心德也。"五"者,耳、目、口、鼻、心。谓之"凶德",所谓"贼"也。其贼奈何? 则曰"有以自好也而呲其所不为者也"。"好"读去声。"自好"犹云自得,如上之"吕钜"、"而于车上儛"即其所以自得,而云"孰协唐、许",则"呲其所不为者也"。"呲"各本作吡,《释文》亦作"吡",然郭注云:"吡,訾也。"字之从言者,或从口,如"诃"之与"呵"、"诟"之与"听"皆是,故郭云然,明"比"为"此"字之阙,故宋崇文本与道藏本皆作"呲",兹从之。

"穷有八极","极"如《尚书·洪范》"五福六极"之极,福之反也。所以谓之极者,美、髯、长、大、壮、丽、勇、敢八者皆生质之美,世人固以之为福矣,故矫而称之曰"极"。昔者桀、纣长巨姣美,天下之杰也,筋力越劲,百人之敌也,<small>见《荀子·非相篇》</small>然而丧其天下;智伯美鬓长大,强毅果敢,射御足力,贤于人者有五,<small>见《国语·晋语》</small>然而覆其宗族,则谓之凶极,孰曰不宜!

"达有三必","必",言其必然也。"缘循"犹因循。"偃佒"犹偃蹇。"佒"音盎。"困畏"犹畏慎。皆甘后人而不为先者也,故曰"不若人"。"不若人",与上"过人"文对。"三者"别为句。或以与"困畏"字连读者,非也。"达"如《论语》"在邦必达,在家必达"之达。<small>见《颜渊篇》</small>谓可行之天下无阻,故曰"通达",非显达之谓也。

"形有六府","形"借作刑,即上节内刑、外刑之刑。"府"者聚也。六者刑之所聚,故曰"六府"。"知"读智。"知慧外通",郭注云:"通外,则以无涯伤其内。"无涯者,《养生主篇》所云"生也有涯,而知也无涯,以有涯随无涯,殆已"者也。伤其内,是内刑也。"勇动多怨,仁义多责",怨责来之自外,难非金木,亦外刑也。是刑之六府也。

成疏谓"八极、三必、穷达,犹人身有六府矣",固误之甚。若宣颖《南华经解》以知慧、勇动、仁义当六府之三,而以达生、达知、达命合为三者以足之。不知"达生之情"四句,乃总结"正考父"以下之文。其曰生、曰知、曰命,正本《达生篇》"达生之情者不务生之所以为,达命之情者不务知之所无奈何"以为说,岂为"形有六府"作注脚者哉!盖由不识"形"之为刑,故不得其解,虽宛转迁就,为之比附,而终不可通也。

"达生之情",则知一命、再命乃至三命,皆生之所无以为,即何至于吕钜、何至于车上僎、更何至于名诸父,故曰"傀"。读块,平声。"傀"者,块然独以其形立,而富贵、贫贱不能稍摇撼之也。"达于知",则知知有不可得而奈何者。不外通而内视,内免于凶德,外免于刑责,故曰"肖"。"肖"者不肖之反,而内外始终可渐至于一如也。至若达命,又分大小者,《孝经援神契》云:"有受命以任庆,有遭命以谪暴,有随命以督行。"见《小戴礼记·祭法篇》,孔颖达《正义》引或穷或达,皆曰是所以督吾行也,行读去声吾惟益修吾德而已,是之谓"随",是为"达大命"。"达大命"者,达命之本原者也。有德而人不之尊,有才而世不之用,曰吾命之所遭然也,吾惟安之而已,是之谓"遭",是为"达小命"。"达小命"者,可以安命,而非能致命者也。"致命",见《人间世篇》。知夫大命、小命之分,则于"达命之情"庶几无失已。

人有见宋王者,锡车十乘,以其十乘骄稺庄子。庄子曰:"河上有家贫,恃纬萧而食者,其子没于渊,得千金之珠。其父谓其子曰:'取石来锻之!夫千金之珠,必在九重之渊,而骊龙颔下。子能得珠者,必遭其睡也。使骊龙而寤,子尚奚微之有哉!'今宋国之深,非直九重之渊也;宋王之猛,非直骊龙也。子能得车者,必遭其睡也。使宋王而寤,子为虀粉夫!"或聘于庄子。庄子应其使曰:"子见夫牺牛乎?衣以文绣,食以刍叔,及其牵而入于太庙,虽欲为孤犊,其可得乎!"

举此二事,见达生、达知、达命三者之不可无也。宋人则全不达者,故以庄子之事作为对照。则庄子不独言之,亦且身行之。何也?其所知者深也。"锡",赐也。"骄稀"连文,稀亦骄也。"纬",编也。"萧",蒿类,俗谓之荻蒿,可编以为畚篑之属。"恃纬萧而食者",倚此以为生也。"没",潜水也。"千金之珠",珠之值可千金者。"锻"音段,《释文》谓槌破之,是也。"九重之渊","重"读平声。渊之深至九重也。"骊",黑色。"颔下",颐下也。"奚微之有",言将被噬,无些微之余也。"赍",碎也。"赍粉",意谓遭其菹醢。"宋王",王偃,本暴君,故庄子言之如此。曰"宋国之深","深"谓不测。曰"宋王之猛","猛"即谓暴也。

"或聘于庄子",据《史记》为楚威王闻周贤,使使厚币迎之,许以为相。见《老庄列传》兹云"或"者,轻之,故不欲详之也。"其使","使"字读去声。"牺牛",祭祀所用。谓之"牺"者,以其色纯也。牺牛在祭前养之三月,故曰"食以刍叔"。"食"读饲。"刍",草也。"叔"同菽,大豆也。将杀以祭,则用绨绣覆之,故曰"衣以文绣"。"衣"读去声。"大庙",祖庙,"大"读太。"犊",牛子。牺牛用犊,故曰"虽欲为孤犊,其可得乎!""孤",谓无人豢养之。

庄子将死,弟子欲厚葬之。庄子曰:"吾以天地为棺椁,以日月为连璧,星辰为珠玑,万物为赍送。吾葬具岂不备邪?何以加此!"弟子曰:"吾恐乌鸢之食夫子也。"庄子曰:"在上为乌鸢食,在下为蝼蚁食,夺彼与此,何其偏也!以不平平,其平也不平;以不征征,其征也不征。明者唯为之使,神者征之。夫明之不胜神也久矣,而愚者恃其所见,入于人,其功外也,不亦悲乎!"

庄子之排厚葬,其意盖与墨同。《墨子》有《节葬篇》可参看然观"葬具岂不备邪"之言，与杨王孙之欲裸葬者固异，杨王孙，《汉书》有传。若便谓其主死后弃之中野以饲乌鸢，未为能明庄子之意也。"椁"，外棺也。"璧"、"珠玑"，皆殉葬之物。璧曰"连璧"者，因日月继明而言。"玑"，珠之细小者也。"赍送"，谓赙赗之属。《春秋公羊传》："车马曰赗，货财曰赙。"盖皆所以助主人送葬者也。"赍"音鳌，遗也，装也。

"不平"承上"偏"字言。《尚书·洪范》曰："无党无偏，王道平平。"明平与偏为对立也。故曰"以不平平，其平也不平"，言以偏而求平，其平不可得而终平也。又曰"以不征征，其征也不征"者，何也？平与不平，必当有以验之。常人验之以明，明者人知也。而人知不足据以为验也。以人知验，是为"以不征征"，故曰"其征也不征"，言其征不可得而终信也。盖人知而听命于天知，则人知亦足以效其用。若人知为主，而天知退处于其下，即上文所谓"受乎心，宰乎神"者，则内外之刑并至，欲善生以善死，难矣，故曰"明者唯为之使，神者征之"。"明者唯为之使"，言可为使不可为主也。"神者征之"，言用为征者，唯神为可也。"明之不胜神"，即人之不胜天也。"不胜"者，不及也。"愚者恃其所见"，恃其明也。恃其明而入于人，入于人，斯远于天矣。"其功外"者，所谓"敝精神乎蹇浅"，非徒无益，而又害之者也，故曰"不亦悲乎！"悲不在死，而在不达于生、不达于知、不达于命也。《易·说卦》曰："穷理尽性，以至于命。"不达于知，何以穷理！不达于生，何以尽性！不达于命，更何以至于命乎！"以不平平"以下，其语虽简，然一篇之大义尽于此，即一书之大义亦尽于此。此庄子临殁之言，所以丁宁其弟子者，犹曾子之以"君子所贵道者三"告孟敬子也。若别作一节，即意不属矣。

天下第三十三

此篇历叙道术由全而裂之故,以及《诗》、《书》、六艺之用,墨翟、禽滑厘以至关尹、老聃之优劣,而后述己所以著书之意,与夫察士辩者之异同,盖与《论语·尧曰》之篇、《孟子·尽心篇》之末章,上追尧、舜授受之渊源,下陈孔子与孟子自己设施志趣之所在,大略相似。故自明陆西星《南华副墨》及王夫之《庄子解》皆以此为庄子之后序,其为庄子自作,无可疑者。以上三十二篇,多支离曼衍之辞,而此篇独为庄语,则欲窥庄子之真,尤于此不可不潜心玩索也。

天下之治方术者多矣,皆以其有,为不可加矣。"古之所谓道术者,果恶乎在?"曰:"无乎不在。"曰:"神何由降?明何由出?""圣有所生,王有所成,皆原于一。"不离于宗,谓之天人;不离于精,谓之神人;不离于真,谓之至人;以天为宗,以德为本,以道为门,兆于变化,谓之圣人;以仁为恩,以义为理,以礼为行,以乐为和,薰然慈仁,谓之君子;以法为分,以名为表,以参为验,以稽为决,其数一二三四是也,百官以此相齿；以事为常，以衣食为主，蕃息畜藏，老弱孤寡为意，皆有以养，民之理也。

古之人其备乎！配神明，醇天地，育万物，和天下，泽及百姓，明于本数，系于末度，六通四辟，小大精粗，其运无乎不在。其明而在数度者，旧法世传之。史尚多有之。其在于《诗》、《书》、《礼》、《乐》者，邹鲁之士、搢绅先生，多能明之。《诗》以道志，《书》以道事，《礼》以道行，《乐》以道和，《易》以道阴阳，《春秋》以道名分。其数散于天下，而设于中国者，百家之学，时或称而道之。天下大乱，贤圣不明，道德不一，天下多得一察焉以自好，譬如耳目鼻口，皆有所明，不能相通。犹百官众技也，皆有所长，时有所用，虽然，不该不遍，一曲之士也。判天地之美，析万物之理，察古人之全，寡能备于天地之美、称神明之容，是故内圣外王之道，暗而不明，郁而不发，天下之人，各为其所欲焉，以自为方。悲夫，百家往而不反，必不合矣！后世之学者，不幸不见天地之纯、古人之大体，道术将为天下裂。

此一篇之提纲，庄子著书之意已略见于此。"内圣外王之道，暗而不明，郁而不发"，三语最要。由此可知庄子之学，实为"内圣外王"之学。其所以著书，即为发明此"内圣外王"之道也。

首言"方术"、"道术"之异。全者谓之"道术"，分者谓之"方术"，故"道术"无乎不在，乃至瓦甓屎溺皆不在道外。见《知北游篇》若"方术"，则下文所谓"天下之人各为其所欲焉以自为方"者。既有方所，即不免拘执，始则"各为其所欲"，终则"以其有为不可加"。"其有"者，其所得也。所得者一偏，而执偏以为全，是以自满，以为无所复加也。此一语已道尽各家之病。若学虽一偏，而知止于其分，去声不自满溢，即方术亦何尝与道术相背哉!

又曰"神何由降?明何由出?圣有所生,王有所成,皆原于一",何也?"无乎不在"者,一理而贯诸万事万物,充其类而言之;"原于一"者,万事万物皆原于一理,推其本而言之也。神者天,故曰降。明者地,故曰出。《天道篇》曰:"天尊地卑,神明之位也。"本篇后文曰"配神明,醇天地",又曰"天地并与,神明往与",皆以神明与天地相配,是言神明即言天地之用也。天地之用且原于一,则天地间所生万物其原于一可知也。万物之中,最灵秀者人。人之德盛者莫如圣,人之功大者莫如王。圣之生,有其所以生;王之成,有其所以成。圣王之生成且"原于一",则人间所有万事其"原于一"可知也。其举神明者,以表天道、地道;举圣王者,以表人道。天道、地道、人道皆"原于一",以见人与天地无二道也。"神何由降?明何由出?"似有问而无答。"圣有所生,王有所成",似有答而无问。此互文以见义,非实问答也。故或疑"圣有所生"上脱"问"字,与夫谓圣即神、王即明,混而同之者,皆失之。上篇"明者唯为之使神者征之",神与明系天人对言。此神与明,系天与地对言。亦当分别观之,不得混淆也。

"神人"、"至人",皆已见《逍遥游篇》。此先之以"天人"者,承上神明圣王言,特以表"天人"不二之理。故"不离"者,即不二之谓。其曰宗、曰精、曰真者,皆"原于一"之"一"。以其为主言,谓之宗;以其不杂言,谓之精;以其无妄言,谓之真也。以"圣人"继天人、神人、至人之后,而曰"以天为宗,以德为本,以道为门,兆于变化,谓之圣人"。文繁而义重若者,以将发明"内圣外王"之道,则于圣人之辞不得不谨益加谨焉。"以天为宗",则圣人即天人也。"以德为本",则圣人即真人也。"以道为门,兆于变化",则圣人即神人也。故《逍遥游》之圣人别于至人、神人而言之,此之圣人则兼天人、神人、至人而言之者也。别于至人、神人而言之,故于至人、神人居其次。兼天人、神人、至人而言之,则于天人、神人、至人为集其成。此不得等量而齐观之也。

圣人之后，继之以"君子"者，"君子"者，圣王之佐。非仁无以惠民，故曰"以仁为恩"。非义无以治民，故曰"以义为理"。非礼无以教民，故曰"以礼为行"。行读去声非乐无以和民，故曰"以乐为和"。而又曰"薰然慈仁"者，仁义礼乐，仁为之本，临民为治，仁尤其要也。以不忍之心，行太和之治，如南风之化物，故曰"薰然"。

君子之后，接之以"百官"者，孟子曰："贤者在位，能者在职。"君子所谓贤者，百官所谓能者，以贤统能，职位宜然也。荀子曰："君子守道，官人守法。"百官所谓官人，以道御法，官守亦宜然也。"以法为分"，"法"者法度。"分"，分守也。分，皆读去声"以名为表"，"名"者形名。"表"，仪表也。"以参为验"，"参"者三也，参合也。验不惮其详，故曰"以参为验"。"以稽为决"，"稽"者计也，会稽也。决必取其会，故曰"以稽为决"。稽则有等，故曰"其数一二三四是也"。"百官以此相齿"者，"此"，此数也。一官之中，又有上下主属之序，故曰"以此相齿"，"齿"者序也。《天道篇》曰："古之明大道者，先明天，而道德次之；道德已明，而仁义次之；仁义已明，而分守次之；分守已明，而形名次之；形名已明，而因任次之；因任已明，而原省次之；原省已明，而是非次之；是非已明，而赏罚次之。"曰参曰稽，即因任原省之事；曰验曰决，则是非赏罚之事。明道德以上为圣人，明仁义以上为君子，明分守形名以下则为百官。以彼证此，其先后厘然，盖无有不合焉。

"以事为常"，"事"者，耕织、工贾之事。旧有以此属上百官为文者，非也。有耕织、工贾之业，而后方有衣食可言，故先曰"以事为常"，而后曰"以衣食为主"也。"蕃息畜藏"四字为句。"蕃息"，所谓"生之者众，为之者疾；不众不疾，则无由蕃息"。"畜藏"，所谓"食之者寡，用之者舒；不寡不舒，亦无得而畜藏"也。生之者众四句，见《大学》。惟"蕃息畜藏"，然后老弱孤寡方有所赡，故曰"老弱孤寡为意，皆有以养"。"民之理"，犹言"民之为道"也。民之为道，见《孟子·滕文公篇》。圣人之化、君子之治与夫百官之所为，凡以为民也，故以"民之理"终焉。

"古之人其备乎","古之人",谓古之圣人也。"配神明,醇天地",言圣人之体。章太炎《庄子解故》云:"醇借为准。《周礼·地官·质人》'壹其淳制',《释文》'淳音准'是其例。《易》曰:'易与天地准。'"章氏之说是也。"育万物,和天下,泽及百姓",言圣人之用。"明于本数,系于末度,六通四辟,小大精粗,其运无乎不在",则合体与用而言之,所谓其备也。"本数"者,道德仁义是也。"末度"者,法名参稽是也。本数曰明,末度曰系者,末系于本,系之为言连类而及之,自然之势也。"六通四辟",已见《天道篇》。"小大精粗,其运无乎不在","运"即"帝道运而无所积,圣道运而无所积"之运。亦见《天道篇》惟运而无所积,所以曰"以道为门,兆于变化"。"兆"者,见端之微,非深于几者不察,极言其难测也。

"其明而在数度者,旧法世传之"句,古者官师世守其业,《周官·考工》云"知者创物,巧者述之、守之,世谓之工",是也,故曰"世传之"。"史尚多有之","史",史官。《周官·春官》:"大史大读太掌建邦之六典,以逆邦国之治。掌法,以逆官府之治。掌则,以逆都鄙之治。凡辨法者考焉。"郑注:"典则,亦法也。"是所谓"史多有之"也。旧以"旧法世传之史尚多有之"十字作一句读者,误也。"其在于《诗》、《书》、《礼》、《乐》者,邹鲁之士、搢绅先生多能明之",特提《诗》、《书》、《礼》、《乐》六经者,以别于世传之旧、史官之藏,盖经孔子删订之后,《诗》、《书》已非昔时之《诗》、《书》,《礼》、《乐》亦非昔时之《礼》、《乐》,故曰"邹鲁之士、搢绅先生多能明之"。"明之"者,明其义,非仅陈其数也。"邹"与鄹同。孔子鄹人之子。见《论语·八佾篇》言"邹鲁",举其地也。"搢绅",搢笏而垂绅,儒者之服如是。言"搢绅",著其类也。先百家而言之者,百家皆儒之支与流裔,儒本不在百家中也。《太史公书·五帝本纪》曰:"百家言黄帝,其文不雅驯,荐绅先生难言之。"亦以荐绅先生别于百家,荐绅即搢绅则知儒之列于六家、列于九流,其起盖在儒分为八之后。六家,见史公《自序》论六家要旨。九流,见《汉书·艺文志》。儒分为八,见《韩非子·显学篇》。若孔子之博学而无所成名,见《论语·子罕篇》其在当时,固不得以家称之也。

"《诗》以道志,《书》以道事,《礼》以道行,《乐》以道和,《易》以道阴阳,《春秋》以道名分","道",言也。"《诗》可以兴",见《论语·阳货篇》故曰"以道志"。"疏通知远,《书》教也",见《礼记·经解》故曰"以道事"。"言而履之,礼也",见《礼记·仲尼燕居》故曰"以道行"。"行而乐之,乐也","乐之"之"乐",音洛,亦见《仲尼燕居》。故曰"以道和"。"一阴一阳之谓道",见《易·系辞传》故曰"《易》以道阴阳"。"梁亡","郑弃其师","我无加损焉,正名而已矣。"见僖十九年《春秋公羊传》。"梁亡"在是年,"郑弃其师"在闵二年。自"《诗》可以兴"以下,所以引皆孔子之言。故曰"《春秋》以道名分"。于此重申六经之旨且郑重言之者,六经,"内圣外王"之道之所寄,不可不详也。

"其数散于天下而设于中国者,百家之学时或称而道之",言"天下"又言"中国"者,"中国",鲁、卫、齐、宋之区,先王之政、孔子之教之所施设,声明文物于是萃焉,"声明文物",见《春秋》桓二年《左氏传》。故孟子曰"陈良,楚产也,悦周公、仲尼之道,北学于中国",盖谓是也。"称而道之",举而言之也。

"天下大乱,贤圣不明,道德不一,天下多得一察焉以自好","大乱",谓战国。"贤圣不明,道德不一",言圣又言贤,则不独"仲尼没而微言绝",亦"七十子丧而大义乖"之时矣。"察"与际通,《中庸》"察乎天地",即际乎天地,此言一际,犹下言一曲也。"好"读去声。"自好"者,自意也。一际既非其全,自意又不知变,故曰"譬如耳目鼻口,皆有所明,不能相通"。此"明"谓知觉也。曰"不能相通",则非"六通四辟"者矣。

"犹百官众技也,皆有所长,时有所用。虽然,不该不遍,一曲之士也","百官"各本皆作"百家"。此喻言百家之偏,不当取本身以为比,明"家"为传写之误无疑,古钞卷子本正作"官",《昭明文选》陆机《演连珠》注引此文,亦作"百官",故特改正。"该"同赅。曰"不该不遍,一曲之士",则非"小大精粗,其运无乎不在"者矣。

故总而论之曰:"判天地之美,析万物之理,察古人之全,寡能备于天地之美、称神明之容,是故内圣外王之道,暗而不明,郁而不发,天下之人,各为其所欲焉,以自为方。悲夫,百家往而不反,必不合矣! 后世之学者,不幸不见天地之纯、古人之大体,道术将为天下裂。"此"察"借作粲。《说文》:"糳,粲也。从米悉声。"又:"粲,从米㦃声。糳粲,散之也。"知"察"之借为粲者,《春秋》昭元年《左氏传》"周公杀管叔而蔡蔡叔",杜注:"蔡,放也。"正义曰:"《说文》:'粲,散之也。'粲为放散之义,故训为放。""蔡"、"察"字皆从"祭"得声。"察"之借为"粲",犹"蔡"之借为"粲"矣。然则"察古人之全",谓散古人之全,与"判天地之美,析万物之理",文同义亦同也。

"称"读去声。"容",包容也。天地之成其美,在于无所不容,古人之配神明、准天地亦然。故《中庸》曰:"万物并育而不相害,道并行而不相悖。"今古人之全既散矣,则求其如天地神明之并育并行,复何可得! 故于"察古人之全"之下,又言"寡能备于天地之美、称神明之容"者,与上"判天地之美"之文,似复而非复也。于是特提"内圣外王之道暗而不明,郁而不发"之三言,以见"天下之人各为其所欲,以自为方",其故实在于此。太史公曰:"中国言六艺者,折中于夫子。"见《史记·孔子世家》扬子云曰:"群言淆乱衷诸圣。"圣人不作,无所折中。异端杂出,人见百家之盛,而不知其生心害政为蔽之大也。观其曰"百家往而不反,必不合矣",又曰"后世之学者不幸不见天地之纯、古人之大体,道术将为天下裂",致慨之深,不亦情见乎辞也夫!

不侈于后世,不靡于万物,不晖于数度,以绳墨自矫,而备世之急,古之道术,有在于是者。墨翟、禽滑厘,闻其风而说之,为之大过,已之大顺。作为非乐,命之曰节用,生不歌,死无服。墨子泛爱、兼利而非斗,其道不怒。又好学而博不异,不与先王同,毁古之礼乐。黄帝有《咸池》,尧有《大章》,舜有《大韶》,禹有《大夏》,汤有《大濩》,文王有《辟雍》之乐,武王、周公作《武》。古之丧礼,贵贱有仪,上下有等,天子棺椁七重,诸侯五重,大夫三重,士再重。今墨子独生不歌,死不服,桐棺三寸而无椁,以为法式。以此教人,恐不爱人;以此自行,固不爱己。未败墨子道,虽然,歌而非歌,哭而非哭,乐而非乐,是果类乎?其生也勤,其死也薄,其道大觳;使人忧,使人悲,其行难为也,恐其不可以为圣人之道,反天下之心,天下不堪。墨子虽独能任,奈天下何!离于天下,其去王也远矣。

墨子称道曰:"昔者禹之湮洪水,决江河,而通四夷九州也,名川三百,支川三千,小者无数。禹亲自操橐耜,而九杂天下之川,腓无胈,胫无毛,沐甚雨,栉疾风,置万国。禹大圣也,而形劳天下也如此。"使后世之墨者,多以裘褐为衣,以跂蹻为服,日夜不休,以自苦为极,曰:"不能如此,非禹之道也,不足谓墨。"相里勤之弟子、五侯之徒,南方之墨者,苦获、已齿、邓陵子之属,俱诵《墨经》,而倍谲不同,相谓别墨;以坚白同异之辩相訾,以觭偶不仵之辞相应;以钜子为圣人,皆愿为之尸,冀得为其后世,至今不决。墨翟、禽滑厘之意则是,其行则非也。使后世之墨者,必自苦以腓无胈、胫无毛,相进而已矣。乱之上也,治之下也。虽然,墨子真天下之好也,将求之不得也,虽枯槁不舍也,才士也夫!

内圣外王之道,由内而外者也。墨家刻意尚行,致力于外者多,而内自得者少,自庄子视之,墨家之术去圣人之道为最远,故一则曰"其

庄子发微卷之五·天下第三十三

行难为也,恐其不可以为圣人之道",再则曰"离于天下,其去王也远矣"。《天下篇》叙各家之学,自墨翟、禽滑厘以至关尹、老聃,乃由粗而精,由小而大。此其意于关尹、老聃之章发之,曰"以本为精,以物为粗",又曰"关尹、老聃乎,古之博大真人哉!"知关尹、老聃之为精为大,则知墨翟、禽滑厘之为粗为小矣。是故始于墨家者,以其粗且小,而欲进之也。而或者以为尊墨,所以首墨,未为能明庄子之意也。孟子曰"逃墨必归于杨,逃杨必归于儒",其以杨为与儒近而墨为与儒远,所见盖与庄子同,是可参而观焉。

"不侈于后世",为墨家背周道而用夏政言也。_{"背周道而用夏政",语出《淮南子·要略》。}观下墨子称道禹之言,亦可见之。"不靡于万物","靡",费也,为墨家"节用"、"为天下忧不足"言也。_{"为天下忧不足",语出《荀子·富国篇》。}"为"亦读去声。"不晖于数度",为墨家"非乐"、"薄葬"、"蔽于用而不知文"言也。_{"蔽于用而不知文",语出《荀子·解蔽篇》。}"数度",所谓文也。"晖"犹华也,饰也。"以绳墨自矫",下文所谓"以自苦为极"。"备世之急",则下文所谓"真天下之好也"是也。古之道术无乎不在,故曰"有在于是者"。

"墨翟"已见前。"禽滑厘",墨子弟子。"滑"音骨,《列子·杨朱篇》即作骨。《汉书·古今人表》则作屈厘。"闻其风而说之",闻之而兴起也。《汉书·艺文志》墨家《墨子》七十一篇,今存五十三篇,分十五卷。"为之大过,已之大顺","大"读为太。"已"与"为"对。"已",止也,止而不为也。"顺"与"过"对。《小尔雅》曰:"顺,退也。"退谓不及也。《释文》:"顺或为循。""循"者"遁"之借。"遁"与"退"一也。"为之太过",谓泛爱、兼利。"已之太顺",谓"非乐"、"节用"也。故接曰"作为非乐,命之曰节用","命"犹名也,言其非乐亦以节用为名也。"生不歌",承"非乐"言。"死无服","服",服丧也。《墨子·节葬篇》言为三日之服,《公孟篇》同。服仅三日,则何异于无服! 故曰"死无服"也。

"泛爱兼利",见《墨子·兼爱篇》。《兼爱篇》曰:"兼相爱,交相利。"墨子多以爱利联说。孟子曰"墨子兼爱",举爱以包利。"非斗"即非攻。《墨子》有《非攻篇》"其道不怒",推泛爱、非攻之本也。"好学而博不异","博不异",犹言大不异,谓尚同也。《墨子》有《尚同篇》墨子尝见百国《春秋》,又其南游,载书甚多,并见《墨子》本书是其好学也。好学者当兼收并蓄,乃以"不异"为大,曰"必尚同一义","上之所是,必皆是之;上之所非,必皆非之",并见《尚同篇》是强不同以为同也,故曰"好学而博不异"。"而"之为言,盖讥其不免自陷于矛盾也,是以"不与先王同,毁古之礼乐"。

"黄帝有《咸池》,尧有《大章》,舜有《大韶》,禹有《大夏》,汤有《大濩》,文王有《辟雍》之乐,武王、周公作《武》",《咸池》、《大章》、《大韶》、《大夏》、《大濩》、《辟雍》与《武》,皆乐名。《咸池》见《天运篇》。"辟"读璧,"雍"与廱同。"《辟雍》之乐",《诗·大雅·灵台》之篇所谓"于论鼓钟,于乐辟廱"者也。《武》见《诗·周颂》及《礼·乐记》。子谓"《韶》,尽美矣,又尽善也",谓"《武》,尽美矣,未尽善也"。见《论语·八佾篇》古之乐如是。今墨子犹"生不歌",是毁古之乐也。"古之丧礼,贵贱有仪,上下有等,天子棺椁七重,诸侯五重,大夫三重,士再重。""重"读平声。"有仪",有度也。古之礼如是。今墨子独"死不服,桐棺三寸而无椁,以为法式",是毁古之礼也。"三寸",桐木之厚三寸也。"以此教人,恐不爱人;以此自行,固不爱己。"言"此"者,以为与泛爱之道相悖也。

"未败墨子道","未"与莫同。"败",《释文》"或作毁"。毁、败一义。言非欲毁败墨子之道也。荀子曰:"我以墨子之非乐也,则使天下乱;墨子之节用也,则使天下贫。非将堕之也,说不免焉。"杨倞注曰:"非将堕毁墨子,论说不免如此。"堕,并读隳,见《荀子·富国篇》。然则此云"未败墨子道",犹荀子云"非将堕之"也,皆文章曲一笔法。各本"未"有作"未"者,皆误也。故曰"虽然,歌而非歌,哭而非哭,乐而非乐,是果类乎?"歌、哭者,人之性。墨子亦人也,则不能无歌、哭之时。今以歌、哭为非,则行与言相悖。"是果类乎?"甚言其不类也。又曰"乐而非乐"者,古"音乐"之"乐"与"快乐"之"乐"本同一声,至后始区而为二。故非乐,音乐之乐即是非乐。快乐之乐《庄子》首《消摇游》。消摇者,乐也。墨子之说与庄子最不相容者,莫过于非乐,故于此再三言之,观下文云"使人忧,使人悲",亦可见也。

"其生也勤","勤",劳也。"其死也薄","薄",瘠也。"其道大觳","大觳",太刻也。《史记·始皇本纪》云:"尧、舜饭土塯,啜土铏,虽监门之养,不觳于此。"言不能刻苦过此也。觳、刻一音之转,故义得相通。"使人忧,使人悲,其行难为也",并承"太觳"言。"行"读去声。惟如是,故曰"恐其不可以为圣人之道"。《中庸》曰:"道不远人。人之为道而远人,不可以为道。"墨子之道,所谓"为道而远人"者也,故曰"反天下之心,天下不堪"。"天下不堪,墨子虽独能任,奈天下何!"言天下莫之应也。莫之应,故曰"离于天下,其去王也远矣"。"离"读去声。"王",谓外王之道也。

"墨子称道曰"以下至"形劳天下也如此",墨子所以称道大禹之言也。始言"湮洪水"。"湮"同"堙",塞也。《尚书·禹贡篇》所谓"禹敷土,随山刊木,奠高山大川"也。终言"置万国",所谓"咸则三壤,成赋中邦,锡土姓"也。"四夷",即要服、荒服之地。"九州",冀、兖、青、徐、扬、荆、豫、梁、雍也。"橐",盛土器。"耜",掘土具也。"九"同鸠,聚也。"杂"同匝,合也。聚合天下之川者,沟而通之。《禹贡》所云:"夹右碣石,入于河","浮于济、漯,达于河","浮于汶,达于济","浮于淮、泗,达于河","沿于江、海,达于淮、泗","浮于江、沱、潜、汉,逾于洛,至于南河","浮于洛,达于河","浮于潜,逾于沔,入于渭,乱于河","浮于积石,至于龙门、西河,会于渭汭"。盖以河为经脉,九州之水无有不联贯通达者也。"腓",胫腨也,俗云腿肚。"无胈"、"无毛",已见《在宥篇》。"甚雨",霪雨也。面目为之沾濡,故曰"沐"。"疾风",烈风也。鬓发为之披拂,故曰"栉"。"栉",梳也。"形劳天下",以天下而劳其形也。

"使后世之墨者"以下,所以教其徒也。"裘",兽皮之带毛者。"褐",织兽毛而为布也。"跂"通作屐,木履也。"蹻"通作屩,麻履也。"服",著也。行则著之,故曰"以跂蹻为服"。"日夜不休",孟子所谓"摩顶放踵",见《尽心篇》"以自苦为极","极",谓准则也。曰"不能如此,非禹之道也,不足谓墨",教其徒之言也。两"如此"字相应,禹之形劳如此,"不能如此",即不能如禹也,故曰"非禹之道"。墨之所称道而尊行者禹,不能如禹,亦即非墨之道,故曰"不足谓墨"。

"相里勤",姓相里氏,"勤",其名也。"五侯"亦氏。曰"五侯之徒"者,非一人也。"苦获"、"已齿",皆人姓名。"已"读如起。苦获、已齿与邓陵子,皆南人,故以"南方之墨者"总之,而曰"之属"。此云"南方之墨者",则相里勤之弟子、五侯之徒其为北方之墨者可知。《韩非子·显学篇》云:"墨分为三,有相里氏之墨,有相夫氏之墨,有邓陵氏之墨。"此独称相里勤与邓陵子者,以南北之地分,故举其二而已足也。《墨经》,谓墨子之书,如《兼爱》、《非攻》、《节用》、《非乐》诸篇是。"诵"者,习也。其曰"经"者,本其徒属之辞,尊之故号为"经"也。今《墨》书有《经》上下、《经说》上下,当出相里氏、邓陵氏之手。所谓"以坚白同异之辩相訾,以觭偶不仵之辞相应"者,非兹之所曰"经"也。"倍"与背同。"谲",非正也。异于师说谓之"倍"。失其正旨谓之"谲"。"倍谲",所以不同也。不同,因相谓别墨。"相谓别墨"者,以已为正传,而以人为别派也。"坚白同异之辩",已见《胠箧篇》。"相訾",相诋也。"觭偶"即奇耦。"仵"同伍。不伍,不匹敌也。"相应",相答也。

"钜子","钜"同巨。《释文》向秀云:"墨家号其道理成者为钜子,若儒家之硕儒。"案:钜子与硕儒,名虽相似而实有不同。硕儒出于下之推崇,钜子则由于上之传授。《吕氏春秋·上德篇》云:"墨者钜子孟胜善荆之阳城君。阳城君令守于国,荆收其国。孟胜曰:'受之人国,而力不能禁,不能死,不可。'其弟子徐弱谏曰:'死,无益也,而绝墨者于世。'孟胜曰:'不然。死之,所以行墨者之义而继其业者也。我将属钜子于宋之田襄子。'徐弱曰：'若夫子之言，弱请先死以除路。'因使二人传钜子于田襄子。孟胜死，弟子死之者百八十三人，二人已致令于田襄子，欲反死孟胜于荆，田襄子止之，曰：'孟子已传钜子于我矣，当听。'遂反死之。"文有删削观此，可知钜子之世世相传，其势位之尊严，虽两汉时门生故吏之于主将有所不及，况所谓硕儒者乎！窃谓此墨子"尚贤"、"尚同"之教养而成之，一受其传，即俨然教主身分，故曰"以钜子为圣人，皆愿为之尸"。"为之尸"者，"为"读去声。"尸"如《易·师卦》"六三，师或舆尸"、"六五，弟子舆尸"之尸，取离之折首为义，虞翻《易说》如此言愿为之尽死，若徐弱等辈是也。又曰"冀得为其后世，至今不决"者，墨既分三，则各奉钜子，胜负相争，莫为之下，故"不决"也。

夫墨子之意本在救世，故曰"墨翟、禽滑厘之意则是"，而其行则"使后世之墨者，必自苦以腓无胈、胫无毛，相进而已矣"。"相进"犹相尚也。若是，则致治不足，而造乱反有余，故曰"乱之上"、"治之下"，又曰"其行则非也"。以上极言墨家学术之弊。而若墨子之为人，则有自不可没者，故"虽然"一转，曰"墨子真天下之好也"。"好"读去声。"天下之好"，天下是好也，倒之则为好天下。墨子主兼爱，好天下即爱天下也。"将求之不得也，虽枯槁不舍也"，"舍"读同捨。言必求有以爱利天下，不惜以身命殉之也，故曰"才士也夫！""才士也"者，谓能尽其才力者也。庄子尝曰："周将处夫材与不材之间。""材"与"才"同。语见《山木篇》。则称墨子为"才士"，虽曰与之，而意有微辞。故郭注曰"非有德者也"，以才别于有德，可谓能窥庄子之意者矣。

《淮南子·要略》有曰："墨子学儒者之业，受孔子之术。"《史记·儒林传》亦云："田子方、段干木、吴起、禽滑厘之属，皆受业于子夏。"是墨尝学于儒，而卒与儒歧异。由是观之，吾谓"百家皆儒之支与流裔"，固有其征已。

不累于俗，不饰于物，不苟于人，不忮于众，愿天下之安宁,以活民命,人我之养,毕足而止,以此白心,古之道术,有在于是者。宋钘、尹文,闻其风而说之,作为华山之冠以自表,接万物以别宥为始,语心之容,命之曰:"心之行,以腒合欢,以调海内。"请欲置之以为主。见侮不辱,救民之斗;禁攻寝兵,救世之战。以此周行天下,上说下教,虽天下不取,强聒而不舍者也。故曰:"上下见厌,而强见也。"

虽然,其为人太多,其自为太少,曰:"请欲固置,五升之饭足矣。"先生恐不得饱,弟子虽饥,不忘天下。日夜不休。曰:"我必得活哉!"图傲乎,救世之士哉! 曰:"君子不为苛察,不以身假物。"以为无益于天下者,明之不如已也。以禁攻寝兵为外,以情欲寡浅为内。其大小精粗,其行适至是而止。

《荀子·非十二子篇》以墨翟、宋钘并列,而此则殊宋钘、尹文于墨翟、禽滑厘者,虽其自苦而爱人正复相似,而墨子之说推本于天志,见《墨子·天志篇》宋、尹之说则置心以为主。一本天,一本心,其间有绝异者。若判其精粗,则宋、尹固较墨子为进。庄子所以区而二之,先墨、禽而后及于宋、尹也。

"不累于俗",《逍遥游篇》所谓"举世誉之而不加劝,举世非之而不加沮"是。"不饰于物",所谓"定乎内外之分,辨乎荣辱之竟"是。"不苛于人",下文所谓"强聒而不舍"是。"不忮于众",所谓"以腒合欢,以调海内"是。"不苛"者,不苛从也。惟不苛从于人,所以不得不强聒也。"愿天下之安宁以活民命",是以倡"禁攻寝兵"。愿"人我之养毕足而止",是以说"情欲寡浅"。"以此白心"者,以此表其心也。荀子曰:"君子之言,正其名,当其辞,以务白其志义者也。"见《正名篇》。文有删削。此云"白心",犹荀子云"白其志义"矣。《汉书·艺文志》:《尹文子》一篇,在名家。今道藏本分《大道(上)》、《大道(下)》二篇,与《隋书·经籍志》作二卷合。然唐马总《意林》所引数条,今书皆未之载,知残缺多矣。使其书具在,则"以此白心"者,其正名、当辞,必当有可考焉。今书《大道(上)》言形名之理,首称仲尼曰:"必也正名乎! 名不正,则言不顺也。"则亦有闻于孔子之道者也。

"宋钘"即宋荣子,《孟子》作宋牼,已见《逍遥游篇》注。《汉书·艺文志》有《宋子》十八篇,在小说家。钘著书十八篇,可谓多矣,不知刘向父子当时何以入之小说?《艺文志》本之刘歆《七略》故云。殆以其称引不免芜杂邪? 惜其遂不传也。"作为华山之冠以自表",《释文》"华山上下均平,作冠象之,表己心均平也",是也。

"接万物以别宥为始","宥"同囿。"别"者,别而去之。"为始"犹为首。《尸子》(尸佼)书云:"墨子贵兼,孔子贵公,皇子贵衷,田子贵均,列子贵虚,料子贵别囿。"《吕氏春秋》有《去宥篇》,亦云:"凡人必别宥然后知。别宥,则能全其天矣。"然则"别宥"者,谓去其限隔,犹本书《齐物论》之言"未始有封"、《人间世》之言"无町畦"意也。

"语心之容","容",包容也。惟去宥然后无所不容。《说苑·君道篇》齐宣王谓尹文曰:"人君之事何如?"尹文曰:"人君之事,无为而能容下。夫事寡易从,法省易因,故民不以政获罪也。大道容众,大德容下,圣人寡为而天下理矣。《书》曰:'容作圣。'"案:文所引《书》,为《尚书·洪范篇》文。今曰"思曰睿,睿作圣",此古文《尚书》也。作"思曰容,容作圣"者,则今文《尚书》也。伏生《尚书大传》亦云然,可以互证。故"语心之容"者,谓心之用在能容也。

"命之曰:'心之行,以脄合欢,以调海内。'"十四字当连读。"脄"各本皆从耳作"聏",惟崔本从肉作"脄",见《释文》。《说文》有"脄"无"聏"。郭注云:"脄令合,调令和。"详"令合"之义,与《说文》"脄,烂也"义合,则作"脄"是也,故改正。"脄"与腜,义亦通。腜者,柔也。"欢"与欢同。"以脄合欢"者,刚则易忤,柔则易亲,故合人之欢者必以腜也。"以调海内"者,谓不独合少数人之欢而已,虽大至"调于海内"亦不外是。"调"者和也。凡此俱不离于一心,故曰"心之行,以脄合欢,

609

以调海内"。"命之曰"者，名之如此，即说之如此也。"请欲置之以为主"，置此所语所名以为立说之主。予前曰："宋钘、尹文异于墨子者，宋、尹本心而墨子本天。"盖为此也。

"见侮不辱，救民之斗"，今宋钘书不传，而犹有可考证者，则《荀子·正论篇》尝引其说而辩正之，曰："子宋子曰：'明见侮之不辱，使人不斗。人皆以见侮为辱，故斗也。知见侮之为不辱，则不斗矣。'"称曰"子宋子"，盖本其门弟子之辞。"见侮"，谓受侮。"不辱"，谓不足为辱。"民"者人也。人与人争则斗，国与国争则战，而国之战往往以人之斗肇其端，故欲禁攻寝兵、救世之战，乃先之以见侮不辱、救民之斗也。《孟子·告子篇》云："宋牼将之楚，孟子过于石丘，曰：'先生将何之？'曰：'吾闻秦、楚构兵，我将见楚王，说而罢之。楚王不悦，我将见秦王，说而罢之。二王，我将有所遇焉。'"此又宋钘从事救世之战事实之可考者。"寝"犹息也。《尹文子》亦云："见侮不辱，见推不矜，禁暴息兵，救世之斗，此人君之德，可以为主矣。"见《大道》上篇其与宋钘之说若一倡而一和。《荀子》杨倞注以此谓"宋子，盖尹文弟子"。然观此文，先宋钘而后尹文，以上墨翟、禽滑厘之例例之，尹文非宋钘之师明矣。颜师古《汉书》注引刘向云："尹文与宋钘俱游稷下。"向之说必有所据。而孟子称宋牼曰"先生"，计牼之年当已甚老。尹文自是宋子后辈，或有闻于宋子之道而兴起者，故庄子此篇以二人合为一谈也。

"以此周行天下，上说下教"，"说"读如字。"上"谓当时人主。"下"谓民众也。"虽天下不取，强聒而不舍者也"，"强"读上声，下"强见"之"强"亦同。"聒"，多舌而扰人耳，故字从耳从舌，今俗犹云絮聒。"不舍"，不止也。故曰"上下见厌而强见也"。此本宋尹戒其徒众之言，援之以证其强聒，故加"故曰"字。"上下见厌"，谓见厌于上下。厌之，则必有拒之不欲见者。不欲见而固求见，是亦"见侮不辱"之一端，所以云"其为人太多，其自为太少"也。两"为"字皆读去声。

曰"请欲固置，五升之饭足矣"。此宋尹对接待之者之言。章太炎

《庄子解故》谓"固"借为姑,非是。"固置"者,谓辞之不得必欲置之也。古升比今升为小。宋尹周行天下,无只身之理,五升之饭,岂足供多人一日之食!故曰"先生恐不得饱,弟子虽饥,不忘天下"。"先生"谓宋尹,"弟子"指其从者。"恐"与"虽"为互文,言"恐"者,不欲为决定语;言"虽"者,所以转起"不忘天下"之文。饥甚于不饱,故于先生言"不得饱",于弟子则言"饥",文义本极明显,而郭子玄注云:"宋钘、尹文称天下为先生,自称为弟子。"成玄英疏因曰:"唯恐百姓之饥,不虑己身之饿。"凿空妄说,抑何可笑!

"日夜不休,曰:'我必得活哉!'""活"即前文"愿天下之安宁以活民命"之活。"我必得活"者,言其自信之坚,必欲活民之命。此正其不忘天下处。郭注云:"谓民亦当报己。"又误之甚也。

"图傲乎,救世之士哉!"此庄子称美宋钘、尹文之辞。以其"救民之斗"、"救世之战",故号之"救世之士"。"图"、"傲"皆大义。《尚书·大诰》"不可不成乃宁考图功",王引之《经传释词》曰"图功,大功也",是"图"为大。本书《德充符篇》"警乎大哉,独成其天","傲"与"警"同,亦大也。则"图傲乎救世之士",即大哉救世之士。章太炎读"图"为圖,以"图傲"为鄙夷,失庄子之旨矣。

曰"君子不为苟察,不以身假物",此当是宋钘之言,援之以为下"情欲寡浅"张本。"苟",各本作苛。《释文》云:"一本作苟。"案:作"苟"者是也。《荀子·不苟篇》曰:"君子行不贵苟难,说不贵苟察。""苟察"之云,自是当时习语。且此下文解之云:"以为无益于天下者,明之不如已也。"与荀子曰:"君子之所谓察者,非能遍察人之所察之谓也,有所止矣。"曰:"凡知说有益于理者,为之;无益于理者,舍之。"并见《儒效篇》意亦略同。则此作"苟"不作"苛"可知。作"苛"者,乃"苟"之讹字。或乃以为"苛"误作"苟",不免颠倒见矣。"不以身假物",谓不欲假物以为用,故郭注曰:"必自出其力也。"此则与荀子大异。荀子曰:"假舆马者,非利足也,而致千里。假舟檝者,非能水也,而绝江河。君子生非异也,善假于物也。"一主假物,一主不假物。故其言不为苟察同,而所以言不为苟察者,则相悬甚远。宋子曰:"人之情欲寡,而皆以己之情欲为多,是过也。"见《荀子·正论篇》荀子则曰:"宋子有见于少,无见于多。"见《荀子·天论篇》又曰:"宋子蔽于欲而不知得。"见《解蔽篇》又曰:"欲不待可得,而求者从所可。欲不待可得,所受乎天也。求者从所可,受乎心也。故欲过之而动不及,心止之也。心之所可中理,则欲虽多,奚伤于治!欲不及而动过之,心使之也。心之所可失理,则欲虽寡,奚止于乱!"见《正名篇》明乎荀子之所以难宋钘者,则于庄子衡量宋钘、尹文不失其高下,亦思过半矣。

结之曰"以禁攻寝兵为外,以情欲寡浅为内,其小大精粗,其行适至是而止"。内止于情欲寡浅,内固不足以圣;外止于禁攻寝兵,外亦不足以王;似大而实小,似精而实粗,故曰"其小大精粗,其行适至是而止"。盖所以深惜之也。

公而不党,易而无私,决然无主,趣物而不两,不顾于虑,不谋于知,于物无择,与之俱往,古之道术有在于是者。彭蒙、田骈、慎到,闻其风而说之,齐万物以为首,曰:"天能覆之,而不能载之;地能载之,而不能覆之;大道能包之,而不能辨之。知万物皆有所可,有所不可。"故曰:"选则不遍,教则不至,道则无遗者矣。"是故慎到弃知去己,而缘不得已,泠汰于物,以为道理,曰:"知不知。"将薄知而后邻伤之者也,谩髁无任,而笑天下之尚贤也,纵脱无行,而非天下之大圣。椎拍辊断,与物宛转;舍是与非,苟可以免。不师知虑,不知前后,魏然而已矣。推而后行,曳而后往,若飘风之还,若羽之旋,若磨石之隧,全而无非,动静无过,未尝有罪。是何故?夫无知之物,无建己之患,无用知之累,动静不离于理,是以终身无誉。故曰："至于若无知之物而已,无用贤圣,夫块不失道。"豪桀相与笑之,曰："慎到之道,非生人之行,而至死人之理,适得怪焉。"田骈亦然,学于彭蒙,得不教焉。彭蒙之师曰:"古之道人,至于莫之是、莫之非而已矣。其风窢然,恶可而言!"常反人不取观,而不免于魭断。其所谓道,非道,而所言之韪,不免于非。彭蒙、田骈、慎到不知道,虽然,概乎皆尝有闻者也。

"公而不党","党",偏党也。本或作当。"当"亦"党"之借字。"易而无私","易",平易也。"决然无主","无主"犹无我也,下文云慎到"去己"者,以此。"决然"者,若水之决诸东则东流,决诸西则西流也。"趣物而不两","趣",向也,方也。"趣物"者,视物以为之方。"不两"者,不贰以乱之。若有贰,则失夫公与易矣。"不顾于虑,不谋于知",谓不用智虑,下文云慎到"弃知"者,以此。两"知"字皆读智 于虑言"不顾",于知言"不谋",盖互文。"顾"者,顾其既往。"谋"者,谋其将来也。"于物无择,与之俱往","无择"对"不两"言。若有择,则失其"不党"与"无私"矣。"与之俱往"者,下文所谓"与物宛转"是也。

"彭蒙",不详何国人。"田骈",齐人。"慎到",赵人。并见《史记·孟荀列传》。《汉书·艺文志》道家有《田子》二十五篇,今已佚;法家有《慎子》四十二篇,今存者五篇,曰《威德》,曰《因循》,曰《民杂》,曰《德立》,曰《君子》。然如《因循篇》总不及百字,则五篇者即已非全矣。

"齐万物以为首",标三氏之宗旨也。田子贵均,见于《尸子》,《吕氏春秋·不二篇》亦云"陈骈贵齐"。田骈之为陈骈,犹田恒之为陈恒也。均、齐,一义。此其"齐万物"之可证者也。"以为首"者,以为首要也。

曰"天能覆之而不能载之,地能载之而不能覆之,大道能包之而不能辨之",此疑为田骈之言。"包之"者,但举其大体。"不能辨之"者,不能详其内容也。天地与道犹有所不足，而何况于万物！是"知万物皆有所可，有所不可"。《慎子·民杂篇》云："民杂处，而各有能者不同，此民之情也。大君者大上也，"大上"之"大"读太兼畜下者也。下之所能不同，而皆上之用也。是以大君因民之能为资，尽包而畜之，无能取去焉。"取去"即去取是故必执于方以求于人，故所求者无一足也。大君不择其下，故足。不择其下，则为下易矣。易为下，则莫不容，容故多下，多下之谓大上。"此其言"各有所能不同"，即有可、有不可之说也。

"故曰"以下，又引其言以实之。"选则不遍，教则不至"，《因循篇》云"天道因则大，化则细"，又云"化而使之为我，则莫可得而用"，与此同义。即谓必执于方以求于人，则所求者无一足也。"道则无遗者矣"，即谓"大君因民之能为资，尽包而畜之，无能取去焉"。"道"者，大君之道也。然"则"之三言者，当为慎到之言，故接云"是故慎到弃知去己而缘不得已，泠汰于物，以为道理"。"泠汰"，郭注云："犹听放也。"听者听从之。放者放任之。听从之者，上所云"趣物"。放任之者，上所云"于物无择"也。"以为道理"者，以为大道之理当如是也。"曰知不知"，谓知乃是不知也，此承上"弃知"言。

"将薄知而后邻伤之者"，"薄"，鄙薄。"邻"，近也。"伤"犹毁也。始但鄙薄知，而终乃近而毁伤之，故曰"将薄知而后邻伤之者也"。此与下"笑天下之尚贤"、"非天下之大圣"系三句一排，由毁知而笑贤，由笑贤而非圣，亦其序然也。"謑髁"，《释文》云"讹倪不正貌"，是也。"无任"之"任"，即《秋水篇》"任士之所劳"之任。《墨经》云："任士损己而益所为也。"为读去声然则"謑髁无任"，特反墨家之所为。墨家"尚贤"，故"笑天下之尚贤"。"纵脱"，不拘礼法也。"无行"，"行"读去声。"纵脱无行"，则反儒者之所为。儒者动称圣人，故"非天下之大圣"。荀子曰："慎子蔽于法而不知贤。"见《解蔽篇》盖谓此也。

"椎拍輐断"相对为文。"椎拍"者，以椎拍合之。"輐"，刑人所用之具。"輐断"者，以輐断截之。推其义，大致与荀子之言"檃栝砻砺"，见《性恶篇》《告子》之以杯棬比仁义相似。言其不出于性之自然,而勉强造作也。故其"与物宛转",迹类庄子之"物化",而实则迥异。此其受病之根,故特著此四字以明之,未可轻易读过也。"舍是与非,苟可以免","舍"同捨。但求免于系累,不复顾及是非,故免曰"苟免",是亦有微辞焉。

"不师知虑,不知前后",即上文"不顾于虑,不谋于知"之意。"不知"之"知"读如字。"魏然而已矣","魏"同巍。巍然,下文所谓"块"也。曰"而已矣"者,不足之辞也。"推而后行,曳而后往",所谓"决然无主",承上"去己"言也,以是常取后而不处先。荀子曰:"慎子有见于后,无见于先。"盖谓此也。"若飘风之还,若羽之旋,若磨石之隧","隧"音遂,《释文》云:"回也。"回与还、旋义同。此三句皆"决然无主"之喻。"全而无非",自全而人无非责也。"动静无过,未尝有罪",或动或静,己无过失,无从而加以罪也。"是何故",设问以起下文。

"夫无知之物,无建己之患,无用知之累,动静不离于理,是以终身无誉",此答上问也。"无知"之"知"读如字。建己则敌生。用知则争起。敌生,患也。争起,累也。"去己"则谁与敌,故曰"无建己之患"。"弃知"则争端泯,故曰"无用知之累"。"动静不离于理",动静不离于物则也。"是以终身无誉",不曰无非无罪,而曰"无誉"者,非罪多随誉至,无誉,斯所以无非罪也。《易·坤卦》六四曰:"括囊,无咎无誉。"慎子其亦有见于是欤!

"故曰"以下,又引慎子之言。"至于若无知之物而已,无用贤圣,夫块不失道。""块",土块。无知之物,至土块至矣,而曰"不失道",则贤圣何事哉!故云"无用贤圣"。"无用贤圣",此所以"笑天下之尚贤","而非天下之大圣"也。然欲齐人于土块,则生人之道穷矣。故"豪桀相与笑之曰:'慎到之道,非生人之行,而至死人之理,适得怪焉。'""桀"与杰同。"行"读去声。"适得怪焉"者,谓只以见其诡怪而已。惟怪之,是以笑之也。

"田骈亦然",田骈之说与慎到同也。"学于彭蒙,得不教焉","教"即上文"教则不至"之教。"不教"者,谓一任其自尔,而无取于化道也。"彭蒙之师",对学于彭蒙言,犹云彭蒙其师,即谓彭蒙也。曰:"古之道人,至于莫之是、莫之非而已矣。其风窢然,恶可而言!"此彭蒙之言。或以为彭蒙之师别有其人者,非也。"至于莫之是、莫之非而已",即上"舍是与非"之说,亦即无咎、无誉之说也。"其风",古之道人之风也。"窢然",《则阳篇》所云"吹剑首者吷而已矣"。吷、窢音正相近。风一过而不留,所以曰"恶可而言"。"恶可而言",恶可以言也。"恶"读如乌。

此篇谓田骈学于彭蒙,而《尹文子·大道下篇》云:"田子读书,曰:'尧时太平。'宋子曰:'圣人之治,以致此乎?'彭蒙在侧,越次答曰:'圣法之治以至此,非圣人之治也。'宋之曰:'圣人与圣法何以异?'彭蒙曰:'子之乱名甚矣。圣人者,自己出也。圣法者,自理出也。理出于己,己非理也。己能出理,理非己也。故圣人之治,独治者也。圣法之治,则无不治矣。此万世之利,唯圣人能该之。'宋子犹惑,质于田子,田子曰:'蒙之言然。'"其称宋钘、田骈皆曰"子",而于彭蒙则称名。不独尹文称彭蒙之名也,田子曰"蒙之言然",是田骈亦称蒙之名。且以"彭蒙在侧,越次答曰"之文推之,似彭蒙师于田骈,而非田骈师彭蒙也。岂尹文之书所记有误邪? 不然,则后人搜葺而窜乱人之者也。然其曰:"圣人者自己出,圣法者自理出。"虽未免"用名以乱实","用名以乱实",语本《荀子》,见《正名篇》。而与彭蒙、田骈之说则若合符节,要当有所据依,而非出之伪托,断断然也。

"常反人不取观",自此以下皆庄子论断三人之文。"反人",与下文言"惠施以反人为实"之"反人"同,如曰"圣法之治非圣人之治",故与常人之议相违,是所谓"反人"也。"不取观"各本作"不聚观"。"聚"亦作见,见《释文》,惟古钞卷子本作"取"。案:"不取观"者,不取观效于人也。不取观效于人,是以"反人",义正相承。若作"聚"作"见",则难于索解矣。故从古钞卷子本改正。"而不免于魭断","魭断"即輐断。作"髡"者,假借字也。反乎人者,必非性之自然,故曰"不免于髡断"也。《骈拇篇》曰:"凫胫虽短,续之则忧;鹤胫虽长,断之则悲。故性长非所断,性短非所续,无所去忧也。"髡断之云,其亦断鹤之胫之比欤!"其所谓道非道,而所言之韪不免于非","其所谓道",即指"莫之是、莫之非"之言言。"韪"音伟,是也。道而非道,是而不免于非,皆言其近似而非真也。于是断之曰:"彭蒙、田骈、慎到不知道。"

案:庄子言"无己",见《消摇游篇》言"丧我",见《齐物论篇》而三子主"去己",其似一也;庄子言"圣人不谋,恶用知",见《德充符篇》言"离形去知",见《大宗师篇》而三子主"弃知",其似二也;庄子有《齐物论》之篇,而三子"齐万物以为首",其似三也;庄子言"一宅而寓于不得已",言"托不得已以养中",并见《人间世篇》又言"有为也欲当,则缘于不得已。不得已之类,圣人之道",见《庚桑楚篇》而三子亦"缘不得已",其似四也;庄子言"物化",见《齐物论篇》言"虚而待物",见《人间世篇》言"顺物自然",见《应帝王篇》而三子亦"泠汰于物,与物宛转",其似五也。然而曰"彭蒙、田骈、慎到不知道",何邪?盖三子知执之而不知通之,知用之而不知化之。其究也,至若土块之无知,而道非道矣,此所以断其"不知道"也。孔子曰:"恶似而非者。"故取狂狷而恶乡原,曰:"恐其乱德也。"见《孟子·尽心篇》庄子之于三子,意亦若是。盖于学术疑似之间,辩之有不得不谨益加谨者焉。不然,既进三子于墨翟、禽滑厘、宋钘、尹文之后,而关尹、老聃之前,乃抨弹之严反若有过于墨翟、禽滑厘、宋钘、尹文者,将何以解之?《史记》云:"慎到、田骈皆学黄、老道德之术,因发明序其指意,故慎到著十二论,而田骈皆有所论焉。"见《孟荀列传》,中有节文。由是观之,其渊源于黄老处,殆与庄无二,则其说之近似,有由然矣。故终以"虽然"一转,而曰"概乎皆尝有闻者也"。"概"者概略,言于道亦尝闻其大概,特未得其精微者耳。骈之言曰:"大道能包之而不能辩之。"夫道者,本末精粗无不备,何言不能辩之!然则断其所闻,止于其概,亦可谓允当矣。"辨"各本作辩。"辩"与"辨"通,作"辨"者正也。

以本为精，以物为粗，以有积为不足，澹然独与神明居，古之道术，有在于是者。关尹、老聃闻其风而说之，建之以常无有，主之以大一，以濡弱谦下为表，以空虚不毁万物为实。关尹曰："在己无居，形物自著。其动若水，其静若镜，其应若响。芴乎若亡，寂乎若清。同焉者和，得焉者失。"未尝先人，而尝随人。老聃曰："知其雄，守其雌，为天下溪；知其白，守其辱，为天下谷。"人皆取先，己独取后，曰"受天下之垢"。人皆取实，己独取虚，"无藏也故有余"，岿然而有余。其行身也，徐而不费，无为也，而笑巧。人皆求福，己独曲全，曰"苟免于咎"。以深为根，以约为纪，曰"坚则毁矣，锐则挫矣"。常宽容于物，不削于人。虽未至极，关尹、老聃乎！古之博大真人哉！

"以本为精"，"本"谓德也。篇首曰"以天为宗，以德为本"。德者，得之于天者也，故德曰天德。见《天地篇》然则言德犹言天矣。此以"本"与"物"对，即以"天"与"物"对。天为精，则物为粗矣。物有积，天则无积。既"以物为粗"，故"以有积为不足"。《老子》书曰："圣人不积，既以为人己愈有，既以与人己愈多。"圣人不积者，圣人法天也。法天，是以"澹然独与神明居"。"神明"者，天地之谓也。单言之，则曰天；兼言之，则曰天地。故德曰天德。又曰："通于天地者德也。"亦见《天地篇》辞若参差，而义则无二。"澹然"，谓不挂一物。不挂一物，而后能见独。"见独"，语见《大宗师篇》。见独，而后能与神明居，故曰"澹然独与神明居"也。

"关尹"之名，已见《达生篇》。《史记·老子列传》云："见周之衰乃遂去，至关，关令尹喜曰：'子将隐矣，彊为我著书。'于是老子迺著书上下篇，言道德之意，五千余言，而去。"详"子将隐矣"之言，喜与聃当是旧识。此文先关尹而后老聃，尹之年辈又长于聃可知。刘向《列仙传》乃有"喜先望气,知真人当过,候而迹之"之说,其出方士捏造,诬妄不待言,而后之人因是遂以喜为老聃弟子,则尤诬之甚也。《汉书·艺文志》有《关尹子》九篇。《吕氏春秋·不二篇》曰:"老聃贵柔,关尹贵清。"高诱注:"关尹,关正也,名喜。"是或称关令尹,或称关尹,皆举其官,后人以"尹"为姓,"喜"为名,又误也。《关尹书》久佚,今传《关尹子》九篇,宋时始出,九篇之名,曰《宇》,曰《柱》,曰《极》,曰《符》,曰《鉴》,曰《匕》,曰《釜》,曰《筹》,曰《药》,绝不似周、秦间书,明系伪托。"老聃",已屡见,《汉志》有《老子邻氏经传》四篇,又有刘向《说老子》四篇,似《老子》原分四篇,今上下二篇,则王弼注本然也。

"建之以常无有,主之以大一","常"者,《老子》书云:"道可道,非常道。名可名,非常名。"又云:"道常、无名、朴。"又云:"道常,无为而无不为。"又云:"复命曰常,知常曰明。"此"常"之说也。"无"与"有"者,《老子》书云:"无,名天地之始。有,名万物之母。"又云:"有之以为利,无之以为用。"又云:"万物生于有,有生于无。"此"无"与"有"之说也。盖由常而无,由无而有,分之则三名,合之则一名。"大"与"一"亦然,《老子》书云:"道大,天大,地大,王亦大。"又云:"万物归焉而不为主,可名为大。"此所谓"大"也。又云:"天得一以清,地得一以宁,神得一以灵,谷得一以盈,万物得一以生,侯王得一以为天下贞。"又云:"抱一以为天下式。"此所谓"一"也。旧注以"常无有"仅作无解,"大一"仅作一解,非也。

"以濡弱谦下为表,以空虚不毁万物为实","濡"所谓柔也。"表",仪表,犹言则也。《老子》书云:"柔胜刚,弱胜强。"又云:"天下之至柔,驰骋天下之至坚。"又云:"坚强者死之徒,柔弱者生之徒。"又云:"坚强处下,柔弱处上。"是以濡弱为表也。又云:"保此道者不欲盈。"又云:"夫惟不争,故天下莫能与之争。"又云:"江海所以能为百谷王者,以其善下之,故能为百谷王。"又云:"善用人者为之下。"又云:"大国以下小国,则取小国。小国以下大国,则取大国。"是以谦下为表也。又云:

619

"致虚极,守静笃,万物并作,吾以观其复。"又云:"道冲而用之或不盈,渊兮似万物之宗。"案:冲即虚也。又云:"万物作焉而不辞。"又云:"道者万物之奥。"是"以空虚不毁万物为实"也。实对虚言。道包万物,虚而不虚,所以为实也。

"关尹曰:在己无居,形物自著"至"同焉者和,得焉者失",引关尹之言,以明其"空虚不毁万物"也。"无居","居"如《易·系辞传》"变动不居"之居,谓不留滞也。"著",昭著也。"其动若水,其静若镜",以喻"在己无居"。"其应若响",以喻"形物自著"。"芴"同忽。"亡"读无。"芴乎若亡",实而虚也。"寂乎若清",清故昭著,虚而实也。《吕氏春秋》谓"关尹贵清",盖谓此也。"和"与"同"对,犹"失"与"得"对。《论语》曰:"君子和而不同,小人同而不和。"是也。见《子路篇》"同焉者和",谓同而未尝同。"得焉者失",谓得而未尝得。皆虚之义也。关尹之言止此。"未尝先人而常随人",起下老聃"知雄守雌"、"知白守辱"之言,与下曰"受天下之垢"而以"人皆取先,己独取后"发之,曰"无藏也故有余"而以"人皆取实,己独取虚"发之,同一笔法。伪《关尹子·极篇》以此二句合上"在己无居,形物自著"七句,并为关尹之辞,盖未细详庄子此文文义,然即此亦可断知今之《关尹子》非原书矣。

"知其白,守其辱,为天下谷",今《老子》书作"知其白,守其黑,为天下式;知其荣,守其辱,为天下谷"。"黑"与"式"韵,而对"白"言。"辱"与"谷"韵,而对"荣"言。本分为两节,此云"随人",雄者先而雌者随,荣者先而辱者随,荣辱犹贵贱也故取"知雄守雌"、"知荣守辱"为说,无为引及"知白守黑"之言也。窃疑"白"为"荣"字之误。不然,则合两节之文而节用之。古人引书,亦往往有此。而或者读"辱"为"黜",强与"黑"相比合,未见为得也。溪、谷义同,皆谓虚而能受也。

"人皆取先,己独取后","取后"与"随人"义亦有别,"随人"义主于濡弱,"取后"义主于谦下,下如江海之居下流,故引老聃之言曰"受天下之垢"。今《老子》书曰:"受国之垢,是谓社稷主。受国之不祥,是谓天下王。"文与此异，而义则同也。"人皆取实，己独取虚"，此"实"与"以空虚不毁万物为实"之"实"义别，彼"实"虽与虚对，而承虚为说，是虚而不虚义；此"实"亦与虚对，而反虚为说，则仅是不虚义。《老子》书曰："虚其心，实其腹。"彼"实"是实其腹，实其腹，不害虚其心也。此"实"是实其心，实其心，则不能受物，而腹反虚矣。"无藏也故有余"上当有"曰"字，以顺上文可知，故省。"无藏"者，《应帝王篇》所谓"不将不迎，应而不藏"。"有余"者，《外物篇》所谓"胞有重阆，心有天游"也。此文不见今《老子》书，然前引书曰"圣人不积，既以为人己愈有，既以与人己愈多"，不积即"无藏"，愈有、愈多即"有余"，其意盖全同也。若夫"多藏厚亡"、"知足者富"之云，并见《老子》书乃为贪财嗜利而发，与此文义不相应，引之释此，则大非也。"岿然而有余"，形容有余之状，庄子所加。宣颖《南华经解》云"故叠一句，甚言其有余"，是也。《尔雅·释山》云"小而众，岿"，"岿然"，正取众多之义。众多，所谓"有余"也。

"其行身也徐而不费"，"徐"，安舒也。惟虚故安，惟后故舒。"不费"者，啬也。《老子》书云："治人事天莫若啬。"韩非解之云："圣人之用神也静，静而少费，少费之谓啬。"见《解老篇》"不费"，所以见其安舒也。"不费"者无为，故又云"无为也而笑巧"。"巧"者，安舒之反。伯昏瞀人曰："巧者劳而知者忧。"见《列御寇篇》既劳且忧，焉往而得安舒！是以笑之也。"人皆求福，己独曲全"，"曲全"者，《老子》书云："曲则全，枉则直。""曲"谓委曲，故于是引其言以实之，曰"苟免于咎"。"苟免"，所谓"曲"也。"以深为根"，"深"者藏身之密。"以约为纪"，"约"者检身之谨。曰"坚则毁矣，锐则挫矣"，所以不得不深。"常宽容于物，不削于人"，所以不可不约。"削"，刻削也。自"苟免于咎"以下，其文皆今《老子》书所未有，以是推之，《庄子》书所载老子之言，要皆得之传闻，有所据依，其当在重言之列，而不得以寓言视之，亦可信也。

"虽未至极"，各本皆作"可谓至极"，而《阙误》引江南李氏本、文如海本"可谓"皆作"虽未"，又古钞卷子本作"虽未至于极"，多一"于"字，意则相同。案：此文自墨翟、宋钘、尹文以至彭蒙、田骈、慎到，论之皆有褒有贬，则于关尹、老聃自亦宜尔。若如今各本以"可谓至极"许之，即与"古之人其备乎"者无异，当归之道术而不在方术之列矣。此自后之道流，推尊太上，以为庄子于老聃、关尹不应有不足之辞，故从而改窜之，其迹甚显。不知有此一抑，然后曰："关尹、老聃乎，古之博大真人哉！"文势方顺，如所改窜，既曰"至极"矣，而又曰"古之博大真人"，于辞不为已赘，而反轻乎？荀子曰："老子有见于诎，无见于信。"读同伸对老子亦有褒贬，然即于老子之博大何伤也！兹故改还原本，并识其缘由如此。"真人"之称，详见《大宗师篇》，可参看。

寂漠无形，变化无常，死与生与，天地并与，神明往与，芒乎何之，忽乎何适，万物毕罗，莫足以归，古之道术，有在于是者。庄周闻其风而说之，以谬悠之说、荒唐之言、无端崖之辞，时恣纵而不傥，不以觭见之也。以天下为沈浊，不可与庄语，故以卮言为曼衍，以重言为真，以寓言为广。独与天地精神往来，而不敖倪于万物，不谴是非，以与世俗处。其书虽瑰玮，而连犿无伤也；其辞虽参差，而諔诡可观；彼其充实不可以已。上与造物者游，而下与外死生、无终始者为友。其于本也，弘大而辟，深闳而肆；其于宗也，可谓调适而上遂矣。虽然，其应于化而解于物也，其理不竭，其来不蜕，芒乎昧乎，未之尽者。

"寂漠无形"，言道之体。"寂"或作芴，盖古"寂"字。一体作"家"，因讹为"芴"。"寂漠"字，《庄》书屡见，不得别有"芴漠"之名也。"变化无常"，言道之用。"死与生与"，承"变化"言。变者自无而之有，是为生；化者自有而之无，是为死。"与"读如欤。死而生，生而死，《齐物论篇》所谓"方生方死，方死方生"。生死亦暂名也，无有定相，故缀"欤"

字,以示其无常。所以特举生死而郑重言之者,《德充符篇》曰"死生亦大矣",非明夫道,无以知死生之说;亦非知死生之说,无以明夫道也。"天地并与,神明往与",两"与"字读与上同。天地以有形言,神明以无形言。以有形言,故言"并",《齐物论》所谓"天地与我并生"也。以无形言,故言"往","往"者往来,下文所谓"独与天地精神往来"也。因变化无常,死生亦无常,故曰"芒乎何之,忽乎何适","芒"与茫通。若有所之有所适,则是有常,非无常也。又曰"万物毕罗,莫足以归"者,《齐物论》曰"万物与我为一"。若有所归,则归于一物。归于一物,即无由与万物为一。且物则不化,不化者非道,故曰"万物毕罗,莫足以归"也。

"谬悠之说","谬"通缪,"缪悠"谓迂远也,而寓有悠久义。"荒唐之言","荒唐"谓虚诞也,而寓有广大义。《庚桑楚》曰:"有实而无乎处者,宇也。有长而无乎本剽者,宙也。"故谬悠者,以有长而无本剽言。荒唐者,以有实而无乎处言。无本剽,是为无端;无乎处,是为无崖。故又曰"无端崖之辞",盖隐寓包络天地、通贯古今之义焉。"时恣纵而傥,不以觭见之也","恣纵"谓无拘碍。"傥"上各本有"不"字,而《释文》无之。案:《天地篇》有云"傥乎若行而失其道也",又云"以天下非之,失其所谓,傥然不受",此"傥"与彼"傥乎"、"傥然"之"傥"同,"傥"者忽也,或也。忽或者,无依傍义。《中庸》曰"中立而不倚","傥"即谓不倚,则"傥"上不得有"不"字明矣,故兹从《释文》作"傥",删去"不"字。既无依傍,则左之右之,惟其宜之,故曰"不以觭见之也"。《尔雅》:"角一俯一仰,觭。"见《释畜》一俯一仰,所谓偏倚也。则"不以觭见之",犹曰"执其两端而用其中"云尔。语见《中庸》。

"以天下为沈浊,不可与庄语","庄语",正言也。"以卮言为曼衍,以重言为真,以寓言为广","曼衍"见《齐物论篇》。司马彪注云:"曼衍,无极也。"然彼文云:"和之以天倪,因之以曼衍。"曰和曰因,而以"曼衍"与"天倪"对,则"曼衍"亦兼有委曲随顺之义。惟其委曲随顺,所以无穷也。"以不可与庄语",故以卮言委曲随顺之。虽委曲随顺之,而要在使之得其真际,故曰"以重言为真"。又惧夫执于重言,以为道遂在是也,故曰"以寓言为广"。"广"者,广其意,使不拘于虚,笃于时,束于教也。此卮言、重言、寓言与《寓言篇》次序先后有异者,彼旨在得意忘言,故以寓言发其端,此旨在巽言善诱,故以卮言为之先也。

"独与天地精神往来,而不敖倪于万物",前章言关尹、老聃曰"澹然独与神明居"。"与神明居","与天地精神往来",语极相似,而义则殊异。盖"居"言其静,"往来"则言其动。言其静者,主不变言;言其动者,主变动言。老子、庄子其学皆出于《易》,而《易》兼不易、变易二义。《系辞传》曰:"天尊地卑,乾坤定矣。卑高以陈,贵贱位矣。动静有常,刚柔断矣。"又曰:"初率其辞而揆其方,既有典常。"此言不易义也。又曰:"方以类聚,物以群分,吉凶生矣。在天成象,在地成形,变化见矣。"又曰:"变动不居,周流六虚,上下无常,刚柔相易,不可为典要。惟变所适。"此言变易义也。老子未尝不知《易》之变易,要之著眼于不易者多,故"建之以常无有"。曰"常",即不易也。庄子未尝不知《易》之不易,要之著眼于变易者多,故曰"变化无常"。道术有在于是者,闻其风而说之。此庄与老之大不相同处也。

老唯主不易,故静,静故"以物为粗"。庄唯主变易,故动,动故"不敖倪于万物"。"敖倪"犹傲睨,谓轻视之也。以"不敖倪于万物",故"不谴是非,以与世俗处"。"谴"犹遣也。"不遣是非",《齐物论》所谓"和之以是非",《秋水篇》所谓"因其所然而然之,则万物莫不然;因其所非而非之,则万物莫不非也"。故老子卒于隐去,而庄子则消摇人间,不屑为避世之士。此又庄与老之大不相同处也。世人但见庄、老之同,而不见庄、老之异,因恒以老、庄并称。孔子曰:"不知言,无以知人也。"岂不信哉!

"其书虽瑰玮而连犿无伤也"以下论其所著书。是篇之为庄子自序,于此尤可证明。"瑰玮"犹瑰琦。宋玉对楚王问云:"夫圣人瑰意琦行,超然独处。"以今义释之,则"瑰玮"者不平凡也。"狅"与獾同字,音欢,亦音权。"连狅"与"连卷"、读拳"连娟"并一音之转,谓婉好也。婉好则近人,故曰"无伤"。"无伤",犹前云"不削于人"也。"其辞虽参差而諔诡可观","参差",不齐也;"諔诡",变幻也。知"諔诡"之为变幻者,《德充符篇》云"彼且蕲以諔诡幻怪之名闻",以諔诡与幻怪连文,可知者一。《齐物论篇》云:"恢恑憰怪,道通为一。""恑"同诡,"憰"同谲,"谲诡"、"諔诡"亦一音之转。"道通为一",非变幻奚能!可知者二。参差而变幻,则不齐者未尝不齐,故曰"可观"也。"彼其充实不可以已","已",止也。充实于内,自然发而为文,故曰不可以止。盖情深而文明,气盛而化神,和顺积中而英华发外,语本《小戴礼记·乐记》非可以伪为,亦非可以强至也。此庄子自道其书,亦庄子自道其学处。惟其如是,故曰"上与造物者游,而下与外死生无终始者为友"。"造物者",造化也。《大宗师篇》曰:"彼方且与造物者为人,而游乎天地之一气。"是所谓"上与造物者游"也。又曰:"孰能以无为首,以生为脊,以死为尻?孰知死生存亡之一体者?吾与之友矣。"是所谓"下与外死生、无终始者为友"也。

"其于本也,弘大而辟,深闳而肆;其于宗也,可谓调适而上遂矣","本"谓德,"宗"谓天。篇首云"以天为宗,以德为本",是也。"弘大而辟"者,"弘"亦大也。"辟"同譬,譬之为言喻也。《大雅·抑》之诗曰:"取譬不远。"孔子曰:"能近取譬。"见《论语·雍也篇》"弘大"者,往往驰于高远而忽于切近,故曰"弘大而辟",正根"小大精粗,其运无乎不在"而言之。《中庸》所谓"夫妇之愚可以与知,夫妇之不肖可以能行",是"辟"之义也。注家率以"六通四闢"闢字释之,舛矣。"深闳而肆"亦然。"深闳"犹深邃也。"肆"有显露义,《易·系传》"其事肆而隐",正义曰:"其辞放肆显露,而所论义理深而幽隐也。"知肆而隐之以相反见义,则知"深闳而肆"与夫"弘大而辟"意旨之所在矣。"调适","调"亦作稠,"调"其本字,"稠"则借字也。"上遂"犹上达也。孔子曰:"下学而上达,知我者其天乎!"《中庸》亦曰:"达天德。"此言"上达",先之以"调适"者,《刻意篇》曰"虚无恬惔,乃合天德",《德充符篇》曰"德者成和之修也",不调不适,即无由以上达也。

"虽然,其应于化而解于物也","化"与"物"盖互文,化者物之化,物者化之物。"应",因应。"解",通解也。就化言则曰"应",就物言则曰"解"。"其理不竭"者,化理层出而不穷,则应之也有不及。"其来不蜕"者,物变默移而不著,则解之也为甚难。"蜕"犹脱也,谓变之骤,故曰"芒乎昧乎,未之尽者"。"芒"、"昧"犹老子之言"忽恍",道之体如是,亦与"寂漠无形"相应。"未尽者",言未能尽其道也。郭注曰:"庄子通以平意,说己与说他人无异也。案其辞,明为汪汪然。禹拜昌言,亦何嫌乎此也。"郭氏知庄子之平意,说己与说他人无异,信有见矣。若庄子之于人于己,是是非非,无少加损,则惜乎其未有以发明之。而后之注家,乃以"未之尽者"为人未能尽庄子之妙,一若庄子自居诸家之上,无可贬抑然者。且不论"虽然"一转无说以解之,岂以庄子之学之粹,而乃自骄满若是哉! 是不可以不辩。

惠施多方,其书五车,其道踳驳,其言也不中。厤物之意,曰:"至大无外,谓之大一;至小无内,谓之小一。无厚,不可积也,其大千里。天与地卑,山与泽平。日方中方睨,物方生方死。大同而与小同异,此之谓小同异;万物毕同毕异,此之谓大同异。南方无穷而有穷。今日适越而昔来。连环可解也。我知天之中央,燕之北、越之南是也。泛爱万物,天地一体也。"惠施以此为大。观于天下而晓辩者,天下之辩者相与乐之。"卵有毛。鸡三足。郢有天下。犬可以为羊。马有卵。丁子有尾。火不热。山有口。轮不蹍地。目不见。指不至,至不绝。龟长于蛇。矩不方,规不可以为圆。凿不围枘。飞鸟之景,未尝动也。镞矢之疾,而有不行不止之时。狗非犬。黄马骊牛三。白狗黑。孤驹未尝有母。一尺之捶,日取其半,万世不竭。"辩者以此与惠施相应,终身无穷。

桓团、公孙龙,辩者之徒,饰人之心,易人之意,能服人之口,不能服人之心,辩者之囿也。惠施日以其知与之辩,特与天下之辩者为怪,此其柢也。然惠施之口谈,自以为最贤,曰:"天地其壮乎!施存,雄而无术!"南方有倚人焉,曰黄缭,问天地所以不坠不陷、风雨雷霆之故。惠施不辞而应,不虑而对,遍为万物说,说而不休,多而无已,犹以为寡,益之以怪。以反人为实,而欲以胜人为名,是以与众不适也。弱于德,强于物,其涂隩矣。由天地之道观惠施之能,其犹一蚊一虻之劳者也。其于物也何庸!夫充一尚可,曰愈贵道,几矣!惠施不能以此自宁,散于万物而不厌,卒以善辩为名。惜乎!惠施之才,骀荡而不得,逐万物而不反,是穷响以声,形与影竞走也。悲夫!

"惠施"屡见前。"多方"者,其方非一,故不与墨翟、禽滑厘、宋钘、尹文等侪之方术之列,而于篇终论之。"其书五车",所著书简编繁重,至载以五车,言其多也。《汉书·艺文志》名家有《惠子》一篇,则汉时惠子之书存者已仅矣,今一篇之书亦佚,其说惟散见于《庄子》、《荀子》、《韩非子》、《吕氏春秋》及刘向《说苑》者,略可考见。"其道舛驳",言其杂也。此"道"字义轻,犹言理也。"舛驳"各本作"舛驳"。"舛"、"踳"字通。兹作"踳驳"者,用司马彪本也。"其言也不中","中"读去声。"不中"者,不当于道术也。

"厤物之意","厤"与历同,谓分别数说之。不曰物而曰"物之意"者,凡下所言,皆穷物之精蕴,而非就物之形体立说。形体可见,而意不可见,故曰"意"也。章太炎《庄子解故》以"意"解作大凡,失其旨矣。

"至大无外谓之大一,至小无内谓之小一。""无外",即《秋水篇》所谓"不可围"。"无内",即所谓无形。无形者,数之所不能分也。不能分,是"无内"也。

"无厚不可积也,其大千里",荀子曰:"有厚无厚之察,非不察也,然而君子不辩,止之也。"见《修身篇》有厚无厚之察,即谓此。无厚与有厚对。"无厚"者,厚之至。不可以厚薄论也,故曰"不可积"。若可积,则有厚而厚亦仅矣。"其大千里",犹云其厚千里。不曰厚而曰"大"者,既曰"无厚",则不得复以厚言,故避用厚之名,而言"大"也。

"天与地卑",天随地卑也。《列子·天瑞篇》曰"天积气耳,亡处亡气",则自地以上皆天也,天何高之有!"山与泽平",山随泽平也,《小雅·十月之交》之诗曰"高岸为谷,深谷为陵",则山泽亦何常之有!《荀子》作"山渊平,天地比",见《不苟》与《正名篇》其义亦同。

"日方中方睨,物方生方死","睨",《说文》云"衺视也",以是义与衺通。《易·丰卦象传》曰"日中则昃",言中后必昃也。此则谓当其中时,亦即是昃时。生死亦然。《列子》引鹥熊之言曰"天地密移,畴盈成亏,随生随死,往来相接,间不可省",省,察也。盖谓是也。亦见《天瑞篇》。"大同而与小同异,此之谓小同异;万物毕同毕异,此之谓大同异",《荀子·正名篇》曰:"万物虽众,有时而欲遍举之,故谓之物。物也者,大共名也。推而共之,共则有共,至于无共然后止。有时而欲偏举之,故谓之鸟兽。鸟兽也者,大别名也。推而别之,别则有别,至于无别然后止。"推而共之,所谓大同也。推而别之,所谓小异也。有大同,自有其大异。有小异,亦自有其小同。要之皆从同异相对上立论,此之谓"小同异"也。若夫推之至于无共,则物之毕异睹矣。推之至于无别,则物之毕同见矣。盖物无有不同,亦无有不异。此非可于同异相对上立论。故曰"万物毕同毕异,此之谓大同异也"。

"南方无穷而有穷",《墨子·经说(下)》云:"南者有穷,则可尽;无穷,则不可尽。有穷无穷未可智,读知。下同。则可尽不可尽亦未可智。"《经说》之言,盖正对惠施此论而发。惠子言"南方无穷"者,准当时中国之恒言而云。《禹贡》曰:"东渐于海,西被于流沙,朔南暨。"东西皆穷其地之所至,而南北不然者,实见南北之无穷也。其言"有穷"者,则惠子之独见。以为既有方所,无有不极之理,故曰"南方无穷而有穷"。详玩其言,知意重在有穷,而不在无穷也。

"今日适越而昔来",已见《齐物论篇》。彼作"昔至"。"至"与"来",一也。

"连环可解也",成玄英疏云:"环之相贯,贯于空虚,不贯于环,是以两环贯空,不相涉入,各自通转,故可解也。"玄英之疏可谓尽妙。然《战国策·齐策》载秦始皇尝使使者遗君王后玉连环,"君王后"者,襄王后,王建之母也。曰:"齐多知,读智而解此环否?"而读耐,犹能也。君王后以示群臣,群臣不知解。君王后引椎椎破之,谢秦使曰:"谨以解矣。"盖言解,不言不可破,则破而解之可也。惠子之意,倘亦若是欤!

"我知天之中央,燕之北、越之南是也",今各本"天"下有"下"字,《释文》无之,元纂图互注本、世德堂本与《释文》同。成疏云"故燕北越南可为天中者也",是成本亦无"下"字,故兹从《释文》去"下"字。司马彪注云:"燕之去越有数,而南北之远无穷,由无穷观有数,则燕、越之间未始有分也。天下无方,故所在为中。"彪注是也。

"泛爱万物,天地一体也",惠子之说十余,要归于此二句,盖其宗旨所在。《吕氏春秋·爱类篇》云:"惠子之学去尊。"去尊,天地一体之旨之所发也。《韩非子·七术篇》云:"惠施欲以齐、荆偃兵。"本书《则阳篇》惠子见戴晋人于魏惠王,进蛮触之说,亦主偃兵。偃兵,泛爱万物之旨之所发也。故观惠子之说,于此二者,不可不加之意焉。

"惠施以此为大"句。"以此为大",与后"自以为最贤"一样句法。"此"指上"至大无外谓之大一"以下诸说。"为大",犹云为至也。"观于天下而晓辩者"句。"观"读去声,示也。"晓",谕也。"观"与"晓"文对,"天下"与"辩者"文对,故接曰"天下之辩者相与乐之","乐之"犹说之也。旧读为"大观于天下",以"大观"合为一名,失之。

"卵有毛"以下,皆辩者之说。卵中不见有毛,然鸡由卵变,若卵中不含有毛,则鸡之毛何自生!故曰"卵有毛"。

"鸡三足",两足者所以行,然左足行则右足随之,右足行则左足随之,未尝舛迕,是两足本一足也,此一足乃所以运两足而使之行者,合之,故曰"三足"。《公孙龙子·通变论》曰:"鸡足一。数足二。二而一,故三。"二而一者,二加一也。

"郢有天下","郢",楚之都也。楚之国,楚之天下也,而一皆听命于郢,故曰"郢有天下",犹曰郢有楚云尔,非即以郢为天下也。

"犬可以为羊",司马彪注云:"名以名物,而非物也。犬羊之名,非犬羊也。非羊可以名为羊,则犬可以名羊。"若是,则荀子所谓"用名以乱实"者。彪说是否原意,未敢信,姑录存之。

"马有卵",马虽胎生,然胎之初亦卵也,故曰"马有卵"。

"丁子有尾",成疏云"楚人呼虾蟆为丁子",是也。虾蟆之为丁子者,虾蟆初化时为蝌蚪,蝌蚪之形如丁子。沿其初称,故呼为丁子也。"丁子",今加金傍作"钉子"。蝌蚪既为虾蟆已无尾,然尝有尾矣,且尾非脱去,特变而渐没耳,其本固在也,故曰"丁子有尾"。

"火不热",火生于木石之相击,而火在木中,木不热也,火在石中,石亦不热也,是热本不在火,故曰"火不热"。

"山有口",各本作"山出口"。司马彪注云:"呼于一山,一山皆应。一山之声入于耳,形与声并行,是山犹有口也。"不曰"山出口"而曰"山有口",则本文作"山有口"甚明。其作"出"者,盖涉上"山"字而误,兹故改正。但彪以"呼于山而山应"说之,此回声之理,不必山也,何为独以山言?案:《小戴礼记·孔子闲居篇》曰:"天降时雨,山川出云。"山之出云,如人之嘘气,故曰"山有口"。其言山而不言川者,山凸起而川凹入。凹入之为有口,不待言也。此解当否,惟明识者详焉。

"轮不蹍地",轮行于地,而实不与地相切,盖若切于地,则轮为地滞而不能行矣,故曰"轮不蹍地"。

"目不见",《公孙龙子·坚白篇》有其说,曰:"白以目以火见,而火不见,则火与目不见。"意谓人之见白,须以火以目,单有目不能见,犹单有火不能见也,故曰"而火不见,则火与目不见"。火与目不见者,火之与目其不能独见同也。此盖与佛书言因缘和合者相似。

"指不至,至不绝",《列子·仲尼篇》作"有指不至,有物不尽"。"指不至"者,谓指不及物也。"指"之义已见前《齐物论篇》"物莫非指而指非指",及《养生主篇》"指穷于为薪"各条。"指"者,指而谓之也。指而谓之者,名也。名虽可加于物,而物实非名之所能尽,故曰"指不及物"。"至不绝"者,承上"至"字言,谓至者不绝。"至"即谓物,故"至不绝"与有物不尽一义。"绝"犹尽也。知有物不尽,则知"有指不至"矣。公子牟解此曰:"无指则皆至,尽物者常有。"见《列子·仲尼篇》常有者不变也。意谓惟不变者可以尽物。名非常名,即非不变,故不尽物。即此可知二句当合看,分而释之,即不可通。《世说新语》载客问乐令名广,官尚书令,称其官,故曰乐令。"指不至"者,乐亦不复剖析文句,直以麈尾柄确几,确借作觸曰:"至不?"客曰:"至。"乐因又举麈尾,曰:"若至者,那得去!"于是客乃悟服。此自是乐之玄谈,与"指不至"原意全不相涉。但观《公孙龙子·指物论》"指"与"物"相对立论,未尝分说,可以知之。

"龟长于蛇",从头至尾而量之,蛇自长于龟,而举龟之圆箕者以与蛇较,则龟长于蛇决矣。此似数学径一周三之理也。

"矩不方,规不可以为圆",绝对之方,绝对之圆,非规矩所能仿也,此理今数学家多能言之。

"凿不围枘","枘",凿之柄也。枘入于凿,则凿实围枘,而谓之不围者,凿孔与枘端之间终有空隙,而非密合,若果密合者,枘亦不能入于凿孔中矣,故曰"凿不围枘"。

"飞鸟之景未尝动也","景"与影同。影随于形,形动而影随之,影固未尝自动也。

"镞矢之疾,而有不行不止之时","镞",《说文》云"利也",《吕氏春秋·贵卒篇》卒读同猝"所为贵镞矢者,为其应声而至",高诱注云:"镞矢,轻利也。小曰镞矢,大曰篇矢。"是以其轻利,故曰"镞矢之疾"。以其疾,故曰"有不行不止之时"。司马彪注云:"形分止,势分行。"分读去声区形与势言之,其解绝妙。盖其行也以势,势犹力也势不可见,可见者形。以形言,则行而未行,故有不行之时。及其止也,已止者形,而未止者势。以势言,则止而未止,故有不止之时也。

"狗非犬",《尔雅·释畜》"犬未成豪,狗",注云"狗子未生䩭毛者",是狗为犬之别名,狗固非犬也。此正与"白马非马"一例。

"黄马骊牛三",马牛二,而谓之三者,黄骊者色,殊色于形,是以三也。义亦从"白马非马"来,观《公孙龙子·白马论》自明。

"白狗黑",非曰白狗可以为黑也,亦谓白狗未必无黑,如狗白身而黑尾,仍谓之白狗,然不得曰白狗无黑也。

"孤驹未尝有母",《释文》云"一本无此句",疑后人因《列子·仲尼篇》"孤犊未尝有母"之文补入之,又改"犊"为"驹"耳。公子牟曰:"孤犊未尝有母,非孤犊也。"细详"非孤犊也"之言,是谓孤犊之名未得成立,故曰"未尝有母"。此乃主破而非主立。盖孤驹孤犊今虽无母,而固尝有母矣。尝有母则不得谓之孤也。《释文》引李颐云:"驹生有母,言孤则无母。孤称立,则母名去也。母尝为驹之母,故孤驹未尝有母也。"其曰"孤称立,则母名去"是已。然可言无母,不可言未尝有母。若曰母尝为驹之母,遂可谓孤驹未尝有母,是遁辞之穷也,愚窃不取焉。

"一尺之捶,日取其半,万世不竭",宋洪迈《容斋随笔》于此有释,曰:"但取其半,虽碎为尘埃,余半犹存,谓为无尽可也。"此说得之。"捶",马捶,见《至乐篇》。

"辩者以此与惠施相应,终身无穷","此"即指"卵有毛"以下诸说。

"终身无穷"者,新义日出,以此终其身,而无有休止也。

"桓团、公孙龙,辩者之徒","公孙龙"已见《秋水篇》。《汉书·艺文志》名家有《公孙龙子》十四篇,今存者《迹府》、《白马论》、《指物论》、《通变论》、《坚白论》、《名实论》六篇,合为一卷。"桓团",《列子·仲尼篇》作韩团,桓、韩一音之转。成疏云"团亦赵人",不知何据。辩者之徒众矣,独举团与龙者,二人盖其魁率,而惜乎团之说竟无可考也。

"饰人之心,易人之意",本无,从而增饰之,曰"饰"。本有,从而变易之,曰"易"。此"人",盖指从其说者言。"能服人之口,不能服人之心",此"人",则谓与之抗辩者,如孔穿之辈是。见《吕氏春秋·淫辞篇》与《孔丛子·公孙龙篇》。"服人之口"之"服",各本皆作胜,惟《白帖》九引作"服"。案:两"服"字正相对为说,"服"与"胜"草书相近,易以致误,故兹从《白帖》定作"服"。"辩者之囿也","囿"者,囿于物而不能超然于物表也。后文言惠子"弱于德,强于物",又言"散于万物而不厌",又言"逐万物而不反",意盖相通贯也。

"惠施日以其知与之辩","知"读智。"与之辩",与上桓团、公孙龙之徒辩也。今各本"与"下有"人"字,盖涉上诸"人"字误衍,古钞卷子本无之,是其明证,故删。"特与天下之辩者为怪",此"怪"谓异也。立异不与众同,是曰为异。"此其柢也","柢",大柢。杨雄《法言·吾子篇》云:"或问:'公孙龙诡辞数万以为法,法与?'"夫诡辞至数万,则其所言者必不止"卵有毛,鸡三足"之二十余条,况龙之外,尚有桓团诸人共与惠施相应,终身无穷。若欲悉举之,将简牍所不能载,故曰"其柢",言只可见其大略而已。

"然惠施之口谈自以为最贤","最贤",最胜也。曰"口谈"者,所以别于"其书五车",言未尝见之文字者也。曰"天地其壮乎!施存,雄而无术!"此惠子之言。"壮",大也。"施"者,自称其名。言天地虽大,有我在,天地亦无术以自雄。引此者,为下"不辞而应,不虑而对,遍为万物说"发端。注家不知,率以"存雄"连读,而以"无术"为不学无术之比,视作庄子讥之之辞,其失之远矣。

"南方有倚人焉曰黄缭","黄缭",人姓名。"倚人"犹畸人,故《释文》云"倚本或作畸"。"问天地所以不坠不陷、风雨雷霆之故","不坠"谓天,"不陷"谓地。"风雨雷霆"四者,皆发生于天地之间,故并举以问之。"故"者,所以然也。

"不辞而应,不虑而对",不辞不虑,言其应对之无难也。"遍为万物说",则又有在风雨雷霆之外者。"说而不休,多而无已,犹以为寡,益之以怪",此"怪"谓不经,故曰"益"。则不在所益者,固不尽不经也。

"以反人为实,而欲以胜人为名,是以与众不适也","不适",不适于用也。《荀子·非十二子篇》亦言:"惠施好治怪说,玩琦辞,甚察而不惠,辩而无用,多事而寡功,不可以为治纲纪。""惠",顺也。不顺而无用,即此"不适"之谓,故曰"弱于德,强于物,其涂隩矣"。"弱于德",自得者少。"强于物",逐物者多。"其涂隩"者,其道隘而难行也。

"由天地之道观惠施之能,其犹一蚊一虻之劳者也","一蚊一虻之劳",极言其能之微小。"其于物也何庸","庸"与用同。于物何用者,言不独于天地无补,于物亦无益也。"一"即前"皆原于一"之一。"充"者,由一本而推之以至于万物也。故曰"夫充一尚可"。此屈一笔,若谓此贵过于道,则大不可,故曰"曰愈贵道,几矣"。"几"之为言"殆"也。旧注皆释"几"作近,故失其义矣。

"惠施不能以此自宁","此"指道言,"宁"者安也。知"此"为指道者,《德充符篇》庄子谓惠子曰:"道与之貌,天与之形,无以好恶内伤其身。"又曰:"天选子之形,子以坚白鸣。"此下云"散于万物而不厌,卒以善辩为名",正所谓"子以坚白鸣"者也。合前后文观之,庄子之所以深惜于惠子者,实在其不能坐进此道。不然,尽其雄辩,一一皆从本原上发挥,则与庄子之充实不可以已者,何所悬异!岂夫辩者察士之名所可得而限哉!

"惜乎!惠施之才,骀荡而不得,逐万物而不反,是穷响以声,形与影竞走也。悲夫!""惜"之而又"悲"之者,"惜"者惜其才,"悲"者悲其术。"惜"止对惠子说,"悲"则不止对惠子说,而为天下之同于惠子而背本逐末者戒也。"骀荡",放肆不羁也,声义并与"俶傥"、"倜傥"相近,此称其才之大。"不得"犹不中,谓不中于道也。"逐万物而不反",与"散于万物而不厌"义别。"散"者,上所谓"多而无已,犹以为寡"也,故曰"不厌"。"逐"者,《养生主篇》所云"生也有涯,而知也无涯,以有涯随无涯,殆已。已而为知者,殆而已矣"也,故曰"不反"。然散则丧其一,逐则离其本。丧一离本,其归又未尝不同也。"穷响以声,形影竞走",皆以譬"逐物不反"。夫声形且无常住,何况响影!捕影撮响,终何所得!是知丧一离本,未有不堕于空虚者,所以不得不为之致其悲也。

注家乐于析理者,辄议庄子非施、龙过甚;而混同大道者,又以施、龙之谈比于道听涂说,甚且谓惠子不得跻于方术之列,庄子之叙之,特以为己作衬尾耳。要之,皆未为能明庄子之意者。庄子于惠,有褒有贬,具在全书,岂独此篇哉!惟于道术本末之间,见得分明,故论人能持其平,而无抑扬过当之失。观于濠上之辩、郢人之喻,夫亦可以息其疑矣。

附录

《庄子·天下篇》校释

《〈庄子·天下篇〉校释》,由钟斌据钟泰手稿录入标点,郭君臣校订。

一 天下之治方术[1]者多矣,皆以其有,为不可加矣[2]。

二 "古之所谓道术者,果恶乎在?"曰:"无乎不在。"

三 曰:"神何由降?明何由出?"[3]"圣有所生,王有所成[4],皆原于一[5]。"

四 不离于宗,谓之天人;不离于精,谓之神人;不离于真,谓之至人。

五 以天为宗,以德为本,以道为门,兆于变化,谓之圣人[6]。

六 以仁为恩,以义为理,以礼为行,以乐为和,薰然慈仁,谓之君子[7]。

七 以法为分,以名为表,以参为验,以稽为决,其数一二三四是也,百官以此相齿[8]。

八 以事为常[9],以衣食为主,蕃息畜藏老弱孤寡为意,皆有以养,民之理也。

九　古之人其备乎[10]！配神明，醇天地，育万物，和天下，泽及百姓。

十　明于本数，系于末度；六通四辟，小大精粗。

十一　其运无乎不在。

十二　其明而在数度者，旧法世传之；史尚多有之[11]。

十三　其在于诗、书、礼、乐者，邹鲁之士，搢绅先生，多能明之。

十四　诗以道志，书以道事，礼以道行，乐以道和，易以道阴阳，春秋以道名分[12]。

十五　其数散于天下而设于中国者，百家之学，时或称而道之[13]。

十六　天下大乱，贤圣不明，道德不一，天下多得一察焉以自好[14]。

十七　譬如耳目鼻口：皆有所明，不能相通。

十八　犹百家众技也：皆有所长，时有所用。

十九　虽然，不该不遍，一曲之士也[15]！

二〇　判天地之美，析万物之理，察古人之全；

二一　寡能备于天地之美，称神明之容[16]！

二二　是故，内圣外王之道[17]暗而不明，郁而不发。

二三　天下之人各为其所欲焉以自为方，悲夫！

二四　百家往而不反，必不合矣。

二五　后世之学者，不幸不见天地之纯，古人之大体。

二六　道术将为天下裂！[18]

二七　不侈于后世，不靡于万物，

二八　不晖[19]于数度，以绳墨自矫，而备世之急。

二九　古之道术有在于是者，墨翟、禽滑厘闻其风而说之。

三〇　为之大过，已之大顺[20]。

三一　作为"非乐"，命之曰"节用"[21]。

三二　生不歌，死无服。

三三　墨子泛爱,兼利,而非斗。

三四　其道不怒。又好学而博不异[22]。

三五　不与先王同。毁古之礼乐。

三六　黄帝有《咸池》,尧有《大章》,舜有《大韶》,禹有《大夏》,汤有《大濩》,文王有《辟雍》之乐,武王、周公作《武》。

三七　古之丧礼,贵贱有仪,上下有等。天子棺椁七重,诸侯五重,大夫三重,士再重。

三八　今墨子独生不歌,死不服。

三九　桐棺三寸而无椁,以为法式。

四十　以此教人,恐不爱人;

四一　以此自行,固不爱己。

四二　未败墨子道[23]。

四三　虽然,歌而非歌,哭而非哭,乐而非乐:是果类乎?

四四　其生也勤,其死也薄。

四五　其道大觳[24]。使人忧,使人悲。

四六　其行难为也。恐其不可以为圣人之道[25]。

四七　反天下之心,天下不堪;

四八　墨子虽独能任,奈天下何?

四九　离于天下,其去王也远矣[26]!

五十　墨子称道曰:"昔者禹之湮洪水,决江河,而通四夷九州也;

五一　名山三百,支川三千,小者无数。

五二　禹亲自操橐耜,而九杂天下之川。

五三　腓无胈,胫无毛,

五四　沐甚雨,栉疾风,置万国。

五五　禹大圣也,而形劳天下也如此。"[27]

五六　使后世之墨者多以裘褐为衣,以跂蹻为服。[28]

五七　日夜不休,以自苦为极。

641

五八　曰："不能如此，非禹之道也，不足谓墨。"

五九　相里勤之弟子五侯之徒，南方之墨者，苦获、已齿、邓陵子之属[29]，俱诵《墨经》[30]，而倍谲不同，相谓别墨[31]。

六十　以坚白同异之辩相訾，

六一　以觭偶不仵之辞相应[32]。

六二　以巨子为圣人，皆愿为之尸，冀得为其后世。

六三　至今不决。

六四　墨翟、禽滑厘之意则是，其行则非也。

六五　将使后世之墨者必自苦，

六六　以腓无胈、胫无毛，相进而已矣[33]。

六七　乱之上也，治之下也。

六八　虽然，墨子真天下之好也[34]。

六九　将求之不得也，虽枯槁不舍也。

七十　才士也夫[35]！

七一　不累于俗，不饰于物[36]。

七二　不苟于人，不忮于众[37]。

七三　愿天下之安宁，以活民命。

七四　人我之养，毕足而止。

七五　以此白心[38]。

七六　古之道术有在于是者，宋钘、尹文闻其风而说之。

七七　作为"华山之冠"以自表。

七八　接万物以"别宥"为始[39]。

七九　语"心之容"，命之曰"心之行"。

八十　以聏合驩，以调海内。

八一　请欲置之以为主[40]。

八二　见侮不辱，救民之斗；

八三　禁攻寝兵,救世之战。

八四　以此周行天下,上说下教。

八五　虽天下不取,强聒而不舍者也。

八六　故曰:"上下见厌,而强见也。"[41]

八七　虽然,其为人太多,其自为太少。

八八　曰:"请,欲固置,五升之饭足矣!"[42]

八九　先生恐不得饱,弟子虽饥,不忘天下[43]。

九十　日夜不休。曰:"我必得活哉!"[44]

九一　图傲乎,救世之士哉[45]!

九二　曰:"君子不为苛察[46],不以身假物。"

九三　以为无益于天下者,明之不如已也。

九四　以禁攻寝兵为外,以情欲寡浅为内。

九五　其小大精粗,其行适至是而止。

九六　公而不党,易而无私[47]。

九七　决然无主[48],趣物而不两[49]。

九八　不顾于虑,不谋于知;

九九　于物无择,与之俱往。

一〇〇　古之道术有在于是者,彭蒙、田骈、慎到闻其风而说之。

一〇一　齐万物以为首[50]。

一〇二　曰:"天能覆之,而不能载之;地能载之,而不能覆之;大道能包之,而不能辩之[51]。

一〇三　知万物皆有所可,有所不可。"

一〇四　故曰:"选,则不遍;教,则不至。

一〇五　道,则无遗者矣。"[52]

一〇六　是故慎到弃知、去己,

一〇七　而缘不得已,

一〇八　泠汰于物,以为道理[53]。
一〇九　曰:"知不知,
一一〇　将薄知而后邻伤之者也[54]。"
一一一　謑髁无任,而笑天下之尚贤也[55]。
一一二　纵脱无行,而非天下之大圣[56]。
一一三　椎拍輐断[57],与物宛转。
一一四　舍是与非,苟可以免。
一一五　不师知虑,不知前后。魏然而已矣[58]。
一一六　推而后行,曳而后往。
一一七　若飘风之还,若羽之旋,若磨石之隧。
一一八　全而无非,动静无过,未尝有罪。
一一九　是何故?夫无知之物,无建己之患,无用知之累,
一二〇　动静不离于理,是以终身无誉。
一二一　故曰:"至于若无知之物而已。无用贤圣。
一二二　夫块不失道。"
一二三　豪桀相与笑之曰:
一二四　"慎到之道,非生人之行,而至死人之理,适得怪焉。"
一二五　田骈亦然。学于彭蒙,得不教焉。
一二六　彭蒙之师曰:"古之道人至于莫之是、莫之非而已矣。
一二七　其风窢然,恶可而言[59]?"
一二八　常反人不取观[60]。
一二九　而不免于魭断。
一三〇　其所谓道,非道;
一三一　而所言之韪,不免于非。
一三二　彭蒙、田骈、慎到不知道。
一三三　虽然,概乎皆尝有闻者也[61]。

一三四　以本为精,以物为粗,以有积为不足[62]。

一三五　澹然独与神明居。

一三六　古之道术有在于是者,关尹、老聃闻其风而说之。

一三七　建之以"常"、"无"、"有"[63]。主之以"大一"[64]。

一三八　以濡弱谦下为表,

一三九　以空虚不毁万物为实。

一四〇　关尹曰:"在己无居,形物自著。"[65]

一四一　其动若水,其静若镜,其应若响。

一四二　芴乎若亡,寂乎若清[66]。

一四三　同焉者和,得焉者失[67]。

一四四　未尝先人,而常随人。

一四五　老聃曰:"知其雄,守其雌,为天下溪。

一四六　知其白,守其辱,为天下谷。"

一四七　人皆取先,己独取后[68],曰:"受天下之垢。"

一四八　人皆取实,己独取虚。

一四九　"无藏也,故有余",岿然而有余[69]。

一五〇　其行身也,徐而不费;

一五一　无为也,而笑巧。

一五二　人皆求福,己独曲全,曰:"苟免于咎。"

一五三　以深为根,以约为纪,曰:"坚,则毁矣;锐,则挫矣。"

一五四　常宽容于物,不削于人[70]。

一五五　虽未至极[71],关尹、老聃乎,古之博大真人哉!

一五六　寂漠无形,变化无常[72]。

一五七　死与?生与?

一五八　天地并与?

一五九　神明往与?

一六〇　芒乎何之？忽乎何适？

一六一　万物毕罗，莫足以归[73]。

一六二　古之道术有在于是者，庄周闻其风而说之。

一六三　以谬悠之说，荒唐之言，无端崖之辞，时恣纵而傥[74]，不以觭见之也[75]。

一六四　以天下为沉浊，不可与庄语。

一六五　以卮言为曼衍，以重言为真，以寓言为广[76]。

一六六　独与天地精神往来[77]，而不敖倪于万物[78]。

一六七　不谴是非[79]，以与世俗处。

一六八　其书虽环玮，而连犿无伤也[80]。

一六九　其辞虽参差，而俶诡可观。

一七〇　彼其充实，不可以已[81]。

一七一　上与造物者游，而下与外死生无终始者为友。

一七二　其于本也，弘大而辟，深闳而肆。

一七三　其于宗也，可谓调适而上遂者矣[82]。

一七四　虽然，其应于化，而解于物也，其理不竭，其来不蜕。

一七五　芒乎，昧乎，未之尽者[83]。

一七六　惠施多方。其书五车。

一七七　其道舛驳。其言也不中[84]。

一七八　历物之意。

一七九　曰："至大无外，谓之大一；至小无内，谓之小一。

一八〇　无厚不可积也，其大千里[85]。

一八一　天与地卑[86]。

一八二　山与泽平。

一八三　日方中方睨[87]。

一八四　物方生方死。

一八五　大同而与小同异,此之谓小同异;

一八六　万物毕同毕异,此之谓大同异。

一八七　南方无穷,而有穷。

一八八　今日适越,而昔来。

一八九　连环可解也。

一九〇　我知天下之中央,燕之北、越之南是也。

一九一　泛爱万物,

一九二　天地一体也[88]。"

一九三　惠施以此为大。观于天下,而晓辩者。

一九四　天下之辩者相与乐之。

一九五　"卵有毛。

一九六　鸡三足[89]。

一九七　郢有天下。

一九八　犬可以为羊。

一九九　马有卵。

二〇〇　丁子有尾。

二〇一　火不热。

二〇二　山出口。

二〇三　轮不蹍地。

二〇四　目不见[90]。

二〇五　指不至,至不绝[91]。

二〇六　龟长于蛇。

二〇七　矩不方,规不可以为圆。

二〇八　凿不围枘。

二〇九　飞鸟之景未尝动也。

二一〇　镞矢[92]之疾,而有不行不止之时。

二一一　狗非犬。

二一二　黄马骊牛三[93]。

二一三　白狗黑。

二一四　孤驹未尝有母。

二一五　一尺之捶,日取其半,万世不竭。"

二一六　辩者以此与惠施相应[94],终身无穷。

二一七　桓团、公孙龙,辩者之徒,饰人之心,易人之意。

二一八　能胜人之口,不能服人之心。辩者之囿也[95]。

二一九　惠施日以其知与人之辩[96],特与天下之辩者为怪[97]。此其柢也[98]。

二二〇　然惠施之口谈,自以为最贤[99]。

二二一　曰:"天地其壮乎? 施存,雄而无术。"[100]

二二二　南方有倚[101]人焉,曰黄缭,问天地所以不坠不陷、风雨雷霆之故。

二二三　惠施不辞而应,不虑而对。

二二四　遍为万物说。说而不休,多而无已。

二二五　犹以为寡。益之以怪。

二二六　以反人为实,而欲以胜人为名。是以与众不适也。

二二七　弱于德,强于物,其涂隩矣[102]!

二二八　由天地之道观惠施之能,其犹一蚉一虻之劳者也。其于物也何庸?

二二九　夫充一,尚可;曰愈贵道,几矣[103]。

二三〇　惠施不能以此自宁[104]。

二三一　散于万物而不厌,卒以善辩为名[105]。惜乎!

二三二　惠施之才,骀荡而不得[106],

二三三　逐万物而不反。

二三四　是穷响以声,形与影竞走也。悲夫[107]!

附录·《庄子·天下篇》校释

[1] "方术"对"道术"言。曰"方",明其非全矣。《秋水篇》曰:"吾长见笑于大方之家。"方术有大小,道术无大小也。

[2] 此所谓"曲士"。不可以语道,束于教者也。

[3] 神本天,故曰"降";明本地,故曰"出"。《天道篇》曰:"天尊地卑,神明之位也。"本篇亦曰:"天地并与? 神明往与?"以神明分属天地,可知。

[4] 生之者圣,成之者王。故曰"内圣外王"之道也。

[5] "皆原于一"诠上"神、明、圣、王"之本也。

[6] "天人"、"神人"、"至人"、"圣人",虽有四名,其实一也。

[7] 孔子曰:"圣人,吾不得而见之矣。得见君子者斯可矣。"荀子亦以士、君子、圣人,为儒者之差等。故此于圣人之次而言君子也。

[8] 君子之次,言百官者,荀子所谓"君子守道,官人守法"者也。百官中亦自有差等,故曰"相齿",而举数以表之。《天道篇》曰:"古者明大道者,先明天而道德次之。道德已明,而仁义次之。仁义已明,而分守次之。分守已明,而形名次之。形名已明,而因任次之。因任已明,而原省次之。原省已明,而是非次之。是非已明,而赏罚次之。"此曰"分",即"分守"也。曰"名",即"形名"也。曰"参"、曰"稽",即"因任"、"原省"之事。曰"验"、曰"决",即"是非"、"赏罚"之事。"明仁义"以上为"君子","明道德"以上为"圣人","分守"、"形名"以下则为"百官"。此谓有为者臣道是矣。

[9] "事"谓"耕桑、工贾"之事。旧以此属上"百官"为文,误也。"民之理"犹言"民之道"。民各有常业,故曰"以事为常"。

[10] "古之人"即"得古之道术者"。本末精粗,无不通贯,故曰"其备乎"。

[11] 古百官多世其职,《周礼》所谓"述之、守之",世谓之工者也。故曰"旧法,世传之"也。《周礼》"太史掌法以逆官府之治……凡辨法者考焉,不信者刑之",法之藏于史旧矣,故又曰"史尚多有之"。旧有以十字作一句读者,非也。

[12] 特提诗、书、礼、乐、易、春秋者,重之也。孰谓庄周轻视儒术哉?

[13] 散而后为百家,则诗书礼乐不在百家之数,明。儒之有家,盖亦经教之失也。

[14] "察"者"际"之假借,"一际"犹"一曲"也。

[15] "一曲"犹"一际"也。《荀子·解蔽篇》曰:"蔽于一曲而暗于大理。"此云"不该不遍",即"暗于大理"之谓。

[16] "察"犹"考"也。"察古人之全"者,谓"考之古人之全",则此"不能备天下之美,不足称神明之容"也。"称"谓"副"也。

649

[17] "内圣之道",在《大宗师》,"外王之道"在《应帝王》。

[18] 此周之所以不得已于著书也。

[19] "浑"犹"淆"也。墨家薄葬、非乐、节用,皆是去仪文之事。故谓"不淆于数度"。

[20] "顺"一作"循"。"循"者"遁"之假借。《小尔雅》曰:"顺,退也。"则"顺"与"遁"一义。"已"与"为"对,"已"者"止"也。"顺"与"过"对,"退"者"不及"也。"止之不及"者,谓"非乐、葬用";"为之过"者,谓"泛爱兼利"也。

[21] 非乐者,所以节用。故曰:"作为'非乐',命之曰'节用'。"盖以"节用"为名也。

[22] "博不异"者,"以不异为博"也。此指"尚同"言。荀子谓墨子大俭约而僈差等,此云"博不异",其义则荀子之"僈差等",其文则与"大俭约"一例矣。

[23] 《释文》:"败,或作毁。"败毁一也。言"未敢毁败墨子之道"也。荀子曰:"我以墨子之非乐也,则使天下乱。墨子之节用也,则使天下贫。非将堕之也,说不免焉。"彼曰"非将堕之",此曰"未败墨子道",文义正同。

[24] "觳"即孟子"吾不忍其觳觫"之"觳",下文所谓"天下不堪"是也。觳者不爽之状。

[25] 《中庸》所以云"道不远人,远人不可以为道"也。

[26] 一曰"不可以为圣人之道",再曰"其去王也远矣",庄生所以慨于"内圣外王"之道不明不发也。

[27] 墨子之言止此。

[28] "跂"与"屐"同,"蹻"与"屩"同。

[29] 《韩非·显学篇》:"墨分为三。有相里氏之墨,有相夫氏之墨,有邓陵氏之墨。"此于苦获、邓陵特标曰"南方之墨"者,以见相里之为"北方之墨"也。南北对举,故称其二而已足矣。

[30] 《墨经》谓墨氏之书。其曰"经"者,本其徒属之词。或以今《墨子》书中《经上下》当之,非是。

[31] 以人为"别"者,以己为正也。下文曰"以巨子为圣人,皆愿为之尸,冀得为其后世",言各尊其本师。此"相谓别墨",则"轻其异派"也。

[32] "以坚白同异之辩相訾,以觭偶不仵之辞相应",此《经》与《经说》之所以作也。明此,则知《经》非出墨子手矣。

[33] "相进"犹"相胜"也。

[34] "好"即上文"天下多得一察焉以自好"之"好",然曰"天下之好",则过于自好

者远矣。叙百家而取墨子为首,其以此欤?

[35] "才"如《德充符》"才全,而德不形"之"才",许之"才士"者,谓不失其生质之美者矣。

[36] 《消摇游》曰:"且举世而誉之而不加劝,举世而非之而不加沮,定乎内外之分,辨乎荣辱之境,斯已矣。"此所谓"不累于俗,不饰于物"也。

[37] "不苟于人",下文所谓"强聒而不舍"。"不忮于众",下文所谓"以胹合驩以调海内"也。

[38] "白"犹"显"也。荀子曰:"君子之言,涉然而精,俛然而类,差差然而齐。彼正其名,当其辞,以务白其志义者也。"此云"白心",犹彼云"白其志义"矣。

[39] "宥"者,"囿"之假借。尸子谓"墨子贵兼,孔子贵公,皇子贵衷,田子贵均,列子贵虚,料子贵别囿"。《吕览》有《去宥篇》曰:"凡人必别宥,然后知。别宥则能全其天矣。""别"谓"离去之","别宥"即"去宥"也,"囿"者"封域"。《齐物论》云"未始有封",《人间世》曰"无町畦",亦即"去宥"之说也。

[40] "容","包容"也,"包容"即"别宥"之义。《尚书·洪范今文》曰:"思曰容,容作圣。"《说苑·君道篇》:"齐宣王谓尹文曰:'人君之事如何?'尹文曰:'人君之事,无为而能容下。夫事寡易从,法省易因,故民不以政获罪也。大道容众,大德容下;圣人寡为,而天下理矣。'"《书》曰"容作圣",彼引书如此,则知"心之容"本之《洪范》"思曰容",正尹文之说然也,"以胹合驩,以调海内",盖所以为"容"字之注释。"请欲置之以为主",则谓"欲置此宽容之心以为接物之主也"。荀子以墨翟、宋钘并称,其自苦而爱人,正复相似。其有大异者,则墨氏本天,而宋子、尹子本心,宋、尹较墨为精切矣。庄子即别墨家与宋钘、尹文为二,故于此特明著之。

[41] 惟"见侮不辱",故有"上下见厌,而强见之"说矣。

[42] "请,欲固置"句,谓"必欲固置,则五升之饭已足"。盖辞之而不得之言,故云"请"也。

[43] 先生曰"恐不得饱",弟子曰"虽饥",盖互文也。意谓先生、弟子皆恐饥而不饱,虽然如是,仍不忘天下也。古书自有此文法。

[44] "必得活"者谓"必得活民之命",非言"自活"也。旧注多误。

[45] "图","大"也。《尚书·大诰》曰:"不可不成乃宁考图功。"王引之《经传释词》曰"图功,大功",是也。"傲",亦"大"也。《德充符篇》曰:"謷乎大哉,独成其天。"此"傲"与彼"謷"同。"图傲乎救世之士"即"大哉救世之士"。叠用"图傲"两字者,盖极称之。如上称墨子"才士也夫",正一例也。

[46] "苟"各本作"苛"。然《荀子·不苟篇》曰："君子行不贵苟难,说不贵苟察。"此文正与彼同。从《释文》"一本作苟"是也。《荀子·儒效篇》曰："君子之所谓察者,非能遍察人之所察之谓也,有所止矣。"又曰："凡知说,有益于理者为之,无益于理者舍之,夫是之谓中说。"而此下文云"以为无益于天下者,明知不如已也",此说与荀子之意亦略似。故知当作"苟",不作"苛"矣。

[47] "易"犹"平"也。

[48] "无主"而曰"决然"者,"决诸东方,则东流;决诸西方,则西流",盖如水然也。

[49] 一任乎物,而不与物忤,故曰"不两"也。

[50] 此与庄子之《齐物论》何异?而以为"不知道"者,盖知"齐之齐",而不知"不齐之所以为齐"也。

[51] 此言"天与地道皆有所不足",而况万物乎?所以起下"有可不可,选则不遍"之端也。

[52] 此所谓"道",盖云放任之而已。

[53] "以为道理"者,"以为道之理当如是"也。"弃知"即"绝望"。"弃知"、"去己"即"无己"、"丧我"。"缘不得已"即"寓于不得已"。此皆与庄子之学相同者。其异在"泠汰于物",即所谓"于物无择,与之俱往者也"。《知北游篇》曰:"与物化者,一不化者也。"慎到盖惟"化",而不知"中有不化者"存,故复堕于一边也。

[54] "知,不知",谓"知乃不知矣"。"薄"犹"鄙"也。"伤"犹"毁"也。"邻","近"也。始但薄视"知",而终几欲毁伤"知",故曰"邻伤之"也。即举彭蒙之言,而更论断之如此。

[55] 《墨子》有《尚贤篇》,"任士"为墨家之称。既"謑髁无任",故以墨之"尚贤"为笑也,荀子亦曰"慎子蔽于法而不知贤"。

[56] "行"谓"儒行"。前者笑墨,此则非儒也。

[57] "椎拍辁断"犹荀子之言"蒸矫磐砺",告子之以"桮棬"比"仁义"。出于造作,而非自然。慎到之病盖在此矣。

[58] 《知北游篇》曰"魏魏乎其终则复始也"。终而复始,则无终始。不知前后,则无前后。其义一也。故彼云"魏魏乎",此云"魏然","魏然"所谓"块"也。

[59] "风"即"闻其风而说之"之"风"。"窅然"谓其轻微,犹《则阳篇》曰"吹剑首者,吷而已矣"。"吷"、"窅"音正相近。"不可得"言所以为"不教"也。

[60] "取"各本作"聚"。此从古钞卷子本。"不取观"者,言"不取人之观效"也。惟"反人",故"不取观"。后人不知其意,乃改"取"为"聚"矣。郭象注云"反人不见观,不顺民望也",以"见"训"取",意为近之。而有改本文作"见"者,

则误也。

[61] "概乎有闻"言"亦尝得其粗迹"也。

[62] 老子《道德经》云"圣人不积。既以为人,己愈有;既以与人,己愈多",此所以"有积为不足"也。

[63] 《道德经》云"道可道,非常道",又曰"复命曰常。知常曰明。不知常,妄作凶",此"常"之说也。曰"无,名天地之始;有,名万物之母",又曰"有之以为利,无之以为用",又曰"万物生于有,有生于无",此"无"与"有"之说也。由"常"而"无"而"有",盖累三焉。

[64] 《道德经》曰"道大,天大,地大,王亦大",此所谓"大"也。又曰"天得一,以清;地得一,以宁;神得一,以灵;谷得一,以盈;万物得一,以生;侯王得一,以为天下贞",此所谓"一"也。"大"言其"无外","一"言其"不贰"。或读作"太一"者,非也。

[65] 关尹之言止此,下则著其行,以实其言也。

[66] "清"疑当作"清",如《人间世篇》"爨无欲清之人"。或亦误作"清"也。

[67] "同焉者和"言"人见其同者,适其所以不同者也"。"得焉者失"言"人见其得者,适其所以无得者也"。与上"芴乎若亡,寂乎若清",文义一例,皆形容其德之辞。

[68] 此即尹之"未尝先人,而尝随人"也。先举其行事,而后以老子自言证之。

[69] "无藏也故有余"句上,当有"曰"字。或承上文而省,否则传写脱之矣。"岿然而有余"乃承上文加以赞语以起下文者,非如上句为老氏语也。

[70] "削"犹"刻"也。

[71] "虽未"各本作"可谓"。此依《庄子阙误》所引一本。案自墨翟、宋钘、尹文以至彭蒙、田骈、慎到,论之皆有扬有抑。如于墨子,既言其"不可以为圣人之道",又言其"离于天下,去王也远",又言"其意则是,其行则非",乃用"虽然"一转,曰"墨子真天下之好也,将求之不得也,虽枯槁不舍也,才士也夫!"于宋钘、尹文,则曰"图傲乎,救世之士哉!",而一转曰"其小大精粗,其行适至是而止"。于彭蒙、田骈、慎到,则曰"不知道",而"虽然"一转,许其"概乎皆尝有闻"。此必后世崇尚道家者,以为庄于尹、老不当有不满之辞,乃从而改窜之,而不知其于文例有背也。故为正之。

[72] 此《易·系传》所谓"变动不居,上下无常,不可为典要"者,观此四字,庄子之学出于《易》也甚明。

[73] "毕罗"所谓"小大精粗其运无乎不在","莫足以归"则所谓"六通四辟"也。

653

[74] 各本"倪"上有"不"字。此从《释文》。案《天地篇》曰"倪乎若行而失道也",又曰"以天下非之,失其所谓,傥然不变",此与"傥然"之"傥"一义,盖"无依傍"之谓。

[75] "畸"与"畸"同,谓"一偏"也。"不以一偏见",盖隐然自负能窥道术之全矣。

[76] "寓言"、"重言"、"卮言"并详《寓言篇》。此先举"卮言",盖承上"谬悠之说"三句言之,以见"寓言"、"重言"并归于"卮言"之曼衍,欲人忘言而得意也。

[77] 于关尹、老聃则曰"澹然独与神明居",而此云"与天地精神往来"。"居"者静相,"往来"者动相也。辨夫此,则知老、庄之学不同之所在矣。

[78] "敖倪"犹"傲睨"也。"不傲睨于万物"则与"以物为粗"者异矣。

[79] "遣"犹"遗"也。"不遣是非",《齐物论》所谓"因是因非"者也。

[80] "连犿"一作"连抃"。"抃"其本字,"犿"则假借也,"连抃"犹"鼓舞"也,《易·塞卦·六四》"往蹇来连","连"与"蹇"反,知有欢乐之意也。鼓之舞之,所以尽神,故"无伤"也。旧作"宛转"释之,未得其旨。

[81] "充实,不可以已",故其书从广大胸中自然流出,而莫非绝妙文章也。

[82] "本"者"德"也。"宗"者"天"也。"稠"与"调"通。"调适而上遂",《中庸》所谓"上达天德"者也。

[83] "其理不竭",故不化而化;"其来不蜕",故不解而解。不化而化,不解而解,此所以"未之能尽"也。

[84] 《庚桑楚篇》"庄子过惠子之墓,顾谓从者曰:'自夫子之死也,吾无以为质矣,吾无与言者矣。'"然则足以受庄子之斫斲者莫惠子若。而惜乎其方虽多而不中,盖溺于名相,能博而不能约者也。《天下篇》殿之以惠子,岂无意哉?《则阳篇》"言而足,则终日言而尽道。言而不足,则终日言而尽物",足与不足,一反覆之间耳,故曰"以指喻指之非指,不若以非指喻指之非指也;以马喻马之非马,不若以非马喻马之非马也"。凡有名言,皆嫌滞迹。苟能脱洒,亦何言非道哉? 诚知庄子之意,则可以读惠施诸名家之书矣。

[85] 荀子言"无厚有厚之察",盖指此。若今《邓析子·无厚篇》则全非其意,伪造者亦甚无识矣。

[86] "卑"者"比"之同音假借。《荀子·非十二子篇》曰:"山渊平,天地比。"

[87] 《说文》:"睨,衺视也。"故以"睨"为"衺"矣。

[88] 结之以"泛爱万物,天地一体",则惠子之意之所在,可知矣。《齐物论》曰:"天地与我并生,万物与我为一。"两言故不甚相远。此庄子所以不能无取于施也。

[89]《公孙龙子·通变论》谓："鸡足一,数足三,二而一,故三。"此所谓"鸡三足"也。

[90]《公孙龙子·坚白论》："且犹白以目与火见,而火不见,则火与目不见。"此所谓"目不见"也。

[91]此"指"即"指,非指"之"指",名家之专辞也。"指不至"者,谓名不及物,物非名之所能尽也。"至不绝"者,谓若至则名物不相外,而无待于指名。"不绝",犹言不离也。

[92]"镞矢"不辞。"镞"疑为"鍭"之误。《诗·大雅》曰"四鍭既钧",疏曰"鍭矢参亭",三分之一在前,二在后,轻重钧亭也。

[93]此亦公孙龙子白马、坚白两论之绪余也。

[94]此指上"卵有毛"以下诸说也。

[95]《韩诗外传》公孙龙与孔子高辩"臧三耳"于平原君之所。子高曰："言两耳,甚易而是也。言三耳甚难,而实非也。君从其易而是者乎？从其难而非者乎？"平原君曰："子高理胜于辞。"此所谓"胜人之口,不能服人之心"也。

[96]"与人之辨","与人是辨"也。

[97]于慎到曰"适得怪焉",今于惠子亦曰"特与辨者为怪",知"素隐行怪"非庄子所取矣。

[98]言上之所举,特其概略而已。

[99]"自以其有,为不可加",所以落于方术。"自以为最贤",所以以坚白之昧终也。

[100]"施",惠子自道也。"雄"犹"壮"也。言"天地虽大,有我在,天地亦无术以自神"。

[101]"倚人"即"畸人","倚"、"畸"相通。

[102]"弱于德,强于物"六字分明指出惠子病根。"隩","隩险"也。

[103]"曰"犹"若"也。孟子曰"管仲,曾西之所不为也",谓"若管仲"也。"充一"者,"推一以之万"。"贵道"者,"反万而归一"。言"遍为万物说。不离于一,犹之可也；若进而贵道,其庶几乎"。"愈"犹"进"也。

[104]"此"即所谓"一"也、"道"也。

[105]《德充符》庄子谓惠子曰"天选子之形,子以坚白鸣",亦此意也。

[106]"不得"犹不中也。

[107]既"悲夫百家往而不反"又"悲夫惠子逐万物而不反"。"反"者,"反于天地之纯","古人之大体也"。此庄子著书之意也,故一书以《天下篇》终之。

655

读庄发例

读《庄子》,不可不先通六经。《天下》篇推原道术之本,而曰:"其明而在数度者,旧法世传之,史尚多有之。其在于《诗》、《书》、《礼》、《乐》者,邹鲁之士,缙绅先生,多能明之。《诗》以道志,《书》以道事,《礼》以道行,《乐》以道和,《易》以道阴阳,《春秋》以道名分。其数散于天下而设于中国者,百家时或称而道之。"前乎庄子,其言六经,未有若是之详备而精核者也,此庄子之学之所出也。故"寓言十九"者,《诗》之比兴也;"重言十七"者,《书》之"曰若稽古"也;"卮言日出,和以天倪"者,《易》之鬼神阴阳,而变动不居也。《齐物论》曰"春秋经世,先王之志,圣人议而不辩",非即因行事,加王心,拨乱世,反诸正之义乎?《大宗师》曰"以礼为翼",又曰"以礼为翼者,所以行于世也",非即礼义以为干橹,忠信笃敬,蛮貊可行之教乎?《天运》篇称述黄帝咸池之乐,其终曰"天机不张,而五官皆备,此之谓天乐,无言而心说",非即大乐必易,无声之乐气志不违之说乎?昔昌黎谓"子夏之后有田子方,田子方之后有庄周",道周之渊源甚悉,不知何据。然庄子之上继孔门,而有得于六经之传,则固无疑也。后人既不通经,又见《汉书·艺文志》列庄子于道家,与儒者异趣,乃舍六经之旨,而一以虚无求之,或且附会于神仙方士之术，其不失庄子本意者几何哉！或曰：如子之说，庄之学信本乎六经矣，则何以《天道》篇，孔子"繙十二经以说老聃"，而聃有"大谩"之讥；《天运》篇，孔子谓老聃"治《诗》、《书》、《礼》、《乐》、《易》、《春秋》"，而聃有"先王陈迹"之喻；而《骈拇》、《马蹄》诸篇，又何以有"攘弃仁义"、"灭绝礼乐"之论乎？应之曰：大谩之讥，教以反约也；陈迹之喻，告以致精也。仁义可以攘弃，谓夫煦俞仁义者也；礼乐可以灭绝，谓夫折屈礼乐者也。而岂真掊击仁义礼乐哉？且庄子不云乎"言者所以在意，得意而忘言"，子不究其意，而徒执其言以相难，则夫子云"尧舜犹病"，将为排诋舜尧，孟子称"公刘好货"，"大王好色"，将为奖藉好货好色乎？是故《诗》《书》发冢（见《外物》篇），儒者宁尽盗魁，古人糟魄（见《天道》篇），读书岂遂可废。凡此之类，并宜善会。孔子曰："人而不为周南、召南，其犹正墙面而立也与。"孟子曰："说《诗》者不以文害辞，不以辞害志，以意逆志，是为得之。"此读《诗》之法，亦即读经之法，读经之法，亦即读《庄子》之法也。则信乎不通经即无以读《庄子》也！

读《庄子》，尤须通《易》。何者？天人之际，非象不见，而唯《易》能尽其征也。《庄子》内外篇，为篇凡二十二，以《逍遥游》之"北冥有鱼"始，以《知北游》之"北游于玄水之上"终。北于卦为《坎》，《坎》，天一之水也。始终于天一之水，此一易也。内篇凡七，始于北冥之鱼化而为鸟徙于南冥。北为《坎》，为月，南为《离》，为日，两仪之象也。终于南海之儵北海之忽相与过于浑沌之地。"浑沌"者，太极之名也。太极生两仪，则阴阳分而为南北矣，阴阳一太极，则两仪合而为浑沌矣，此又一易也。《逍遥游》一篇，"北冥"，《坎》也；"背"，《艮》也；"怒者"为雷，《震》也；"运者"为风，《巽》也；"天池"，《兑》也；"南冥"，《离》也。一取象于六子之卦，此又一易也。"北冥之鲲"，犹勿用之潜龙也；"化而为鸟，其名为鹏"，犹在田之见龙也；"怒而飞"者，或跃在渊之自试也；"水击三千里，抟扶摇而上者九万里"，飞龙之在天也；"去以六月息者"，亢龙之悔之不可久也;"而后乃今培风","而后乃今将图南",积之又积,慎之又慎,终日乾乾,夕惕若厉之无咎也。故其言曰"乘天地之正,而御六气之辨",又曰"乘云气,御飞龙",明示人以六龙御天之义。此又一易也。不独是也,六十四卦之用,尽于《乾》、《坤》,而《乾》、《坤》之用,寄于《坎》、《离》,《坎》、《离》者,《乾》、《坤》之互含也。《田子方》篇,老子之语孔子也,曰:"至阴肃肃,至阳赫赫,肃肃出乎天,赫赫发乎地,两者交通成和,而物生焉。"夫"至阴肃肃"非《坤》乎?而曰"出乎天",非《坤》之含于《乾》乎?"至阳赫赫"非《乾》乎?而曰"发乎地",非《乾》之含于《坤》乎?"交通成和而物生",非《乾》、《坤》互含而生《坎》、《离》乎?故曰:"一晦一明,日改月化,始终相反乎无端,而莫知其所穷。"若易象有未明,将何以通其旨乎?《易·系传》曰"原始反终,故知死生之说",《庄子》一书,于死生盖三致意焉,而即未有能离乎原始反终之理以为说者也。然则《易》者,《庄子》之原,不读《易》而读《庄》,是导河不自积石,导江不自岷山,欲收治水之功,岂不悖哉?!

读《庄子》,必先通《老子》。《天下》篇列老聃于关尹之林,论其为术,则曰"以本为精,以物为粗",至其自述,别之曰"万物毕罗,莫足以归",又曰"独与天地精神往来,而不敖倪于万物",是庄之学,不尽同于老也。然《大宗师》亟称"真人",而《天下》篇历叙墨翟、宋钘以下,独以"博大真人"许关尹、老聃。则其瓣香于老,亦不可得而诬也。老子曰"有物混成,先天地生。吾不知其名,字之曰道。强为之名曰大,大曰逝,逝曰远",此《逍遥游》说"大"之本也。老子曰"言有宗",又曰"道冲而用之或不盈,渊兮似万物之宗",此《大宗师》言"宗"之本也。老子曰"天地之间,其犹橐籥乎,虚而不屈,动而愈出",《齐物论》因之,以为"人籁"、"地籁"、"天籁"之名。老子曰"心善渊",又曰"鱼不可脱于渊",《应帝王》因之,以立"止水"、"流水"三渊之目。老子言"善行无辙迹",《人间世》从而推之,曰"绝迹易,无行地难"。老子言"无有入于无间",《养生主》从而演之,曰:"彼节者有间,而刀刃者无厚,以无厚入有间,恢恢乎其于游刃必有余地矣!"他若"婴儿"之说,"守雌"之论,"绝圣弃知"之谈,"知止"、"知足"之训,承流接响,更仆难尽。故昔人以老之有庄,比于孔之有孟,夫读《孟子》,必先通《论语》,今读《庄子》,不通五千言,可乎?

读《庄子》,不可不先通名墨诸家之说。夫百家往而不反,庄子之所痛也。故其为书,弹儒纠墨,斥名贬法。而及其各有所明,时有所用,即未尝不兼而取之。又或因其所至,进以更上一机,去其偏执,开其正眼。如"举世誉之不加劝,举世非之不加沮,定乎内外,辨乎荣辱",宋钘之所及也,庄子则以"犹有未树"(见《逍遥游》篇)拣之。指非指,白马非马,公孙龙之所明也,庄子则以非指喻指,非马喻马破之(见《齐物》篇)。拣之,破之,盖皆所以进之也。使不知公孙之书,不晓宋钘之说(宋钘之说,荀子《正论》篇、《解蔽》篇述之甚详),浅之未见,何有于深?名之未详,何言于理?不独是也,知墨之日夜不休,自苦为极,则知张毅之高门悬薄,无不走之为墨。知杨之拔一毛利天下不为,则知单豹岩栖水饮,不与民共利之为杨。(张毅、单豹见《达生》篇)知惠施、邓析之察而不惠,辩而无用,则知"察士无凌谇之事不乐"之为名。(见《徐无鬼》篇)知商君、申子之尊君而卑臣,则知为治礼君臣,正上下之为法。(见《刻意》篇)此又不明于各家之流别,不能读《庄子》而无碍者也。至若管子《白心》、《内业》之篇,荀子《天论》、《解蔽》之作,其言或与庄相发,或与庄为诤,诚欲观其会通,尽其底蕴,旁稽博涉,自未可忽耳。

读《庄子》,须通宋儒义理之学。此非谓宋儒之学同于庄子也,惟取径于宋儒,可深窥庄子之堂奥,实胜晋人以玄言解庄,撷其皮而遗其髓也。如以佛法为喻,则晋人者义学,而宋儒则接佛心印者也。盖宋儒虽不宗庄,而善读庄子之书,能会其微旨者,即莫宋儒若。程子极称庄子"其嗜欲深者其天机浅"一语,而曰"此最道得是",又曰"庄子形容道体之语,尽有好处"。朱子亦言:"庄子得见道体。"谢上蔡语曾点暮春风浴,谓列子御风事近之。吕与叔则有"独立孔门无一事,只输颜子得心斋"之句。盖皆尝寝馈于庄子者也。若杨龟山云"《消摇游》即'无入而不自得',《养生主》即'行其所无事'",上蔡云"敬是常惺惺法,心斋是事事放下",此其指点亲切,尤非实致其力而有得者不能道,学者能先知夫此,其为助不亦多乎!顾此犹就显然取庄者言之,至语若攻庄,而意则不啻相助发者,抑亦不少矣。程子曰:"庄子齐物,夫物本齐,安俟汝齐。凡物如此多般,若要齐时,别去甚处下手脚,不过得推一个理一也。物未尝不齐,只是你自家不齐,不干物不齐也。"又孟敦夫问庄子《齐物论》如何,曰:"庄子之意,欲齐物理耶。物理从来齐,何待庄子而后齐,若齐物形,物形从来不齐,如何齐得。此是庄子见道浅,不奈胸中所得何,遂著此论也。"夫庄子有言矣,曰"鹄不日浴而白,鸟不日黔而黑"(《天运》篇),"凫胫虽短,续之则忧;鹤胫虽长,断之则悲"(《骈拇》篇),庄之齐物,固以不齐为齐者也。然则程子之论,使庄子见之,固将有相观而笑,莫逆于心者,学者无此见识,即又何以读《庄子》也。

读《庄子》,须通佛典。朱子谓"佛氏出自老庄",此言非也。然为是言者,亦自有故。魏晋以来,繙绎经论,欲顺此土之俗,不得不有循于旧名。故玄妙寂静之辞,有无梦觉之语,皆取于老庄之书。又其时大德高僧,如支遁、道安之徒,莫不善解玄谈。支遁说《消摇游》义,敷衍至万余言(见《世说新语》),其《消摇论》,注家颇有引之者。而僧肇注《维摩诘》等经,及所自造《物不迁》等论,辞藻之美,更撷厉乡、漆园之英华,士流传诵,风行草靡。则佛之盛于中国,不得不谓由老庄为之媒。夫即老庄之有资于佛,斯佛典之有资于老庄可知已。是以宋人注《庄子》,如吕吉甫(惠卿)、王元泽(雱)并皆参以佛说。降至明季,憨山(释德清)有《观老庄影响论》、《庄子内篇注》,乃全以教义解庄矣。案其宗旨,《楞严》月指之喻,何异于鱼兔之筌蹄?《涅槃》摸象之讥,岂殊于虫蛙之冰海?盖障道之因,莫过于我法二执,而究理之论,不堕断常两边,故《齐物》之首言丧我,终言忘义,所以薾我法二执也,《则阳》之"或使则实,莫为则虚",所以除断常二见也。不有圆机,宁免滞迹。世儒读《庄子》,往往惊其汗漫,疑其悖缪,盖未闻"实相无相"之谈,故莫契"不道之道"之旨("不道之道"见《齐物论》),此《列御寇》之书,所以想望于"西方圣人"也。虽然,以读佛书者读《庄子》则可,视《庄子》同于佛则不可,何也?佛出世法,庄世间法也。以佛意说《庄子》则可,强《庄子》以就佛说则不可,何也?佛法王,庄帝王也。至依据法相,笺释《齐物论》,所谓梦中占梦,迷上加迷,只益支离,吾无取焉。

读《庄子》,必通训诂章句,而又不可泥于训诂章句。《逍遥游》篇"而后乃今培风,背负青天而莫之夭阏者,而后乃今将图南",《释文》"培,音斐,重也",其说是也。《说文》云"培,益也","重"、"益"义同,皆谓"积"也,故下文言"风之积也不厚,则其负大翼也无力","培风"犹"积风"耳。而王念孙则曰:"培之言冯也。冯,乘也。风在鹏下,故言负;鹏在风上,故言冯;必九万里而后在风之上。在风之上,而后能冯风。故曰:而后乃今培风。"粗视之,似较旧训为长,不知"而后乃今培风"与"而后乃今将图南"文对,两用"而后乃今",明"培风"、"图南"皆大有工夫在。"背负青天而莫之夭阏",乃培风所致,煞有次第。若训"培"为"冯",以"冯风"与"背负青天"为一事,则不犹失其次第,亦更不见培风功夫,与图南之文为不相当矣。又《骈拇》篇:"世之仁人,蒿目而忧世之患。"《释文》"蒿目,司马云,乱也",以"乱"训"蒿",义虽未显,未为悖也。而俞樾则曰:"蒿为睢之假字。《玉篇》目部,睢,目明,又望也。是睢为望视之貌。仁人之忧天下,必为之睢然远望。故曰'睢目而忧世之患'。睢与蒿,古音相近,故得通用,《诗·灵台》篇'白鸟翯翯',《孟子·梁惠王》篇作'鹤鹤',《文选·景福殿赋》作'確確'。蒿之通作睢,犹翯之通作鹤与確。"其说固甚巧也。不知此言"蒿目",犹《逍遥游》之言"蓬心","蓬"在"心"则心塞,"蒿"在"目"则目乱。目乱为芒昧之貌,与"睢"之训为"目明"者同乎。且《诗》云"莠言自口",岂必恶草生于口中？《书》称"惟辟玉食"，宁真美玉以供王膳？苟于此而致疑，将无书之可读。此盖泥于训诂，而转失其训诂者也。《逍遥游》许由之言曰："吾将为名乎？名者，实之宾也，吾将为宾乎？"其文明白，可无疑也。而俞樾曰"吾将为宾乎？宾乃实字之误"，其意岂不曰为名为实，于文为相对也。不知"吾将为名"，言不为名也，"吾将为宾"，言不为宾也，惟"不为宾"，故"不为名"。"宾"以释"名"，于意为相承，非相对也。且如俞说，为名为实，转成商量之辞，非决绝之义矣。案之文理，夫岂其然？又《人间世》："夫言者风波也，行者实丧也，风波易以动，实丧易以危。"言之取譬于风波，亦谓其缘生而无定耳，于文亦甚明也。而郭庆藩曰："波当读为播，郑注《禹贡》曰，播，散也。波与播古字通，言风播则易动也，《禹贡》荥波既猪，马、郑、王本并作荥播，是其证。"其意岂不曰"风播"当与"实丧"对文也。不知《硕人》之诗曰"施罛浟浟，鱣鲔发发"，"鱣鲔"可偶"施罛"；《车攻》之诗曰"萧萧马鸣，悠悠旆旌"，"旆旌"可俪"马鸣"。古人为文，岂如后世寻章摘口之徒，必以实字对实字，虚字对虚字乎？且如郭说"风波解作风播"，则《天地》篇"我之谓风波之民"，亦将曰"风播之民"乎？郭又引其世父嵩焘之说曰："实丧犹言得失，实者有而存之，丧者忽而忘之。侥侥而得失，行之大患也，故曰危。"析"实丧"为二，以与"风波"为对，其蔽亦与庆藩同。此又泥于章句，而转失其章句者也。若此之类，盖难殚举。夫自高邮王氏以次，其于训诂章句，致力可谓勤矣，沾溉后学，抑亦多矣，而不能无失如此，无他，泥之故也。降及晚近，变本加厉，屈古书以就己意，先定案而后觅证，求之于训诂不可得，则索之于声韵；沟之于本声不可通，则遘之于声转，委曲穿凿，至大背原旨而不顾。有如《庄子义证》者，真所谓未得国能，而丧其故步者也。学者于此，不可不知择焉！

　　读《庄子》，不得不读注，而不可蔽于注。注之古者，莫古于郭象。又群以为能得庄子之意者也。然象亦以己意说庄，其悖于庄者，盖不尠矣。《齐物论》："喜怒哀乐，虑叹变慹，姚佚启态，乐出虚，蒸成菌。"

此谓喜怒哀乐等,本无自性,因缘而生,故以乐之出虚、蒸之成菌为喻,"乐出虚",即前文所谓"人籁"是也,嫌云"乐出虚"于文为孤,乃更以"蒸成菌"陪衬之。《天下》篇言"其辞虽参差,而諔诡可观",盖此类是也,其为正喻甚明。而象则于"喜怒哀乐,虑叹变慹,姚佚启态"注云"此盖性情之异者",于"乐出虚,蒸成菌"注云"此盖事变之异也"。等而论之,而正喻无别矣。下文云:"日夜相代乎前,而莫知其所萌。已乎!已乎!旦暮得此,其所由以生乎!非彼无我,非我无所取,是亦近矣!而不知其所为使。""日夜相代",言喜怒哀乐等之相代也,"旦暮得此",言得此喜怒哀乐等也。"取"即上文"咸其自取"之"取",而"不知其所为使",则所谓"怒者其谁"者也。循文绎义,脉络亦甚明也。而象注则曰:"日夜相代,代故以新也。夫天地万物,变化日新,与时俱往,何物萌之哉?自然而然耳!"又曰:"彼自然也,自然生我,我自然生。故自然者即我之自然,岂远之哉。"又曰:"凡物云云,皆自尔耳。非相为使也。故任之而理自至矣。"舍离前文,别自为说,而脉络不贯矣。且既曰"自然生我,我自然生",于此何容更言有"取"?而又何劳更言"不知其所为使"哉?此考之文句,而知其悖于本书者也。《消摇游》:"蜩与学鸠笑之曰:'我决起而飞,枪榆枋,时则不至,而控于地而已矣。奚以之九万里而南为?'"其言"笑之"者,老子所云"下士闻道,则大笑之,不笑不足以为道"者也。夫蜩鸠岂与鲲鹏比量哉?而象注则曰"苟足于其性,则虽大鹏何以自贵于小鸟?小鸟何羡于天池?而荣愿有余矣。故小大虽殊,消摇一也",执此"小大虽殊,消摇一也"之见,于是"之二虫又何知"?明明"二虫"指蜩鸠者,乃曰:"二虫谓鹏蜩也。""小知不及大知,小年不及大年",明明大小相悬者,乃曰:"统小大者,无小无大者也;苟有乎小大,则虽大鹏之与斥鷃,宰官之与御风,同为累物耳!"而于篇目下首立此义,曰:"夫小大虽殊,其放于自得之场,则物任其性,事称其能,各当其分,逍遥一也!岂容胜负于其间哉?"且信如其说,本文何为有"小大之辨"之言,而连叔何为以"聋盲"讥肩吾,庄生又何为以"蓬心"短惠子乎？此案之全篇之旨，而知其悖于本书者也。盖子玄于庄，虽不为无见，而未能通贯，是以繁文碎义，支离缴绕，通者观之，未始不可拓其心胸；初学临之，则只以淆其耳目，故曰注可读而不可蔽也。又不独郭注然也，自郭以下，注者何啻百家，其或得或失，大抵视此矣。吾尝谓观后人注庄，不如观庄之自注，庄书三十三篇，内七篇实其窾要，以内篇通外篇、杂篇，而以外篇、杂篇证内篇，其于全书直可迎刃而解耳。

读《庄子》，当以内七篇为主，而以外杂诸篇疏通证明之，固矣。然是亦大概言之耳。明人潘基庆良耜作《南华会解》，以内七篇为宗，而取外篇杂篇附之各篇之后，同于注释。《逍遥游》则附以《缮性》、《至乐》、《外物》、《让王》四篇；《齐物论》附以《秋水》、《寓言》、《盗跖》三篇；《养生主》附以《刻意》、《达生》二篇；《人间世》附以《天地》、《山木》、《庚桑楚》、《渔父》四篇；《德充符》附以《田子方》、《知北游》、《列御寇》三篇；《大宗师》附以《骈拇》、《徐无鬼》、《则阳》三篇；《应帝王》附以《马蹄》、《胠箧》、《在宥》、《天道》、《天运》、《说剑》六篇；取《天下》一篇，冠于书首，以为庄子自叙。清刘献廷继庄极称之，又谓金圣叹所定本序亦如此，但删去《让王》、《渔父》、《盗跖》、《说剑》四篇，而置《天下》篇于末耳。(语见《广阳杂记》)然细案之，似此分割，实未尽当。如《缮性》篇，言"以恬养知"，"以知养恬"，乃《大宗师》"以其知之所知，以养其知之所不知"之义，则当与《大宗师》为类；《至乐》篇，庄子妻死，惠子吊之，庄子鼓盆而歌，曰："人且偃然寝于巨室，而我嗷嗷然随而哭之，自以为不通乎命，故止也。"此盖从《养生主》篇"老聃死，秦失吊之，三号而出"脱化而来，则当与《养生主》为类，而《会解》并以附之《逍遥游》。《天地》篇尧问于许由曰："啮缺可以配天乎？吾藉王倪以要之。"许由曰："殆哉圾乎天下！啮缺之为人也，聪明睿知，给数以敏……与之配天乎！彼且乘人而无天……治乱之率也，北面之祸也，南面之贼也。"(中有节文)试以与《应帝王》阳子居、老聃问答之辞对勘，几如出一口。

又"被衣"即"蒲衣",被、蒲古同音。《应帝王》首称"啮缺问于王倪,四问而四不知,啮缺因跃而大喜,行以告蒲衣子",此言"许由之师曰啮缺,啮缺之师曰王倪,王倪之师曰被衣",即根据《应帝王》为说,其当属之《应帝王》后无疑,而《会解》则以附《人间世》。《知北游》言"知者不言,言者不知",又言"至则不论,论则不至",又言"彼为盈虚非盈虚,从为本末非本末,彼为积散非积散",又言"古之人外化而内不化,今之人内化而外不化,与物化者一不化者也",分明齐物之旨,而《会解》不附于《齐物论》,反附之《德充符》,此其龃龉不合,凡稍涉猎庄书者皆能明之。潘氏何为而有此失？盖虽曰外篇杂篇为内七篇注脚,然一篇之中,诸义杂出,或说齐物,或说养生,或说宗师,或说帝王,曼衍参差,未能一准。今必强以篇分,指某篇为某篇之附,则何异削首适冠,截趾适履乎?

《汉书·艺文志》《庄子》五十三篇,郭子玄注本则三十三篇。子玄之言曰"一曲之才,妄窜奇说,如《阏弈》、《意修》之首,《危言》、《游凫》、《子胥》之篇,凡诸巧杂,十分有三",明《庄子》一书为子玄所删并者多矣。苏子瞻作《庄子祠堂记》,又谓《盗跖》、《渔父》、《让王》、《说剑》四篇为昧者所勦入,以为《寓言》篇终,记阳子居西游于秦"舍者避席",与《列御寇》篇首言列御寇之齐,五餐先馈,文正衔接。后之用子瞻说者,乃或并四篇而削之,罗勉道《庄子循本》,复疑《刻意》、《缮性》为肤浅,定《庄子》为二十六篇(去《盗跖》、《渔父》、《让王》、《说剑》、《刻意》、《缮性》六篇而合《寓言》、《列御寇》为一篇,故二十六篇也)。至王船山遂指外篇杂篇全非庄子之书,而谓外篇中如《骈拇》、《马蹄》、《胠箧》、《天道》、《缮性》、《至乐》诸篇,尤为悁劣。不知古人著述,原不必成于一人之手,师说流传,时有增益,要之不背其宗旨者近是。此固非出于窃名,亦即无所谓赝造,至夫义有偏驳,辞有矫激,大抵末流之所不免。如荀卿非子思、孟子,终不得摈不与于儒者之林也。严君平作《老子指归》,时称引庄子之言,如曰:"任车未亏,僮子行之,及其倾覆也,颠高堕谷,千人不能安。卵之未剖也,一指摩之,及其为飞鸿也,奋翼凌云,矰缴不能达也。及为其牡也,罗网不能禁也。虎也,执群兽,食牛马,剑戟不能难也。故涓滴之流,久之而成江海。小蛇不死,化为神龙。积微之善,以至吉祥。小恶不止,乃至灭亡。"如曰:"夫饥而倍食,渴而大饮,热而投水,寒而入火,所苦虽除,其身必死。胸中有瘕,不可凿也。喉中有疾,不可剥也。蝨虻着面,不可射也。蚖虺着身,不可斫也。"如曰:"夫婴儿未知而忠信于仇雠,及其壮大有识,欺绐兄嫂。三军得意,则下亡虏,穷溪之兽,不避兕虎。其事非易,事理然也。"凡此诸语,似不得目为巧杂,而皆象书之所不收,则子玄之删并,即亦不能无失。况欲并子玄所录,从而芟之汰之,古书所存有几,能堪此不焚之焚哉。虽曰读书须别真伪,然过而废之,孰与过而存之,于以察源流之变,识醇驳之分,其裨于庄子之学者,又岂鲜乎!

《庄子·天下》篇自叙其学曰:"芴漠无形,变化无常,死与生与,天地并与,神明往与,芒乎何之,忽乎何适,万物毕罗,莫足以归。古之道术有在于是者,庄周闻其风而悦之!"此三十六言者,约之则一"游"字而已,故继之又曰:"彼其充实不可以已,上与造物者游,而下与外死生无终始者为友。"《易·系辞传》曰:"《易》之为书也不可远,为道也屡迁,变动不居,周流六虚,上下无常,刚柔相易,不可为典要,唯变所适。"夫"游"者"变动"、"周流"之谓也,庄子惟有见于此,故七篇始之以《逍遥游》,终之以《应帝王》。而《逍遥游》曰"乘天地之正,御六气之辨,以游无穷",《齐物论》曰"彼是莫得其偶,谓之道枢。枢始得其环中,以应无穷",其"应"也,乃其所以"游"也,其"游"也,乃其所以"应"也。"应"以事言,"游"以心言。其曰"因"(《齐物论》曰"因是",《养生主》曰"因其固然");曰"和"(《齐物论》曰"和之以是非",又曰"和之以天倪");曰"庸",曰"用"(《齐物论》曰"为是不用而寓诸庸,庸也者,用也");曰"缘"(《养生主》曰"缘督以为经");曰"不得已"(《人间世》曰"一宅而寓于不得已",又曰"托不得已以养中");曰"顺"(《应帝王》曰

"顺物自然而无容私焉"),皆"应"之义也。曰"化"(《逍遥游》曰"化而为鸟",《齐物论》曰"此之谓物化");曰"明",曰"通"(《齐物论》曰"以明",曰"道通为一",曰"通也者,得也");曰"县解"(《养生主》曰"古者谓是帝之县解");曰"虚"(《人间世》曰"气也者,虚而待物者也。唯道集虚",《应帝王》曰"吾与之虚而委蛇");曰"往来"(《大宗师》曰"翛然而往,翛然而来而已矣",《天下》篇曰"独与天地精神往来");曰"逝"(《天地》曰"沛乎其为万物逝也",又曰"王德之人,素逝而耻通于事",《山木》曰"天地之行也,运物之泄也,言与之偕逝之谓也",又曰"圣人晏然体逝而终矣");曰"彷徨",曰"逍遥"(《逍遥游》曰"彷徨乎无为其侧,逍遥乎寝卧其下",《大宗师》曰"彷徨乎尘垢之外,逍遥乎无为之业"),皆"游"之义也。顾标义虽殊,于用则一。何也?心与事不相离也。而言事不足以见心,言心则足以概事,故七篇之中,《逍遥游》无论矣,《齐物论》曰:"圣人不从事于务,不就利,不违害,不喜求,不缘道,无谓有谓,有谓无谓,而游乎尘垢之外。"《养生主》曰:"彼节者有间,而刀刃者无厚,以无厚入有间,恢恢乎其于游刃必有余地矣。"《人间世》曰"人游其樊,而无感其名",又曰:"乘物以游心。"《德充符》曰:"游心乎德之和。"《大宗师》曰:"圣人将游于物之所不得遁而皆存。"《应帝王》曰"余方将与造物者为人,厌,则又乘夫莽眇之鸟,以出六极之外,而游无何有之乡,以处圹埌之野",又曰:"游心于淡,合气于漠。"盖七篇不啻以一"游"字贯之。又不独七篇而已。曰"云将东游,过扶摇之枝"(《在宥》篇);曰"黄帝游乎赤水之北",曰"谆芒将东之大壑,曰'夫大壑之为物也,注焉而不满,酌焉而不竭,吾将游焉'"(并《天地》篇);曰"庄子与惠子游于濠梁之上"(《秋水》篇);曰"知北游于玄水之上",曰"回敢问其游"(并《知北游》篇);曰"柏矩学于老聃,曰'请之天下游'"(《则阳》篇)。凡微言所在,无不寄之于"游",故曰:"人有能游,且得不游乎?人而不能游,且得游乎?"(见《外物》篇)然则能通达乎"游"之义者,其于庄子之学,殆思过半矣。特为拈出,以谂读者。(孟子谓宋句践曰:"子好游乎?吾语子游。人知之,亦嚣嚣,人不知,亦嚣嚣。"赵岐注:"嚣嚣,无欲自得之貌。"孟子与庄子同时,其言"游",实不期而意合。欲知庄子,不妨于孟子参之。)

《庄子》内七篇分之则七,合之则一。始终次第,厘然不可移易。试以《大学》通之,《人间世》曰"戒之慎之,正女身哉",所谓"修身为本"也;先之以《逍遥游》、《齐物论》,则"格物致知"之事;《养生主》则"诚意正心"之功;后之以《德充符》、《大宗师》、《应帝王》,又"齐家治国平天下"之效也。若以《孟子》通之,《逍遥游》,"可欲之谓善"也。("列子御风而行,泠然善也。")《齐物论》、《养生主》,"有诸己之谓信"也。(《齐物论》曰:"可行己信,而不见其形。")《人间世》、《德充符》,"充实之谓美,充实而有光辉之谓大"也。(《人间世》曰"以阳为充",又曰"积伐而美者以犯之"。)《大宗师》,"大而化之之谓圣"也。(女偊曰:"我有圣人之道。")《应帝王》,"圣而不可知之之谓神"也。("郑有神巫曰季咸。")然此犹藉外论之也。今更勘之以《庄子》本书,《寓言》篇:"颜成子游谓东郭子綦曰:'自吾闻子之言,一年而野,二年而从,三年而通,四年而物,五年而来,六年而鬼入,七年而天成,八年而不知死、不知生,九年而大妙。'"逍遥之"游",非"野"乎?物论之"齐",非"通"乎?《养生主》之"踌躇满志",非"来"乎?《人间世》之"与为婴儿","与为无町畦",非"鬼入"乎?《德充符》之"才全",非"天成"乎?《大宗师》之"死生一体",非"不知死、不知生"乎?《应帝王》之"胜物不伤",非"大妙"乎?故知七篇自为次第,正以表学诣之大全,非外篇杂篇所可同论也。不啻此也,《逍遥游》言"小大之辨",而《齐物论》则曰"辩也者有不辩也",又曰"辩也者,有不见也",则"逍遥"与"齐物"相发也;《养生主》言"保身",《人间世》则曰"致命",是"养生"、"人间"相足也;《大宗师》言"内圣",《应帝王》言"外王",则"宗师"、"帝王"又相承也。此比而观之者也。若对而观之,《齐物论》之"真宰"、"真君",与《大宗师》之"真人"应,《养生主》之"天之生是使独",与《德充符》之"受命于天,唯舜独也正"应,《人间世》之"虚而待物",与《应帝王》之"虚而委蛇"应,是又其脉络贯注不容离析者也。要之七篇如连环不可解,如九曲珠节节皆通,真所谓"无端崖之辞""连犿无伤"而"諔诡可观"者。是故即庄子之文,足见庄子之道,兹姑于七篇发其端,引伸触类,则在读者之好学深思已!

谈《庄子》研究

年来报章杂志批判《庄子》的文字甚多，从百家争鸣来说，此乃好现象无疑。我以为要批判《庄子》，先要研究《庄子》。而要研究《庄子》，就必须把握住庄子学术的要领。

《庄子·天下》篇提出"内圣外王之道"六个字，这正是庄子学术要领所在。如以内七篇论，第一篇举出鲲鹏的变化，而说"小大之辨"，就是要人莫拘于方术一偏之小，而认识斯道之大。"内圣外王之道"大在何处呢？则又提出"圣人无名，神人无功，至人无己"三句话。尤其是"无己"二字最为切要。"无己"即孔子的"毋意、毋必、毋固、毋我"之"毋我"（见《论语·子罕》篇，"毋"与"无"通）。《天下》篇所谓"小大精粗，其运无乎不在"是也。故以此意为七篇之首，亦即以此意直贯于七篇。第一篇《逍遥游》说"小大之辨"，说"小知不及大知"。第二篇《齐物论》却又将小知大知一概抹倒，而说道"知止其所不知，至矣"，这又是如何说呢？当知小知固是小，大知而自以为大，自以为无所不知，这亦便是小了。故《天下》篇开头便说："天下之治方术者多矣，皆以其有为不可加矣。"《秋水》篇借河伯、海若二者，来见出个一大一小。海可谓大矣，试观海若之言，曰："天下之水莫大于海，万川归之，不知何时止而不盈,尾闾泄之,不知何时已而不虚,春秋不变,水旱不知,此其过江河之流不可为量数。而吾未尝以此自多者,自以比形于天地而受气于阴阳,吾在于天地之间,犹小石小木之在大山也。方存乎见少,又奚以自多。"此又是何等不自大,又是何等无己。果明乎此,则知无己之人,不见己之大、人之小,亦不见己之是、人之非,因而即能取众人之小以成其大,取众人之非以成其是。所以《齐物论》深斥"儒墨之是非",不是说儒墨两家都不是,正为着儒则是己而非墨,墨则是己而非儒,两家只见己而不见人,只见其一而不见其二,于是便自小了。《天下》篇慨叹"道术将为天下裂",意正在此。然则物焉得可以不齐,论焉得可以不齐?此《齐物论》之本旨也,与《消摇游》小大之辨之言,又何尝矛盾乎?

何谓内圣?何谓外王?若用《中庸》的话说,内圣即所以成己,外王即所以成物。于此必有人要问:庄子方且说"无己",如何你又来说"成己"?"成己"又如何解释"无己"呢?不知"成己"正是要成此"无己"之"己"。"无己"不是如佛说趋于寂灭。《齐物论》开头,南郭子綦便说过"今者吾丧我","丧我"是说的"无己","我"虽丧而"吾"自在,"成己"者成此"吾"也。原来"吾"之与"我"虽是同义语,而古人用来自别:对人对物言则称"我",若自对自言则曰"吾"。所以曾子曰"吾日三省吾身",说"吾"不说"我"。(见《论语·学而》篇)孔子曰:"吾有知乎哉,无知也。有鄙夫问于我,空空如也,我叩其两端而竭焉。"后文对鄙夫说则称"我",前面凭空立论则称"吾"。(见《论语·子罕》篇)南郭子綦说"丧我"之前,庄子于文中着个"嗒焉似丧其偶",便见"我"是有对待的。于此不明,则曰"吾丧我","吾"与"我"就弄不清楚。"成己"对"成物"说,故不得不用个"己"字。此"己"与"无己"之己,是不能等同起来看的。或又要问"无己"是至人之事,为何内圣只说到圣人,不说至人呢?当知圣人、神人、至人虽分三名,其实神人、至人亦皆圣人。何以见得?孟子曰"圣而不可知之之谓神",神人岂不就是圣人?(见

《孟子·尽心》篇)孟子又曰"圣人,人伦之至也",至人岂不也就是圣人？(见《孟子·离娄》篇)孟子与庄子是同时人,又同是闻于孔子之道的,故用孟子的话作庄子的解释,是再切当不过的了。然则于内圣之言圣,复又何疑。《庄子》第三篇是《养生主》,养生乃求内圣的功夫。要谈外王,必先从内圣作起,也就是要"成物"必先从"成己"起。因此,对外王说,内圣是主,对成物说,成己是主。所以,养生之下,着个"主"字,此一字甚是紧要。注家不明,多以"生主"二字看成连文,说是要养此"生"之"主"。试看本文中说"可以保身,可以全生,可以养亲,可以尽年",只说个"全生","生"只是"生",从何有什么"生之主"来。全由注家不解庄子书中"生"字的意义,把"生"字看作我们平常说的生命之"生"字,觉得这个意义太浅,就硬说"生"上还当有个"主"。试想本文说"全生",先说个"保身",则"生"决不是指此身,后又说个"尽年",则"生"决不是说的寿命之长短。所以庄子之养生,与晋人嵇康《养生》篇之养生,迥然不同。《庄子》本书自有明文。外篇《天地》篇云:"泰初有无,无有无名,一之所起,有一而未形,物得以生谓之德。"此所谓"物得以生谓之德",乃是"养生"之"生"的出处。故第三篇《养生主》篇与第五篇《德充符》篇正遥遥相对,"养生"是下手的工夫,"德充"乃是工夫作到的效果。就下手之初言,故用个"生"字,就工夫到后言,则用个"德"字。"生"与"德"名虽有二,事却只是一事。此于《庄子》也有明证。《天地》篇接着说:"未形者有分,且然无间,谓之命。留动而生物,物成生理,谓之形。形体保神,各有仪则,谓之性。性修反德,德至同于初。""德至同于初",即《天下》篇庄子自言其学,谓之"独与天地精神往来"者是。庄子说"性",先说个"生",盖谓之"性",已在形体之后,推而上之,就其禀受之初言,则直谓之"生"。此与子思言"天命之谓性"(见《中庸》),孟子言"性善",略可会通。故庄子说"养生",犹孟子说"养性":"存其心,养其性"(见《孟子·尽心》篇)。向来注《庄子》者把庄子看作神仙家,用《黄庭经》一类的话来解《养生主》篇,此是大误而特误的。若果如是,不过是现在气功一种工夫,何足以当得"内圣"二字。况且《养生主》篇说养生,引用庖丁解牛来作比,分明养生是不离开事,是在事上磨炼,其云"依乎天理,因其固然",正是现在所说认识得事物的规律,事物的本质,从而依照事物的规律本质去办,所以得心应手,虽处烦剧之中,而从容暇豫,心神不疲。此之谓"养生"。此与孟子言"养气"本之乎"集义",说"行有不慊于心则馁矣"(见《孟子·公孙丑》篇)恰是一个道理,岂是抛弃了当作的事,而专去养生。外篇《刻意》篇说得最清楚,说:"就薮泽,处闲旷,钓鱼闲处,无为而已。此江海之士,避世之人,闲暇者之所好也。吹呴呼吸,吐故纳新,熊经鸟申,为寿而已矣。此道引之士(道同导),养形之人,彭祖寿考者之所好也。"可见无事以为寿,乃是庄子所排斥的,而谓《养生主》篇之养生,乃是不事事而静修,断乎不可。惟其养生不离乎事,即在作事上磨炼,作事上修养,所以内圣外王方能打成一片。不然,便是两橛。即饶工夫作到通神入化,也是有体无用,有本无末,归根还是"不该不遍,一曲之士"。("不该"之"该"与"賅"同,语见《天下》篇)是以《中庸》说"成己仁也,成物知也",接着就说"性之德也,合内外之道也",这可以与庄子互相印证的。就《庄子》说,七篇之文于《养生主》篇后,继之以《人间世》篇为第四篇,便可见不是避世之士,更不是厌世之士。《人间世》篇所举颜回将之卫,叶公子高使于齐,颜阖傅卫灵公太子几件事,皆是天下极难处的,文中乃至比之于"养虎"。而所引孔子与蘧伯玉之言,剖析事理,正如庖丁解牛一般,都要处理得妥妥当当,内不失己,外不失人,此是何等心胸,何等学问。研究庄子者,不在此处着眼,取其一句话两句话,全凭自己的意见作解,便来议论庄子,似乎不是研究庄子的科学态度。

《德充符》篇之言何也?"符"是征验之义。德既充实于内,自然有所流露于外。故《大学》言"诚于中,形于外",《中庸》言"诚则形,形则著",此如符节一般,一勘便见,无其实者既假装不来,有其实者欲避却议者的耳目也不可得。此所以谓之"符"。孟子亦曰:"有诸己之谓信,充实之谓美,充实而有光辉之谓大。"(见《孟子·尽心》篇)下文即是:"大而化之之谓圣,圣而不可知之之谓神。"孟子之所谓"美",所谓"光辉",即皆"符"也。学问工夫到,便是成功了,故第六、第七两篇即分属内圣外王两边说,《大宗师》篇是说的内圣,也可以讲是说的道术之体;《应帝王》篇是说的外王,也可以讲是说的道术之用。帝王是外王,而下个"应"字,"应"即是《齐物论》篇"枢始得其环中,以应无穷"之"应",此则全仗内圣之功。宗师是内圣,而加个"大"字,"大"则《天地》篇"不同同之之谓大"的"大",此则方尽外王之量。所以,言内圣必及于外王,言外王不能出于内圣。观内篇的文字,真如钩锁相连,又如常山率然,击首则尾应,击尾则首应,击其中则首尾皆应,即此文字,亦足见《庄子》之六通四辟,变化无方,非深研熟玩,何从得其精蕴。故愚见以为研究《庄子》者当以"内圣外王"四字为要领,从而勘定内七篇之大旨。再以内七篇为要领,从而勘定外篇之孰为庄子自作,孰为庄子后学之所为。如是真能通彻乎《庄子》一书之旨趣,然后来表章庄子,庶几得如其分际,不致拟于不伦。即欲贬剥庄子,亦可中其要害,不放乱箭。至若《庄子》本书,为后世注家错解者极多,研究《庄子》,当自具眼力,无为向来注解所蒙,更是要着。愚曾撰有《庄子发微》一书,是正旧注误谬不少,现方清稿缮写,他日倘能出而就正于当世,古人所谓"不有益于人,必有益于己",在我是甚愿接受通人之指教的。

《文汇报》,1962年6月19日第3版

读庄偶记（内篇）

《庄子》三十三篇，惟内七篇篇名皆有意，而首尾相承，一线贯注。故昔人谓通内七篇，即外篇杂篇无不可解也。然古来注《庄》者，无虑数百家，而间失《庄》意。余以为外篇杂篇皆内篇之羽翼，若取外篇杂篇以为内篇之注，其视凭己臆以测度者必远矣。盖人之注《庄》，究不若《庄》之自注。后有注《庄》者，或将取于斯言。

明潘基庆良耜作《南华会解》，以内七篇为宗，而取外杂诸篇附之七篇之后，以为羽翼。《逍遥游》即附以《缮性》、《至乐》、《外物》、《让王》四篇，《齐物论》附以《秋水》、《寓言》、《盗跖》三篇，《养生主》附以《刻意》、《达生》二篇，《人间世》附以《天地》、《山木》、《庚桑楚》、《渔父》四篇，《德充符》附以《田子方》、《知北游》、《列御寇》三篇，《大宗师》附以《骈拇》、《徐无鬼》、《则阳》三篇，《应帝王》附以《马蹄》、《胠箧》、《在宥》、《天道》、《天运》、《说剑》六篇，而取《天下》一篇冠于书首，以为《庄子》自叙。刘继庄谓金圣叹所定本，序亦如此，但删去《让王》、《渔父》、《盗跖》、《说剑》四篇，而置《天下》篇于末耳。（见《广阳杂记》）顾细按之，其所分列，亦未尽当。如《缮性》篇言"以恬养知，以知养恬"，乃《大宗师》"以其知之所知，以养其知之所不知"之意，则当列《大宗师》后。

《至乐》篇庄子妻死,惠子吊之,庄子鼓盆而歌曰"人且偃然寝于巨室,而我嗷嗷然随而哭之,自以为不通乎命,故止也",与"老聃死,秦失吊之,三号而出",失之言正相类,则当列《养生主》后。而《会解》皆以附《逍遥游》。《天地》篇尧问于许由曰"啮缺可以配天乎?吾藉王倪以要之",许由曰"殆哉圾乎天下!啮缺之为人也,聪明睿知,给数以敏……与之配天乎!彼且乘人而无天……治乱之率也,北面之祸也,南面之贼也"(中有节文)。试以与《应帝王》阳子居、老聃问答之辞对照,殆如出一口。又"被衣"即"蒲衣子",被、蒲古同音。《应帝王》首述"啮缺问于王倪,四问而四不知,啮缺因跃而大喜,行以告蒲衣子",此言"许由之师曰啮缺,啮缺之师曰王倪,王倪之师曰被衣",分明为《应帝王》作注,是应列《应帝王》后无疑。而《会解》则以附《人间世》。《知北游》言"知者不言,言者不知",又言"至则不论,论则不至",又言"彼为盈虚非盈虚,彼为衰杀非衰杀,彼为本末非本末,彼为积散非积散",又言"古之人,外化而内不化,今之人,内化而外不化,与物化者,一不化者也",岂非《齐物论》一类乎?而《会解》则以附《德充符》。是皆不合。盖外篇杂篇自系内七篇注脚。但一篇之中,诸义杂出,或说齐物,或说养生,或说宗师,或说帝王,今概以篇分,谓某篇为某篇之附,生吞活剥,宜其龃龉不入矣。以庄解庄,似不若是之简易。

世每谓庄子之学,足以适己,不足以用世,此甚不然。《天下》篇称"内圣外王之道",而七篇以《应帝王》终之。庄子岂遗弃世务之人哉!刘子骏《七略》以道家为君人南面之术,其言得之。

庄子自云"寓言十九,重言十七",又谓"言者所以在意,得意而忘言",欲得忘言之人而与之言,则读《庄子》者,莫善于以意逆志,莫不善于信斯言也。然而《天下》篇曰:"彼其充实不可以已,上与造物者游,而下与外死生、无终始者为友。其于本也,弘大而辟,深闳而肆,其于宗也,可谓稠适而上遂矣。"使得其本宗,则虽信斯言也,无不可解也;使不得其本宗,则虽以意逆志,亦解其所解而已,无与于《庄子》也。此又读《庄》者所不可不知也。

庄子之学，一"游"字尽之。《逍遥游》无论矣。《齐物论》曰"圣人不从事于务，不就利，不违害，不喜求，不缘道，无谓有谓，有谓无谓，而游乎尘垢之外"；《养生主》曰"以无厚入有间，恢恢乎其于游刃必有余地矣"；《人间世》曰"入游其樊，而无感其名"，又曰"乘物以游心"；《德充符》曰"游心乎德之和"；《大宗师》曰"圣人将游于物之所不得遁而皆存"；《应帝王》曰"余方将与造物者为人，厌，则又乘乎莽眇之鸟，以出六极之外，而游无何有之乡，以处圹垠之野"，又曰"游心于淡，合气于漠，顺物自然而无容私焉，而天下治矣"。盖七篇之所阐发，胥不离一"游"字。至若外篇杂篇，言"游"者尤不可胜引。"游"也者，"不与"之谓也，"行其所无事"之谓也，"无入而不自得"之谓也。孟子谓宋句践曰"子好游乎？吾语子游。人知之，亦嚣嚣，人不知，亦嚣嚣"，此所谓"游"，与庄子意相吻合。吾尝曰读《庄子》须先通《孟子》，盖谓此等也。

苏子瞻作《庄子祠堂记》，谓："庄子之于孔子，皆实予而文不与，阳挤而阴助之。"吾观《人间世》、《大宗师》诸篇载仲尼告颜渊、子贡之言，皆有深意，即安在文之不与也。方密之《药地炮庄》，至推庄子为孔门之教外别传，而以其掊击圣人，攘弃仁义，比于宗下之呵佛骂祖。其书以禅说庄，虽不尽是，而所见自有过人者。近人未读《庄子》之前，先横一儒道不同之见，于庄子同于孔子处，必强以为异，或且涂饰造作，以自行其邪说。以此求《庄》，有去之益远而已。以上总说

郭象注《庄》，古今所称，然《逍遥游》篇下云："小大虽殊，而放于自得之场，则物任其性，事称其能，各当其分，逍遥一也。岂容胜负于其间哉。"其辞虽是，而非《逍遥游》之旨也。《逍遥游》明言"小大之辨"，曰"小知不及大知，小年不及大年"，何得齐小大而为一？且蜩与学鸠，决起飞，枪榆枋，时则不至，而控于地矣，何逍遥之有？若以蜩、鸠为"逍遥"，则《庄子》极力摹写鲲鹏，不几于多事而无谓哉？"各当其分"云云，乃《齐物论》中之意，郭子玄以《齐物论》解《逍遥游》，乱其序矣。

当时有"《庄子》注郭象,非郭象注《庄子》"之谈,誉之耶? 殆所以讥之也!

《周易》乾卦,托象于六龙,《庄子·逍遥游》,托象于鲲鹏,其意一也。盖"北冥之鲲",即勿用之潜龙,"化而为鸟,其名为鹏",即在田之见龙,"水击三千里,抟扶摇而上者九万里",即在天之飞龙,而"怒而飞"者,或跃在渊之自试也,"去以六月息"者,亢龙之悔之不可久也,"而后乃今培风","而后乃今将图南",积之又积,慎之又慎,终日乾乾,夕惕若厉之心,宛可睹矣。且其言曰"乘天地之正而御六气之辨",又曰"乘云气,御飞龙",合之《乾卦·象辞》所谓"六位时成,时乘六龙以御天"者,殆无有异也。是故读《庄子》可以通于《易》,亦惟通于《易》而后可以读《庄子》。

不独是也,"北冥",《坎》也,"南冥",《离》也,"背",《艮》也,"风",《巽》也,"天池",《兑》也,"怒而飞",《震》也。六子之卦,于是具矣。昔者陆象山谓"孟子不言《易》,而知《易》者莫若孟子",吾于庄子盖亦云然。

明陆西星长庚《南华副墨》,庄注之佳者,惟谓"去以六月息"与"生物以息相吹",二"息"字同义,皆解作气息之"息",此则非是。《庄子》一书,"息"字原有二用,如"其息深深","真人之息以踵,众人之息以喉"(《大宗师》),气息之"息"也,"以息相吹"同此;"大块载我以形,劳我以生,佚我以老,息我以死","庸讵知造物者之不息我黥而补我劓,使我乘成以随先生邪"(并同上),止息之"息"也,"去以六月息"同此。故自郭注以来,皆训六月息为一去半岁至天池而息,而陆西星因下文有"以息相吹"之文,不知其为文字偶同,而疑其别有深意,乃谓"造物以四时为息,'去以六月息者',六月大风方发,鹏因之徙而南也",以"六月"为季夏之月,后之说者,更谓"六月"为六阳之盛,以与后之六气相比附,胥不免穿凿也。

"培风",王念孙《读书杂志》谓"即凭风",盖"培"、"凭"声近而相通也，又谓"风在鹏下，故言负，鹏在风上，故言凭"，辨析至精，故应从之。"飞枪榆枋"之"枪"，应从支遁训为"突"，然究不得《庄子》体物之妙。《国策·魏策》唐且为安陵君使于秦，唐且称"布衣之怒"，秦王曰"布衣之怒，亦免冠徒跣，以头枪地耳"，此"枪"字正同一用法，古人原有以实字作虚字用，而其义即如其字者，不细体之，不能知其妙也。"时则不至"，俞曲园引王引之《经传释词》"则犹或也"，谓时则不至者，有时能至，有时不能至，故曰时或不至。(《诸子平议》)吾以为"时则不至"犹言时不至耳，其加"则"字者，所以强其语势，若训作"时或"，则反索然无神气矣。

"之二虫又何知"，郭注二虫谓鹏、蜩也，此正承上文蜩与学鸠笑之而言，明指蜩、鸠，不得牵及鹏也。郭子玄解《逍遥游》，全是《齐物论》眼光，故曰"对大于小，所以均异趣也"，此处一错，于上下文遂俱茫然。故读书解书，最忌有成见，最要通观上下文。(俞曲园《诸子平议》亦谓下文曰："奚以知其然也，'朝菌不知晦朔，蟪蛄不知春秋'，所谓'不知'者，谓小不足以知大也。"然则"之二虫又何知"，其谓蜩、鸠二虫明矣。)

"朝菌"，旧训大芝是也。而王念孙以《淮南子·道应训》引作"朝秀"，高诱注曰："朝秀，朝生暮死之虫也，生水上，状似蚕蛾，一名孳母。"据此以为朝菌、蟪蛄，皆虫名。并谓上文云"之二虫又何知"，此云"不知晦朔"，亦必谓朝菌之虫。虫者微有知之物，故以知不知言之。不知言小年，则朝菌、蟪蛄，言大年，则冥灵、大椿，同是一动一植。高诱之注，出之臆测，岂足据乎？若谓草木无知之物，不应言知不知，则栎社之木，何以见梦，柤梨橘柚，又何苦其生之有？(并见《人间世》)《庄子》之文，岂可以文字泥乎？至张揖《广雅》作"朝蜏"，其字从虫。揖后于诱，明以诱说而改者，更不得执此以非彼也。(俞曲园因王氏之说，又谓冥灵、大椿，皆人名。以为大年小年，当以血气之属言之。散论小者，则以虫言，朝菌也，蟪蛄也，虫之中尤为小年者也；论大者，则以人言，冥灵也，大椿也，彭祖也，人之中尤为大年者也。汉学家好与前人立异，而不辨理之是非，往往有如此者。）

"汤之问棘也是已"，应连下"穷发之北"至"而彼且奚适也"为一段，而以"此小大之辨也"一句结之。盖引棘言，以证《齐谐》之非妄，此正庄子之所谓重言。其曰汤问而不更及棘答者，问必有答，于文可明，不待烦言也。而或者以"汤之问棘"为结上"朝菌"至"彭祖"一段（《诸子平议》即云如此），若然，则鲲鹏之事，平地又再述一遍，果何为乎？恐庄子之文，不应如是之没头脑没层次也。

前言"南冥者天池也"，此却言"穷发之北，有冥海者天池也"，则"南冥"、"北冥"，只是一地耳，非有二也。吾观《庄子》全书，《逍遥游》则以"图南"为至，《知北游》则以"北游"为得，而《应帝王》又谓"南海之帝为儵，北海之帝为忽，中央之帝为浑沌"。盖"图南"者，由体而起用，老子所谓"常有欲以观其徼"者也；"北游"者，由用以返体，老子所谓"常无欲以观其妙"者也；"中央之帝为浑沌"者，体用一原，即体即用，即用即体，老子所谓"玄之又玄，众妙之门"者也。李轨云"儵，喻有象也，忽，喻无形也"，以北为无，以南为有，此注盖得之矣。

宋荣子即宋钘，韩非《显学》篇"宋荣子之议，设不斗争，取不随仇，不羞囹圄，见侮不辱，世主以为宽而礼之"，《庄子·天下》篇举宋钘之说，即曰"见侮不辱，救民之斗，禁攻寝兵，救世之战"，故当是一人。吾以为"且举世而誉之而不加劝，举世而非之而不加沮，定乎内外之分，辨乎荣辱之竟，斯已矣"五句，亦当为宋荣子之言，盖直承上"笑之"而来，故不必更用"曰"字。旧书中此类甚多。试细体"斯已矣"三字神气可见，"斯已矣"犹言"斯足矣"，与上斥鷃云"此亦飞之至也"，正是一样口吻。若如郭注曰"亦不能复过此"，是谓宋钘不能过此，而下"虽然，犹有未树也"，乃注曰"唯能自是耳，未能无所不可也"，所谓"自是者"，果从何处见之乎？"至人无己，神人无功，圣人无名"是《逍遥游》一篇大眼目。下文"尧让天下于许由"一段，即诠"圣人无名"，许由曰："吾将为名乎。""名"字一点。"肩吾问于连叔曰"一段，即诠"神人无功"，曰"藐姑射之山,有神人居焉","神人"字一点。此皆显然可见者。"惠子谓庄子曰"两段,即诠"至人无己",虽未明出"无己"字样,然曰"树之于无何有之乡,广莫之野,彷徨乎无为其侧,逍遥乎寝卧其下",则固纯然"无己"境界矣。"无己"而后可言"逍遥",此又庄子以"逍遥游"命篇之意,不可忽过。

"尧让天下于许由","肩吾问于连叔","惠子谓庄子曰",是"至人无己,神人无功,圣人无名"三大影子。"宋荣子犹然笑之","列子御风而行","乘天地之正,而御六气之辨,以游无穷者",又是"至人无己,神人无功,圣人无名"三小影子。

"吾将为宾乎",俞曲园谓"宾"为"实"之误,此全不解文理。若如是,"吾将为名乎,吾将为实乎"两句,转成商量之词,而非决绝之语矣。试按之下文"予无所用天下为",语气岂复相合!

"归休乎君",犹言"君归休乎",乃倒文以作势,如"予无所用天下为",正言之,即"予无所为用天下",句法正同一例。林西仲《庄子因》训"休"为"美",谓"归美于君",何啻痴人说梦。

"是其言也,犹时女也",旧读"女"为男女之"女",谓即承上"处子"而言。明焦弱侯以为应读尔女之"女",为连叔呼肩吾之辞,其见甚是。然以"是其言"属之"瞽者无以与乎文章之观"二句,则犹未的。盖曰"其言",分明指接舆之言,"犹"字亦应作"尚"字解,不作"即"字解。吾以为"犹时女"者,连叔之意,若曰汝惊怖其言,不近人情,自我观之,则其所言,尚系对汝而发,未为尽也。故其下连接"之人也"两层。而"旁礴万物以为一","大浸稽天而不溺,大旱金石流土山焦而不热"云云,视接舆所说,殆加甚焉。细寻前后文,犹字之意跃然可见,而曾无一人得其解者,可叹也已。

"将旁礴万物以为一,世蕲乎乱,孰弊弊焉以天下为事",应于"以为一"句断,"世蕲乎乱"另为一句。盖求治者,世自求治耳,若神人之德,同万物而为一,岂更见有治与不治哉。如此方与"孰弊弊焉以天下为事"语气相贯,如旧解连下"世蕲乎乱"为句,则既已为一世蕲乎治矣,何得乎不以天下为事乎?《弘明集》载宗少文《明佛论》,有曰"世蕲乎乱,洙泗所宏,应治道也",可见六朝人旧读"世蕲乎乱"正自为句,不与上属。

"犹有蓬之心",与孟子言"茅塞子之心"意同,盖同时之人,其所用词句,多有相似者。以上《逍遥游》

《逍遥游》以"无己"终,《齐物论》即以"丧我"始,意正紧接。

《齐物论》始言"丧我",终言"物化",知"丧我"则知"天地与我并生",知"物化"则知"万物与我为一"。

"齐物论"者,物论有不齐,齐之以归于齐也。所谓物论者何?彼是,一也;是非,一也;成亏,一也;有无,一也;大小,一也;寿夭,一也;利害,一也;死生,一也。夫世之所执所争者,盖不出此八端矣。然试思"物无非彼,物无非是",则"果且有彼是乎哉,果且无彼是乎哉";"此亦一是非,彼亦一是非",则"果且有是非乎哉,果且无是非乎哉";"其分也成也,其成也毁也",则"果且有成与亏乎哉,果且无成与亏乎哉"。推之有无、大小、寿夭、利害、死生,莫不皆然。是故"达者知通为一,不用而寓诸庸"。夫"知通为一"则安有不齐者乎?夫大山,大也,秋毫之末,小也,而庄子曰:"天下莫大于秋毫之末,而大山为小。"彭祖,寿也,殇子,夭也,而庄子曰:"莫寿乎殇子而彭祖为夭。"是非故为吊诡也。既已"通为一"矣,则何之而不可大小,何之而不可寿夭哉?《秋水》曰"因其所大而大之,则万物莫不大,因其所小而小之,则万物莫不小",明乎此,可与读《齐物论》矣。庄子之为《齐物论》也,意不在物论也。观其言曰"道恶乎隐而有真伪,言恶乎隐而有是非",曰"道隐于小成,言隐于荣华",曰"是非之彰也,道之所以亏也,道之所以亏,爱之所以成"。盖道以物论而有亏隐,于是乃破除物论以见道。是故《齐物论》者,为明道而作也。篇内若"怒者其谁耶",若"而人亦有不芒者乎",若"谁独且无师乎",皆故作盘诘之词,欲人于当下有所认取,此处大须留意。至若"真宰"、"真君"、"道枢"、"天钧"、"天府"、"天倪"云云,皆道之变名,分明指出,更不须说。故吾曩撰《哲学史》,庄子一章,言《齐物论》破彼是之妄,即以显道枢之真,自以为能窥见漆园微旨。章太炎《齐物论释》,以唯识注《庄》,其剖析可谓入微,然骛于差别而忽其本宗,谈相而不及性,是则"散于万物而不厌",正庄子之所以讥惠子者,岂足以尽《庄子》哉?

《齐物论》千言万语,细看,不过"以明"、"因是"两层。"以明"所以破也,"因是"所以立也。惟破而后能立,故先"以明"然后"因是"。而破即所以为立,立亦不害其为破,故言"以明"必带"因是",言"因是"亦必带"以明"。如"彼是莫得其偶","以明"也,而随曰"以应无穷",则"因是"也;"和之以是非","因是"也,而随曰"休乎天钧",则"以明"也。至若"不用而寓诸庸"、"滑疑之耀"、"葆光"云云,皆兼"以明"、"因是"二意。盖能破能立,是所谓不齐之齐。若以泯绝万物为齐,则非《庄子》之旨也。

《天道》篇曰:"古之明大道者,先明天而道德次之,道德已明而仁义次之,仁义已明而分守次之,分守已明而形名次之,形名已明而因任次之,因任已明而原省次之,原省已明而是非次之,是非已明而赏罚次之"。"以明"即"明天",观其"圣人不由而照之于天"一言可见也。"因是"即"因任"。盖详言之则有九,简言之则二者而已。

"嗒焉似丧其耦",此"耦"字与前《逍遥游》"彼且恶乎待哉"之"待"字,后《养生主》"人之貌有与也"之"与"字,字异而意同。无待则天,有与则人。南郭丧耦,其离人而合于天也,故先以"仰天而嘘"一点,后随以"天籁"释之。

举"人籁、地籁、天籁"三层,而"大块噫气"一段但言地籁者,以人籁不必说,天籁无可说也,欲知天籁只于地籁上领取。"是唯无作","厉风济则众窍为虚","无作"之始,既"虚"之后,此老固已分明举似,然则苦苦向"怒者其谁"一句着眼,犹是刻舟求剑也。

"其发若机括"一段,亦止两层,盖一发一不发而已。"其杀如秋冬,以言其日消也。其溺之所为之,不可使复之也",即承上"其发若机括,其司是非之谓也"而言;"其厌也如缄,以言其老洫也,近死之心,莫使复阳也",即承上"其留如诅盟,其守胜之谓也"而言,两"复"字正相对。一则溺而不能复,一则近死而不能复。人有毗阴毗阳,毗阳者犯前病,毗阴者犯后病也。"其溺之所为之不可使复之也"亦应作一句读,于"为之"分断者非。

"非彼无我","彼"即指上"日以心斗"之"心"言。自"缦者密者窖者"以下至"喜怒哀乐虑叹变慹姚佚启态"皆是也。"非我无所取","取"即前"咸其自取"之取,惟是自取,故于"彼"上横生一我,实则非我也,南郭子綦"丧我"之"我"即指此。郭注曰"彼自然也,自然生我,我自然生,故自然者即我之自然",全失《庄》旨。"夫随其成心而师之",向来注者皆以"成心"为即所师,大非。前言"一受其成形,不亡以待尽",此"成心"正与"成形"相对,皆《庄子》之所破。后文言"道之所以亏,爱之所以成",又言"物与我无成也",《齐物论》全在"无成与亏"上立论,岂有反师于成心者乎?(《人间世》曰"夫胡可以及化,犹师心者也",明不以"师心"为是。)吾以为"成心"即前"喜怒哀乐,虑叹变慹"之心,盖与地籁相当,由地籁而进,知"怒者之谁",则得天籁矣。由"成心"而进,知"师之"之之,则得师矣。惟天籁不离地籁,故即地籁而指曰"怒者其谁耶",惟师不离成心,故即成心而指曰"随其成心而师之,谁独且无师乎"。若谓所师即是成心,则一语已明,何为反复推荡而后出之乎?且惟认成心为是,于是下文"未成乎心而有是非",解亦反背。《齐物论》两引惠子之说,一下文"彼是方生之说也",一即"未成乎心而有是非,是今日适越而昔至也"(言出惠子,并见《天下》篇),事出一例。下文系用惠说以明己意,则此亦用惠说以明己意,不得于后为意同于惠子,而此则为与惠子辩之词也。后人因不明"今日适越而昔至"之旨,又见下文"以无有为有,虽有神禹且不能知"之说,凭其臆测,遂以

"未成乎心而有是非",乃庄子之所不然,而庄子之意失矣。不知后文曰"有有也者,有无也者,有未始有无也者,有未始有夫未始有无也者,俄而有无矣,而未知有无之果孰有孰无也",此与"以无有为有",何异乎?又曰"自此以往,巧历不能得",曰"是其言也,其名为吊诡,万世之后而一遇大圣知其解者,是旦暮遇之也",又曰"是黄帝之所听荧也,而丘也何足以知之",此与"虽有神禹且不能知",又何异乎?《庄子》之文,洸洋自恣,而《齐物论》尤甚。后人眩于其文,因失其意,是可悲也。夫"未成乎心而有是非",即后文"不用而寓诸庸也",于"不用而寓诸庸"可解,则于"未成乎心而有是非"何疑?

"今日适越而昔至",虽出惠子,庄子之言多有与之合者,如《秋水》篇曰"证曏今故,故遥而不闷,掇而不跂,知时无止",《知北游》篇曰"古犹今也",《庚桑楚》篇曰"有长而无本剽者宙也",盖皆认时无自性,则所谓久暂今昔,皆假名耳。大小为假名,故大山可小而秋毫可大;今昔为假名,故今日适越而可以昔至,正同一例。自起首至"吾独且奈何哉"一大段,是《齐物论》题前文字。自"夫言非吹也"至"此之谓葆光"一大段,是《齐物论》题面文字。题前文字,是就心上说,题面文字,是就言上说。

"言隐于荣华",即《礼·坊记》所谓"天下无道,则辞有枝叶","荣华"、"枝叶"一也。

"真宰"、"真君"之"真"即《大宗师》"真人"之"真","谁独且无师乎"之"师",亦即《大宗师》之"师"。《齐物论》与《大宗师》盖处处相射对。

"以指喻指之非指,不若以非指喻指之非指也,以马喻马之非马,不若以非马喻马之非马也",特就公孙龙之说更进一解,非谓龙之说为非也,不然,下文岂得言"天地一指,万物一马"乎?自来皆以庄子为与龙辨,非是。昔俱胝和尚于天龙所得一指禅,凡有学者参问,唯举一指,别无提倡。时有一童子每见人问事,亦竖指祇对。人谓师曰:"和尚童子亦会佛法,凡有问,皆如和尚竖指。"师一日潜袖刀问童曰:"闻汝会佛法,是否?"童曰:"是。"师曰:"如何是佛?"童竖起指,师以刀断之,童叫唤走出,师复召童,童回首,师曰:"如何是佛?"童举手不见指,乃豁然悟。此即"以非指喻指之非指"一则公案也。

"古之人,其知有所至矣。恶乎至?有以为未始有物者,至矣,尽矣,不可以加矣。其次以为有物矣,而未始有封也。其次以为有封焉,而未始有是非也。是非之彰也,道之所以亏也"一段,与后文"有始也者,有未始有始也者,有未始有夫未始有始也者。有有也者,有无也者,有未始有无也者,有未始有夫未始有无也者"一段,一是自无而之有,一是自有而之无。自无而之有,物论之所以起也,自有而之无,物论之所以齐也。

"自知则知之",以知入也,"知止其所不知,至矣",以不知成也。《人间世》曰"闻以有知知者矣,未闻以无知知者也",《大宗师》曰"以其知之所知,以养其知之所不知",并可参证。

"有伦有义",《释文》云"崔本作'有论有议'",下文"六合之外,圣人存而不论,六合之内,圣人论而不议",盖即根此而言,当从崔本为是。(俞氏《诸子平议》亦有此一条)

"吾闻诸夫子",夫子即孔子,观下文"丘也何足以知之,丘也与女皆梦也",明出孔子之名,可见旧以为瞿鹊之师,误。(俞氏《诸子平议》亦有此一条)

"以隶相尊","物量之无穷"也,"时之无止"也,"分之无常"也,"终始之无故"也,并尽于此四字。《秋水》篇北海若曰"以道观之,物无贵贱。以物观之,自贵而相贱。以俗观之,贵贱不在己",今以此视彼,觉彼犹辞费矣。

"参万岁而一成纯","天地与我并生"也;"万物尽然而以是相蕴","万物与我为一"也。又"磅礴万物以为一",则物我齐矣;"参万岁而一成纯",则死生泯矣。

附录·读庄偶记（内篇）

"圣人愚芚"之芚，与《中庸》"肫肫其仁"之肫，皆由《易·屯卦》"屯"字得声，亦皆由"屯"字得义，以彼证此，盖义极相似。

"化声之相待，若其不相待。和之以天倪，因之以曼衍，所以穷年也"五句，吕惠卿谓当在"何谓和之以天倪"上，实则不须更置。"所以穷年也"直接下"忘年忘义"，文不可断。若谓先未提"和之以天倪"，便言"何谓和之以天倪"，似觉突兀。上文"故昭氏之鼓琴也"，"故昭氏之不鼓琴也"，亦先出而后方言"昭文之鼓琴也，师旷之枝策也，惠子之据梧也"，何尝不突兀。庄子之文，要未可以平常文法例之。

"振于无竟，故寓诸无竟"，即《养生主》"薪尽火传，不知其尽"之意。以上《齐物论》

《养生主》者，"主"于"养生"也。七篇之中，此篇实为其主干。旧有作"养生之主"解者，非。如外篇《达生》，亦但言生，更无"生主"之说也。又有谓"生"即"性"字者，亦不然。《大宗师》"善吾生者，乃所以善吾死也"，"善生"即"养生"，生字与死字相对，岂可作"性"字解耶？且《缮性》篇云"古之治道者，以恬养知，生而无以知为也，谓之以知养恬。知与恬交相养，而和理出其性"，言"生"言"性"，分明两事，大抵"生"字包括得"性"字，"性"字却包括不得"生"字，此不可不辨也。至后世道家言养"生"，则只是养"形"。《达生》篇曰："世之人以为养形足以存生，而养形果不足以存生，则世奚足为哉。"夫以庄生所诃而反冒其说以眩世人，世人亦遂信之，不亦异乎。

"已而为知者，殆而已矣"，与前《齐物论》"已而不知其然谓之道""已"字，同一用法，皆承上文而省。

"为善无近名，为恶无近刑"，重在"无近名"、"无近刑"六字。夫"无近名"，斯亦无所谓善矣，"无近刑"，斯亦无所谓恶矣。其曰善恶者，特就世人之所谓善恶而善恶之耳。而或以为恶，疑庄子不应道，盖未知庄子意。《世说新语》："赵母嫁女，女临去，敕之曰：'慎勿为好！'女曰：'不为好，可为恶耶？'曰：'好尚不可为，其况恶耶？'"魏晋之间，多通老庄之说者，若赵母此言，直可为《庄子》作注。

"可以保身，可以全生，可以养亲，可以尽年"，观此四言，知庄子之学，出于孔氏无疑。

"庖丁解牛"一段，说者每好提"恢恢乎其于游刃必有余地矣"一句，以为其技之难在此。而不知其"肯綮"却在"始臣之解牛之时，所见无非牛者"，与"每至于族，吾见其难为，怵然为戒，视为止，行为迟"两段。盖若无"所见无非牛者"一番功夫，即不得有游刃恢恢之境地，若无"怵然为戒"一段意思，即有游刃恢恢之境地，亦终不可保。此一入手，一转手，大宜着眼也。

"所见无非牛者"，与颜渊之"瞻之在前，忽焉在后"，同一光景。即孔子以"出门如见大宾，使民如承大祭"告仲弓，以"立则见其参于前，在舆则见其倚于衡"告子张，亦是此意，盖古人为学用心之专，致力之精，莫不如此。杜工部《观公孙大娘弟子舞剑器行序》谓"吴人张旭善草书书帖，数尝于邺县见公孙大娘舞西河剑器，自此草书长进"，而世传旭观担水争道，遂通书法，若旭者，亦可谓"所见无非书"者矣。

"依乎天理"，即《齐物论》之"照之于天"；"因其固然"，即《齐物论》之"因是"。

"技经肯綮之未尝"，即"技未尝经肯綮"，倒言耳。俞曲园谓"技系枝字之讹"，欲以枝经肯綮平列，尚成何句法乎？汉学家溺于训诂而不讲文理，往往如此。

"公文轩见右师而惊曰：'是何人也？恶乎介也？'""介"，郭《注》"偏刖之名"，其下注"生是使独"，注"有与"，皆根此以为说。吕惠卿《注》曰："右师，盖人貌而天者，介然独立，故公文轩见而疑其非人。'天之生是使独也'，言所得于性命之理本如此。若夫与物接而其貌有与者，则人而已矣。"以"介"为"介然"，吾意吕《注》是而郭《注》非。"有与"即《逍遥游》之"有待"，《齐物》篇之"耦"。"独"则《逍遥游》之"无待"，《齐物论》之"莫得其偶"。《庄子》三十三篇，屡言"独"字，如《德充符》"受命于地,唯松柏独也在冬夏青青。受命于天,唯舜独也正,幸能正生以正众生","警乎大哉,独成其天","独"字皆极有意。若如郭《注》作"独足"解,不特太浅,亦且无谓矣。又《田子方》篇:"孔子见老聃,老聃新沐,方将被发而干,慹然似非人。孔子便而待之。少焉见,曰:'丘也眩与,其信然与? 向者先生形体掘若槁木,似遗物离人而立于独也。'"此段与公文轩见右师极相似,孔子之"眩",在老子"遗物离人而立于独"之气象,则公文轩之"惊",亦自以右师气象非常,岂在其"独足"哉? 故随问曰"天与? 其人与",而右师亦随答曰:"天也,非人也。"又从而释之曰:"有与则人,独者则天。"庄子之意,岂不明白? 郭子玄盖为《德充符》王骀、申徒嘉之伦,扰扰胸中,以彼例此,因以失之。

"始也吾以为其人也,而今非也",此"人"字亦对"天"字说,"而今非也",即离人而天矣。《应帝王》曰,"有虞氏其犹藏仁以要人,亦得人矣,而未始出于非人。泰氏其卧徐徐,其觉于于,一以己为马,一以己为牛,其知情信,其德甚真,而未始入于非人"。庄子屡言"非人"、"非人"、"丧我",同一境界,故《金刚经》说"无我相,无人相,无众生相,无寿者相",亦人、我并言之。

"遁天之刑","帝之县解",同一句法。"天之刑",即"帝之县",皆三字连读。

"夫子"指老聃言,"弟子"者,聃之弟子,非失之弟子也。"非夫子之友"者,言"子非吾夫子之友乎",乃怪之之辞也。观后"夫子时也,夫子顺也",两夫子皆失以称老聃,可见。

"彼其所以会之",彼即前"老者少者","遁天之刑",正指此辈。若老聃则所谓"帝之悬解",哀乐不入,此失所以三号而出也。林虙斋《口义》乃谓"老子未能去其形迹,有以感会其心,是以无老无少悲哀如此,夫老子已死,又何以能感会人之心乎,此何异梦呓!"不知其尽也"与上"可以尽年"正相应,盖尽者"年",而不尽者其"神"也。

"指穷于为薪"之"指",即《齐物论》"指非指"之"指",《则阳》篇"指马之百体而不得马",亦此"指"字,盖自有公孙龙"指物"之说,当时遂成一种名词,如孟子与告子辩性,言"白羽之白犹白雪之白,白雪之白犹白玉之白",亦自"白马"之说来,此并可想见当时名家盛况。以上《养生主》

《人间世》一篇大义,两言尽之,曰"不得已",曰"无用"。孔子之告颜回曰"一宅而寓于不得已",告叶公子高曰"托不得已以养中",是"不得已"之说;匠石曰"无所可用,故能若是之寿",子綦曰"神人以此不材",接舆曰"人皆知有用之用,而莫知无用之用",是"无用"之说。

"以国量",与《史记·货殖传》"畜至用谷量马牛"文同。"死者以国量乎泽若蕉","乎"字句绝,"泽若蕉"三字句,"蕉"同"焦",《广雅》"焦,黑也","泽若蕉",犹《左传》谓"野无青草"也。

"治国去之,乱国就之"与《论语》言"危邦不入,乱邦不居",所谓言各有当,一以见圣人之仁,一以见圣人之智,不得以彼疑此。

"先存诸己而后存诸人"是处人间世定法,蘧伯玉之告颜阖,首曰"正汝身也哉",亦此意。

"德厚信矼"之"矼",即《论语》"硁硁然小人哉"之"硁",古音正同。

"夫以阳为充,孔扬"一段,正言颜子之病。观上"恶可",与下"然则我内直而外曲",语气可见。自来皆以为指卫君说,大非。"采色不定",即根前"所存于己者未定"来。"常人之所不违",违,异也,言与常人同耳,作违逆解,误。

"将执而不化","夫胡可以及化",两"化"字即《齐物论》"此之谓物化"之"化"。化者,"因是因非,因非因是,而所无容心"之谓,皆箴砭颜子语。旧注以"执而不化"为指卫君,而"胡可以及化"为告颜子,一语两属,其误甚明。

"外合而内不訾",訾,量也。"执而不化",是执中无权之病,"外合而内不訾",是徇外遗内之病。乃对说,非顺说也。

"其言虽教,謫之实也。古之有也,非吾有也,若然者,虽直不为病",即《寓言》篇"藉外论之,亲父不为其子媒。亲父誉之,不若非其父者也。非吾罪也,人之罪也",所谓重言者也。

"太多政法而不谍","太多政"句,"法而不谍"句。俞氏引《列御寇》篇"形谍成光"以为谍字之解,甚是。"不谍"与前"以阳为充,孔扬"盖相应,"扬"则"采色不定","谍"则"成光",正同一情景也。惟"法而不谍"故无罪。即训"谍"作便僻,尚为未的。

颜回曰"端而虚,勉而一",孔子以为"恶可",而所以告之曰"若一志",曰"虚而待物",仍不出"一"、"虚"两字。盖回之不足者在"端"、"勉","端"、"勉"则非自然矣,故首喝破之曰"有而为之其易耶",而回亦即应声而解曰"回之未始得使,实自回也,得使之也,未始有回也","未始有回",即南郭子綦之"丧我"。此等处大须留意。

"入游其樊",《逍遥游》也,"无感其名",《齐物论》也。《在宥》篇曰"无问其名,无窥其情,物固自生","以明"、"因是",把柄在手,何人间世之不可处乎?

"无门无毒",李桢曰"毒乃垛之假借,垛者,累土为台以传信,借义为保卫。《周易》'以此毒天下'而民从之,《老子》'亭之毒之',并是此义",李说颇近理。然观《庄子》本书,《在宥》篇鸿蒙曰"意,毒哉,僊僊乎归矣",《列御寇》篇伯昏瞀人曰"彼所小言,尽人毒也,莫觉莫悟,何相孰也","毒"字皆从本训,则此不得独异。大抵庄子遣辞命义,所谓"洸洋自恣以适己",率不得以文人常见衡之。

"为人使易以伪,为天使难以伪",两"伪"字乃《荀子》"人之性恶,其善者伪也"之伪,作"欺伪"者误。

"瞻彼阕者,虚室生白,吉祥止止",俞氏据《淮南·俶真训》作"虚室生白,吉祥止也"以为下"止"字乃"也"字之误,甚是。此曰"虚室生白,吉祥止也",《外物》篇曰"室无空虚,则妇姑勃溪",一正言以见虚之益,一反言以见不虚之害,皆妙喻也。

"夫且不止,是之谓坐驰",自来解者皆误。"坐驰"即"无行地",即

"无翼而飞",与《齐物论》"行尽如驰而莫之能止"两意。前言"听止于耳,心止于符",心耳之用,有止气者,虚而待物,安得有止乎?又"入则鸣,不入则止","吉祥止也",两"止"字皆不与"不止"之"止"同。"不止",承"虚室生白"来,不承"吉祥止也"来,下文"鬼神来舍",方与"吉祥止也"对文。而自来解者,皆执于"吉祥止止"一言,以为与《易》之"艮止",《大学》之"知止"一例,遂以"不止"为舍亡,而"坐驰"为放其心而不知求,按之《庄子》前后文,殆不然也。

"夫徇耳目内通,而外于心知",外、内对言。耳目常用在外,故欲其内通。心知常用在内,故欲其于外。旧解作外而黜之,非。

"知其不可奈何而安之若命",与《孟子》言"莫之致而致者,命也"同为言命最精之语。若后人之所谓命,或人事之不修,或稔恶之必至,不知反求,借命以为诿谢之地,岂知命者哉!

"行者实丧也",郭嵩焘曰:"实者有而存之,丧者忽而忘之,实丧犹得失也,实丧与风波对言。"郭说似较旧注为长。

"劝成"犹孟子言"助长"。

"美成在久,恶成不及改","不及改"即久意,特变文以言之耳。旧注皆以美之成在久,而恶则一成不可改解之。两对之文,而语气错落不合,殆不然也。

"乘物以游心"之"游",即《逍遥游》之"游","托不得已以养中"之"养",即《养生主》之"养",而"乘物"即《齐物论》之"物化","托不得已"即《齐物论》之"寓诸庸"。盖两言而《逍遥游》、《齐物论》、《养生主》三篇之精义俱在其中矣。故曰"至矣"。

"为颠为灭,为崩为蹶",即前"目荧","色平","口营","容形","心成","以火救火,以水救水"。"为声为名,为妖为孽",即前"命之曰菑人,菑人者人必反菑之"。

"大枝折,小枝泄",俞氏读"泄"为"枻",是。

"奈何哉其相物也","物"为动字。旧以"物"为实字而谓"相"为看相者,误。

"匠石觉而诊其梦",王氏曰,"诊,告也",是。

"密,若无言","密",犹默也,《田子方》篇仲尼曰:"默,汝无言。"

"彼亦直寄焉,以为不知己者诟厉也",《天道》篇老子谓士成绮曰"昔者子呼我牛也而谓之牛,呼我马也而谓之马",即所谓"为不知己者诟厉"也。

"天下有道,圣人成焉,天下无道,圣人生焉",引此以为《人间世》煞尾,庄生之意可见矣,谓庄生无意于人世,岂其然?

"迷阳迷阳",王先谦谓"迷阳,荆棘。迷读如麻,楚之人至今犹称之",当非妄言。

王先谦《庄子集解》以接舆之歌止于"无伤吾足",而"山木自寇"以下别为一节,谓歌有韵,此无韵,不当相连。不知古人之文亦有前有韵而后无韵者,如《金人铭》即如此。仍依旧说连为一节为是。以上《人间世》

"德"者,得也,"有诸己之谓信"。充者,"充实之谓美"。"符"者,"充实而有光辉之谓大"。

孟子曰:"君子所性,仁义礼乐根于心。其生色也,睟然见于面,盎于背,施于四体,四体不言而喻。"荀子曰:"君子之学也,入乎耳,著乎心,布乎四体,形乎动静,端而言,蝡而动,一可以为法。"则孟荀之言,皆《德充符》注脚也。于此可以见古人为学真面目。

"无形而心成","成"字与《九歌》"满堂兮美人,忽独与余兮目成""成"字同一用法,亦即《大宗师》篇所谓"莫逆于心"。

"而王先生",犹"而曰王先生",省"曰"字。

"其与庸亦远矣",与、于通,"庸"即《齐物论》"不用而寓诸庸"之"庸","庸",即用也。旧注作与庸人相远,非是。

"审乎无假而不与物迁",是言体,"命物之化而守其宗",是言用。然"无假"上着一"审"字,则体不离用,"物化"上着一"命"字,则用不离体。"无假"即"真","真"与"宗"是一事,"化"即"迁","迁"与"化"是一事。《大宗师》屡言"真人",而《天下》篇谓"不离于宗,谓之天人,不离于真,谓之至人",故言"宗"言"真",一也。一面言"不与物迁",一面又言"命物之化"。"与物迁",所谓"物于物","命物之化",所谓"物物"。《在宥》篇曰:"有大物者不可以物物(上名词下动词),而不物故能物物(上动词下名词)。"《知北游》篇曰:"与物化者一不化者也。"(《则阳》篇亦有此言)惟"不物"故能"物","不化"故能"化"也。"不知耳目之所宜",《天下》篇曰"譬如耳目鼻口,皆有所明,不能相通","所宜"犹"所明","不知所宜"则"通"矣。

"以其知得其心","随其成心而师之"也,"以其心得其常心","知止乎其所不知"也。

"物何为最之哉","最",聚也。

"象耳目"之"象",即《田子方》篇"犹象人也"之"象"。

"人则从是也,彼且何肯以物为事乎",即《逍遥游》所谓"世蕲乎乱,孰弊弊焉以天下为事"。

"自状其过,以不当亡者众",所谓"过而失之"者,"不状其过,以不当存者寡",所谓"过而得之"者。存亡,犹言得失也,虽一得一失而皆不免于过,故皆不取,而曰"知不可奈何而安之若命,惟有德者能之",此皆不必贴兀者亡足说。

"游于羿之彀中,中央者,中地也,然而不中者命也",此与孟子言"智,譬则力,圣,譬则巧"极相似。所以答子产"与尧争善"之言,非指亡足言也。旧注皆失之。

"子无乃称",王氏曰"乃,是也,无乃称,犹无言是",《人间世》篇匠石曰"已矣,勿言之矣","无乃称","勿言之",语气正似。

"彼何宾宾以学子为",俞氏云:"宾宾,犹频频也。"

"未尝有闻其唱者也,常和而已矣","和而不唱",即老子"处后"之义。《刻意》篇曰"不为福先,不为祸始,感而后应,迫而后动,不得已而后起",《人间世》之"不得已",《应帝王》之"应",一以贯之矣。

"无聚禄以望人之腹","望"为"月望"之"望",以望为满,与《逍遥游》"腹犹果然",借果之充实形容人之饱状,正同一笔法。

"闷然而后应,泛而若辞",写《人间世》篇"不得已"三字神气毕露。"少焉眴若,皆弃之而走",俞氏云:"'眴若'犹眴然。《徐无鬼》篇'众狙恂然弃而走'。眴、恂并驾之假借。驾,惊辞也。"是。

"资刖者之屦","资"字应连"刖者"为句,观《逍遥游》"宋人资章甫而适诸越"句可见。旧以属上不以屦,误。

"滑和"之"和",即"游心于德之和"之"和"。此篇于"和"字盖屡见,下又云"德者成和之修也",盖最足以形容德字者莫如"和"字,宜玩之。"日夜无郤而与物为春",郤即隙,《田子方》篇"日夜无隙而不知其所终",正作"隙"字。《天运》篇曰"涂郤守神",《达生》篇曰"其天守全,其神无郤",盖本之《老子》"塞其兑"。不失于兑,塞其兑,一阖一辟,乾坤之道也。

"其可以为法也内保之而外不荡也"应连作一句读,"保"即前"保始之征"之"保","荡"即《人间世》"德荡乎名"之"荡"。

"德有所长而形有所忘"九字,为《德充符》一篇主旨。

"工为商","商"字系借喻,与"孽"、"胶"、"接"等字同,非真谓商贾也,下言"不货,恶用商"亦然。旧谓"不贵难得之货"、"无劳商贾",误。

"有人之形",《老子》之所谓"同其尘"也,"无人之情",《老子》之所谓"和其光"也,此八字所谓"玄德"也。

"因自然而不益生",可以尽《养生主》一篇,"有人之形,无人之情",可以尽《人间世》一篇。

"子以坚白鸣",犹《齐物论》谓"以坚白之昧终也"。庄子所不足于名家者,盖以其骛末而遗本耳。以上《德充符》

内七篇,以《齐物论》、《大宗师》两篇为最难。《齐物论》之难,难在无头脑,《大宗师》之难,难在无边际。然无头脑,犹可以澄思渺虑,寻求而得之,若无边际,则唯恃神解领取,澄思渺虑无所施其功也。"冉求问于仲尼曰:'未有天地,可知邪?'仲尼曰:'可,古犹今也。'冉求失问而退。明日复见曰:'昔者吾问未有天地,可知乎,夫子曰,可,古犹今也。昔者吾昭然,今日吾昧然,敢问何谓也?'仲尼曰:'昔之昭然也,神者先受之,今之昧然也,又为不神者求邪。'"(见《知北游》)读《大宗师》者,必须先参得此一层。不然,徒以知解凑泊,终成隔膜。

《大宗师》,言道也。篇中夫道云云,有"先天地生而不为久,长于上古而不为老"之语,而引许由之言,则曰"吾师乎,吾师乎,䪥万物而不为义,泽及万世而不为仁,长于上古而不为老,覆载天地刻雕众形而不为巧",明曰"师",曰"道",一也。盖无外之谓"大",无上之谓"宗",众所取则之谓"师",叠此三字,凡以为道之形容耳,其不曰"道"而曰"大宗师"者,正与《中庸》一书亦以明道,而书成名曰《中庸》,不名曰"道",同一意也。

开首数语,与《孟子·尽心》一章,若合符节,"知天之所为者,天而生也",即《孟子》所言"尽其心者,知其性也,知其性则知天矣";"知人之所为者,以其知之所知,以养其知之所不知",即《孟子》所言"存其心,养其性,所以事天也";"终其天年而不中道夭者,是知之盛也",即孟子所言"夭寿不贰,修身以俟之,所以立命也"。吾观《庄》、《孟》,知养生养气,非有二道也。

"以其知之所知,以养其知之所不知",即《缮性》篇所谓"以知养恬";"天而生",即《缮性》篇所谓"以恬养知"。"知与恬交相养",庄子一生学问,只此六字。

《荀子·解蔽》谓"庄子蔽于天而不知人",观《大宗师》曰"知天之所为,知人之所为者,至矣",以天、人并言,则荀子测庄,不免犹失之浅。

"有真人而后有真知",此《易》之所谓"苟非其人,道不虚行",《论语》所谓"人能弘道,非道弘人"。

"不蕺士","士"与"事"通,即《齐物论》"圣人不从事于务"之谓。

"屈服者,其嗌言若哇",《大学》所谓"无情者不得尽其辞",《易》所谓"失其守者其辞屈"也。

"其嗜欲深者,其天机浅",《孟子》曰:"其为人也多欲,虽有存焉者寡矣。"

"古之真人"三层,一者利害关,二者寤寐关,三者生死关。

"不忘其所始,不求其所终,受而喜之,忘而复之",《易·系》所谓"原始反终,故知死生之说"也。

"不以心捐道","勿忘"也。"不以人助天","勿助长"也。

"其心志,其容寂","志"与"寂"对。"志"者"专一"之谓也。一动一静,与下一"春"一"秋"正相应。宣茂公《南华经解》改作"忘",非。

"古之真人其状"以下,有一句对文者,有两句对文者,皆一正一反,以成其义。《金刚经》"不垢不净,不增不减"盖与此同。

"义而不朋",俞曲园以"义"为"峨"之假字,"朋"为"崩"之假字,是。

"与乎其觚而不坚也",与下"与乎止我德也",两"与"字复,上"与"当为"举"之假字,与"张乎"之"张"正为一类。

"厉乎其似世乎",俞以"世"为"泰"之假字,是。

"以刑为体,绰乎其杀",《老子》所谓"为道日损,损之又损,以至于无为"也。

"言其与有足者至于丘也,而人真以为勤行者也",不行之行,《老子》所谓"善行无辙迹",《人间世》所谓"无行地"也。

"有君为愈乎己","无适而非君也,无所逃于天地之间",庄子言君臣之义如此,知天泽定分之说起于后世,非所谓达人之言也。"善吾生者,乃所以善吾死也",观此知孔子"未知生,焉知死"之言,正以告子路,非拒而不答也。

"藏舟"一喻,即后《胠箧》一篇缩影。

"藏天下于天下"六字,不独言死生之理,即帝王之术亦尽于此矣。

"是恒物之大情也",自前《逍遥游》"小大之辨"也,至此始结明。"犯人之形","犯"与"范"同,观下大冶铸金一段可见。

"善夭善老,善始善终",《养生主》所谓"可以保身,可以全生,可以养亲,可以尽年"者也。"万物之所系,一化之所待",《养生主》所谓"薪尽火传,不知其尽"者也。

"有情有信,无为无形",与前《齐物论》"可行己信而不见其形,有情而无形",正相照应。

"南伯子葵",成《疏》云"葵,綦之误","葵"、"綦"古音相近,盖假"葵"为"綦",非误也。

"淖约若处子",以女子比,"色若孺子",以孺子比。前者从《老子》"守雌"来,后者从《老子》"能婴儿"来。

"参日","七日"云云,《寓言》篇颜成子游谓东郭子綦曰:"自吾闻子之言,一年而野,二年而从,三年而通,四年而物,五年而来,六年而鬼入,七年而天成,八年而不知死,不知生,九年而大妙。"或言"年",或言"日",其言参差诡诡,未可拘执。

"朝彻,而后能见独","独"之一字,《中庸》、《大学》言之,《荀子》言之。(《不苟》篇曰:"善之为道者,不诚则不独,不独则不形。")血脉无二,孰谓庄生非儒乎?《天地》篇曰"视乎冥冥,听乎无声,冥冥之中,独见晓焉,无声之中,独闻和焉",论"独"而推至于"冥冥"、"无声",与《中庸》之"戒慎不睹,恐惧不闻",尤同符合辙矣。

"副墨"、"洛诵"诸名,皆有深意,如"玄冥"即"北冥","参寥"即后之"寥天一","疑始"即"未始有始"。"副墨"、"洛诵"之意,于《天道》篇"轮扁之对"可见之,"瞻明"、"聂许"之意,于后篇"浑沌之凿"可见之,"需役"、"于讴"之意,于"孟子反、子琴张之歌"可见之。

"相视而笑,莫逆于心",所谓"相与于无相与,相为于无相为"也。"曲偻发背,上有五管,颐隐于齐,肩高于顶,句赘指天",与《人间世》形容支离疏者,同一文字。

"其心闲而无事","闲而无事"四字,正针对"拘拘",盖可得而拘者其形,不可得而拘者其心也。

"成然寐,蘧然觉",以生死为寤寐,庄周之所以梦为胡蝶也。

"是恶知礼意",孔子曰"礼云礼云,玉帛云乎哉","礼意"之谓也。

"修行无有",与常季论王骀"立不教,坐不议"正同。

"方内","方外","方"字即《秋水》篇"见笑于大方之家"之"方"字,亦即《天下》篇"天下之治方术者多矣"之"方"字。

"与造物者为人",王引之据《中庸》郑《注》相人偶之说,谓"'为人'犹云'为偶'",《天运》篇"丘不与化为人",亦同是。

"假于异物,托于同体",即前"鼠肝虫臂"之说。

"丘,天之戮民也",是真孔子自道语,"是知其不可为而为之者与",是真知孔子语。

"无事而生定",俞曲园云"'定'为'足'之误",是"生"即《养生主》之"生"。"唯简之而不得,夫已有所简矣",《论语》仲弓问子桑伯子,子曰"可也,简",两"简"字一义。"乾以易知,坤以简能",道家出于《归藏》,故以"简"为教,观此可知儒道两道之同异,亦可知孔老之渊源。

"是自其所以乃",犹云"是乃自其所以",倒文耳,与"技经肯綮之未尝"一种笔法。

"献笑不及排","献"犹《楚辞》"献岁发春"之"献",始也,与"造适"之"造"正相对。

"而奚来为轵","轵"同"只",《诗·卫风》"父也天只,不谅人只"。

"黥汝以仁义,劓汝以是非",已为后《骈拇》、《马蹄》二篇张本。

"同于大通",即《齐物论》所云"知通为一","通"则"化",故孔子曰"同则无好也,化则无常也","化"字盖从"通"字来。

"求其为之者而不得也,然而至此极者命也夫",《人间世》言"致命",此言"安命","致命"、"安命"一也,不知"致命"而但"安命",此《墨

子·非命》之所以作也。以上《大宗师》

《应帝王》之"应",即篇中"至人之用心若镜,不将不迎,应而不藏,故能胜物而不伤"之"应",故当作"感应"之"应"解。"应帝王"者,以帝王之事为应迹,《鲁论》所谓"舜禹之有天下而不与"也。宣茂公《南华经解》释"应"为"应当",盖本之郭《注》"无心而任乎自化者,应为帝王"也,其误实自郭子玄始。不知《应帝王》之"应",与《逍遥游》之"游",《齐物论》"物化"之"化",正是一条边事。若作"应当为帝王"说,则七篇前后支离,不相贯串矣。

"未始出于非人","出",犹"造"也,非谓出乎非人之外。

"未始入于非人","入",犹"著"也,非人而忘其非人,故曰"未始入于非人"。

"以己出经式义度",应于"度"字绝句。"义",犹"仪"也,"经式"、"仪度"皆法也。王念孙说如此。

"正而后行,确乎能其事者而已矣",此十三字,《庄子》之所谓"内圣外王之道"也。

"且鸟高飞以避矰弋之害,鼷鼠深穴乎神丘之下以避熏凿之患",鸟鼠皆以喻民,言民自知趋利避害,不劳帝王为之出经式仪度也。"而曾二虫之无知",犹云"曾谓二虫之无知乎"? 郭《注》谓"汝曾不知此二虫之各存而不待教乎",以"无知"为"不知二虫",不独失庄子意,亦且无此倒乱文法。

"何问之不豫也",俞氏曰:"《尔雅·释诂》'豫,厌也';《楚词·惜诵》'行婞直而不豫兮',王逸《注》亦曰'豫',厌也。'豫'之训'厌',乃是古义……'问之不豫',犹云'何许子之不惮烦也'。"俞氏之说是。

"无何有之乡","圹埌之野",与《逍遥游》煞尾适相照应。即此可见七篇正自为起讫。

"帠",俞氏以为"臬"之误,"臬"假作"瘶",故《释文》谓一本作瘶,瘶其本字也。

"胥易"之"易",郭庆藩云:"读如《孟子》易其田畴之易,谓治也。"

"顺物自然而无容私焉","有莫举名,使物自喜",无为之治如此,其自受治者言之,则曰"不识不知,顺帝之则",曰"帝力何有于我",曰"皞皞如也",曰"熙熙若春登台"。

"以道与世亢,必信",此所以"食于十餐,而五餐先馈"也。(见杂篇《列御寇》)吴王之谓颜不疑曰:"无以女色骄人。"(见杂篇《徐无鬼》)老莱子之告仲尼曰:"去汝躬矜与汝容知。"(见杂篇《外物》)老聃之语阳子居曰:"而睢睢盱盱,而谁与居。"(见杂篇《寓言》)反复庄子全书,君子修德处身之道,盖至明矣。

"不正"之"正",与孔子之言"正墙面",孟子之言"必有事焉而勿正",两"正"字同义。

"止水之审为渊",合地文,"流水之审为渊",合天壤,"鲵桓之审为渊",合太冲莫胜。故曰"此处三焉"。

"未始出吾宗"之"宗",即《大宗师》之"宗"。

"波流",崔本作"波随",王氏曰:"蛇、何、靡、随为韵。"当从崔本。

"纷而封哉",崔本作"封戎",云"封戎,散乱也"。李桢曰:"人、亲,为韵;朴、立,为韵;戎、终,为韵。"崔本是。

"混沌"即《齐物论》所谓"圣人愚芚"也。

七篇以南北始,亦以南北收。中央者,中也。《齐物论》之"得其环中",《养生主》之"缘督以为经",《人间世》之"养中",《德充符》之"游于羿之彀中",并一线相承。盖七篇每拈一字,无不贯串全体,所谓常山之蛇,击首则尾应,击尾则首应,击其中则首尾皆应,用意用笔如此,直无半点渗漏矣,文字般若,岂不信哉!

读庄偶记(外篇)

《庄子》外篇十五,杂篇十一。苏子瞻谓《让王》、《盗跖》、《说剑》、《渔父》四篇为后人伪托,而王船山则指外篇杂篇全非庄子之书,外篇中如《骈拇》、《马蹄》、《胠箧》、《天道》、《缮性》、《至乐》诸篇尤为恉劣。大抵古人著述,原不必成于一人之手,师说传流,时有增益,然要之不违其大旨。此固非出于窃名,亦即无所谓赝造。至夫文有偏驳,惟在读者善会之,不以辞害意可也。必斤斤致辨于真伪之间,如姚际恒《伪书考》之为者,窃所不取。

《经典释文·序录》曰:"庄生宏才命世,辞趣华深,正言若反,莫能畅其弘致。后人增足,渐失其真,若《阏奕》、《意修》之首,《危言》、《游凫》、《子胥》之篇,凡诸巧杂,十分有三,言多诡诞,故注者以意去取。其内篇众家并同,自余或有外而无杂。唯子玄所注,特会庄子之旨,故为世所贵。"案:《汉书·艺文志》《庄子》五十二篇,今传郭象注本,仅三十三篇,则其为象所删并者多矣。是以外篇辞或支蔓而义犹连属,杂篇自《庚桑楚》、《寓言》、《天下》数篇外,率每段自为一义,首尾不贯。窃疑子玄已不能无失,而后人乃更取外篇杂篇意为汰削者,何哉?

外篇杂篇次第,本非庄书之旧。然既非如内七篇一线贯注,上下不可移易,则孰前孰后,原无不可。今本目次行世已久,自可遵循,无容改窜。宋道士陈碧虚作《南华解义》,乃于廿六篇中取两字标目,而一段成篇者,《骈拇》、《马蹄》、《胠箧》、《刻意》、《缮性》、《说剑》、《渔父》七篇移为外篇,而以《让王》、《盗跖》、《在宥》、《天地》、《天道》、《天运》、《秋水》、《至乐》、《达生》、《山木》、《田子方》、《知北游》、《庚桑楚》、《徐无鬼》、《则阳》、《外物》、《寓言》、《列御寇》、《天下》十有九篇归之杂篇,是真所谓可已而不已者。以上总说

《骈拇》、《马蹄》之意,已具内篇,此特因而蔓衍之耳。《德充符》曰"不以好恶内伤其身,常因自然而不益生也","益生"二字,是《骈拇》"枝指"之所出也。《大宗师》曰"黥汝以仁义,劓汝以是非,汝何以游夫遥荡恣睢转徙之涂乎","黥"、"劓"二字,是"烧之剔之,刻之雒之"之所出也。

杨朱曰"大道以多歧亡羊,学者以多方丧生",生之丧,多方害之也。故曰"多方乎仁义而用之者,列于五藏哉,而非道德之正也","仁义"而曰"列于五藏"者,盖肝属木,木神则仁;肺属金,金神则义;脾属火,火神则礼;肾属水,水神则信;心属土,土神则知。康成注《礼》"天命之谓性"即如此。盖以五德配五行,五行配五藏,此古昔相传之旧说,故汉人犹有能言之者。

"敝跬",《释文》曰"敝本亦作弊",又曰"跬,郭音屑",盖"敝跬"犹弊弊也。弊弊,踶跂,窝卷,搶囊,皆所谓諔诡,义存乎声,不容分释。世或训"敝"为"罢","跬"为"近",又或以"跬"连下"誉"字读之而曰"跬誉,谓近名也",皆非也。

"彼正正者,不失其性命之情",王船山《庄子解》曰"正正一作至正",不知何据。然此句紧承上文"非天下之至正"而来,故当作"至正"为是。郭《注》曰"物各任性,乃正正也",不得其说,从而为之辞耳。

"意仁义其非人情乎",曰"意"者,故作推量之词也。俗以为"噫",或曰"通抑",皆非。下文又曰"故意仁义其非人情乎",如作"噫"作

"抑",则此当何解？或又曰"故意"之"意"衍文也,然《马蹄》篇亦曰"吾意善治天下者不然",以彼例此,知其断非衍文矣。

"蒿目"犹《逍遥游》言"蓬心",此《庄子》文字奇处。俞曲园谓"'蒿'为'暳'之假字,望也",义虽显明而味则索然矣。

《应帝王》曰"顺物自然",此曰"天下有常然",以其"无待"也,谓之"自然",以其"不易"也,谓之"常然","自然"、"常然"一也。

"蒿目而忧世之患","以身殉天下",似皆指墨子言之。孟子曰"墨子兼爱,摩顶放踵,利天下为之","摩顶放踵",所谓"以身殉天下"者也。若儒者则不然,孟子曰"天下有道,以道殉身；天下无道,以身殉道","未闻以道殉乎人者也",深体孟子之言,则无疑于庄子。

"臧与谷","臧",善也,譬仁义；"谷",禄也,譬名利。其取名一如"副墨"、"洛诵"、"瞻明"、"聂许",皆信手拈来,以文为戏也。或引扬雄《方言》"男婿婢曰臧",或训"谷"与"穀"通,不免泥于训诂。又荀子《礼论》篇曰："君子以倍叛之心接臧谷,犹且羞之,而况以事其所隆亲乎？"是童奴曰"臧谷",战国时原有是称也。

"若其残生损性,则盗跖亦伯夷已",曰"盗跖亦伯夷",不曰"伯夷亦盗跖",立辞大有斟酌。孰谓《骈拇》、《马蹄》之文,放论横议,轶于轨范之外哉？

"上不敢为仁义之操","为善无近名"也；"下不敢为淫僻之行","为恶无近刑"也。以上《骈拇》

"命曰天放",崔本"放"作"牧","牧",养也,此曰"天牧",犹《德充符》言"天鬻",当从崔本。"牧"古音如密,正与上"同德""德"字协韵。

"道德不废,安取仁义",本于《老子》"道失而后德,德失而后仁,仁失而后义",以仁义为道德之枝叶,是以云然。

"马之知而态至盗","态"与"能"通。郭《注》"力竭而态作",作"态"本字解,非。

"马知已此矣","民能以此矣","以"、"已"同字,并训止。马言

"知",民言"能","知"、"能"互文。

"县跂仁义","县"如"县解"之"县","跂"如"踶跂"之"跂"。"县跂仁义",与上"屈折礼乐"对文,皆言非自然也。不得作县揭企望解。以上《马蹄》

"负匮揭箧担囊而趋",与《大宗师》"藏舟于壑,夜半有力者负之而走"一种用意用笔。"不乃为大盗积者也","也"读"耶"。"所盗者,岂独其国邪","邪"读"也"。

《胠箧》篇掊击圣知,此后儒所大骇异也,然其文曰"世俗之所谓知,所谓圣,世俗之所谓至知,所谓至圣",则其所掊击固有在矣。故吕惠卿注曰:"言世俗所谓圣知者如此,真圣知者固不然也。"且孟子言五霸假之,即此所谓"并与其圣知之法而盗之"者也,特孟子辞缓,而庄子辞激耳,以孟合庄,信无庸于骇异。

"善人不得圣人之道不立,跖不得圣人之道不行。天下之善人少而不善人多,则圣人之利天下也少而害天下也多",此伤天下之言,非责圣人之言。一字一血,一字一泪,奈索解人不得何。

"法之所无用也",倒文,犹言"无所用法之","法",效法也,即《大宗师》"其可以为法"之"法"。

曰"圣人者天下之利器,非所以明天下也",又曰"彼曾、史、杨、墨、师旷、工倕、离朱者,皆外立其德,以爚乱天下者也",由是观之,圣人之过,过在"明",不在"圣";德之过,过在"外",不在"德"。故以"含其聪明,玄同其德为盛","含其聪明",非不聪、不明也,"玄同其德",非不德也。《齐物论》曰"圣人怀之",绝圣弃知下一大段文字,只是发挥一"怀"字而已。

"求其所已知","反性"之谓也;"求其所不知","逐物"之谓也。《齐物论》曰:"终身役役而不见其成功,苶然疲役而不知其所归。"日求其所不知,此所以"不知所归"也。

《大宗师》曰"以其知之所知,以养其知之所不知",此曰"皆知求其所不知,而莫知求其所已知",两"不知"要须辨识清楚。《大宗师》之"不知",内也,"养其所不知",所谓"游心于淡,合气于漠"也;此之"不知",外也,"求其所不知",所谓"生有涯而知无涯,以有涯逐无涯"也。

"役役"、"哼哼",皆舍己殉物,劳扰不休之貌。"役役",以行言,"哼哼",以言言。所谓"强聒而不舍"者也。以上《胠箧》

《德充符》曰"内保之而外不荡也。德者,成和之修也",《在宥》之"在"即"内保之"之事,"宥"即"外不荡"之事,故曰"在之也者,恐天下之淫其性也。宥之也者,恐天下之迁其德也","保之"则不淫矣,"不荡"则不迁矣。本文诠释甚明。旧训"在"为自在,"宥"为宽,殊失其旨。惟吕惠卿注:"'在'者存之而不亡,'宥'者放之而不纵。"庶几近之。

"贵以身于为天下,则可以托天下。爱以身于为天下,则可以寄天下",语本《老子》。"贵以身于为天下"犹曰"以身贵于为天下","爱以身于为天下"犹曰"以身爱于为天下",皆倒文。

"尸居渊默","渊渊其渊"也。"龙见雷声","浩浩其天"也。"神动而天随,从容无为而万物炊累","不动而敬,不言而信,不赏而民劝,不怒而民畏,笃恭而天下平"也。

"炊累"即"以息相吹"也。《释文》"炊"本或作"吹",然则"炊"、"吹"一也。"累"者,"累欷"、"累息"之"累"。

"女慎无撄人心","撄"字与《骈拇》篇"招仁义以挠天下""挠"字同义。《大宗师》亦曰"撄宁",撄而不失其宁,所谓抡刀上阵,亦得见性者。用语虽同,而诠理则别。

"官阴阳"之"官",《荀子·天论》所谓"物畜而制之"者也,《德充符》亦有"官天地"之言。"官",动字,非名字也。成玄英《疏》谓"欲象阴阳设官分职",大舛。"取天地之精,以佐五谷,养民人。官阴阳以遂群生",以今日科学日精,机械日备,视此固无难事矣。然而昔之患也,为天下忧不足,今之患也,为天下忧有余。生者众而食者有数,为者疾而用者不给，至于不时焚烧，无所臧之，广成子所谓"云气不待族而雨，草木不待黄而落"，助长之害，其端固已见矣。然而彼蚩蚩者，方日斗其巧智，唯恐其或后人也，吾又安能测其祸之所至哉！

"目无所见，耳无所闻，心无所知。女神将守形，形乃长生"一段，疑注语，非正文。盖"目无所见"即"无视"，"耳无所闻"即"无听"，"心无所知"即"抱神以静"，"神将守形，形乃长生"即"形将自正，乃可以长生"也。于文不应重出。又前后文皆用韵，而此段独无韵，亦不类。然郭注本即如此，则此注又在郭前矣。

"我为女遂于大明之上矣，至彼至阳之原也。为女入于窈冥之门矣，至彼至阴之原也"，《天下》篇曰《易》以道阴阳"，故"大明"即"大明终始"之"明"，言《乾》也；"窈冥"即"冥豫"、"冥升"之"冥"，言《坤》也。

"上见光"，"见"音现，"见光"，"葆光"之反也。"上见光而下为土"，初登于天，后入于地，《明夷》上六之象也。

"百昌皆生于土而反于土"，《艮》之所以"成始而成终"也。

"祸及止虫"，《释文》曰"本亦作昆虫"，作"昆虫"者是。作"止"者，"昆"字之脱其上，"比"又讹"止"耳，崔本作"正虫"，则又因"止"字不可通而改之。

"意治人之过也"，"意"如字，"意，毒哉"，"意"同"噫"。

"僬僬乎归矣"，即《孟子》"子归而求之"之意，是即所以为答，非如郭注"嫌其不能隤然通放，故遣使归"也，惜云将不悟，故更求闻一言。

"吐尔聪明"，"吐"为"咄"之讹，"咄"与"黜"通，《徐无鬼》篇"黜耆欲"，《释文》曰："司马本作咄。"是也。

"伦与物忘"，"伦"，类也，"伦与物忘"，犹言"与物忘类"。

"因众以宁，所闻不如众技众矣"，"宁"字句绝。

"有大物者不可以物物"，言不可为大物所物也，此"物物"，上名字，下动字。"而不物故能物物"，言不为所物，则能物此大物矣，此"物物"，上动字，下名字。船山读"不可以物"句，"物而不物"句，亦通。

707

"有问而应之,尽其所怀",其"怀",问者之"怀"也,子亦曰:"有鄙夫问于我,空空如也,我叩其两端而竭焉。"

"声之于向"之"向",通"响","处乎无向"之"向",如字。郭注"处乎无向"曰"寂以待物",非是,"处乎无向,行乎无方",相对成文,"无向"、"无方",一也。

"挈汝适复之挠挠","适",往也,"适复",犹往复。"挠挠",犹《大宗师》言"挠挑",一也。《释文》李云"挠挑,宛转也",简文云"循环之名",故彼曰"挠挑无极",此曰"挈汝适复之挠挠以游无端"。

"颂论"之"颂"通"诵","诵论",言也,"形躯",形也。"颂论形躯,合乎大同",《大宗师》所谓"离形去智,同于大通"也。

"大同而无己,无己,恶乎得有有",两"无己""无"字皆当重读。"己"者,语辞,旧作"己"者非,盖无与有对言,"大同"则无,无则"恶得有有"。此以"无己"连读作"无已",犹《老子》"常无欲以观其妙,常有欲以观其徼",本亦有、无对言,而世辄连"欲"字读作"无欲"、"有欲"也。

"中而不可不高者,德","德"言"高",即崇德之谓。"一而不可不易者,道","易"者"变易"也,作"简易"解者,非。

"薄于义"之"薄",通"溥",非曰"薄乎义"也。

"贱而不可不任者,物也"一段文字,兼体用,赅本末,可谓至当不易之论矣。"物者莫足为也,而不可不为"以上,言有为者,不可不为也;"不明于天者,不纯于德"以下,言有为者必本乎无为也,老子曰"为无为",又曰"无为而无不为",乃合而言之,此则析而言之,而其义实一贯。朱得之《通义》疑以为东汉后拟庄之作,曰:"意以庄生鄙事法而薄仁义,若为之补过耳。"夫庄生何尝真鄙事法薄仁义哉?近斋未为知庄生也。以上《在宥》

"故曰玄",玄字句绝。各家多连下"古之君天下"为句,非。后文"黄帝遗其玄珠",又"是谓玄德","玄珠"、"玄德",皆谓此。盖从《道德经》"玄之又玄""玄"字来。

"夫子",《释文》:"司马云:庄子也。一云老子也。"唐顺之曰:"夫子,谓孔子。"案:《齐物论》,瞿鹊子称夫子,即孔子,而本文载"夫子问于老聃",老聃呼孔子之名而告之,则夫子为孔子无疑,自以唐说为是。

"君子不可以不刳心也","刳心"犹"尽心",上极称道之大,下言"君子刳心",则谓君子不可不尽心于道。各家皆训"刳心"为"去智",转于文义不顺,此皆求之太深之过也。

"事心"之"事",即事亲、事君、事天之事。《人间世》曰"自事其心者,哀乐不易施乎前",乃从上事亲、事君而推之,其义可见。"事",从事也,俞氏《诸子平议》知郭《注》之非,而训"事"为"立",又远引《吕氏春秋》"事心乎自然之涂"以证之,不知《人间世》原有此例,可谓察远而遗近者矣。

"形非道不生","天命之谓性"也;"生非德不成","率性之谓道"也;"存形穷生,立德明道","修道之谓教"也,故曰:"非王德者邪?"

"冥冥之中,独见晓焉",不睹中有常睹;"无声之中,独闻和焉",不闻中有常闻。不睹中有常睹,故能"戒慎不睹";不闻中有常闻,故能"恐惧不闻",此足与《中庸》相发明。又"见晓"即"朝彻","朝彻"而后能"见独",故《中庸》"戒慎不睹"之后,继之以"慎独"也。

"至无而供其求",承上"深之又深而能物";"时骋而要其宿",承上"神之又神而能精"。"至无而供其求","神以知来"也;"时骋而要其宿","知以藏往"也。以"知来"故曰"能物",以"藏往"故曰"能精"。"大小长短修远",则所谓"不疾而速,不行而至"也。林虙斋《口义》"修远"作"近远",船山《庄子解》曰:"大小也,长短也,近远也,皆供其求,皆要其宿。"吾意大小者若大若小,长短者若长若短,言其非大小长短一偏之名所可限,故曰"修矣远矣",似不烦改字。

"审乎禁过",克伐怨欲之不行也,知过之所由生,则"一日克己复礼,而天下归仁"矣,此学问源头一大分别也。

"北面之祸也",祸当为福之伪,福与贼正为韵。"北面之福",言为臣则福,"南面之贼",言为君则贼。啮缺之为人,所谓有为者臣道,非君道之无为者也,故曰"北面之福,南面之贼也"。上文"可以为众父","众父"即臣道也,"不可以为众父父","众父父"即君道也。"为众父"则治,"为众父父"则乱,故曰"治乱之率也","率"亦当读如"律",与"福"、"贼"协,解作"主率"之"率",非。又"有族有祖","族"即族庖之族,训众,"祖"犹主也,"有族有祖",犹云有臣有君。

"鸟行而无彰",明王篆《庄义要删》作"无影",不知所据何本。然作"无影"义长,"彰"、"影"两字,形本相近,各本"彰"字,或即"影"字之讹。

封人以圣人责尧,伯成子高又以尧责禹。郭子玄所谓庄子之言,不可以一涂诘者盖如此。若实认尧、禹有高下,则许由方师啮缺,宜不如啮缺矣,何为且有不足于啮缺之言哉!漆园自云"得意忘言",此等处固不当以文字求也。

"泰初有无"句,"无有无名"句。"无有无名"四字,即释上"无"字,犹下"有一而未形"五字释"一之所起""一"字也。故郭《注》曰"无有故无所名",意谓无有故无名,无有无名,故谓之曰"无"也。各本有作"无无,无名"断句者,误。"无"与"一"对,"无"者无极,"一"者太极也。

"未形者有分,且然无间谓之命",此"分"属天言,不属人言。曰"有分者","太极之中而阴阳已具",曰"无间者","虽分阴阳而未离太极"也。"留动而生物",动者天命之流行也,"散入无形",故谓之"动","聚为有象",故谓之"留",留者"无极之真,二五之精,妙合而凝"者也。各家有解"留"为"静",而以"流动"为"动静",分属阴阳者,殊失书旨。

"形体保神,各有仪则,谓之性",即"有物有则"之说。此章析理至精,通之可以和会儒道两家。

"合喙鸣",无言而言;"喙鸣合",言而无言。"喙鸣"犹"穀音",皆天机之动,故曰"与天地为合"。

"有形者与无形无状而皆存者,尽无。""有形"承上"有首有趾"言,"无形无状"承上"无心无耳"言。"有首有趾,无心无耳",存其有形而不知存其无形者也,文一正一反,与《德充符》申徒嘉言"自状其过以不当亡者众,不状其过以不当存者寡"一意。

"其动,止也;其死,生也;其废,起也。此又非其所以也,有治在人"即《齐物论》景答罔两"行止坐起,有待而然"之意。"有治在人",言有主张之者在,"人"字对己言,不对天言。

"则其自为处危"句,"其观台多"句,"物将往投迹者众"句。"多"与"众"相对成文,旧误。

"愿先生之言其风也","风"通"凡"。俞说是。

"摇荡民心","摇荡"犹鼓舞,此与他处"荡"字不同。

"岂兄尧舜之教民溟涬然弟之哉","溟涬"即前篇"大同乎涬溟"之"涬溟","溟涬"自然之化,实出尧舜之上,故曰"岂兄尧舜之教民而弟之"。以置"溟涬然"三字于句中,故各家多不知其解。

"於于"一作"於吁"。船山《庄子解》"恃声气以压人也",则"於吁"犹呜咽咤叱之谓,"於"当读如"於戏"之"於"。

"忘汝神气",伤其神也,"堕汝形骸",毁其形也。"而庶几乎",庶几于拟圣盖众,"卖名声于天下"也。忘神气,堕形骸,正承上"神生不定"言。各本以比之黜聪明,隳形体,而谓"庶几"者"庶几于道",则与下"身之不治,何暇治天下"不接矣。且观后文子贡"形全神全"之言,分明忘神气、堕形骸之一反,即子贡之所以称丈人,则知丈人之所以讥子贡矣。

"明白入素,无为复朴,体性抱神,以游世俗之间",是真修浑沌之术者也。"汝将固惊耶",言此道至常至易,汝乃以为骇怪耶!本文甚明。俞氏改"固"为"胡",未免多事,至郭注"岂必使汝惊",意虽是而解则非,俞氏引以为证,尤不合。

汉阴丈人之言,犹是滞迹之谈,然在今世则一服清凉散也。其言曰"吾非不知,羞而不为也",然则其言固有所激而然欤。《孟子》亦曰:"为机变之巧者,无所用耻焉。"

"毕见其情事","见"读"现","现其情事",言未能无迹也。旧解作"见",谓见人之情事,非是。

"怊乎若婴儿之失其母,傥乎若行而失其道",形容若有所亡,神理最真。此真德人之容也。旧解皆失之。

"有虞氏之药疡也","药"通疗,《诗》"可以乐饥",《三家诗》作"疗"。"操药以修慈父","修"通"馐",进也。

"圣人羞之",羞"有虞氏之药疡",非羞"孝子之操药"也,盖孝子以兴,"圣人羞之",正与"其色燋然"相应。

"终始本末不相坐","坐",当也。谀于亲,谄于君,则谓之不肖,谀谄于世俗则不然,此一不相当也;谓己道谀之人,则色然而怒,而"合譬饰辞聚众",终身于道谀之中而不知,此又一不相当也。"终始本末"犹言内外前后,文义本自明。而诸家无有得其解者,何也?

"垂衣裳,设采色,动容貌,以媚一世",即《孟子》所谓"阉然媚于世者,是乡原也"。

"以二缶钟惑","缶"、"钟",皆乐器,《易·离卦》"不鼓缶而歌"是也。言"钟"者承上"大声",言"缶"者承上"《折杨》、《皇荂》"。"二缶"字当略读,"二缶钟惑"言二缶以乱钟,即后人所谓"黄钟毁弃,瓦釜雷鸣"者也。庄文不中绳墨,往往前后错落,正喻杂作,读者用心不细,不能寻其理迹,遂苦难解矣,以其不可解,遂有改"缶"为"垂",改"钟"为"踵"者,是亦漆园之所谓惑也。

"释之而不推",即《古诗》所谓"弃捐勿复道"也,语重心长,不道胜心于道矣!以上《天地》

"万物无足以铙心者,故静也","铙"同"挠",万物扰扰之中而能静,即"撄宁"之谓。

"休"即"休之以是非"之"休","休焉"犹言"止焉",止于"虚静恬淡,寂寞无为"也。故下分疏之。

"实者伦",犹言"实则伦",变文以取恣态耳。

"大本大宗",即"大宗师"之谓,故"吾师"一段,全与《大宗师》之文同。

"其鬼不祟",鬼,魄也,与魂对言,皆就己身说。或引《老子》"以道治天下,其鬼不神"释之,非。

"末学者,古人有之,而非所以先","所以先"者,"本"也,本末要详,与《大学》"知本"何异!

"骤而语形名",法家之申韩是也,"骤而语赏罚",又申韩所不屑为矣。一则曰"末学者,古人有之,而非所以先也",再则曰"形名者,古人有之,而非所以先也",三则曰"礼法数度,形名比详,古人有之,此下之所以事上,非上之所以畜下也"。盖当时苦文法之烦甚矣,故不惮反复言之。

"天德而出宁"四句,与《乾卦·象辞》合。"出宁"即"首出庶物,万国咸宁"之省文。(林鬳斋《口义》亦有是说)且以本文言,"天德出宁"与"日月照,四时行"对文,皆上言体而下言用。郭《注》释"出宁"为"出而静",则体用牵合不清。不知诸家何以皆从之也。

"西藏书于周室","藏"亦当读去声,言至周而观其藏书,非如司马所云"欲藏其所著书"也。其下言往观者,省文耳。《家语·观周解》南宫敬叔言于鲁君曰:"孔子将适周,观先王之遗制,考礼乐之所极。""藏书周室",即此"欲观先王之遗制,考礼乐之所极"也。各家惟《口义》解合。

"繙十二经以说老聃","聃"字句绝。"中其说",言仅及其说之半也,此用"中"字,与《德充符》"与夫子中分鲁"之"中"同,后文"几乎后言",正应此句。"几乎后言"者,言几乎迟不及言也,皆文章进一层法。旧读"中"为丁仲反,成《疏》曰"中其说者,许其有理也",又曰"后发之言,近乎浮伪",并失文义。

"无私焉,乃私也",即"大仁不仁"之说。一正言,一反言耳。

"鼠壤有余蔬",《释文》司马云:"'蔬'读曰'糈',糈,粒也。"当从之。但下云"秽恶过甚",则非其义。"弃妹",《释文》"一本作妹之老"。案:当作"弃妹"之老,言妹老而不养也。又引《释名》云:"妹,末也,谓末学之徒,须慈诱之,乃见弃薄,不仁之甚也。"此则因弃妹之言过甚,非老子所应有,故别为之辞耳。然其后老子答辞有曰"苟有其实,人与之名而弗受,再受其殃",以此推之,则弃妹云云,本士成绮传闻之过,意者至仁无亲,不知者蔽于形迹,益以私意揣测,乃造为是说耳。无取为老子讳,即无取别解。

"生熟不尽于前,而积敛无崖",即谆芒所云"财用有余,而不知其所自来,饮食取足,而不知其所从",特从士成绮之口反言以明之。

"漠然不应"中有多少饮人以和处,故士成绮明日复见而心正郤也。

"吾服也恒服","恒"即前篇"与物化而未始有恒"之"恒",亦即《大宗师》"是恒物之大情也"之"恒",上言"大本大宗"是也。惟服于是,故能"呼牛而谓之牛,呼马而谓之马","服",老子之所谓"早服"也。

《大宗师》"其颡𬺈",郭《注》"大朴之貌",此"而颡𬺈然",郭《注》"高露发美之貌",似一字不应其训相违如此。案:《广雅》"𩕄,大也",《释文》"'其颡𬺈',向本'𬺈'作'𩕄'",则𬺈𩕄同字,但训为大。其曰"大朴",曰"高露发美",皆从而润饰之辞。至其意有美恶,则春秋家所谓不嫌同辞者。陈详道以此疑郭《注》为误而尽反其说,乃谓"动而持",与"妄行而蹈大方"意同;"知巧而睹于泰",与鞅掌"以观无妄"意同。若"似系马而止","边竟有人,其名为窃"云云,更不知所以为说,则亦过矣。

"凡以为不信",此"信"字即《齐物论》"可行己信"之"信",亦即《大宗师》"夫道有情有信"之"信"。"信"者,诚也,诚者,性分之本然也。非其本然,故名曰"窃",窃者,外袭而取之也。知"崖然"、"冲然"之为袭取，一反求之，而所谓信者可得矣，修身之道，即在于是，此正老子亲切指点士成绮处。又前季彻曰"灭其贼心而进其独志"，知巧发机，皆贼心也，是以谓之"窃"。

"形德仁义"，"形"即前篇"留动而生物，物成生理谓之形"之"形"，"德"即"物得以生谓之德"之"德"。故以"形"、"德"对言。

"天下奋柄而不与之偕"，"奋柄"犹争权，言世人皆争而己独退也。"有世而不足为之累"，谓能处通，此谓能处穷也。

"审乎无假而不与利迁"，即"审乎无假而不与物迁"。"极物之真，能守其本"，即"命物之化而守其宗"。篇首言"大本大宗"，"本"与"宗"一也。

"世之所贵道者，书也。书不过语，语有贵也。语之所贵者，意也，意有所随。意之所随者，不可以言传也"，《易》以两语尽之，曰："书不尽言，言不尽意。"

"得于手而应于心"，"官知止而神欲行"，皆神乎其技者也，皆动以天也。

"糟魄"谓形名数度之末，其不可传者，本也。以上《天道》

"有上彷徨"，张本"有"作"在"。案：有上，在上，一也。

俞曲园曰："'六极五常'，疑即《洪范》之'五福六极'。'九洛之事，治成德备'，即谓禹所爱之'洛书九类'。"案：吕惠卿《注》即如此，不知曲园何以未见，吕说亦未是。"六极"即"六合"，谓上下四处也，观后文"苞裹六极"之言可见。如《洪范》"六极"，何能言"苞裹"耶？"五常"即后之"五德"，谓五行也。至"九洛"则当从船山《庄子解》，以为"上世之君"，盖如大庭、赫胥之类，故下有"此谓上皇"之语也。

巫咸之答与所问，似全不相应，《炮庄》曰"答即在问处"，然则巫咸之语，其剩语耶？非也。"治成德备，监照下土，天下戴之"，天地位，万物育，天工人代，帝王原有参赞化育处，此答意也。

"父子相亲，何为不仁"，搜仁之根也，"至仁无亲"，极仁之量也。

必两语并提而后于义为备,不然,仁不几于无本乎哉?《庄子》此等处最是难看。

"虎狼,仁也",与"道在瓦砾,道在屎溺"同一每下愈况。

又"虎狼仁也"当作"狗子有佛性"语参。

"德遗尧舜"即"尧舜犹病"之谓,"遗"者,失也,过也。上文所谓"去之远"也。

"不渝",不易也,不易之谓"恒"。

"征之以天",《释文》:"征,古本多作徵。"案:从古本为是,"奏","徵",皆就乐言。

"文武伦经","伦"通"纶","纶经"犹"经纶"。

"吾既不及已夫",代北门成而言之也。上省"曰"字,石琴先生读"已"字句绝,"夫"字接下"形充空虚"为句,以文气求之,似较旧读为善。

褚伯秀《义海》以"咸池三奏",比之《齐物论》之"三籁",曰:"'奏之以人',此'人籁'也;'奏之以阴阳之和',此'地籁'也;'奏之以无怠之声',此'天籁'也。"又曰:"凡人闻道之初,胸中交战,则始惧也。少焉战胜,则似怠矣。及乎情识渐泯,惧怠俱释,然后造乎和乐,复乎无知。此入道之序也。"朱得之《通义》曰:"惺惕如晓曰'惧',非恐怖也;心形坦荡曰'怠',非惰慢也;恍惚无稽曰'惑',非疑贰也。惧,怠,惑,非一时所感,盖黄帝进德之阶。归宿于'愚',其曰'愚故道',所以示道不在知识也。"凡此皆胜郭《注》,盖躬自体验而得之,非仅索解于文字间者也。

郭庆藩《集释》曰:"'无方之传',传读若转。言无方之转动也。"案:成《疏》即如此说,曰:"传,转也。"

子曰:"殷因于夏礼,所损益可知也;周因于殷礼,所损益可知也;其或继周者,虽百世可知也。""可知"者,可知其所损益也,故答颜子"为邦"之问,即曰"行夏之时,乘殷之辂,服周之冕,乐则《韶》舞",亦既酌取四代之制。然则虽有"从周"之言,其非墨守可知矣,而师金乃谓夫子"蕲行周于鲁",未为真知夫子者也。若其言曰"三皇五帝之礼义法度,不矜于同,而矜于治",曰"礼义法度者,应时而变者也",即"穷,变,通,久"之理,夫子于《易·系》已详哉其言之矣。此处当取其义,不当泥于其文。

"外无正而不行",俞曲园以"正"为"匹"之误,并引《公羊传》"自内出者无匹不行,自外至者无主不入"以释之。案:下文云"怨,恩,取,与,谏,教,生,杀,八者正之器也",又曰"正者,正也",即承此而言,则"正"字如何可易?汉学家解书但重训诂,真有不顾上下文者。

"中无主而不止",中欲其止也,而止必有止之者,则"主"是也,故无主则不止。"外无正而不行",外欲其行也,而行必有行之者,则"正"是也,故无正则不行。"由中出者,不受于外","不受"者,不取也,不取于外,则中之止者确然不变矣。故"圣人不出","不出"者,《齐物论》所谓"圣人怀之"是也。"由外入者,无主于中",无主者,不住也,不住于中,则外之行者隤然不滞矣。故"圣人不隐","不隐"者,《应帝王》所谓"至人用心若镜,应而不藏"是也,此"无主"与上"无主"字义不相蒙,而注者率牵混为一,所以缴绕而莫能明也。下文于"名"曰"不可多取",于"仁义"曰"不可久处",即"无主"、"不藏"之说也。又曰"唯循大变无所湮者,为能用之","循大变而无所湮",即"不受"、"不出"之说也。"不藏"则"无为",故曰"以游逍遥之虚","逍遥,无为也";"不出"则"不贷",故曰"立于不贷之圃","不贷,无出也"。"立"者,"止"也,"游"者,"行"也,体立而用行,能"主"而后能"正"也,故曰:"正者正也,其心以为不然者,天门弗开矣。"

"觏而多责","觏"与"构"通,《齐物论》所谓"与物为构"。"与物为构",则非过而不留者也,故"多责"。"责"即"无人非,无鬼责"之"责"。

"愤吾心",《释文》"'愤'本又作'懑'"。案:"愤",昏也,犹前文言"梦"言"眯",作"懑"者是。

"以孔子之声见老聃","声"犹"名"也,称孔子之名而介见也。

"杀其杀",谓"杀其所可杀"也,盖指礼文之省约言。

"人有心而兵有顺","顺"通"驯","驯",习也,"兵有习",谓以用兵为常事也。

"杀盗非杀人",墨子有此语,当以"人"字绝句。

"自为种而天下耳","种","种落"也。"天下",上省"曰"字,"自为种落而曰天下耳",言口虽称天下而实则自为其种落而已。

"子生五月而能言,不至乎孩而始谁,则人始有夭矣","日凿一窍而混沌死"也。人智日启,人寿日促,以今观之,不其然哉!

"其作始有伦","伦"通"纶",绪也,端也,谓儒、墨也。"而今乎妇女","妇女"犹孟子言"妾妇之道",谓纵横游说之徒。儒、墨、纵横,皆起老子后,则此非老子之言,特托之云尔。

"其智憯于蛎虿之尾,鲜规之兽","鲜规之兽"与"蛎虿之尾"对文,疑"鲜规"为毒兽之名。旧训"明貌",或云小虫,而以之属下为文,皆非。

"风化"之风,即《左传》"马牛其风"之风。

"类自为雌雄",当以《释文》后一说引《山海经》为是。

"白鹍相视","乌鹊孺"两层文字,恰与篇首"天其运乎"一段相应。始以天地,终以万物,一"化"字尽之矣,故曰:"久矣夫,丘不与化为人!不与化为人,安能化人!"以上《天运》

《史记·屈原列传》:"《小雅》怨悱而不乱。""怨诽"与"怨悱"通,非"诽谤"之谓也。

"故曰圣人休休焉",上"休"字当句绝,下"休焉"属下"则平易矣"为句。《天道》篇"帝王圣人休焉。休则虚,虚则实,实者伦矣",此与彼文法一例。且下言"形劳而不休则弊"亦是"休"字,更无"休休"之说。俞曲园曰:"'休焉'二字,传写误倒,此本作'圣人休焉,休则平易矣'。"所云"传写之误",容或有之。

"去知与故","知",私智也,"故",旧习也。《达生》篇有曰"始乎故,长乎性,成乎命",又曰"生于陵而安于陵,故也。长于水而安于水,性也。不知所以然而然,命也",以"故"与"性"对言,则知"故"之为"习"矣。象山说《孟子》"天下之言性也,则故而已矣",亦引《庄子》此言,以解"故"字,以为天下言性者,皆不免认"习"为"性",最为的解。郭庆藩《庄子集解》援《吕览·论人》篇"去巧故",与《淮南·主术》"上多故则下多诈"之文,谓"去知与故",去知与巧也,不知《庄书》自有正训,无取远引他书为说也。

《刻意》一篇特《天道》篇之解释耳,故"静虚恬淡,寂寞无为","生也天行","死也物化","静而与阴同德","动而与阳同波","无天灾,无物累,无人非,无鬼责",皆即《天道》篇之文而敷衍之。以上《刻意》

"俗,俗学",张君房校本"俗"字不重,当从之。

"生而无以知为也","生"即"天而生也"之"生",亦即"生之谓性"之"生",谓自然也。"生而无以知为",即"故者以利为本,无恶于知"之说。

"礼乐徧行","徧"为"偏"字之讹,礼、乐根和、理而言,礼主理,乐主和,礼乐偏行,则和理有失,故曰"则天下乱矣"。

"中纯实而反乎情,乐也。信行容体而顺乎文,礼也",此言礼乐,与儒家之说,盖无少异。

"彼正而蒙己德,德则不冒","蒙"、"冒"一义。自我加之曰"冒",自彼受之曰"蒙"。"德则不冒",我无为也;"彼正而蒙己德",物自化也。故曰"古之人在混芒之中,与一世而得澹漠焉","鱼相忘于江湖,人相忘于道术"也。前云"人虽有知,无所用之",后云"知而不足以定天下",两"知"字正相应。俞氏以"知"字合上"心与心识"为句,谓"识知"连文,非是。"心与心识",《口义》所谓"我以有心为,彼以有心应,心与心相识察"者得其情矣。

"小识伤道,小行伤德",与"道隐于小成,言隐于荣华"一意。

"乐全之谓得志",与《孟子》言三乐而王天下不与同符合节。

《缮性》篇亦就《天运》篇之文而敷衍之者。其言"至一","顺而不一","安而不顺",德以次而下衰,即前老子告子贡"使民心一","使民心亲","使民心竞","使民心变"之等也;其言"轩冕在身,寄去则不乐",即老子告孔子"富而不能让禄,显不能让名,操之则栗,舍之则悲"之类也。《口义》曰:"《刻意》言养神,《缮性》言存身,此其分别学问工夫处。"然则此二篇当出于一人之手。以上《缮性》

"秋水时至",此言"秋",盖用周历,即《孟子》所谓"七八月之间雨集,沟浍皆盈"者也。"泾",崔本作"径",曰"直度曰径",又曰"字或作泾",然则"泾"与"径"通,"泾流之大",言其阔也,故下接"两涘渚崖之间,不辨牛马","崖"字又作"涯",亦作"厓",崖、涯、厓,一也。

"望洋",崔本作盳洋,曰:"盳洋犹望洋,仰视貌。""盳洋","望洋",皆叠韵字,不得分析为说。或有解"洋"为海洋,"望"为望视者,非也。

"人卒九州",司马云"卒,众也",崔云"尽也",当以司马说为是。《至乐》篇"人卒闻之,相与还而观之",《盗跖》篇"人卒未有不兴名就利者",皆以"人卒"并言,是当时自有此语。"人卒",人众也,犹今人言人类,言民众也,二字亦不得分析为说。"人卒九州","卒"字当略顿,言人众之所居及于九州之广也。又"号物之数谓之万,人处一焉",此"人"与下"谷食之所生,舟车之所通,人处一焉"之"人",二字涵义不同。上"人"字对物言,人之全名也;下"人"字言一人,人之别名也。"谷食所生,舟车所通",即承上九州言。

"五帝之所连",古本"连"有作"运"者,"运"字义长,"连"当为"运"之缺字耳。"证曏今故","证"下当脱一"于"字,"证于曏今"与"观于远近,察乎盈虚"相对成文。"曏"即"故"也,"曏今"即古今也,以中脱一字,三字不能成文,后人乃以"故"字属之于上而下复增一"故"字,于是"曏"字不可解,乃解为"明",《易》曰"乡明而治"(案:乡、曏同字),"乡"训为"明",将成"明明为治"乎?《释文》"曏,崔云,往也","往"即往昔、往古之"往",往今犹古今、今昔矣。崔在向、郭之前,是崔尚读曏、今二字相连,其误盖自郭《注》始,而《释文》亦即以"证曏"连读矣。"曏"不作"乡",亦不从向作"嚮",而从日作"曏",则其义本自著明,吾故得而考正之。

"终始无故","知终始之不可故也",两"故"字皆与"固"通,"终始无固",终始之不可端倪,所谓"始卒若环"者也。郭《注》曰"明终始之日新也,则知故之不可执而留矣",曰"不可执而留",是也;上增一"故"字,又曰"终始之日新",则失其旨矣。

"垺,大之殷也","垺"与"郭"通,盖借"郛郭"字为之,极言其大,故曰"大之殷也","殷",盛也。

"知是非之不可为分,细大之不可为倪",与上"知量无穷,知时无止,知分之无常也,知终始之不可故也",文法一例。或用"也"字,或不用"也"字,皆所以结上文也。

"梁丽"之"丽",即《人间世》篇"高明之丽"之"丽",故崔云"屋栋也","梁"、"丽",盖一类,其实只言大木耳。

"盖师是而无非,师治而无乱乎","盖"当读为"盍"。

"反衍"犹曼衍也,"反衍",曼衍,皆叠韵也。"谢施"犹委蛇也,"谢"从射得声,古"射"亦与斁通,读如鐸。施,蛇,皆读如它。委,蛇,叠韵;谢,施,双声也。此皆义存乎声,惟通其声斯得其义耳,不可以形义解也。

"不恃其成","成"即"成形"、"成心"之"成",成则不可变,故曰"不恃","恃"当读持。大方,大理,大义,三名,一也。

"非谓其薄之也","薄"与"迫"通,近也,故崔曰:"谓以体著之。"

"天在内,人在外",即《人间世》"内直而外曲"之意。"内直者,与天为徒",故曰"天在内";"外曲者,与人之为徒也",故曰"人在外"。"本乎天,位乎得","得"即德也,得、德,同字,下文"无以得殉名",亦假"得"为"德"。

"以道观之"三句,"以明"之说也,"以差观之"以下,则"因是"之说也。《秋水》一段文字,"因明"二字尽之矣。"何为何不为,夫固将自化",一"物化"也。"本乎天","无以人灭天",一"天籁"也。

前曰"约,分之至也",此曰"反要而语极","要"即"约"也,惟约故极。既曰"反要",又曰"反真",惟要故真。

"以众小不胜为大胜",所谓"无用之用"也。

"既已知吾知之",当读断,旧连下"而问我"为句,非也。

濠上之观,天机洋溢,程子所谓"活泼泼地"者也。夫惟能乐鱼之乐,然后能知鱼之乐,亦惟能自乐其乐,然后能乐鱼之乐。惠子徒求于知不知之间,宜其交臂而失之也。庄子曰"我知之濠上",犹曰"我知之我"云尔,故曰"请循其本","本"者,"本乎天"也。《天下》篇之道庄周也,曰:"其于本也,弘大而辟,深闳而肆;其于宗也,可谓稠适而上遂矣。"故"循本"者庄子之真实语,未容浅解之也。以上《秋水》

"其为形也亦外矣","其为形也亦疏矣","其为形也亦远矣",三"为"字皆当读去声。

"诖诖",《释文》本又作"胫胫","诖"者假借字,"胫"其本字也。"胫胫"当为趣貌,盖即用足胫字而引伸为之。李云"趣,死貌",郭《注》曰"不避死",赘一"死"字,反失原意。

"从然",《释文》"李、徐,子用反",当从李、徐读为"纵","纵然"犹放然也。

"列子行食于道从",《释文》"司马云,从,道旁也",又云"本或作徒"。案:作"徒"是也。"徒"者"涂"之假借字,属下"见百岁髑髅"为句,"涂见"者,见之于涂中也。

"种有几","几"当从本训读如"机"。《说文》"几,微也",微者,精也。"种有几"犹言"种有精"矣,种之精,种之原也,下"得水则为㡭","㡭"即承"几"来,"几(幾)","㡭",皆从"幺"也。自郭《注》以来并读"几"为上声,居岂切,谓种数变化不可计,殊失庄书之旨。且末云"马生人,人又反入于机",又云"万物皆出于机,皆入于机",明物种之始于"几"矣。特就天言之曰"机",就物言之曰"几","几"与"机"其实一也。《寓言》篇曰:"万物皆种也,以不同形相禅,始卒若环,莫得其伦。""种有几"以下,亦只敷衍"万物皆种,不同形相禅"一段物理耳。庄文参差曼衍,固不必一一求其物而实之。

《大宗师》曰"古之真人,不知说生,不知恶死。其出不欣,其入不距",见生无可贪也;又曰"受而喜之,忘而复之",见生亦无可厌也;故又曰"得者时也,失者顺也。安时而处顺,哀乐不能入也","处顺者"不贪,"安时者"不厌,此所以不入于哀乐,而生死可齐也。特世人厌生者少而贪生者多,庄生依病发药,不得不侈言死之可乐。此自《齐物论》"悦生非惑"之言已发其端,至此借髑髅乃大放厥辞耳。然而一往之谈,实非圆旨。善乎郭子玄之言曰:"旧说庄子乐死恶生,斯说谬矣。若然,何谓齐乎?所谓'齐'者,生时安生,死时安死,生死之情既齐,则无为当生而忧死耳。此庄子之旨也。"读《至乐》者,宜先识子玄此言。

以上《至乐》

"形不离而生亡",《齐物论》所谓"其形化,其心与之然,人谓之不死奚益"者也,故曰"哀莫大于心死,而身死次之"。

"弃世"非离世也,特不累于世耳,故即继之曰"无累"。又曰"与彼更生","彼"者,世也,"与世更生"者,《楞严经》所谓"觉来观世间,犹如梦中事"也。"世"犹此世也,而我非故我,则触境如新矣,故曰"更生"。

"反以相天",即"与天地参"。

"纯气之守",要在一"纯"字,老子曰"专气",此曰"纯气",一也。若但曰"守气",则孟施舍能之矣。

"夫奚足以至乎先","先"即老子所谓"吾不知谁之子,象帝之先",盖谓"天"也。故后曰"全于天","藏于天","开天之天","不厌其天",皆以"天"言。"不厌其天","厌"读如"其厌也如缄"之"厌","厌",塞也,正与"开"字相对。"不厌天,不忽人",《大宗师》所谓"知天之所为,知人之所为"，"天与人不相胜"者也。庄子言天而不脱人，此所以善处人间世也。

既曰"不开人之天"，"开人者贼生"，又曰"不忽于人"，非矛盾也。孟子曰："所恶于智者，为其凿也。如智者若禹之行水也，则无恶于智矣。禹之行水也，行其所无事也。如智者亦行其所无事，则智亦大矣。""智者"，人也，凿则贼，行其所无事则大矣，故曰："不厌其天，不忽于人。"

"五六月"言习之久也，司马云"黏蝉时"，非也。

"不以万物易蜩之翼"，承蜩之所以"凝神"也，"一心以为有鸿鹄将至"，学奕之所以不成也。

"用志不分"，即"纯气之守"，志壹，气未有不壹者也。

"乃凝于神"，苏本"凝"作"疑"，是也。下文"津人操舟若神"，"疑神"与"若神"一例，又梓庆节"器之所以疑神者，其是与"，正作疑神。

"覆却万方陈乎前"，"万方"者，万变也，"万"下不得有"物"字。《列子·黄帝》作"万物"者，误也。俞氏《诸子平议》乃反欲以《列子》改《庄子》，而谓："无'物'字，则陈前者何指？"不知本文明言"覆却陈乎前"，"覆却"明承上"舟车"来，岂无所指耶？

"东北方之下者倍阿"，"倍"与"培"通，"培"者，小丘也。此言"培阿"，犹《诗·小雅》之"丘阿"矣，当于"倍阿"读。下"鲑蠪跃"之"蠪"，"蠪"，神名，"倍阿"非神名也。每条一神，此不得有二神也。又"西北方之下者，则泆阳处之"，亦承此"倍阿"言，故加一"则"字。

"其为物也恶"，"恶"当属上为句。"恶"者，丑也。《德充符》"卫有恶人焉，曰哀骀它"，此"恶"与彼"恶"同。

"望之似木鸡矣"，此"纯气之守"，最善形容语也。上云"处身也，若橛株拘"，云"柴立其中央"，此云"木鸡"，随手指点，而实同条共贯。

"不知吾所以然而然，命也"，学至于命而止矣。

"然后入山林，观天性"句，"形躯至矣，然后成"句，"见𫛢，然后加手焉"句,三"然后"字正相应。"观天性"者,自观其天也。此言"天性",与前言"天守"同。"形躯至"者,至犹尽也,形躯尽则与天为一,故曰"成",成者,成之性也。此"形躯"即上言"四肢形体"也。"见镰"者,"镰"之象确然见于心目间也。至此然后加手焉,故曰"以天合天"。凡此皆自述其工夫造诣,实承上"未尝敢以耗气",一直到底。始曰"有一焉",终曰"其是与",一呼一应,指点本自分明。而说者错会"入山林"句,乃自"观天性"下,皆以选取镰材释之。不知"天性"、"形躯"之名,岂得加于枯木!且若是,与《达生》篇旨何与?所谓吃紧为人处,乃反成闲言语矣,惜哉!

"工倕旋而盖规矩",实言"规"而及"矩"者,便文也。"旋"者,以指旋之也,故下文接曰"指与物化",即谓此也。"盖"犹"案"也,案之规而悉中,故曰"盖规"。"不以心稽者",不待心之稽考也。此节惟吕惠卿解最为明当,而各家鲜用之者,殆不可解。

"则胡罪乎"句,"天哉"句,"天哉"犹天乎,呼天而语也。"休恶遇此"句,"命也"句,"也"读"邪",其"命也邪",盖疑讶之辞。故前曰"踵门而诧","诧"者,怪叹也。如已自认为命也,则何怪叹之有!而扁子亦不以怨天责之矣。

"至人之德"一语,总结全篇,盖自"子列子问关尹"以下,节节皆至人之德也。篇末忽缀此一叹曰"吾恐其惊而遂至于惑也",曰"此之谓以己养养鸟也",曰"譬之若载鼷以车马,乐鴳以钟鼓也",惜己之辞耶?非也。惧人之惑耶?亦非也。夫惊则惑,惑则疑,小疑则小明矣,大疑则大明矣,故曰"疑者明之母",是亦惟恐人之不惊不惑耳!惟恐人之不惊不惑,而顾曰"吾惧其惊且惑也"。吊诡哉!庄生之文也。以上《达生》

朱子作《养生主说》,谓"老庄之学,不论义理之当否,而但欲依阿于其间,以为全身避患之计,正程子所谓闪奸打讹者",又谓"庄子之意,不论义理,专计利害,迹其本心,实无以异乎世俗乡原之所见。而其揣摩精巧,校计深切,则又非世俗乡原之所及。是乃贼德之尤"。今观周之言曰"周将处乎材与不材之间",而即接曰"材与不材之间,似之而非也",则所谓"依阿其间"者,固周之所弃而不取者也。一则曰"乘道德而游",再则曰"唯道德之乡",此岂计利害而不顾义理者?而乃甚其罪于乡原,斥为"贼德之尤",晦翁之失言,盖未有过于此者也。

"隐约",穷困也。《左传》昭二十五年,"隐民皆取食焉",杜注曰"隐约,穷困",是隐约、穷困一义,故此与"饥渴"并言。成《疏》谓"隐约,犹斟酌",林氏《口义》谓"隐约为静处",皆臆度之辞。"胥疏"犹趑趄也。胥疏、趑趄,盖一声之转。《说文》"趑趄,行不进也",行不进者,徘徊瞻顾,慎之至也,故曰"定"也。《释文》司马云"胥,须也。疏,菜也",李云"胥,相也,谓相望疏草也",《口义》曰"胥,相也。疏,远也",皆求之于义而不知求之于声,所以失之也。

曰"去国捐俗,与道相辅而行",曰"去君之累,除君之忧,而独与道游于大莫之国",始终不离与道,此所以曰"唯道德之乡"也。昌黎曰:"《易》奇而正。"吾于庄文亦云然。

"为坛乎郭门之外",所以为赋敛也。《释文》李云"祭也,祷之故为坛",非也。"因其自穷",穷,尽也,因其自尽也,因其自尽,故曰:"来者勿禁,往者勿止,从其强梁,随其曲傅。"

"其名曰意怠",意怠之名,即因上"怠疑"字为之,不必果有是鸟也。《口义》指以为燕,而曰"追胁而栖,即言其近人为巢",附会似不必也。

"弟子无挹于前","挹",损也。《荀子·宥坐》篇"挹而损之"是也。无损于前,正与上"亲交益疏,徒友益散"相应。旧注皆失之。

"形莫若缘",即"形莫若就"。"情莫若率",即"心莫若和"。

"犁然"犹厘然。厘,理也,谓有条理也。

"广己而造大","大"读如太,谓泰也。造,犹至也。

"社稷存焉尔",即《人间世》所谓栎社之树"寄焉,以为不知己者诟厉"者也。

"翼殷不逝",《释文》司马云"曲折曰逝",是"逝"读如折也,折盖即周旋、折旋之折。

"螳蜋执翳而搏之","翳"即螳之前足,有齿录录然如锯者。其谓之"翳",盖以其象羽而名之。司马云"执草以自翳",非也。《人间世》曰"蜋怒其臂以当车辙",彼曰"臂",此曰"翳",意各有所取,故文随之不同。其实翳、臂,一也。

"游于雕陵而忘吾身,异鹊感吾颡"句,"游于栗林而忘真,栗林虞人以吾为戮"句。意谓异鹊之感吾颡,由于吾之忘其身,虞人之以吾为戮,由于吾之忘其真,咎并在己,所以"不快"也,文义正两相对比。有以"异鹊感吾颡"属下"游于栗林而忘真"读者,非也。又"戮"犹辱也。以上《山木》

"其为人也真,人貌而天,虚缘而葆真",旧读不误。"真"、"天"、"真",三字协韵。俞曲园改"人貌而天虚"为句,非也。《养生主》曰"天之生是使独也,人之貌有与也。以是知其天也,非人也",亦以"人之貌"与"天"对言。"土梗"犹言土苴,司马云"土梗,土人",非也。

"振我"犹言起我。

"恶,可不察与","恶",叹辞,自为句,不与"可不察与"相连也。《人间世》仲尼曰"恶,恶可",此"恶"即彼上一"恶"字。旧读"恶可不察"为一句,非也。"目击而道存","交一臂而失之",曰"击"曰"交",其间不可容发,此所以拟议即乖也。

"以是日徂",何殊"逝者如斯"之叹。

"肃肃出乎天",所谓至阳之原也;"赫赫发乎地",所谓至阴之原也。肃肃而不出乎天,则入而藏矣;赫赫而不发乎地,则出而阳矣。

"偏令无出",偏读如便。"偏令",便令也。

"鼻间栩栩然",盖"踵息"之象也。

"左右曰,凡亡者三",盖谓楚王不当与亡国之君并坐也。"三"言者,言者之数也。故"凡君曰:'凡之亡也,不足以丧吾存。'"郭《注》言有"三亡征",而成《疏》乃以"不敬鬼,尊贤,养民"实之,且谓"楚大凡小,楚有吞夷之意,故从者以言感也"。若是,则"凡"尚未亡,"凡君"何为有凡亡之言!郭、成盖并失之。以上《田子方》

《内篇》以"北冥"起,《外篇》以"北游"终。反要语极之意也。

"何从何道"之"道",由也。

"臭腐复化为神奇,神奇复化为臭腐",即"鼠肝"、"虫臂"之论也。马通伯《庄子故》谓是轮回之说,殊未深考。上云"人之生,气之聚也。聚则为生,散则为死",轮回岂以气之聚散言哉!后世以气化言道者,有张子《正蒙》,其言曰"太虚无形,气之本体。其聚其散,变化之客形尔",又曰"聚亦吾体,散亦吾体。知死之不亡者,可与言性矣",此则与庄书为近耳。

"扁然而万物,自古以固存","扁"当读如"平","平然"犹"秩然"。《书·尧典》曰"平秩东作",以"平"、"秩"连文,盖"平"、"秩"义近也。

"天地之强阳","强",健也,曰"强阳",犹曰"阳健",一耳。郭《注》"强阳,犹运动",未得其意。

"运量万物而不匮","万物皆往资焉而不匮","不匮"一也,然一则曰"运量万物",所谓"弊弊焉以天下为事"者也,故曰"则君子之道,彼其外与",上所言"博之不必知,辨之不必慧,圣人已断之"者是也;一则曰"万物皆往资焉",则所谓"我无为而民自化"者也,故曰"此其道与",上所言"益之不加益,损之不加损,圣人之所保"者是也。此是两扇文字,而由来皆混而一之,故难通耳。

"非阴非阳,处于天地之间",所谓"柴立其中央"也。

"纷乎宛乎","宛"读如"缊",郭《注》云"变化烟煴",盖以"变化"释"纷"字,以"烟煴"释"宛"字,正读"宛"为"缊"也。"纷"、"缊",叠韵。

"将至者之所务","将至"者,将反于宗也。"是人之所同知也",此句结上文。"非将至之所务也,此众人之所同论也",两句起下文。界划宜认明。"至则不论,论则不至",以见言之之为多事耳。故开口即曰"难言",即曰"将为女言其崖略"。"辩不若默",所以自解;"闻不若塞",所以解人。

"女唯莫必无乎逃物",所谓"游于物之所不得遁而皆存"也。

物者有际,而物物者无际。"物者",事也,"物物者",理也。"不际之际",理以事显,所谓"理无碍"也;"际之不际",事与理融,所谓"事无碍"也。"盈虚衰杀",际也;盈虚非盈虚,衰杀非衰杀,本末非本末,积散非积散,则"不际之际,际之不际"者也。

"衰杀"疑"隆杀"之讹。"盈虚"、"本末"、"积散",皆两字相对为义,不应此独不然也。

"慢訑",即孟子"人将曰訑訑"之訑,赵注:"訑訑,自足其知,不嗜善言之貌。"则意正与"慢"近,故此以"慢訑"连文。"僻陋"一义,"慢訑"亦一义也。《释文》"徒旦反",又李"徒见反",郭音"但",皆非也。

"大马之捶钩者","钩",剑属也。大马,《淮南》作"大司马",司马主兵,故其属有锻剑者。旧以"钩"为"带钩",马通伯曰"钓钩",皆非也。

"已矣,未应矣",欲其"默而识之"也。

《应帝王》曰"不将不迎,应而不藏,故能胜物而不伤",用不滞者,体之所以全也。此曰"唯无所伤者,为能与人相将迎",全于体者,用之所以不滞也。一而已矣。

"世人直谓物逆旅耳","谓",犹"为"也。

"无知无能",所谓不可奈何者也。"知其不可奈何而安之若命,则几矣",此蒙庄之宗旨也。故《外篇》以此终焉。以上《知北游》

读庄偶记(杂篇)

"老聃之役",不曰"弟子"而曰"役"者,盖与下"臣"、"妾"字相映射也。

"拥肿之与居,鞅掌之为使","拥肿"、"鞅掌",惟司马彪之说得之,曰"皆丑貌也"。他注或以"拥肿"为"朴","鞅掌"为"自得",或以"拥肿"为"无知","鞅掌"为"不仁",皆穿凿非是。然司马之说,亦不免失之略,"拥肿"、"鞅掌",亦当有别。"拥肿"已见《逍遥游》,"鞅掌"则《诗·北山》传所谓"失容"是也。以言"与居",则曰"拥肿";以言"为使",则曰"鞅掌",义固各有所当也。

"其臣之画然知者去之,其妾之挈然仁者远之。""知"而曰"画然",则知之小者也;"仁"而曰"挈然",则仁之小者也。庄生下字,其有斟酌,不当漫然便谓其小仁义也。

"畏垒大壤",壤当从别本作穰,穰其本字,壤则假借字也。此即《逍遥游》所谓"其神凝,使物不疵疠而年谷熟"者也。

"南面而不释然",以上言"北居",故此言"南面"耳。成《疏》乃谓"立为南面之主",误矣。

"正得秋而万宝成","正得秋"犹言"得正秋",倒文以为异耳。俞氏谓"得"字衍文,非也。

"大道已行矣","大道"当从一本作"天道","大"者"天"之缺字,春生秋成,正谓天道也。

"大乱之本,必生于尧舜之间",谓有仁义,即有窃仁义以行其残贼者,盖犹是《马蹄》、《胠箧》等篇之论耳。

"目之与形","耳之与形","心之与形","形之与形"四"与"字皆与"于"通,谓目之于形,耳之于形,心之于形,形之于形也。"形之与形亦辟矣","辟"即《论语》"能近取辟"之"辟","辟",犹类也,谓"形之于形",亦犹"耳之于形,目之于形,心之于形",皆相类也,相类即承上"不知其异"来,因庚桑楚教之以全形,故此特以形言。"欲相求而不能相得"谓求楚之全形者而不能得也。形既相类而有不得,然则必有间塞之者,故曰而物或间之耶。

"人谓我朱愚","朱"即"趎",自称其名也。此曰"我趎",下曰"我己",古人自有复语耳。

"外韄者不可繁而捉,将内揵;内韄者不可缪而捉,将外揵。""韄"犹"护"也,护之于外,而外之声色所以扰我者繁多而无数,不可得而捉也,是必反之于内而内揵;"揵"犹"闭"也,护之于内,而内之念虑所以扰我者缪结而无已,亦不可得而捉也,是必又求之于外而外揵。曰"韄"、曰"揵",皆忙于防检之谓。趎之所以"欲反情性而无由入",盖由此也,故曰"外内韄者,道德不能持,而况放道而行者乎?""持道德"盖犹之行仁义,"放道而行"则所谓由仁义行者,能由仁义行,则又安有"三言"之患乎?后言"卫生之经",一言蔽之,"放道而行"而已矣。

"共其德也",倒文,犹言"其德共也"。"共"读平声,与"恭"同,此"恭"字正与上"和之至也""和"字对。

"偏不在外也","偏"者,辨之假字,曰"和",曰"共",曰"辨",皆言赤子之德也。

南荣趎曰:"然则是至人之德已乎?"曰:"非也,是乃所谓冰解冻释者。"此答非谓不能几及至人之德,乃扫除至人之德之语也。夫冰解而为水,冻释而为和,皆还其本来而已,人之反其情性,盖亦犹是,安有所谓至人之德哉?庚桑楚不免于尸祝俎豆之患,即坐不能冰解冻释之故,是以使人得而称之,后文曰"发乎天光者,人见其人","人见其人",又何有于至人之名,是真可谓冰解冻释已。

曰:"然则是至乎?"曰:"未也,吾固告汝曰:'能儿子乎?'"夫儿子又何至之云乎?越以高深求之,老子皆以平易答之,即此所以为教,又不仅扫迹之言而已也。

"人有修者,乃今有恒",此"恒"即《大宗师》篇"是恒物之大情也"之"恒",言其真常不变,《中庸》所谓"悠久"当之。

《大宗师》曰"畸于人而侔于天",此曰"人舍之,天助之",一也。

"人之所舍,谓之天民;天之所助,谓之天子","天子"、"天民",同为至人之称。郭《注》"出则天子,处则天民",以出、处别之,非是。此天子与他处专为人君之号者不同也,"天民"之义,惟庄子与孟子发之,若庄、孟,皆真所谓天民也。

"学其所不能学",是谓绝学;"行其所不能行",是谓无行;"辩其所不能辩",是谓不辩。"不能"者,不可也。

"天钧败之","天钧"即天均,见《齐物论》。"败之",犹言败焉。"天钧"以平言,"天光"以明言,名异而实同也。"天光",《齐物论》所谓"葆光",所谓"滑疑之耀"也。

"若是,而万恶至",此"恶"与《养生主》"为恶无近名"之"恶"同,皆自世人之眼光目之以为恶耳,实则藏不虞以生心,善且无有,安有于恶乎?故曰"不足以滑成"。"滑成"犹滑和,《德充符》曰"德者,成和之修也",言不乱其德耳。

"灵台"即《德充符》之"灵府",彼言不可入,此言不可内,内、入一也。"有持,而不知其所","所"字句绝。"有持"者,孟子引孔子言,所谓"操存舍亡"也。"不知其所"者,则所谓"出入无时,莫知其乡"也。

故曰"持而不可持",上言"不可繁而捉","不可缪而捉","不可捉"亦即"不可持"之谓。

"敬中以达彼"提一敬字,"不见其诚己而发"又提一"诚"字,后儒言"主敬",言"存诚",皆不出此老圈襫矣,孰谓庄生之学非儒乎?又上言"求诸己",此言"诚己","己"之一字,是学问根源;下文谓"券内"、"券外",内即己,外即人,学问真伪,于此别之。

"每发而不当",知至而不知至之,诚之所以不通也;"业入而不舍",知终而不知终之,诚之所以不复也。不通由于不复,不复由于不通,故曰"每更为失",此言"诚己"之精,直与《易》相表里。

先言"诚己",后言"独行",惟诚而后能见独也。"独"非虚字,乃实境也,荀子亦曰:"善之为道也,不诚则不独。"

"与物穷者",逐物者也;"与物且者","且"读"阻",绝物者也。逐物之患在物入,物入斯滑和矣;绝物之患在无亲,无亲斯尽人矣。尽人,谓反乎天也。然则逐物不可,绝物又不可,将奈何?不知物不足碍人,人则自碍,但空其心,物物皆当理矣,本自不逐,又何用绝?故曰"非阴阳贼之,心则使之"也。学者亦惟"自事其心"而已矣。

"圣人藏乎是",此"藏"字直顶上庚桑子之言"全其形生之人,藏其身也,不厌深眇而已矣"之"藏"字来。《大宗师》曰:"夫藏舟于壑,藏山于泽,谓之固矣,然而夜半有力者负之而走,昧者不知也。藏小大有宜,犹有所遁;若夫藏天下于天下而不得所遁,是恒物之大情也。"圣人藏乎无有,即藏乎物之所不得遁者,如此方谓之"深眇"。若夫避人避世之士,仅以保身全生为事,犹不免舟壑之藏终于为有力者负之走耳!其曰"以有形者象无形者而定矣","有形"谓生也,"无形"谓道也,自"出无本"以下,皆阐明道体之言,此与《大宗师》"藏舟于壑"一节下,即继之以"夫道有情有信,无为无形"一节正同。彼曰"有情有信",此曰"有实","实"即"情"也,"信"也,以《大宗师》合观之,义无不可明也。

"所恶乎分者,其分也以备",分而止于其分,则分者全矣;"所以恶乎备者,其有以备",备而不有其备,则备者不害矣,是之谓"道通"。

"出而不反见其鬼",谓弱丧而不知归者。"出而得是谓得死"谓善夭,善老,善始,善终者。然此犹局于百年之内,非能体变化,齐死生也,故曰"灭而有,实鬼之一也"。"灭而有"三字句,"实"字下属为句,与后"有实"文异,言"灭"言"有",犹不脱于生灭也。

"万物出乎无有,有不能以有为有,必出乎无有",此即老氏"有生于无"之论。

"以无有为首,以生为体,以死为尻",此三句不与上"其次曰"云云三句相属,而与下"孰知有无死生之一守者,吾与之为友"句一气相贯,盖即引用《大宗师》子祀、子舆、子犁、子来四人之言而稍变其文耳。下"三者虽异","三者"即无有生死之三者也,"非一也","也"读如"耶",谓其一也。

"有生,黬也","黬",釜底黑,生而曰黬者,犹强阳气、喑醷物之喻,言其幻而非久耳,故郭《注》曰:"直聚气也。"司马彪作"靥",云"靥,疵也",是则俗所谓痣,与附赘悬疣一义,两说不同,未可混也。

"请尝言移是"句,褚伯秀《管见》谓当在"腊者之有膍胲"句上,是也。此言"移"犹"化",篇言"化移"是者,谓化而有是也。然"化"亦有二说:一则庄生所主"腊者之有膍胲"二句所喻是也;一则世间所言,以生为本,以知为师,至以死偿节者是也。一则化无所化,纯然无我之谈;一则执妄为真,认有流转之我。两说不啻天渊,欲伸至理,故不得不急破世论。首言"披然曰移是","披然"犹纷然,此"移"是即指世论而言,而结之曰:"移是今之人也,是蜩与学鸠同于同也。"盖谓有我之化,与不知化者,正未始有殊也。庄生之说,肯綮全在"可散而不可散"六字上,知可散则知化矣,知不可散则知无我矣。《齐物论》以"丧我"始,以"物化"终,通之亦只"可散而不可散"六字耳。

"彻志之勃","勃"当从一本作"悖",作"勃"者,假字耳。

"知者之所不知,犹睨也","睨"者,即前言儿子"终日视而目不瞋"

者也,视而不视,故谓之"睆"。

"名相反而实相顺也",反如"汤武反之"之"反",盖有道而后有生,有生而后有性,有性而后有动,有动而后有知有为,有知有为,而后有伪,伪则失,失则鬼矣。故必从而反之,由知而反于不知,则由有而复于无有;于是虽动而以不得已,则动而无动也;动而无动,即动无非己;动无非己则外而非外也;夫然后顺于道德性命。"反之"之功,正以成其"率性"之实,故曰"名相反而实相顺也"。前文老子谓南荣趎曰:"汝欲反汝情性而无由入,可怜哉!"此"反"字正从彼"反"字来,非"正反"之谓也。

"以天下为之笼,则雀无所逃"即《大宗师》"游于物之所不得遁而皆存"之义也。

"介者拸画","介"当从崔本作"兀","介"者,"兀"之误字。

"夫复謵不馈而忘人",《释文》"复者,温复之谓也;謵,讘也",此训不误,但稍欠分晰耳。盖"复謵"犹言"复习","复"者反其初也,"习"者时时反、时时复也。合之则义可通,分之则训各别,《释文》所释,其合训也。"馈"一音"愧",元嘉本作"愧","不愧"者,不慊也,复习之久而至于不慊,则所谓诚也,若是则"忘人"矣。人者天之对,"忘人"者,《德充符》所谓"无人之情",非忘人我也,无人之情则尽天,故曰"因以为天人矣"。此义原自分明,而自来解者纷出,莫衷一是,即《释文》以下所云,亦错缪不可通,但上两训,则自未可移耳。以上《庚桑楚》

《释文》李云:"无鬼,女商,并魏幸臣。"李轨此说,不知何本,观武侯劳无鬼曰:"先生病矣,苦于山林之劳,故乃肯见于寡人。"则无鬼于武侯且不轻见,岂得为幸臣乎?幸臣之说,殆以其言相狗马而漫加之耳。然而疏矣。

"上之质,若亡其一",《释文》:"一,身也,谓精神不动,若无其身也。""若卹若失,若丧其一",《释文》:"言丧其耦也。"同一"一"字,一谓指"身",一谓为"耦",未免两歧矣。实则丧一亡一,但谓怳然若忘耳,不必呆定"一"字何指也。

"以宾寡人","宾"或作"摈",摈正字,宾假字也。司马云"宾,弃也",是也。此观上下文义自见,李云"宾,客也",非也。

"唯君所病之何也","所",如《书·无逸》"所其无逸"之"所","所病",谓安于病也。

无鬼答武侯偃兵一节,特敷衍前篇"兵莫憯于志"一句文章耳。"形固造形"上"形"字属心言,佛氏所谓"意业"也,"成固有伐",伐于内也,"变固外战",战于外也,皆《齐物论》所谓"以心斗"者也。"修胸中之诚"而兵志熄,"应天地之情"而兵气消,如无鬼者,其知格君心之非之大人哉!

"爱民,害民之始;偃兵,造兵之本",痛乎其言之也! 然其间实有至理,以今观之,益信。

"夫为天下者,亦若此而已矣","此",谓"牧马"也。及黄帝再问,则曰"亦去其害马者而已矣",去害以喻"克己",克己是复之之功,已落第二义。若其本来,原未离,恶用复? 原无己,恶用克? 故两言"若此而已",此似禅语而非禅语。

六臣之名皆寓言,其义不可尽知。但此节之后,即继之以知士辩士察士一段议论,更以字训求之,当不外知察辩说之类也。"謟朋"一本作"謟庉",当从之,"庉"者,侈也,正与"张若"一义。

"招世之士","招"当读如"翘",谓自翘异于世也。"农夫无草莱之事,则不比;商贾无市井之事,则不比",两"比"字皆训"治","无"犹非也,谓非草莱之事,市井之事,则不治也,正与下"庶人有旦暮之业则劝,百工有器械之巧则壮",一正一反相对。

"不物于易",倒文,谓"不易于物"也,《天下》篇曰:"譬如耳目鼻口,皆有所明,不能相通,犹百家众技也,皆有所长,时有所用。""顺比于岁",所谓"时有所用",囿于时者也;"不物于易",所谓"不能相通",囿于方者也。

附录·读庄偶记(杂篇)

"夫或改调一弦,于五音无当也","改调"喻惠子,"五音"喻儒,墨,杨,秉。"鼓之二十五弦皆动"谓惠子之说,无所不包,《天下》篇"所谓"惠施多方……其道舛驳……遍为万物说……散于万物而不厌"者是也。"未始异于声,而音之君已"谓惠子自尊为辨者之雄,而其说与诸家曾无以异,《天下》篇所谓"惠施之口谈,自以为最贤",而又谓"为辨者之囿"是也。鲁遽一节,庄意所注,全在此数语,其余特翻腾以为文章之波澜耳。观"未始异于声"句下更赘"且若是者邪"一句可见。旧来说者,每置重"鼓宫宫动,鼓角角动"两语,以为是乃鲁遽所以夸其弟子者,若然则与"以阳召阳,以阴召阴"何所胜劣,鲁遽非至愚,而乃不明于理若是耶?且庄生又何为取此陋说以况惠子哉?

"齐人蹢子于宋"以下,语多不可解,然观有"遗类矣夫"句,意犹可见,盖即《天下》篇所谓"由天地之道,观惠施之能,其犹一蚊一虻之劳,其于物也何庸"者也。有"遗类"者,谓其不尽道也。"求唐子","唐子",亡子也,以喻道,庄书中屡言之。"求唐子而未始出域","域"喻"习心",求道而不离于习心,此其所以不得也。"夜半于无人之时而与舟人斗",喻辨其所不可辨。"未始离于岑",即"未始出域"意,"而足以造于怨",则《天下》篇所谓"以反人为实,而欲以胜人为名,是以与众不适"者是,"不适",乃"怨"也。

"遗类"之诃,即继以无言之叹,庄之属意于施可知矣。《天下》篇曰:"惜乎!惠施之才,骀荡而不得,逐万物而不反,是穷响以声,形与影竞走也,悲夫!"正此意也。

"可不谓云,至于大病",张四维《补注》云:"'谓'当作'讳',盖传写之误。"案:《列子》正作"讳",张氏说是也。

"上且钩乎君,下且逆乎民","钩"亦"逆"也。《释文》"'钩'一作'拘'",钩、拘皆有"曲"义,曲者不顺,故与逆同。或解作"钩引"、"拘束",皆非。

"敏给,搏捷矢",五音句。"捷"言矢,"敏给"言搏,非犯复也。或

737

欲去"捷"字,又或读"捷"为接,皆非也。

"狙执死","执",执矢也,"执"字正与上"搏"字应,搏之而不给,乃执矢而死矣。如曰"见执而死",则狙死于射,非死于执也,错解此一字,文章神理全失矣。

"去乐",就苦也,"辞显",安贱也。此与列子"为妻爨而食豕",同一难得,非大勇猛者不能也。

"反己而不穷","穷",困也;"循古而不摩","摩"通"靡",靡,败也。

"吾子何为以至于是极也","极",穷也。孟子:"夫何使我至于此极也?"两"极"字正同。

"夫仁义之行,唯且无诚",非谓仁义非诚也,谓行仁义者不必诚也,此直承"利仁义者众"来。夫以仁义为利,岂得诚乎?"假夫禽贪者器",即孟子"五霸假之"之说,特孟子辞简,不如此之显露耳。

"股脚"当作"股郤",郤,隙也。

"此以域进,此以域退",进退皆以域,即上"未始出域"意,出于域,则逍遥矣。"暖姝"、"濡需"、"卷娄",皆逍遥之反也。

"其平也绳","绳",直也;"其变也循","循",顺也。直以静言,故曰"其平也";顺以动言,故曰"其变也"。

"以天待之"当从张君房本作"以天待人",不独"以天待人,不以人入天"两句文相对,且人天两字亦韵相叶也。重言"古之真人",以赞叹作结,文与前"仲尼之楚"节结语作"大人之诚"四字亦略相似,各本直连下文"得之也生,失之也死"十六字读者,非也。"得之也生,失之也死;得之也死,失之也生,药也"十八字为句,意谓"得之也生,失之也死者,药也;得之也死,失之也生者,亦药也",省文,乃并而言之耳。药当则得之者生,不当则得之者死,故曰"是时为帝者也"。

"请只风与日相与守河","只"通"止",留也。

"恃源而往者也",孟子所谓"有本者如是"。

"物之守物也审",上"物",外物也;下"物",耳目之物也;"物守物",犹孟子言"物交物"矣,故接曰"目之于明也殆,耳之于聪也殆,心之于殉也殆"。

"凡能,其于府殆","府",灵府也,天府也。

"足之于地也浅,虽浅,恃其所不蹍而后善","善"字当断。"博也"二字为句。"博"即博厚之博,谓地也。"人之于知也少,虽少,恃其所不知而后知","知"字亦当断。"天之所谓也"五字为句。"天之所谓"犹曰"所谓天也","知"属人,"不知"属天,故云。

"大一"、"大阴"、"大目"、"大均"、"大方"、"大信"、"大定",名虽有七,其实一也。以通谓之"一",以解谓之"阴",以视谓之"目",以缘谓之"均",以体谓之"方",以稽谓之"信",以持谓之"定"。

"不可以有崖"谓道无不在也,"而不可以无崖"谓觏体即是也,分明指与,此之谓"大扬搉"。以上《徐无鬼》

"颠冥"犹沉溺。

"冻者假衣于春,暍者反冬乎冷风"二句,交错成文。犹《楚辞》"吉日兮辰良"之例。《淮南·俶真训》曰:"冻者假兼衣于春,暍者望冷风于秋"即本此而平言之者。

"父子之宜",四字句。"之宜",是宜也,此言父子是宜,犹《诗》言"宜其室家"、"宜民宜人"也。"彼其乎归居","彼其"谓公阅休;"归居",谓安处而无事也。"一间其所施","一",尽也;"间"如庄十年《左传》"又何间焉"之间,谓"与"也。休安处而无事,而人尽与其所施,犹《人间世》所谓"彼且择日而登遐,人则从是矣"。此文"和"、"化"、"宜"、"施"四字为韵,故或读"父子之宜"上属而使"人化"为句,或读"父子之宜"下属"彼其乎归居"为句,皆误。

"绸缪"即"参万岁而一成纯"。单言之则曰"纯",复言之则曰"绸缪",一也。

"人则从而命之也","命",名也,与"复命"之"命"异。

"忧乎知,而所行恒"句,"无几时"句,"几"通"期","无几时",即后文所谓"无几无时"。惟"恒"则"无几",则"无时",更言此者,所以见其恒也。"忧"读如《礼》"优优大哉"之"优","忧乎知"与"所行恒"对文。"知"言大,"行"言常,"周尽一体",所谓大也,"达绸缪",所谓常也,非圣人独如是,人所同然也。故曰:"其有止也若之何?""止",限也,"止",已也,限则非大矣,止则非常矣,"若之何",倒文也,犹曰"若之何其有止也"。后文曰"其可喜也终无已",又曰"其爱人也终无已","无已"、"有止",一反,"无已"所以为圣人,"有止"所以不免于庸愚也。

"阖尝舍之","阖"通"盖","尝",试也,谓"盖试舍之"也。老子曰"为者败之,执者失之",此曰"舍"者,即教人勿为、勿执也。后文曰:"其以为事也,若之何?""若之何"犹"奈之何",谓"勿为"也。又曰:"其合之也,若之何?"谓"勿执"也,皆根"舍"字来。

"得其司御","得其随成","得其两见"文正一例。"随成"已见上,"两见"犹《齐物论》言"两行",则"司御"不得如后人说为官名如门尹之类。"司"、"御"皆有主义,当与《齐物论》之言"君"言"宰"同意。以为"司御"言其体,"随成"言其用,"两见"则合体用而言之。得其"司御"属汤言,得其"随成"属门尹登恒言,得其"两见"属仲尼言,其文交互错综,特不易辨析耳。门尹登恒,或说以为即伊尹,当是也。"之名嬴法","嬴",不亏也,用之不亏,是名"嬴法",《齐物论》曰"注焉而不满,酌焉而不竭",是其义矣。

"道尧舜于戴晋人之前,譬犹一吷也",即"尘垢秕糠"、"陶铸尧舜"之论,非不足于尧舜也。抑尧舜,所以尊晋人耳。

"蚁丘之浆",浆即《列御寇》篇"尝食于十饗"之"饗",或作"浆",或作"酱",皆谓卖浆家也。《艺文类聚》引此作"蒋",乃传写之误。马其昶《庄子故》据之以为"饗"与"蒋"通,"蒋",菰也,菰子雕胡,可作饼。夫蒋可作饼,卖饼家因谓之"蒋",则秫可作酒,卖酒家亦可谓之"秫"乎?穿凿者真无所不至也!

"是圣人仆也",犹言"是圣人徒也"。《庚桑楚》篇亦以楚为"老聃

"之役","徒"、"役"、"仆",一也。

"而何以为存","存"谓"存问"也,犹曰"何以存问为"。

"卤莽"耕不深也,"灭裂"耰不熟也。本文对照自明,无烦别说。

"长梧封人问子牢",句,"曰",一字句。盖封人题而子牢对,不重子牢者,省文也。何以知之?文中曰"君为政",曰"治民",封人可有政有民,可称君,子牢则不得焉,以是知之也。或曰:后文言"有似封人之所谓"何也?曰:"谓",非言也,"有似封人之所谓",谓"似封人之为"耳。盖封人为政尝卤莽矣,治民尝灭裂矣,故子牢曰:"勿卤莽,勿灭裂。""勿"者,戒之之辞,察文可明也。注家有以"长梧封人"为即《齐物论》之"长梧子"者,非是。

"为性萑苇蒹葭",句。"蒹葭萑苇",一类之物,不得分说也。"始萌以扶吾形"句,"寻擢吾性"句。"始萌"之"萌",承上"欲恶之孽""孽"字言,"孽"与"蘖"通,"萌"者,"蘖"之萌也。"扶吾形"、"擢吾性"相对为文,"擢"即《骈拇》篇"擢德塞性"之"擢",擢之者,伤之也。

"曰:莫为盗,莫为杀人",谓法令之文如是也。

"一形有失其形",犹言一物不得其所。

"匿为物而愚不识,大为难而罪不敢,重为任而罚不胜,远其途而诛不至",犹子曰"不教而杀,不戒视成,慢令致期"之类也。

"可不谓大疑乎","疑",惑也,"大疑",大惑也,《天地》篇曰:"大惑者终身不解。"

"奉御而进所,搏弊而扶翼","奉御"犹奉召,"扶翼"谓扶之翼之,所以礼史䲡也。灵公之于史䲡,犹汉武不冠不见汲黯之比,与"同滥而浴"为二时事,不得牵为一谈。

"少知"、"大公调"当系寓言。"少知",小知也;"大公调",大公也。

"文武"下疑脱二字,上字当为"殊",下字或为"用",以上下文例之可见。"未生不可忌","忌"者"距"之假字;"已死不可徂",当从一本作"不可阻","距"、"阻"一义。

"或使"着于有,"莫为"着于空。着于有,有也,着于无,亦有也,故皆曰"未免于物"。

"无名无实,在物之虚",此"虚"与"莫为则虚"之"虚"不同。莫为之虚,犹有名实,此无名实,邈然远矣。

"道不可有",故"或使"非道也;"有不可无","有"读"又","又不可无",故"莫为"亦非道也,合之则道通,离之则道裂,故曰"或使莫为,在物一曲,夫胡为于大方",言"胡有于大方"也。"道物之极,言默不足以载,非言非默,议其有极",不特扫"言",亦且扫"默",析理至此,真"至矣尽矣,不可以加矣"!以视不立语言文字,似犹落在第二义。以上《则阳》

"蟄螙",《循本》云:"虫起蛰而未苏貌。"案:两字皆从"虫",则《循本》之说,较《释文》为长,以上文"两陷"字,下文"慰暋沈屯"字合之尤信。《齐物论》曰"其厌也如缄,以言其老洫也,近死之心,莫使复阳也","两陷"、"蟄螙"、"慰暋沈屯",皆所谓"近死之心"也,故曰"水中有火,乃焚大槐",水中之火,阴火也,"欲恶之孽",伏藏深固,实有发之而不自觉者,故以水中之火象之。

"吾得升斗之水然活耳","然",乃也,谓"乃活"耳。

"鹜"当从一本作"惊",一字句。既"没而下"矣,俄然惊觉,则又扬起而上,故继曰"扬而奋鬐"。"䧟"亦一字句,"䧟"者,谓陷于钩,非陷于水也,写鱼之贪饵中钩,欲脱不得,形态如活,自后人不得句读,而文章神采全失矣。

"惠以欢为",句,"骛终身之丑",句。各家皆失其读。"惠以欢为"犹言"以欢为惠",倒文也,"骛终身之丑"与"骛万世之患"句法同。"骛",轻也,急于惠世而轻其终身之耻,则愈于常人者几何哉?故曰"中民之行进焉耳",谓仅进于"中民"而已。

"圣人踌躇以兴事","踌躇","不得已"也,不得已而后为,故"以每成功"。"以每成功",犹"每以成功","奈何哉其载焉","载",事也,为也,谓奈何其必于为也,则亦终不免于自矜耳,故继之曰:"终矜尔!"

"阿门",门阿也,犹《诗》"中林"、"中逵"之为"林中"、"逵中",古人自有此倒语耳。"阿"训"曲","门阿","门曲"也。司马《注》云"阿屋,曲檐也",成《疏》云"谓阿旁曲室之门",皆不可通。

"致黄泉","致"当从一本作"至",此假"致"为"至"也。

"石师",当从一本作"硕师","石"者,"硕"之假字。

"人有能游,且得不游乎?"上"游"字以心言,下"游"字以事言,"人有不能游,且得游乎?"句同,此观下文可见。"流遁之志,决绝之行",所谓心不能游者;"覆坠而不反,火驰而不顾",则不得游于事者也。"噫其非至知厚德之任与","噫"与"意"通,十字为句,横于"覆坠不反,火驰不顾"句上,所谓倒装文法也,不得以"覆坠"两句属下"虽相与为君臣"连读。

"游于世而不僻",所谓"辟人之士"也。"流遁决绝",所谓"辟世之士"也。观庄生之言,盖一本仲尼心法。"僻"通辟,"不僻",谓不辟也。"彼教"指辟世之士言,"不学"谓非所学也,虽不学,然亦承其意而不外之。"不彼",不外也,孔子欲与接舆言而使子路反见丈人,即所谓承意不外,夫唯如是,所以曰道大。

"道不欲壅,壅则哽",《刻意》篇所谓"水之性……郁闭而不流,亦不能清"是也。

"谋稽乎誸","稽",成也,"誸"即诙,诈也,郭《注》以为"急",非也。

"德溢乎名"以下,特本《应帝王》"无为名尸,无为谋府,无为事任,无为知主"名、谋、事、知四项,更演为六句耳。"柴生乎守官"当从"官"字句绝,"官"即"知效一官"之"官"。"事果乎众宜",谓事各有宜也,惟各有所宜,所以专守一官者,柴塞而不通也。

"静然可以补病",谓静可以补病也,"然"语词,"乃"也,与上篇"吾得升斗之水然活耳"之"然"同。宣茂公改"然"为"默",殊为武断。以上《外物》

"卮言",司马云:"谓支离无首尾言也。"成《疏》亦云:"'卮',支也,支离其言,言无的当,故谓之卮言耳。"然则"卮言"犹支言,"卮"取其言,非取其义,后之解者纷纷,率无当耳。

"故曰无言","寓言"、"重言"、"卮言",皆以发无言之旨耳,知无言之旨,则寓言、重言、卮言,无之而不可不知。无言之旨,虽一语犹嫌其多,况益之以曼衍乎?

"三年而通","通"即《大宗师》所谓"朝彻"之"彻"也。"四年而物","物"即老子"恍兮惚兮,其中有物"之"物"。《大宗师》谓"朝彻"而后"见独",见独,故物也,后之道家所谓"药物"者,盖亦本此。《大宗师》所言,详于"朝彻"之前;此之所言,详于"既通"之后,语皆精凿,要须合而观之。

"莫知其所终,若之何其无命也?莫知其所始,若之何其有命也?"知此则"命"之说明。"有以相应也,若之何其无鬼耶?无以相应也。若之何其有鬼耶?"知此则"鬼神"之说明。王而农曰:"儒言命,墨言鬼,言命者非鬼,言鬼者非命,皆不可而皆可,皆然而皆不然,两诘之而两穷,两和之而两行矣。"知言哉! 以上《寓言》

"帝王之功,圣人之余事也",即窃"尘垢秕糠"、"陶铸尧舜"语。然能道此语,便自不凡。《让王》一篇,虽出杂纂,而陈义甚高,后人以子瞻一言,便欲废之,异矣。

"岂不命邪","不"同"非",犹言"岂非命邪"。

"仁义之慝"四字属上读,"舆马之饰"四字属下读,非对句。"慝",犹贼也,谓"希世而行"云云者,乃仁义之贼也。

"天寒既至,霜雪既降,吾是以知松柏之茂也",即《论语》所谓"岁寒然后知松柏之后凋"者也。此篇自"鲁君闻颜阖得道之人也"以下数节,皆邹鲁相传故实,非庄书载之,后世其孰知之?即此可证庄生之徒,必有出入于邹鲁之门者,方密之"教外别传"之说非谩语也。

"古之得道者,穷亦乐,通亦乐,所乐非穷通也。道德于此,则穷通为寒暑风雨之序矣",此非知道不能言,亦非知道者不能记也,自东坡以《让王》为伪,而后之读《庄子》者,于此等处率多忽过,惜哉! 读渊明《贫士诗》,知晋人为能真知庄子也。

"强力忍垢"即《孟子》"伊尹圣之任者也"。"任"字绝好注脚,此又当分别观之者。

"不以人之坏自成也,不以人之卑自高也,不以遭时自利也。"孔子谓夷、齐"求仁而得仁",向以为夷、齐"清"则有之,何仁之有? 今读《庄子》而后知孔子为不妄许人,夷、齐之德,非孔子不能知,孔子之言,又非庄子不能明也。以上《让王》

"孰论之,皆以利惑其真,而强反其情性",此"孰"字与"熟"通,谓"细论之"也。

《盗跖》一篇,讥仲尼,诋伯夷,与《让王》恰一反,非相反也,此所谓谬悠之说,荒唐之言,不以觭见之者也,惟得意忘言者能知之。

"观之名,计之利,而义诚是也。""而"用如"则",谓"则义诚是也"。当于"计之利"下读,旧连"而义"为读者误,下"而信真是也"亦同。此"信"谓"率真",非"忠信"之"信",观于后文谓"比干剖心,子胥抉眼,忠之祸也;直躬证父,尾生溺死,信之患也",则此"信"与彼"信"必有间矣。盖苟得以子张为行,不免徇外,故以"信"字矫之,信与义正相对;后文曰"士之为行,抱其天乎","抱其天",即所谓"信"也。

"知者之为故,动以百姓,不违其度","故"字与"度"协韵,当属上读。"故",事也,"为故",为事也。

"尧舜为帝而雍","雍",䨥也。《书·无逸》"其惟不言,言乃雍",《礼·坊记》引作"言乃䨥",则"雍"、"䨥"一也。

"平为福,有余为害者,物莫不然,而财其甚者也",此真至理明言,孰谓四篇可删哉?

"侅溺于冯气","体泽则冯",两"冯"字读如"偾"。"冯而不舍","冯"读如"凭",谓据也。

"满心戚醮","醮"同"焦","戚醮",犹"焦戚"也。

"患至求尽",句,"性竭财单",句。"单",同"殚",尽、竭、单一义。《释文》"单本或作蕲,祈也",此出传写之误,或有从《释文》读蕲字属下为句者,非也。以上《盗跖》

孟子曰:"夫抚剑疾视曰'彼恶敢当我哉?'此匹夫之勇,敌一人者也。"彼二十余字耳,《说剑》以数百字写之,虽穷形尽相,然已侈矣。又《列子·黄帝》篇"惠盎见宋康王"一节,与此文亦略相似,盖皆战国辨士之言也。

"安坐定气"正好勇者对症之药,四字不得以间文视之。以上《说剑》

渔父言"法天贵真",即满苟得"无为小人,反殉而天;无为君子,从天之理"之说,其实皆从内篇《大宗师》"不以人助天"、"畸于人而侔于天,天之小人,人之君子,人之君子,天之小人"等处袭来,彼方称述仲尼,此则借诋仲尼以伸其说,正与禅家呵佛骂祖一例,不得认作实语也。

此渔父与《楚辞·渔父》文略相似,庄周之学盛于楚,岂其楚之弟子学而为之者耶?以上《渔父》

"非汝能使人保汝,而汝不能使人无保汝也",汲汲于"使人无保",此老子所以被褐而怀玉,而庄子不惜为曳尾之龟也。

"而焉用之感豫出异也",作一句读。"豫"借为"与","感与"、"出异",相对为文,"感与",谓感物;"出异",谓立异。又《易》"雷出地奋豫,豫顺以动",故"豫"亦有"动"义,初六曰"鸣豫凶","感豫出异"即所谓"鸣豫之凶"也。

"何相孰也","相孰",谓"相谁何也",当读如本字。马叙伦《庄子义证》谓"孰借为毒",且上文"尽人毒也",此"孰"与"毒"韵,岂得又为"毒"乎?

自"郑人缓也"至"古之人天而不人"当为一节,"儒墨之非"即坐在"相与辩",如不辩,则两忘而化其道,儒固不非,墨亦何尝非是耶?故曰"知道易,勿言难",庄之"勿言",正所以平停儒墨者也。今离为两节,或三节,而上下文义不衔矣。

"必不必",所谓设而不用也;"不必必",所谓无备而争也。虽两言而兵法尽之矣。

"以仲尼为贞干","贞"借为"桢",《诗》云"惟周之桢"是也。

"不知不信"谓不知其非信也,"信"者,真也,天也。

"施于人而不忘,非天布也。""天布"即佛所谓"无相布施"也。

《论语·为政》篇云"视其所以,观其所由,察其所安",是逐步看,"九征"是逐件看,观人如此,人焉廋哉?

"吡其所不为",郭《注》:"吡,訾也。""吡"疑当作"毗",即"呰"之或体,从"比"者字漫耳。

"不若人"三字别为句,与上"俱过人也"相对。八者"美,髯,长,大,壮,丽,勇,敢"也,三者"缘循,偃佒,困畏"也,或以"困畏不若人"五字连读者,非也。

"六府"谓"知,慧,勇,动,仁,义","知慧外通勇动多怨"八字当作一句读。或曰:"外通"二字,当作"多适","适"即"谪"之假字,形近而误耳。又《阙误》引刘一得本,"仁义多责"下有"六者所以相刑也"七字句。案:有者是也。"形有六府","形"与"刑"通。

"骄穉庄子",穉亦骄也,二字连文。

"子尚奚微之有哉",《太平御览》引此"微"作"徼","徼"谓徼幸也,当从《御览》改正。以上《列御寇》

《天下》篇,庄子之自序也。自序而不自标异,仍以其说杂厕于各家之间者,何也?以为既落言诠,即不足以尽道术之全,故亦曰"古之道术有在于是者"而已。己之论无异于物之论,则无是,无是则无彼,而天下之论齐,而道术之全见矣,此庄子之微意也。终之以惠施者何也?孟子之"性善",非告子无以发之,庄子之"齐物",非惠子亦无以发之。惠子之过,特在"逐万物而不反"耳,一念知反,则惠庄"相视而笑,

747

莫逆于心"矣。故施之死,庄子有"臣质已亡"之叹,则通于名家之惠,亦入庄之一径也。船山翁谓"惠施之说,亦与庄子'两行'之说相近",斯言可谓先得我心矣。

"神何由降,明何由出",此设为问词也,"圣有所生,王有所成,皆原于一",此答词也。与上文"古之所谓道术者,果恶乎在?曰:无乎不在",其为一问一答正同。疑下一"曰"字本在"圣有所生"句上,误移于前耳。

"以法为分,以名为表,以参为验,以稽为决,其数一二三四是也,百官以此相齿",此言百官之事,上与天人神人至人圣人君子对,下与民之理对。其曰"相齿"者,盖百官之中,亦有大小高下,以其所知名法参稽之深浅,而差等之。《天道》篇曰:"古之明大道者,先明天而道德次之,道德已明而仁义次之,仁义已明而分守次之,分守已明而形名次之,形名已明而因任次之,因任已明而原省次之,原省已明而是非次之,是非已明而赏罚次之。"曰"分",即"分守"也;曰"名",即"形名"也;曰"参"曰"稽",即"因任"、"原省"之事也;由是而有"是非"、"赏罚",此所谓"有为者,臣道是也"。"数"即数度,后文曰"其明而在数度者,旧法世传之史,尚多有之","史"亦百官之一也。

"不晖于数度","晖"依崔本作"浑"为是,"浑"本字,"晖"者假借也。"浑",淆也,乱也,"不浑于数度",谓不为数度所淆乱也。"不侈"、"不靡"、"不浑",义正一贯,墨子薄葬、非乐、节用,皆略去仪文之事,所谓"不浑于数度"也。

"已之太顺",郭《注》曰:"不复度众所能也。"成《疏》曰:"适周己身自顺,未堪教被于人矣。"案:《注》、《疏》语气,"已"当为"己","己之太顺"即"太顺于己"倒文耳。《释文》"顺"或作"循",顺、循同义通用字。

"又好学而博不异","博不异"者,以不异为博也。此"博"乃博大、宽博之"博",非博学详说之"博"也。荀子称"墨子大俭约而慢差等","博不异"者,其义即所谓"慢差等",其文则与"大俭约"一例矣。或读

"博"字绝句,以"不异"二字别为一句,既曰"不异",又曰"不与先王同",正反混淆,恐庄子之文,不若是之率意也。

"名山三百,支川三千,小者无数","名山"当作"名川",俞荫甫说是也,"名川",谓川之有名而大者。三者皆言川,故后得省谓之"小者",若改"川"为"山",则文无复条理矣。

"相谓别墨",谓"相里勤之弟子"与"南方之墨者"相诋毁之辞也。以己为正,故以人为别,下文曰"以巨子为圣人,皆愿为之尸,冀得为其后世",言各尊其本师也;"相谓别墨",言轻其异派也,意正相对。后人遂以墨之再传为"别墨",误矣。

"接万物以别宥为始"。"宥"者,"囿"之假字,《尸子》谓"墨子贵兼,孔子贵公,皇子贵衷,田子贵均,列子贵虚,料子贵别囿",《吕览》有《玄宥》篇曰"凡人必别宥然后知"。"别宥",则能全其天矣。"别",离也,谓离去之也,"别宥",即去宥矣。"囿",分域也,去其分域,则公矣兼矣。故《尸子》曰:"天,帝,皇,后,辟,公,弘,廓,宏,溥,介,纯,夏,忧,冢,昄,皆大也,十有余名,而实一也;若使兼,公,虚,均,衷,平易,别宥,一实也,则无相非也。"荀子《非十二子》以墨翟、宋轻并称,盖墨与宋其学为最近,皆所谓"大俭约而慢差等"者也。此以宋钘、尹文次墨子后,意亦犹是矣。

"语心之容","容",包容也,包容即"别囿"之义,《书·洪范》今文曰:"思曰容,容作圣。"《汉书·五行志》引《传》曰:"'思心之不容,是谓不圣','容',宽也,孔子曰'居上不宽……吾何以观之哉'。言上不宽大包容,则不能居圣位。"以"宽"训"容",此今文家确解也。《说苑·君道》篇曰:"齐宣王谓尹文曰:'人君之事何如?'尹文对曰:'人君之事,无为而能容下,夫事寡易从,法省易因,故民不以政获罪也;大道容众,大德容下,圣人寡为而天下理矣。《书》曰:容作圣。'"彼引《书》如此,则知"心之容"本之《洪范》"思曰容",正尹文之说然也。"语心之容,命之曰心之行"盖谓心之容即心之行;"请欲置之以为主"盖谓置此能容之心以为主也。下文曰"君子不为苛察",不苛察,亦即能容义。前文"不苟于人,不忮于众",章炳麟谓"苟"为"苛"之讹,通前后文观之,章氏之说殆信。

"不以身假物",荀子曰:"假舆马者,非利足也,而致千里;假舟楫者,非能水也,而绝江河,君子生非异也,善假于物也。""假物"之义,荀子于《天论》篇盖详哉其言之。宋、尹之说,意亦因任自然者,故曰"不以身假物",此于其"人我之养,毕足而止"及"五升之饭足矣"可以见之。"请欲固置","置"字当句绝。"置",设也,谓"必欲设食,则五升之饭足矣",旧连读者非是。

"以为道理",以为之理也。

"将薄知而后邻伤之者也","薄",迫也,"邻",近也,迫、近一也,谓"与知近者伤亦近之",极言其恶知之甚。

"趣物而不两","泠汰于物","与物宛转"并同一意,颇近释氏所谓"随缘无住"之旨。然后文曰"块不失道","慎到之道,非生人之行,而至死人之理",则亦枯守空寂者所以不免焦芽败种之诃也。

"可谓至极",《阙误》引作"虽未至极"。案:上言墨翟、宋轻、田骈、慎到,皆有贬有褒,此亦当然,则作"虽未"者是也。后人以庄之学出于老氏,不应于老尚有不满之辞,故改窜之耳。

"时恣纵而不傥",依《释文》无"不"字,"不"字后人所添也。《天地》篇曰"傥乎若行而失道也",又曰"以天下非之,失其所谓,傥然不受"。此"傥"即彼"傥然"之"傥",放逸而不可拘系之谓。

"不以觭见之也","觭"与"畸"同,谓"偏倚"也。

"充实不可以已",其意于《德充符》明之;"上与造物者游,而下与外死生无终始者为友",其意于《大宗师》明之;故曰:"其于本也,弘大而辟,深闳而肆;其于宗也,可谓调适而上遂矣。""本"者,德也,"宗"者,天也,篇首曰"以天为宗,以德为本","上遂",犹《论语》言"上达"也。

"芒乎昧乎，未之尽者"，非以"未尽"为谦辞也，道本无尽耳。故曰"书不尽言，言不尽意"，意且不可尽，而况意之所不得而攀援者乎？惠子之过，即在欲尽之，故"遍为万物说，说而不休，多而无已，犹以为寡，益之以怪"。此处着此四字，正以反衬下文也。

"天与地卑"，"卑"借为"比"，《荀子》言"天地比"。

"日以其知，与人之辩"，"之"犹"是"也，谓"与人是辩"也。

"此其柢也"，犹言"此其概也"。

"南方有倚人焉"，《释文》"'倚'本或作'畸'"，觭、畸、倚，一也。

"强于物"，即存雄。"其涂隩矣"，"隩"，险也。

"夫充一尚可"，"一"与"万"对，惠施"遍为万物说"，而不知万者一之所推也，故曰："充一尚可，曰愈贵道，几矣。""贵道"对"弱于德"说。惠之所短在此，故庄子望其进而贵道。"曰"犹"若"也，《孟子》"曰管仲，曾西之所不为也"，谓"若管仲"也。"愈"，进也，言若进而贵道，则庶几矣。"不能以此自宁"，"此"即指一、指道，不能宁于一，是以"散于万物而不厌"。曰"惜乎"，曰"悲夫"，庄之于惠，何其殷殷也？船山翁又谓"惠施无本而循末，道术之所不出，故不容不辩之，以使勿惑天下"，此贬惠子太过，恐非庄书本意，窃所未敢赞同也。以上《天下》篇

刘策成庄子集解补正、庄子解故辨正合刊序[①]

庄子之学实兼承孔老两家，其于孔门则又直接子渊一脉，观《人间世》、《大宗师》篇，缕述心斋、坐忘，穷极性命蕴奥之言，可见也。自刘歆、班固以《庄子》入于道家，已不能尽通漆园之旨，后之注者更无论也。古注存者首推郭子玄，然子玄多自抒其见，时与庄书龃龉，故当时有言非郭象注庄子，乃庄注郭象，其辞似褒，实讥之也。

自是以降，注解无虑百数十家，大抵不出文章、训诂两途。以文章作解者，下至《庄子因》、《庄子雪》之伦，人知其陋也。训诂之作若司马彪等注，既多散佚不全；清儒以其治《说文》、《广雅》之功推而及于诸子，本之训诂、声音以求蒙庄真辞造语之原，虽间有所创获，顾于一书宏旨讫无阐明，此则《庄子》所谓一蚊一虻之劳者也，而其弊往往展转牵合，变本文以就己意，于是明者反以晦，正者反以缪，其迷乱读者之耳目，使庄子之学益以不明于世，害殆有甚于陋者，兹可叹也。

泰旧读邵阳刘君策成所著《庄子集解内篇补正》，于清人说《庄》之

---

① 钟泰此序文写于1956年9月，并于9月15日寄出。刘策成即刘武先生。

误多加是正，不欲曲从，而其为书则一循旧文，疏通训释，明白显露，庄叟直意失之者鲜矣，私心佩之。今年夏，北游京师，访君于寓馆，因纵谈孔、老、庄子之学，既多契合，君复出近作《章太炎〈庄子解故〉辨正》相示，未得详阅，大意与《集解补正》略同。夫君岂好为辨者哉，盖欲发庄子幽微，弘古哲之道术，其有以讹淆是、以似妨真者，固不得以其人之名高，违其间而不为之排距也，君意亦良苦矣。

昨君书来言两书将并刊行于世，泰既喜学者得有所依循以窥庄子之门庭，而孔门颜子一脉之学其终不至于淹汩也，率不自揣量，书其平日一得之见，邮致于君，固以就正焉，若曰以为君书之叙，则固浅陋所未逮。